Wulfing von Rohr

EINFÜHRUNG IN DIE HOROSKOPDEUTUNG

Planeten, Zeichen, Häuser und Aspekte

Das umfassende Einstiegswerk in die Astrologie und praktische Handbuch zum Nachschlagen

Neuauflage, jetzt mit Chiron, Lilith und Isis von Yvonne H. Koch

Urania

4. Auflage 2006
3., erweiterte Auflage 2004

ISBN-10: 3-03819-050-0
ISBN-13: 978-3-03819-050-9

Umschlaggestaltung: perca, Eglisau
Satz: GBS, Lyss
Druck: Freiburger Graphische Betriebe, Freiburg i. Brsg.
Produkt Manager: Silvie Bachmann
Herstellung: Marcus Caluori

www.uraniaverlag.ch
www.tarotworld.com

Inhaltsverzeichnis

Die Sonne stand zum Gruße der Planeten ...

Wie an dem Tag, der dich der Welt verliehen,
Die Sonne stand zum Gruße der Planeten,
Bist alsobald und fort und fort gediehen,
Nach dem Gesetz wonach du angetreten.

So mußt du sein, dir kannst du nicht entfliehen,
So sagten schon Sibyllen, so Propheten;
Und keine Zeit und keine Macht zerstückelt
Geprägte Form, die lebend sich entwickelt.

Johann Wolfgang von Goethe: Urworte Orphisch

Ja, das sind wir Menschen: «Geprägte Form, die lebend sich entwickelt!» Goethe hat hier auf unnachahmliche Weise den scheinbaren Widerspruch aufgehoben zwischen einer Prägung unseres Lebens als Individuum bereits bei der Geburt und der gleichzeitig bestehenden Freiheit des menschlichen Willens.

Wir sind in das Erdenleben einerseits nach einer bestimmten Ordnung eingetreten (oder sogar angetreten), die sich laufend innerhalb des Rahmens von Gesetzen und Gesetzmäßigkeiten vollzieht. Andererseits aber folgen wir auch einem inneren höheren Ruf, der uns die lebendige Geistigkeit, den Lebenssinn, unsere Aufgaben und Chancen, Herausforderungen und Möglichkeiten ganz frei erkennen und gestalten läßt.

Wir leben «unfrei» insoweit, als wir zum Beispiel auf diesen dreidimensionalen Körper festgelegt sind, der mehr oder weniger Nahrung und Schlaf braucht. Wir müssen also dem Gesetz folgen, das unsere irdische Form geprägt hat. Wir sind aber «frei», unsere Gefühle und Gedanken, Ideale und Meditationen, Mitmenschlichkeit und die Verbindung zur Seele zu ergründen, zu entwickeln und zu vertiefen. Der Körper mag in seiner Form festgelegt sein, der Geist ist es nicht!

«Die Sterne sind nur der Vater deines Schicksals. Die Mutter ist deine eigene Seele.» Das formulierte Johannes Kepler, Astronom und Astrologe. Seriöse Astrologie, die auf dem Fundament eines entwickelten Bewußtseins aufbaut, erforscht die Zusammenhänge und «Schnittstellen» zwischen vorgeprägten Gesetzmäßigkeiten und Rhythmen des Lebens und der freien individuellen Entfaltung des einzelnen. Dabei spielen Sonne, Mond, Planeten und Mondknoten eine bedeutende Rolle – im Vergleich zu allen anderen astrologischen Faktoren sogar die wichtigste!

Dieses Buch möchte Sie als ein guter Freund ein Stück auf Ihrem Lebensweg begleiten, Ihnen Anregungen vermitteln, Sie auf Problemlösungsmöglichkeiten und Entwicklungschancen hinweisen und Ihnen zu mehr Verständnis für sich selbst und die Umwelt verhelfen.

«Wann immer ich von der Erde zur Milchstraße reiste, begegnete ich Liebe auf jedem Schritt und Schönheit in jedem Blick.» So dichtete Sant Darshan Singh. Der Mystiker, Meditationsmeister und indische Dichter beschreibt hier seine spirituelle Reise in den inneren Kosmos. Möge Ihnen die Beschäftigung mit den Gestirnen und mit der Astrologie insgesamt genauso viel Liebe und Schönheit offenbaren wie Sant Darshan Singh.

Nach dem großen Plan sind Liebe und Schönheit sowohl im Kosmos als auch auf unserer geplagten Erde möglich – wenn wir uns nur auf die schöpferische Ordnung, so wie sie gemeint ist, einlassen und unsere persönlichen Gaben zum Wohle aller Menschen entfalten und mit anderen teilen.

Astrologie ist in diesem besten Sinne Himmelskunde, die nach der Bedeutung des Lebens fragt, sie ist echte Lebenshilfe. Viel Freude und Licht auf Ihren Entdeckungsreisen zum äußeren und zum inneren Sternenhimmel!

Wulfing von Rohr, Santa Fe im Sommer 1995

Teil I

Grundlagen der Astrologie

Wie oben, so unten!

Zehn Planeten

In der Astrologie symbolisieren die ***zehn Planeten*** lebendige Kräfte, allgemeine Prinzipien und spezielle Funktionen des individuellen Menschen. Aus Gründen der Vereinfachung nennt man in der Astrologie auch die Sonne und den Mond «Planeten», obwohl sie natürlich keine Planeten sind. Die Sonne ist ein Stern und der Mond ein Erdtrabant oder Erd-Satellit (oder auch «Erd-Planet»).

Zwölf Zeichen

Die ***zwölf Zeichen*** des sogenannten Tierkreises versinnbildlichen, wie diese Kräfte durch universelle bzw. kollektive Prägungen «gefärbt» werden.

Der «Tierkreis» ist in der Astrologie einzig und allein ein symbolischer Meßkreis. Kein Astrologe hält die Sternbilder gleichen Namens für identisch mit dem astrologischen Kreis der zwölf Zeichen. Während sich die zwölf Sternbilder von der Erde aus gesehen langsam in ihrer Position am Himmelsrund verschieben, bleiben die zwölf Zeichen des symbolischen Meßkreises immer gleich. Im übrigen umfassen die in der Astrologie verwendeten symbolischen Zeichen jeweils genau 30 Grad und bilden so den Horoskopkreis von 360 Grad.

Demgegenüber schwanken die Sternbilder am Abendhimmel – zu denen wir bestimmte Fixsterne ja erst durch unsere Vorstellung «machen», obwohl die einzelnen Sterne Lichtjahre auseinander sind und nichts miteinander zu tun haben – zwischen 21 Grad beim Krebs und 46 Grad bei der Jungfrau. Im deutschen Sprachraum haben vor allem der Astrologe und Mythenforscher Bernd A. Mertz und die Altmeister Johannes Vehlow und Thomas Ring auf diese Tatsache aufmerksam gemacht.

Zwölf Häuser

Die ***zwölf Häuser*** symbolisieren, in welchen konkreten Bereichen des Lebens sich die Kräfte ausdrücken. Manchmal heißen die Häuser auch «Felder», bezeichnen aber dasselbe. Früher gab es zunächst eine Einteilung in vier Quadranten und dann in acht Häuser.

Aspekte

Die ***Aspekte*** zwischen den Planeten zeigen, wie die Kräfte aufeinander wirken bzw. welche Beziehungen sie miteinander eingehen. Mehr dazu auf Seite 40.

Kurz gesagt:
Planeten sind das *WAS* im Leben.
Zeichen sind das *WIE* im Leben.
Häuser sind das *WO* im Leben.
Aspekte sind das *WIE* zwischen zwei oder mehr *WAS*.

Die Gesetze, welche den Himmel dort oben, den Makrokosmos der Gestirne, bestimmen, sind grundsätzlich dieselben, welche den Menschen hier unten, den Mikrokosmos, bestimmen.

Zusätzliche rechnerische Punkte – Schnittpunkte von Planetenbahnen, Horoskopachsen bzw. gedachte Punkte – machen weitere Differenzierungen möglich. In der Astrologie verwendet man heute vor allem die horizontale Achse von Aszendent und Deszendent, die vertikale von Himmelshöhe und Himmelstiefe, die Mondknotenachse und eventuell noch die sogenannten Glücks- und Schicksalspunkte.

Drei Aussagen der Astrologie

Man unterscheidet drei wesentliche Arten der Astrologie nach den Fragen, auf welche sie Antworten geben wollen.

1. Aussagen über Ereignisse

In der orts-, zeit- und ereignisbezogenen Astrologie stellt man die Frage: «Was passiert wann und wo?»

Dies ist die älteste bekannte Form der Horoskopfrage. In alter Zeit wurden Horoskope nicht für jedermann gestellt, sondern zunächst nur für den Herrscher, später auch für andere führende Persönlichkeiten. Der jeweilige Herrscher wurde als Beauftragter, Gesandter und Mittler zu Göttern und ihren Gesetzen des Kosmos betrachtet. Er ließ sich Rat von Astrologen-Astronomen geben (man trennte in der Antike die Himmelsbeobachtung und die Himmelsdeutung noch nicht!), um richtig regieren zu können.

Eine typische Frage der ägyptischen Astrologen würde also lauten: «Wann ist mit der nächsten großen Überschwemmung zu rechnen?» Und: «Fällt sie so aus, daß sie zum Segen wird, oder wird sie ganze Landstriche zerstören und womöglich lange unbewohnbar machen?» Das Horoskop wurde auf die Person des Herrschers gestellt und auf den Ort seiner Residenz bzw. seines Palastes bezogen.

Weitere Themen waren natürlich auch Fragen nach Kriegsgunst, Dauer der Regentschaft, Gesundheit des Herrschers bzw. Todesursache und Todeszeit.

2. Aussagen über seelische Kräfte und ihre Balance

Die psychologische oder humanistische Astrologie stellt die Frage: «Welche Kräfte wirken im einzelnen, und wie kann er bzw. sie mit diesen Kräften harmonisch umgehen oder sie ausgleichen?»

Diese Form der Astrologie ist die gegenwärtig vorherrschende. Der Mensch begreift sich heute vor allem als freies Individuum und nicht mehr so stark als Teil eines unverrückbaren Kollektivs, wie bis hin zur Zeit der Aufklärung. Die personenbezogene Astrologie stellt in den Mittelpunkt ihrer Untersuchungen das komplexe Muster der im

Inneren des Menschen wirkenden Kräfte. Sie geht davon aus, daß prinzipiell alle Kräfte in allen Menschen angelegt sind, das Geburtshoroskop aber Aufschluß darüber gibt, in welcher Ausprägung bzw. Akzentuierung und welche Herausforderungen bestimmte Aspekte zwischen den Kräften an uns stellen.

Ein plakatives Beispiel dafür wäre, wenn alle Planeten auf der Du-Seite stünden, nahe am Du-Punkt. Dann wäre ein Anhalt gegeben, daß dieser Mensch stark über das Du lebt und sich über das Du verwirklicht. Vielleicht möchte er dann daran arbeiten, sich selbst auch wichtig genug zu nehmen, um zum Beispiel nicht ständig ausgenutzt zu werden oder um weniger abhängig vom Urteil anderer zu werden.

3. Aussagen über Lebenssinn

In der transpersonalen oder esoterischen bzw. spirituellen Astrologie steht folgende Frage im Vordergrund: «Welchen Sinn hat mein Leben und wie kann ich ihn am besten erfüllen?»

Dieses Astrologieverständnis strebt nicht so sehr danach, daß alles im Leben harmonisch verläuft, sondern ist bereit, auch Eigenarten und sogar «Nachteile» in Kauf zu nehmen und Opfer zu bringen, um dem eigenen Leben einen Sinn zu geben.

Wieder ein Beispiel: Das Geburtshoroskop legt mit einer Planetenkonstellation nahe, daß jemand hochsensibel ist; das bestätigt sich im Alltag. Nun könnte man versuchen, diese Sensibilität, die sich oft vielleicht auch als Überempfindlichkeit äußert, zu dämpfen oder zu desensibilisieren, also «auszugleichen». Oder Sie könnten versuchen zu erforschen, auf welchen Gebieten diese hohe Sensibilität eine echte Gabe für den/die Horoskopinhaber/in darstellt, die er oder sie sogar noch weiter entwickeln sollte, um sie richtig zu nutzen – auch wenn das vielleicht heißt, auf zu häufige und zu intensive Außenkontakte oberflächlicher Art zu verzichten.

Ganz «reine» Anwendungen dieser drei Astrologiearten sind – zu Recht – immer seltener anzutreffen. Eine Verteufelung oder Idealisierung einer dieser Formen ist meines Erachtens nicht angebracht. Alle drei Arten haben ihre Berechtigung, schon deshalb, weil wir Menschen – zu verschiedenen Zeiten im Leben vielleicht, aber dennoch – an allen drei Fragetypen interessiert sind:

- «Wann muß oder kann ich mit welchen Entwicklungen oder Tendenzen für Ereignisse oder Vorhaben rechnen?»
- «Was sind meine Anlagen und wie kann ich mich und andere besser verstehen und ausgeglichener leben?»
- «Wie erfahre ich meine Aufgaben im Leben und wie kann ich diese Herausforderungen am besten meistern?»

Ein/e gute/r Astrologe/in wird alle drei Fragen sinnvoll miteinander verknüpfen.

Von den meisten Formen des Zeitungs- und Illustrierten-Geschreibsels im Zusammenhang mit Horoskopen (der Begriff Astrologie dafür verbietet sich von selbst) ist wenig bis nichts zu halten. Persönlich halte ich von Prognosen – die an sich völlig legitim sind! – dann nichts (und schon gar nichts von negativen Voraussagen, die eher ängstigen oder lähmen!), wenn sie zwei Faktoren übersehen: nämlich die relative Willensfreiheit des Menschen und die Unvorhersehbarkeit und absolute Freiheit des Schöpferwillens. Auch kann ich wenig mit jener Art von Astrologie anfangen, die alles problematisiert und vor allem immer negative Aspekte in den Vordergrund stellt und damit die natürlichen Selbstheilungskräfte und die gottgegebenen Energien der positiven Gestaltungsmöglichkeiten und der Lebensfreude dämpft oder unterdrückt.

Mir liegt es mehr, Probleme möglichst von vornherein auszuschalten oder so rasch wie möglich gute Lösungen für Probleme zu finden, als lange darüber nachzugrübeln, wie und warum man sich irgendein Problem ins Haus geholt hat oder weshalb es nur so gräßlich aussieht oder wie schön es wäre, es bald wieder los zu sein. Natürlich sollen wir Probleme zur Kenntnis nehmen. Aber so schnell und gezielt wie möglich, um rasch und umfassend zu einer aktiven und erfüllten Lebensgestaltung zu finden. Wer gern länger in Schwierigkeiten verweilt, um sie recht intensiv kennenzulernen und «auszukosten», dem steht es natürlich frei, dies zu tun.

Für mich ist «positive Astrologie» oder «kreative Astrologie» eine wunderbare Hilfe und Chance, die uns in unserer Freiheit ermuntert, die das wunderbare Potential aufzeigt, das in jedem Menschen steckt, und uns dabei unterstützt, es zu verwirklichen.

In jeder Form von Astrologie spielen ***Zeitzyklen*** eine wichtige Rolle. Ob es nun Ereignisse sind, über die wir mehr erfahren möchten, ob es emotionale Probleme sind, die wir klären wollen, oder ob es sich um die Erfüllung unserer Lebensaufgaben handelt – immer gehen wir von einer Situation aus, die nicht statisch ist, sondern sich fortlaufend entwickelt und verändert. Maßstab für diese Veränderung sind in der Astrologie die Zeitzyklen der Planetenbahnen. Astrologie erfaßt nicht nur Grundmuster, sondern auch den Rhythmus und die Dynamik des Lebens!

Warum funktioniert Astrologie?

Es gibt drei wichtige Erklärungen, warum Astrologie «funktioniert»:

1. Direkter Einfluß der Gestirne auf Erde und Menschen

Besonders in alter Zeit gingen die meisten Menschen davon aus, daß Sonne, Mond, Planeten und Sterne direkt und unmittelbar auf die Erde und die Menschen wirken, durch die sichtbare Strahlung des Lichts und durch unsichtbare, rätselhafte, geistige Strahlungen. Auch wenn wir gerade das letztere als Aberglauben abtun, so besteht durchaus eine direkte Wirkung einiger Himmelskörper.

Der Sonnenstand (bzw. die Drehung der Erde um sich selbst) bewirkt das Phänomen von Tag und Nacht, von Licht und Dunkel, von Leben und Tod. Der Sonnenlauf im Jahr (bzw. richtig der Erdenlauf um die Sonne) bestimmt unsere Jahreszeiten, legt den Wachstumsbeginn, die Reifephasen und die Erntezeiten der Vegetation fest und beeinflußt damit unsere körperliche Lebensgrundlage auf entscheidende Weise.

Der Mond ruft (durch seine Anziehungskräfte) bekanntlich Ebbe und Flut hervor. Bestimmte Mondkonstellationen haben Sturmfluten zur Folge. Die Mondphasen bestimmen die besten Saat-, Pflanz-, Schnitt- bzw. Erntezeitpunkte. Nicht zuletzt finden wir den Rhythmus der Mondzyklen auch in der Menstruationsperiode der Frau und in den Fruchtbarkeitszyklen mancher Tiere wieder.

Die Polizei beobachtet immer wieder, daß bei Vollmond – und in geringerem Maße bei Neumond – viele Autounfälle, Unglücke und Gewalttaten geschehen. Flugzeugbesatzungen wissen, daß bei Vollmond und Neumond viele Passagiere gereizter reagieren als sonst. Vor allem Frauen sind bei Vollmond noch sensibler als ohnehin. Und in vielen Krankenhäusern weiß man, daß bei Vollmond und bei Neumond mehr Komplikationen als sonst auftreten. Ich mußte dies vor meiner Bekanntschaft mit der Astrologie am eigenen Leibe spüren, bei einer Mandeloperation und einer Weisheitszahnextraktion. In beiden Fällen kam es zu größeren Problemen (einmal mit sehr starkem Nachbluten, das andere Mal mit dem Kreislauf). Heute werde ich keine Operation mehr bei Vollmond oder Neumond machen lassen.

Mondfinsternisse und noch mehr Sonnenfinsternisse hatten früher auf jeden Fall zumindest eine sehr reale psychologische Wirkung: sie lösten Angst und Schrecken aus, weil viele Menschen befürchteten, daß die Ordnung des Kosmos umgestürzt werde, daß das Licht der Sonne womöglich für immer verschwinden und dem Leben auf Erden dann ein Ende gesetzt würde.

In den fünfziger Jahren stellte ein amerikanischer Ingenieur fest, daß es zu besonders starken Funkstörungen auf der Erde kam, wenn die Sonnenfleckenaktivität (der Ausstoß von Energie) besonders stark war. Die erhöhte Sonnenfleckenaktivität ergibt sich eigenartigerweise dann, wenn Merkur und Jupiter in einem «Spannungsaspekt» zur Sonne stehen.

Wenn nun bestimmte Konstellationen zwischen den Himmelskörpern in unserem Sonnensystem zu so deutlichen physikalischen Phänomenen führen, die auch auf der Erde nachweisbar sind, ist die Annahme der Antike, daß es eine gewisse direkte Wirkung der Gestirne auf uns gibt, immerhin verständlich.

In der modernen Astrologie spielt die Erklärung, daß es eine direkte Wirkung der Gestirne auf uns gibt, aber praktisch keine Rolle mehr. Eine Ausnahme stellt die Mondforschung dar, die sicher noch einige überraschende Resultate zeitigen wird.

2. Synchronizität zwischen Makrokosmos und Mikrokosmos

Der Schweizer Psychologe Carl Gustav Jung entwickelte ein damals neues Modell, wie Ereignisse miteinander verknüpft sein können, ohne daß sie unmittelbar miteinander zusammenhängen. Wir kennen das Prinzip von Ursache und Wirkung, das sogenannte kausale Prinzip. C.G. Jung postulierte nun ein akausales Wirkprinzip. Am besten läßt sich das an einem einfachen Beispiel erklären.

Sie lesen dieses Buch, weil Sie es gekauft oder ausgeliehen haben. Sie konnten es kaufen oder ausleihen, weil der Verlag es hat drucken lassen. Der Verlag konnte es drucken lassen, weil ich ein Manuskript für das Buch abgegeben hatte. Das sind typische kausale Verknüpfungen: weil A passiert ist, kann B folgen. A ist die Ursache, B die Wirkung. Jede Wirkung hat irgendeine Ursache.

Was ist aber von folgendem zu halten: Während Sie dieses Buch lesen, läutet das Telefon. Während Sie aufstehen, um zum Telefon zu gehen, kommt Ihr Partner zur Tür hinein. Während Ihr Partner zur Tür hereinkommt, sendet das Radio Nachrichten.

Nicht, weil Sie lesen, läutet das Telefon. Nicht weil Ihr Partner hereinkommt, bringt das Radio Nachrichten. Sondern während A geschieht, ereignet sich B. Während A passiert, passiert gleichzeitig B.

C.G. Jung nannte das eine akausale Verknüpfung, weil A in diesem Fall nicht Ursache von B ist und B nicht Folge von A, sondern A und B grundlos und zusammenhanglos, aber eben zur selben Zeit geschehen. Er wies darauf hin – und daraus ergibt sich jetzt die Bedeutung dieser Beispiele für unser Thema Astrologie –, daß nicht nur Dinge und Ereignisse Qualitäten besitzen, sondern auch einzelne Abschnitte und Momente der Zeit.

Jung stellte fest, daß Zeit eine eigene Prägung hat und daß alle Ereignisse, die sich zur selben Zeit abspielen, durch die betreffende Zeitqualität gefärbt werden. Er schuf den Begriff «Synchronizität» und bezeichnete damit das Phänomen, daß Geschehnisse, die gleichzeitig stattfinden, auf eine unsichtbare Weise etwas miteinander zu tun haben. Sie werden durch die Qualität des Zeitabschnitts geprägt.

Auf die Astrologie angewandt, bedeutet dies, daß die Gestirne nicht direkt auf uns wirken und wir – unser Charakter und unser Schicksal – aufgrund ihrer Wirkung so oder anders sind. Sondern vielmehr stellen wir anhand des Horoskops die Zeitqualität unseres Sonnensystems und des Kosmos zum Zeitpunkt unserer Geburt fest. Wir übertragen, was wir zu einem bestimmten Zeitpunkt über die Zeitqualität, die Zyklen und Rhythmen der Gestirne feststellen, auf die Grundsituation, in der der neugeborene Mensch sein Erdenleben beginnt. Von der Zeitqualität des Makrokosmos ziehen wir Rückschlüsse auf den menschlichen Mikrokosmos und seine Basisqualitäten.

3. Astrologie als symbolische Zeichensprache

Beide oben skizzierten Erklärungen, warum Astrologie funktioniert, haben etwas für sich. Eine dritte Erklärung, die Dane Rudhyar schon in den 30er Jahren vorgetragen hatte, ist noch umfassender und befriedigender. Rudhyar sprach davon, daß Astrologie nicht mehr und nicht weniger als eine Symbolsprache ist, eine Art «Algebra des Lebens».

Diese Symbolsprache dient dazu, Gesetzmäßigkeiten, die wir in einem Teil der Schöpfung erkennen, auch in anderen Bereichen zu beschreiben. Solange man im Rahmen der Symbolsprache bleibt und solange man damit allgemein erlebbare Phänomene beschreibt, läßt sich damit zwar nicht alles, aber doch sehr viel erklären und auch praktisch anfangen. Dazu einige Beispiele.

Wir wissen, daß es unterschiedliche mathematische Modelle und «Sprachen» gibt. Bei den Sumerern kannte man ein Zahlensystem, das auf der Zahl 60 aufbaute. Unsere Uhrzeit messen wir noch nach diesem System. 60 Sekunden sind eine Minute, 60 Minuten sind eine Stunde. Natürlich könnte man die Zeit auch anders einteilen, zum Beispiel in Dezimal-Abschnitte, also zehn kleine Einheiten ergeben eine mittlere, zehn mittlere ergeben eine große, und so fort.

In der «normalen» Mathematik bedienen wir uns des Dezimalsystems. Aber auch hier gibt es noch Ausnahmen: in England und den USA werden Entfernungen nicht nach Kilometern, Metern und Zentimetern berechnet, sondern nach Meilen, Yards und Inches. Gewichtsmaße werden nicht nach Gramm und Kilogramm eingeteilt, sondern nach Ounces und Pounds; Flüssigkeitsmaße sind nicht Liter und Deziliter, sondern Gallonen und Quarts oder Pints.

Und in Computern existiert noch eine ganz andere «Mathematik», nämlich lediglich 0 und 1, bzw. positiv oder negativ geladen, bzw. Strom fließt oder Strom fließt nicht. Und damit wird im Inneren eines Computers alles das dargestellt, umgerechnet, weiterverarbeitet, was wir sonst in einer ganz anderen Sprache ausdrücken.

Jede Sprache ist «richtig», solange wir sie folgerichtig und systemgerecht anwenden. Das läßt sich ja auch an der Vielfalt der Sprachen auf der Erde nachvollziehen, die mehr oder weniger alle gleich genau, zutreffend und differenziert komplexe Sachverhalte ausdrücken können.

Gehen wir nun einen Schritt weiter, von der Form zum Inhalt. Sicher kennen Sie aus der «Formelsprache» der Psychologen die Begriffe für vier Grundtypen von Menschen, nämlich sanguinisch (= offen und froh gestimmt), melancholisch (= in sich gekehrt und eher betrübt), phlegmatisch (= träge und schwer aus der Ruhe zu bringen) sowie cholerisch (= impulsiv und eher heftig).

Wenn ich Ihnen sage, daß meine Partnerin meist sanguinisch ist und manchmal phlegmatisch, daß ich auch meist sanguinisch, aber manchmal cholerisch bin, so können Sie sich nur aufgrund dieser wenigen und recht schlichten Begriffe ein ganz gutes Bild von uns machen.

Wenn Sie weiter erfahren, daß mein Chef zwischen phlegmatisch und cholerisch schwankt und meine Kollegin oft melancholisch gestimmt ist, so sagt Ihnen das ebenfalls etwas.

Mit nur vier Begriffen in unterschiedlicher Kombination können wir uns gegenseitig ganz gut verständigen und uns über andere Menschen und ihren Charakter austauschen. Das «funktioniert», weil wir eine ziemlich übereinstimmende Ansicht darüber haben, was diese vier Begriffe bedeuten.

Nun können wir diese Begriffe nicht nur auf Menschen anwenden, sondern auch auf das Verhalten von Firmen oder sogar auf Staaten. Wir benutzen also eine einfache Formelsprache aus vier Worten, um etwas Sinnvolles über unterschiedliche Teile des Lebens auszusagen.

Auf diese Weise «funktioniert» auch die Symbolsprache der Astrologie, nur ist sie viel komplexer. Statt vier Begriffen kombinieren wir zehn Planetensymbole, zwölf Sternzeichen, zwölf Häuser, einige weitere Elemente sowie bestimmte Winkelbeziehungen zwischen den Planeten. Verschiedenen Aspekten des menschlichen Lebens ordnet die Astrologie bestimmte Symbole und Begriffe zu. Solange wir mit diesen Begriffen der Astrologie etwas verbinden, worauf wir uns mehr oder weniger genau geeinigt haben, und solange wir diese astrologische Sprache innerhalb der ihr eigenen Regeln einheitlich und schlüssig verwenden, kommen wir zu sinnvollen Aussagen, die auch von anderen Menschen verstanden werden können.

Die ***Grenzen der Astrologie***, dort, wo sie nicht mehr «funktioniert», liegen darin, daß sie wie jede Sprache und wie jedes System nur einen Teil der Wirklichkeit spiegeln kann. So, wie Leonardo da Vincis Geist ungleich größer war, als die gesamte Summe seiner Werke, so ist auch das menschliche Leben, das Streben des Geistes, die Bewußtheit der Seele, ungleich größer als die Summe ihrer Teile. Noch direkter: Die äußere Schöpfung läßt sich mit der astrologischen Symbolsprache recht gut erfassen und deuten. Aber der Schöpfergeist ist größer als Makrokosmos und Mikrokosmos zusammen. Gott und die Seele sind größer als Kosmos und Erde und Gefühle, Gedanken und der menschliche Körper.

Astrologie ist ein «***Erkenntnisinstrument***» und eine «***Kunst***» der Vergänglichkeit. Gott und Seele hingegen sind unvergänglich. Aber immerhin gibt der Blick in die lichte, blaue Transzendenz des Tages und in die unendlich erscheinende sternenübersäte Nacht eine Ahnung von der Ewigkeit, in der wir sind und die sich auch in uns selbst befindet. Wenn wir durch die Beschäftigung mit der Astrologie diese Ewigkeit in uns selbst als letzte Wirklichkeit und als unser wahres Wesen erahnen oder gar erleben dürfen, dann hat die Astrologie einen guten Dienst erfüllt!

Für die letzten beiden Erklärungsmodelle gilt auf jeden Fall der schlichte und klare Satz: «So wie die Uhr die Zeit anzeigt, aber nicht ‹macht›, so zeigt die Astrologie Charakteranlagen, Schicksalswege und Lebenssinn an, macht sie aber nicht!»

Was «steht» in einem Horoskop?

Die meisten Horoskopdarstellungen sind heutzutage rund. Eine Ausnahme stellen Horoskope nach der indischen Manier dar, die als Quadrat gezeichnet werden. Im Mittelalter wurden auch bei uns Horoskope quadratisch abgebildet.

In diesem Rund finden Sie fünf Arten von Eintragungen:

1. ***Zwölf Zeichen*** des symbolischen Tierkreises von Widder bis Fische. Sie sind das Meßband von 12 x 30 Grad = 360 Grad, in dem man Planeten, Häuser und rechnerische Punkte einträgt und abliest.

2. ***Zehn Planeten***, die, wie wir wissen, die Kräfte symbolisieren, welche in der oder auf die Person wirken.

3. ***Zwölf Häuser***, welche die Lebensbereiche angeben, in denen sich die symbolischen Planetenkräfte bemerkbar machen – in einer Weise, welche auch von den Merkmalen des jeweiligen Zeichens geprägt ist.

4. Einige ***Achsen*** als Grundstruktur (und einige rechnerische Punkte) als zusätzliche wichtige Deutungshilfen.

5. ***Aspekte***, d.h. spezielle Winkelbeziehungen zwischen Planeten, Achsen und rechnerischen Punkten.

Jeder Planet und jeder rechnerische Punkt steht also sowohl in einem Zeichen als auch in einem Haus. Wahrscheinlich ist er darüber hinaus mit einem oder mehreren anderen Planeten durch eine besondere Winkelbeziehung, also durch einen Aspekt, verbunden.

Geburtshoroskop	Johann Sebastian Bach				
Geburtsdatum	31. März 1685	Uhrzeit	11:49	Sternzeit	00:29
Gebortsort	Eisenach	Länge	006°31'	Breite	049°51'

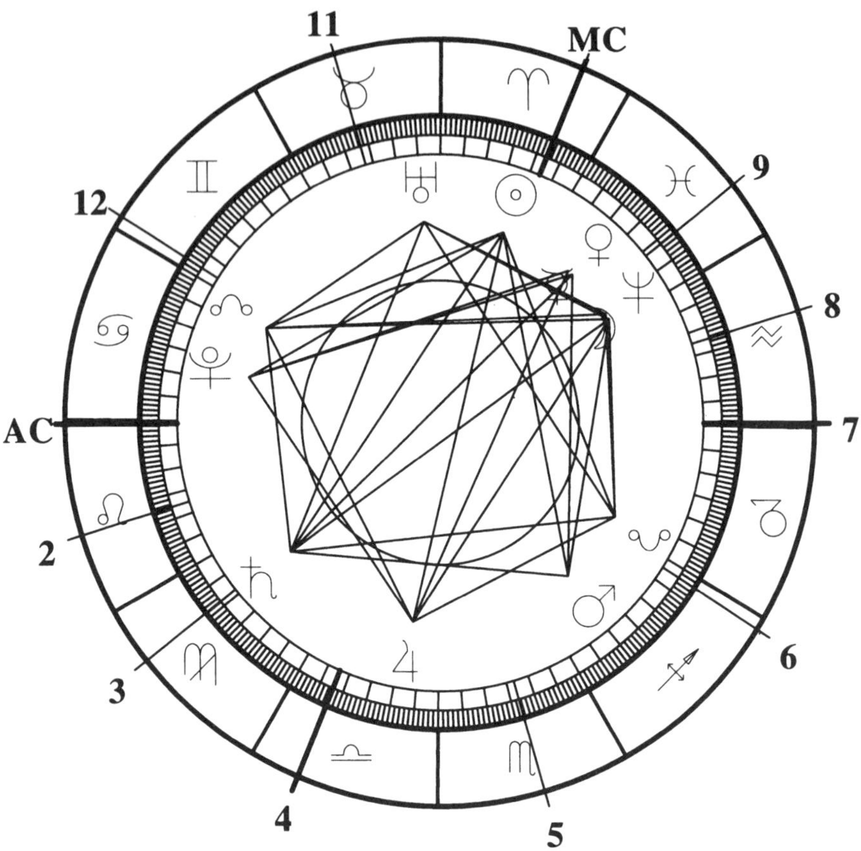

☉ Sonne	♄ Saturn	♈ Widder	♎ Waage
☽ Mond	♅ Uranus (♅)	♉ Stier	♏ Skorpion
☿ Merkur	♆ Neptun	♊ Zwillinge	♐ Schütze
♀ Venus	♇ Pluto	♋ Krebs	♑ Steinbock
♂ Mars	☊ Aufst. Mondknoten	♌ Löwe	♒ Wassermann
♃ Jupiter	☋ Abst. Mondknoten	♍ Jungfrau	♓ Fische

Astrologische Symbole

Die üblichen graphischen Zeichen für die Planeten bestehen aus wenigen Grundelementen, die in den unterschiedlich gestalteten Planetensymbolen den Wesenskern des jeweiligen Planeten plakativ zum Ausdruck bringen.

Wir finden:

Kreis	Unendliche Ganzheit	○
Halbkreis	Endliche Begrenztheit	◡
senkrechte Linie	Geistiges Streben	|
waagerechte Linie	Körperliche Ausdehnung	—
Kreuz	Verbindung beider Linien	+
Pfeil	aktives, abgewandeltes Kreuz	↗
Punkt	Lebenswille, Lebenskern	●

in verschiedenen Kombinationen.

Und so sehen die Planetensymbole aus:

Sonne	☉
Mond	☾
Merkur	☿

Venus	♀
Mars	♂
Jupiter	♃
Saturn	♄
Uranus	⛢
Neptun	♆
Pluto	⯓

Es gibt bisweilen auch andere Darstellungen, zum Beispiel für Uranus und Pluto, siehe die Zeichen in Klammern. In unserem Sprachraum sind die hier abgebildeten Symbole gebräuchlich.

Persönliche, soziale und kollektive Planeten

Die Gestirne innerhalb des Erdumlaufs und die Sonne werden oft als die «*persönlichen*» Planeten bezeichnet, die eine ganz individuelle Bedeutung für den Horoskopinhaber besitzen. Das sind Sonne, Mond, Merkur und Venus.

Die der Erde noch relativ nahen Gestirne außerhalb des Erdumlaufs um die Sonne – Mars, Jupiter und Saturn – beschreiben die Astrologen gern als «*soziale*» Planeten. Sie symbolisieren den sozialen Umgang des Menschen in seiner Umwelt.

Uranus, Neptun und Pluto, die weit entfernten Planeten, die übrigens in der Neuzeit alle relativ spät entdeckt wurden, nennt man «*kollektive*» oder «*überpersönliche*» Planeten. Sie sagen etwas über unbewußte oder spirituelle Einflüsse für den Menschen.

Die Zeichen für die Tierkreisabschnitte:

	Widder	♈
	Stier	♉
	Zwillinge	♊
	Krebs	♋
	Löwe	♌
	Jungfrau	♍
	Waage	♎
	Skorpion	♏
	Schütze	♐
	Steinbock	♑
	Wassermann	♒
	Fische	♓

Eine andere Einteilung des Horoskopbildes:

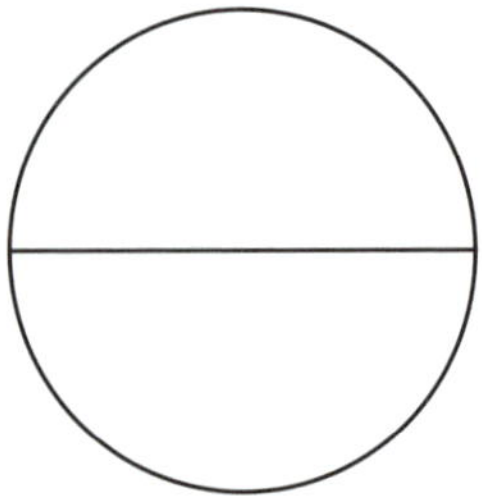

Zur oberen Hälfte des Horoskopkreises, oberhalb der Aszendent-Deszendent-Achse, gehören die Begriffe Tag, Bewußtes, Kopf, Individuum. Zur unteren Hälfte gehören Nacht, Unbewußtes, Körper, Kollektiv.

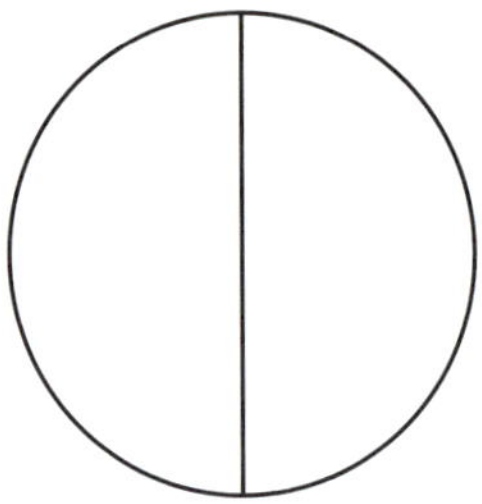

Zur linken Hälfte des Horoskops, links der Mittelachse, die idealtypisch mit der MC-IC-Achse zusammenfällt, zählen die Schlüsselworte Ich und Ich-Bezogenheit; zur rechten Hälfte Du und Du-Bezogenheit.

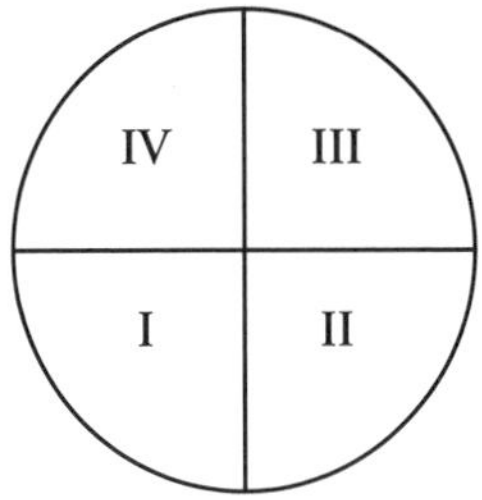

Im I. Quadranten drückt sich das «Ich» und der Trieb aus.
Im II. Quadranten findet sich das «Wir» und der Instinkt.
Im III. Quadranten ist das «Du» und das Denken angesiedelt.
Im IV. Quadranten kommt das «Man» und das Sein zum Ausdruck.

Zunächst einmal findet sich in einem Horoskop also nicht mehr und nicht weniger als die schematische Darstellung des astrologischen Himmels mit zahlreichen Himmelskörpern und Elementen, betrachtet und berechnet auf einen bestimmten Ort zu einem bestimmten Zeitpunkt.

Meistens meinen wir aber das Geburtsbild eines Menschen, wenn wir von einem Horoskop sprechen. Man kann solche «Geburtsbilder» aber auch für die Gründung einer Firma stellen, für den Beginn eines Studiums und so fort.

Das Geburtshoroskop sagt etwas aus über die Grundanlagen und das Potential des Menschen. Der Vergleich zwischen dem Planetenstand bei der Geburt mit dem Planetenstand zu späteren Zeiten gibt Hinweise auf Zeitrhythmen und Entwicklungstendenzen.

Übrigens läßt sich von keinem Horoskop mit Sicherheit etwas über den Zeitpunkt des Todes aussagen oder darüber, ob der Mensch einen spirituell entwickelten Geist und ein bewußtes Seelenleben hat oder nicht. Ob der Horoskopinhaber ein «Sünder» oder ein «Heiliger» ist, vermag man aus dem Horoskopbild allein nicht abzulesen. Wer das nicht glaubt, braucht nur die Horoskopbilder von Weisen und Heiligen an verschiedene Astrologen zu geben, ohne den Namen zu verraten und sich dann die gegensätzlichsten Deutungen anzuhören. Wer heilig oder einfach auch nur weise ist, vermag auch ein «schwieriges» Horoskop zu meistern. Dann wird aus einem «Katastrophenaspekt» für einen eher unbewußten Menschen ein «Erleuchtungsaspekt» für eine voll bewußte Seele! Gott sei Dank ist das so, daß der kreative, göttliche und geistige Funken im Menschen sich eben nicht in einer schematischen, mathematischen, materiellen Darstellung erfassen läßt.

Martin Schulman bringt zu diesem Thema in seinem wunderbaren Buch über Karma und die Mondknoten eindringliche Beispiele.... (Karmische Astrologie I, Mondknoten und Reinkarnation, Urania Verlags AG, Neuhausen, 1987)

Das 13. Sternbild und der Wert des Horoskops

Sternbilder

Es gibt Sternbilder, nicht nur zwölf, auch nicht dreizehn, sondern viel mehr. Sternbilder oder «Fixsternkonstellationen» sind Gruppen von Sternen, die der Mensch von der kleinen Erde aus als ein irgendwie geartetes «Himmelslogo» wahrnimmt, als einheitliches Bild betrachtet und diesem Bild Symbolcharakter zuschreibt. In Wirklichkeit haben die Fixsterne der Sternbilder miteinander NICHTS zu tun! Sie sind Millionen von Lichtjahren voneinander und von der Erde entfernt. Lediglich unsere irdische Perspektive läßt sie wie ein zusammenhängendes Diagramm aus leuchtenden Punkten aussehen.

Die Sonnenbahn als besondere Bezugsebene

Es gibt einen scheinbaren Lauf der Sonne um die Erde (wir betrachten Himmelsphänomene immer vom Standpunkt auf der Erde aus). Die Erde steht nicht «aufrecht», sondern um 23,5° «gekippt» innerhalb dieser Sonnenbahn. Diese scheinbare Sonnenbahn um die Erde nennt man in der Astrologie auch «Ekliptik». Die Sonnenbahn verläuft, weil die Erde eben um 23,5° «schief» innerhalb des scheinbaren Sonnenlaufs steht, nicht entlang des Äquators. Dieser Schiefstand führt auch zum Phänomen der Jahreszeiten, weil die Erde mal dem nördlichen, mal dem südlichen Teil ihrer Oberfläche der Sonne stärker zugeneigt ist.

Kreisteilung in 360°

Sowohl der Äquator als auch die Sonnenbahn, die Ekliptik, unterteilt man in Abschnitte zu 360°. Wir teilen Kreise generell in 360 Grade auf. Wenn wir auf einer Anhöhe stehen und herumblicken, genießen wir ebenfalls einen 360°-Blick.

Besondere Sternbilder

Überall am Himmel sehen wir Sterne. In der Nähe der scheinbaren Sonnenbahn um die Erde erblicken wir eine Reihe «besonders» aussehender Sternbilder oder Fixsternkonstellationen. Diese «besonderen» Sternbilder, von denen zwölf den meisten unter uns bekannt sind, werden von unterschiedlich vielen Fixsternen gebildet (s.o.). Sie bilden einen weit entfernten «Gürtel» oder ein «Band» rund um die Erde – zumindest sieht das von der Erde so aus. Dieses Band bzw. dieser Gürtel liegt «hinter» der Sonnenbahn um die Erde; er ist etwa 18° breit und erstreckt sich rund jeweils 9° oberhalb und unterhalb der Ebene der Sonnenbahn bzw. der Ekliptik.

Viele dieser Sternbilder wurden mit Tiernamen belegt, jedoch nicht alle. Die Namen der Sternbilder und ihre tatsächlichen jeweiligen Ausdehnungen im 360°-Rund des Sternzeichen-«Gürtels», sind: Widder mit 24°, Stier mit 36°, Zwillinge mit 28°, Krebs mit 21°, Löwe mit 35°, Jungfrau mit 46°, Waage mit 18°, Skorpion mit 31°, Schütze mit 30°, Steinbock mit 28°, Wassermann mit 25°, Fische mit 38°.

Seit altersher kannte man jedoch mindestens ZWEI weitere Sternbilder bzw. Fixsternkonstellationen, nämlich Ophiuchus, den «Schlangenträger» und Cetus, den «Wal». Beide wurden bereits im einem Sternenkatalog des Ptolemäus ca. 150 n. Chr. (!) aufgeführt, sind also keineswegs «erst jetzt entdeckt» worden. Nach Ptolemäus' Sternenliste fällt das Sternbild des Schlangenträgers zwischen die Bilder Skorpion und Schütze, das des Wals zwischen die Bilder Fische und Widder.

Sternbilder – Tierkreis – Tierkreiszeichen – Meßkreis

Das vermeintliche Problem des 13. Sternzeichens, welches angeblich die gesamte Astrologie über den Haufen würfe, hat zwei Ursachen: Unkenntnis über Astrologie und Sprachverwirrung. Unkenntnis über Astrologie hinsichtlich Bezugsebenen und inhaltlichem Ansatz; Sprachverwirrung, weil vier Begriffe – nämlich Sternbilder, «Tierkreis», Meßkreis und Tierkreiszeichen – in einen Topf geworfen werden.

Die Astrologie mißt dem scheinbaren Sonnenlauf um die Erde besondere Bedeutung bei. Immerhin bewirkt er die Jahreszeiten. Jede Jahreszeit und auch jeder kleinere Zeitabschnitt, jeder Monat, hat seine eigene Qualität. Im Frühling fühlen wir uns anders als im Sommer, Herbst oder Winter. Die Herbstmonate Oktober und November besitzen eine ganz unterschiedliche Stimmung und Schwingung.

Wie stellen wir aber überhaupt fest, WO die Sonne (und der Mond und die Planeten) sich zu einem bestimmten Zeitpunkt aufhalten – von der Erde aus gesehen? Wir müssen das irgendwie messen. Da sich Sonne, Mond und Planeten und das gesamte Sonnensystem ständig im Raum bewegen, brauchen wir ein festes Maßband, einen Meßkreis, der unveränderlich ist, um an ihm die Stellung der Himmelskörper abzulesen, wie wir sie von der Erde aus beobachten.

Als Maßband dient uns in der Astrologie ein idealtypischer Meßkreis von 360°, der in zwölf gleichgroße Abschnitte von jeweils 30° unterteilt ist. Auf den ersten Blick verwirrend ist dabei allerdings, daß bei der Bezeichnung dieser 12 Abschnitte zu je 30° Namen den Sternbildern entliehen wurden und dieser Meßkreis auch noch «Tierkreis» genannt wurde, der in zwölf «Tierkreiszeichen» unterteilt ist. Das war und ist geradezu eine Einladung zur Verwechslung zwischen den astronomischen Sternbildern und dem astrologischen Meßkreis. Historisch übrigens gut erklärlich: denn in der antiken Astrologie dienten wohl Sternbilder rund um die Ekliptik als ein erstes, scheinbar unverrückbares Meßband. Allerdings maßen auch die Astrologen vor vielen tausend Jahren die zwölf astrologischen Abschnitte mit jeweils 30°, und nicht, wie bereits sie es selbst beobachten konnten, in unterschiedlicher astronomischer Ausdehnung. Auch die Antike wußte, daß der notwendige Meßkreis ein geistiges Konzept darstellt, um idealtypische Muster, Symbole und Archetypen in einen Zusammenhang zu stellen. Es wurde nicht etwa versucht, die ohnehin in Wirklichkeit nicht zueinandergehörigen Sternbilder als Bedeutungsträger über die Erde zu stülpen.

Die «Präzession»
«Scheinbar unverrückbares Meßband» deshalb, weil sich auch die Fixsterne bewegen, und zwar ca. 1,4° in 100 Jahren; das führt zum Phänomen der «Präzession», der Verschiebung des «Frühlingspunktes». Das wiederum führt ebenfalls zur Kritik an der Astrologie, weil nicht verstanden wird, daß der Meßkreis der Astrologie ein gedachter archetypischer 360°-Kreis mit zwölf gleich-großen Abschnitten ist, die von allen Sternbildern völlig unabhängig sind.

Ein Resümee
Diese Bemerkungen zu einem aktuellen Thema ersetzen kein ganzes Buch, kein ausführliches Gespräch. Aber zumindest der allzu offensichtliche Unfug und die Scheinkontroverse um das angeblich neue Tierkreiszeichen und seine angeblichen Wirkungen konnten wohl einigermaßen geklärt werden.

Halten wir fest: Astrologie funktioniert nach wie vor. Die zwölf Tierkreiszeichen sind archetypische, symbolische Aufteilungen des 360°-Meßkreises. Sie erlauben eine räumliche Zuordnung von Sonne, Mond und Planeten zur Erde und untereinander. Damit bilden die astrologischen Tierkeiszeichen das «Raum-Feld», in dem sich die symbolischen astrologischen Kräfte auswirken. Erst so lassen sich Analogien finden, Aussagen treffen und Deutungen machen.

Sternbilder, schon immer mehr als zwölf, fungieren lediglich als Namensgeber unserer Tierkreiszeichen: Sie haben für die Astrologie keine weitere Bedeutung und funkeln ansonsten des nachts in der ihnen eigenen Schönheit über Sternenunkundigen und Sternenkundigen gleichermaßen.

Der Mensch im Kosmos

Seit es uns Menschen auf der Erde gibt, haben wir beobachten können, daß wir alle Teil eines ungeheuren kosmischen Ganzen sind, ein winziges Partikel in einem unermeßlichen Universum. In Tag und Nacht erleben wir den «Aufgang» und den «Untergang» von Sonne und Mond, vom «großen» und vom «kleinen» Licht. Mit Tag und Nacht sehen wir auch, daß diese beiden Himmelskörper nicht stille stehen, sondern über Horizont und Himmel ziehen. Aufmerksame Beobachter des nachtblauen Sternenfirmaments können erkennen, daß es nicht nur eine schier unübersehbare Zahl scheinbar feststehender Sterne gibt, die sogenannten Fixsterne, sondern auch eine kleine Zahl von Himmelskörpern, die wie Sterne aussehen, aber wie Sonne und Mond ebenfalls deutlich sichtbar über den Himmel «wandern». Diese Himmelskörper nannte man Planeten.

Als Planeten bezeichnet man demnach einen Himmelskörper, der um eine Sonne herum seine Bahnen zieht und nicht selbst leuchtet. Der Begriff Planet entstammt einem griechischen Wort, das abwechselnd als «Wanderer» oder «Herumirrender» übertragen wird.

Im alten Weltbild sah man die Erde als Mittelpunkt des Alls und meinte demnach, daß Sonne, Mond und Planeten um die Erde kreisen. Der griechische Mathematiker Ptolemäus entwarf im 2. Jahrhundert nach Christus ein kompliziertes Himmelsmodell, in dem die Erde die Mitte einnahm. Diese Anschauung hielt sich bis ins Mittelalter. Der polnische Astronom Nikolaus Kopernikus schlug 1543 vor, daß die Planeten rund um die Sonne, nicht um die Erde, kreisten. Er übernahm dabei mathematische Verhältnisse von Ptolemäus. Im 17. Jahrhundert entwickelte der deutsche Mathematiker (und Astrologe) Johannes Kepler dieses Modell weiter und beschrieb die Planetenbahnen als Ellipsen, in deren einem Brennpunkt sich die Sonne befindet. Auf der Grundlage von Beobachtungen seines Lehrers, des Dänen Tycho Brahe, formulierte Kepler 1609 und 1619 drei wesentliche empirische Gesetzmäßigkeiten. Seine Arbeit gilt wiederum als Basis für Isaac Newtons Gesetz der Schwerkraft, das dieser 1687 niederlegte. Damit gelang es Astronomen, die Bewegung und die Position der Planeten mit hoher Genauigkeit festzustellen.

Daß die römisch-katholische Kirche Galileo Galilei zwang, seiner Überzeugung abzuschwören, daß auch die Erde um die Sonne kreist, gehört zu den Absurditäten der Geschichte. Daß es aber bis in unsere Tage dauerte, bis der Vatikan die Verurteilung des italienischen Forschers und Erfinders von Ferngläsern zur genaueren Himmelsbeobachtung aufhob und ihn auch offiziell rehabilitierte, ist nur noch mit distanzierter Ironie zu goutieren.

Unser gesamtes Sonnensystem bewegt sich mit einer Geschwindigkeit von rund 19 Kilometern pro Sekunde (!) in bezug auf unsere Nachbarsterne. Die Sonne und damit das gesamte Sonnensystem und auch wir auf unserer kleinen Erde rasen mit etwa 250 Kilometern pro Sekunde rund um das galaktische Zentrum. Das sind immerhin 900 000 Stundenkilometer. Nicht nur der Blick in den funkelnden Nachthimmel, sondern auch diese Zahlen und Tatsachen können uns durchaus nachdenklich stimmen, was unsere Rolle als bewußte Wesen in diesem riesigen Kosmos wohl sein mag. Darüber hinaus bewegt sich auch unsere Galaxie und steht nicht einfach still.

Die Himmelskörper im All haben schon immer die Phantasie von Schriftstellern beflügelt, Wissenschaftler zu großem Forscherehrgeiz angetrieben und Filmemachern Gelegenheit gegeben, immer extremere Filmtricks auf die Leinwand zu bringen. Man denke nur an *2001 – Odyssee im Weltraum* und die *Star Trek* Serie.

Teil II

Schlüsselworte zum Horoskop

Kurzdeutungen

Stichworte zu den Planeten

☉ Sonne

Betont im Zeichen Löwe und im 5. Haus. Lebensziel, Selbst, Vitalität, Selbstverwirklichung, Bewußtheit, der Mann. Falls geschwächt: möglicherweise Passivität, Hyperaktivität, Selbstüberschätzung.

☾ Mond

Betont in Krebs und im 4. Haus. Seelisches, Gefühle, Psyche, Gemüt, Öffentlichkeit, Vertrauen, Hingabe, Mütterliches, die Frau. Falls geschwächt: eventuell Gefühlshemmung, Ungeborgenheit, Launenhaftigkeit.

☿ Merkur

Betont in Zwillinge, Jungfrau sowie im 3. und im 6. Haus. Intellekt, Kommerzielles, Austausch, Sprache, Nachrichten, Wendigkeit, Lernfähigkeit. Falls geschwächt: unter Umständen Kontaktprobleme, Geschwätzigkeit, Kopflastigkeit.

♀ Venus

Betont in Stier und Waage sowie im 2. und 7. Haus. Harmoniebedürfnis, Sinnlichkeit, Nähe, weibliche Libido, Beziehungsfähigkeit, Zärtlichkeit, Ästhetik, Kunst. Falls geschwächt: Scheinharmonie, Konsumhaltung, Narzissmus, Trägheit.

♂ Mars

Betont in den Zeichen Widder und Skorpion sowie im 1. und im 8. Haus. Er steht für die Qualitäten Initiative, Energie, Triebkraft, für den «Yang»-Aspekt der Libido (nicht nur für männliche Libido!), also für drängende oder gebende Liebe. Aktivität, Durchsetzungsfähigkeit und Risikobereitschaft. Falls der Mars geschwächt ist, steht er für Ungeduld, Aggression, Rücksichtslosigkeit oder sogar für Konfliktscheu.

♃ Jupiter

Betont in Schütze und im 9. Haus. Sinnbedürfnis, Optimismus, Glaube, Ganzheitlichkeit, Erkenntnis, Weisheit, Lebenssinn. Falls geschwächt: Überheblichkeit, überzogene Erwartungen, Ausschweifungen.

♄ Saturn

Betont in Steinbock und im 10. Haus. Sicherheit, Struktur, Pflichtgefühl, Leistungsbereitschaft, Konzentration, Begrenzung, Verantwortung. Falls geschwächt: Sturheit, Geiz, Härte, Ängste, Kontrollzwang, Beschränkung.

⛢ Uranus

Betont in Wassermann und im 11. Haus. Intuition, Originalität, Individualisierung, Erneuerung, Freiheits- und Reformstreben, Kreativität, Toleranz, Plötzlichkeit. Falls geschwächt: Angst vor Risiken, Unberechenbarkeit, Exzentrik, Unbeweglichkeit.

♆ Neptun

Betont in Fische und im 12. Haus. Einfühlung, Hingabe, Ahnungen, Träume, Verschmelzungsbedürfnis, Auflösung, Friede, Meditation, Vertrauen, Weichheit. Falls geschwächt: Illusion, Realitätsflucht Antriebsschwäche, Opfer-Helfer-Syndrom.

♇ Pluto

Betont in Skorpion und im 8. Haus. Leitbild, Wandlung, Überwindung von Ängsten und Zwängen, Machtstreben, Sexualität, Magie, Tod und Wiedergeburt. Falls geschwächt: Abwehr, Machthunger, Fanatismus, Opferrolle, Abhängigkeit vom Kollektiv.

Stichworte zu den Achsen

☊ Aufsteigender Mondknoten

Heißt auch «Drachenkopf». Steht für Zukunftsorientierung, neue Aufgaben, Entwicklungswege, neue karmische Herausforderungen und Chancen. Nach B.A. Mertz ähnlich wie Jupiter/Sonne.

☋ Absteigender Monknoten

Heißt auch «Drachenschwanz». Steht für Vergangenheitsbindungen, Gewohnheitsmuster, Fluchtwege, ungelöstes «altes» Karma. Nach Mertz Qualität ähnlich wie Saturn/Mond.

Die *Achsen Aszendent-Deszendent* und *Medium coeli-Imum coeli* sind das persönlichste Element in jedem Horoskop. Alle vier Minuten rückt der symbolische Tiermeßkreis ungefähr einen Grad auf dem 360-Grad-Rund weiter. Deshalb kann eine auch nur um wenige Minuten falsche Uhrzeitangabe für die Geburt im Horoskop einen großen Unterschied machen. Ein Beispiel dafür: Wenn die Angabe von 4 Uhr 50 zu einem MC von 28 Grad Zwillinge führt, später aber herauskommt, daß die richtige Uhrzeit der Geburt 5 Uhr 10 gewesen ist, so liegt der MC dann bei 3 Grad Krebs.

AC

Der *Aszendent* (AC) symbolisiert das Ich, das Selbstbild, die «Persona», das Rollenspiel, die Sicht der Umwelt des Horoskopinhabers.

DC

Der *Deszendent* (DC) symbolisiert das persönliche Du, die Begegnung mit unmittelbaren Partnern und die eigene Einstellung sowie Projektionen auf das Du.

MC

MC (Medium Coeli) = Sonnenhöchststand, südlichster Punkt im Horoskop. Äußere Stellung oder Bestimmung im Leben, Erwartungen von Familie oder Gesellschaft. «Man!» Qualität oft wie 10. Haus.

IC

IC (Immum Coeli) = Sonnentiefststand, nördlichster Punkt im Horoskop. Herkunft, innere Heimat oder «Karma». Gewohnheiten sowie innere Verwirklichung. «Wir!» Qualität oft ähnlich wie 4. Haus.

Stichworte zu den Zeichen

Die folgende Kurzbeschreibung der Tierkreiszeichen gründet auf überarbeiteten Texten der Astrodata-Horoskopkarten (siehe Hinweise im Anhang).

 Widder ♈

Motto «Ich mache!»
Dynamik, Durchsetzung, Tatkraft, Pioniergeist, Impulsivität, Ungeduld, Draufgängertum, Begeisterungsfähigkeit. Besondere Beziehung zu Mars und zum 1. Haus.

 Stier ♉

Motto «Ich habe!»
Sinnesfreude, Genuß, Realismus, Sicherheitsstreben, materielle Ausrichtung, Kraftreserven, Starrheit, Trägheit, Aufnahmefähigkeit. Besondere Beziehung zu Venus und zum 2. Haus.

 Zwillinge ♊

Motto «Ich kommuniziere!»
Austausch, Beweglichkeit, Kontaktfreude, Neugier, Vielseitigkeit, Reizhunger, Oberflächlichkeit, Anpassungsvermögen. Besondere Beziehung zu Merkur und zum 3. Haus.

 Krebs ♋

Motto «Ich fühle!»
Fürsorglichkeit, Anschmiegsamkeit, Phantasie, Schutzbedürfnis, Unselbständigkeit, Launenhaftigkeit, Einfühlungsvermögen. Besondere Beziehung zu Mond und zum 4. Haus.

Löwe ♌

Motto «Ich will!»
Lebensfreude, Selbstbewußtsein, Risikobereitschaft, Wärme, Kreativität, Eitelkeit, Selbstherrlichkeit, Beschützungsvermögen. Besondere Beziehung zu Sonne und zum 5. Haus.

Jungfrau ♍

Motto «Ich analysiere!»
Konzentration auf Wesentliches, Nutzstreben, Arbeit, Vernunft, Gründlichkeit, Ordnungsliebe, Pedanterie, Kritik, Unterscheidungsvermögen. Besondere Beziehung zu Merkur und zum 9. Haus.

Waage ♎

Motto «Ich gleiche aus!»
Charme, Geselligkeit, Diplomatie, Harmoniestreben, Ausgewogenheit, Bequemlichkeit, Konfliktscheu, Verbindungsfähigkeit. Besondere Beziehung zu Venus und zum 7. Haus.

Skorpion ♏

Motto «Ich engagiere mich!»
Leidenschaftlichkeit, Transformationsprozesse, Instinkt, (Selbst-)Kritik, Extremismus, Defensive, Widerstandsfähigkeit. Besondere Beziehung zu Pluto und zu Mars sowie zum 8. Haus.

Schütze ♐

Motto «Ich suche!»
Idealismus, geistige Ordnung, Freiheitsstreben, Expansion, Arroganz, missionarischer Dogmatimus, Zielstrebigkeit. Besondere Beziehung zu Jupiter und zum 9. Haus.

Steinbock ♑

Motto «Ich leiste!»
Pflichtgefühl, Ehrgeiz, Belastbarkeit, Ausdauer, Starrköpfigkeit, Härte, Verantwortungsbewußtsein. Besondere Beziehung zu Saturn und zum 10. Haus.

Wassermann ♒

Motto «Ich finde!»
Ideenreichtum, Originalität, Reformbestrebungen, Provokationslust, Realitätsferne, Kühle, Individualismus. Besondere Beziehung zu Uranus und 11. Haus.

Fische ♓

Motto «Ich glaube!»
Hilfsbereitschaft, Hingabe, Medialität, Mystik, Beeinflußbarkeit, Illusionen, Suchtgefährdung, Einfühlungsvermögen. Besondere Beziehung zu Neptun und zum 12. Haus.

Stichworte zu den zwölf Häusern

Die zwölf Häuser oder Felder im Horoskop geben Aufschluß darüber, wo, in welchem Lebensbereich des Alltags, sich die symbolischen Kräfte der Planeten auswirken. Die Häuserstellung hängt vom möglichst minutengenau festgestellten Zeitpunkt sowie dem Ort der Geburt ab. Danach werden der sogenannte Aszendent und die zwölf Häuser errechnet. Wenn Sie Ihren Aszendenten und die Häuserstellungen noch nicht wissen, können Sie eine Ausrechnung bei einem astrologischen Computerdienst anfordern. Dazu finden Sie im Anhang ein Bestellformular. Zur außerordentlich wichtigen Frage nach dem Häusersystem weise ich Sie auf mein Buch «Karma und freier Wille im Horoskop» hin, in dem sich ein großer Abschnitt nur mit dem Thema «Welches Häusersystem ist das richtige?» befaßt. Ich arbeite nur noch mit gleichgroßen Häusern, den Häusern nicht als «Schubladen», sondern als dynamische «Energiefelder», in denen die Häuserspitzen oder «Anfänge» gleichzeitig eine Mittelposition einnehmen. Diese Stichworte bauen ebenfalls teilweise auf einer Bearbeitung der Astrodata-Horoskopkarten auf; siehe Anhang.

1. Haus-Thema: Wie trete ich auf?
Ich, Rollenspiel, Selbstdarstellung, körperliche Erscheinung, physische Vitalität. Die Anlagen des Menschen. Gegenwart. Widder-Mars-Färbung.

2. Haus-Thema: Wo liegt mein Selbstwert?
Besitz und Werte, Talente, Selbstwertgefühl, verfügbare Mittel, stärkste Wünsche, Begabungen, Geldangelegenheiten, Stier-Venus-Färbung.

3. Haus-Thema: Wo erziele ich Aufmerksamkeit?
Nähere Umgebung, Nachbarn, Geschwister, kurze Reisen, Briefe, Kommunikation, Wissen, Sprache, Vielseitigkeit, Einstellung auf die Umwelt, Alltag. Zwilling-Merkur-Färbung.

4. Haus-Thema: Wo finde ich Geborgenheit?
Wir, Familie, Herkunft, Ursprung, Kindheit, Tradition, innere oder äußere Heimat, Heim, Haus, Innenleben, Privatbereich, Grundbesitz, Lebensabend, Vergangenheit, Eltern. Krebs-Mond-Färbung.

5. Haus-Thema: Wie lebe ich kreativ?
Lebensfreude, Kinder, Kreativität, Erotik, romantische Liebe und Affären, Liebhabereien, Spiel, Freizeit, Spekulation. Löwe-Sonne-Färbung.

6. Haus-Thema: Wo mache ich mich dienlich?
Arbeitsplatz, Arbeit, Alltag, Existenzsicherung, sozialer Dienst, Notwendigkeit zur Anpassung, Gesundheit, Ernährung, Dienen. Prüfungen. Jungfrau-Merkur-Färbung.

7. Haus-Thema: Bei wem finde ich meine Ergänzung?
Du, Partnerschaft, Suche nach Ergänzung, Du-Bezogenheit, erste Ehe, persönliche Beziehungen und Abhängigkeiten, Verträge. Waage-Venus-Färbung.

8. Haus-Thema: Wo muß ich mich wandeln?
Ich-Krise, Tod und Wiedergeburt, Verlust, Prüfungen, Selbsterneuerung, Investitionen, Erbe, gemeinsamer Besitz bzw. Verbindlichkeiten, Sexualität, Macht. Skorpion-Pluto-Färbung.

9. Haus-Thema: Wo finde ich meinen Sinn?
Neue Horizonte, Ideale und geistige Ziele, Religion, Gottesbild, Wahrheitssuche, Freiheitsstreben, Gesetz, große Projekte, fernes Ausland, weit gespannter Austausch. Zweite Ehe. Schütze-Jupiter-Färbung.

10. Haus-Thema: Wo werde ich erfolgreich?
Beruf und Berufung, persönliche Entfaltung, öffentliches Auftreten, Autorität und Karriere, Selbstverwirklichung in der Gesellschaft, Prestige, Anerkennung, Stellung. Steinbock-Saturn-Färbung.

11. Haus-Thema: Wo finde ich Inspiration?
Hoffnungen, Wünsche, Freundeskreis, Gruppen bzw. Gemeinschaft, persönliche Freiheit und soziales Denken, Reformstreben, Zukunftsvisionen, die dritte Ehe. Wassermann-Uranus-Färbung.

12. Haus-Thema: Wie finde ich Erlösung?
Innenwelt, Jenseits, Verborgenes, Mystik, Meditation, Gebet, Auflösung von Grenzen, Sehnsucht nach Sinn, Opferbereitschaft, Rückzug, Schatten, Behinderungen, verborgene Feinde, Zukunft. Fische-Neptun-Färbung.

Planeten in Aspekten

Wie die symbolischen Planetenkräfte zueinander und aufeinander wirken, ergibt sich durch die sogenannten Aspekte. Das sind Winkelbeziehungen zwischen Planeten – also ob sich diese genau gegenüber stehen oder ganz dicht beieinander befinden und so fort.

Stellen Sie sich vor, Sie sitzen dicht neben Ihrem Partner auf einer Bank am Waldesrand oder gehen zusammen spazieren und blicken eng aneinandergeschmiegt in derselben Richtung auf die Landschaft. Das ist eine besondere «Winkelbeziehung», nämlich eine Konjunktion – allerdings eine sehr erfreuliche.

Wenn Sie sich nun in enger Umarmung direkt gegenüberstehen oder zueinander gewandt eng umschlungen liegen, so ist das eine andere Winkelbeziehung, nämlich eine Opposition – ebenfalls eine meist sehr erfreuliche.

Was ist indes, wenn Sie dicht an dicht neben wildfremden oder Ihnen sogar unsympathischen Menschen in der U-Bahn stehen und sie alle wie gebannt darauf warten, daß sich die Tür endlich öffnet und Sie aussteigen können? Das ist auch eine «Konjunktion», jedoch eine weniger erfreuliche.

Ein typisches Beispiel für eine unerfreuliche «Opposition» wäre ein Boxkampf, bei dem sich zwei Menschen direkt gegenüberstehen, allerdings bereit, sich gegenseitig zu verletzen.

Es gibt zahllose weitere Beispiele für die Wirksamkeit der Winkelbeziehungen bzw. Aspekte, wie sie in der Astrologie verwandt werden. An dieser Stelle nur noch eines: Probieren Sie aus, ob Sie beim gemütlichen Plaudern mit Freunden am Nachmittag sich lieber gegenüber oder nebeneinander sitzen, lieber «über Eck» (also im «Quadrat») oder leicht versetzt (im «Sextil» oder im «Trigon»). Sie werden staunen, wieviel es ausmacht, in welchem Winkel zu anderen Menschen Sie sitzen!

Aspekte sagen also etwas darüber aus, wie sich die Planetenkräfte gegenseitig beeinflussen. Wenn es keinen Kontakt zwischen den einzelnen Planeten gibt, so heißt das, daß diese Planeten nichts oder nicht viel miteinander zu tun haben.

Im Horoskopkreis sind mit farbigen oder schwarzen Strichen zwischen den Planetensymbolen sogenannte Aspekte vermerkt. Auf den Horoskopblättern finden Sie mit oder ohne kleine Winkelsymbole weitere Angaben zu den Aspekten abgedruckt. Aspekte, das sind die Winkelbeziehungen der Planeten zueinander. Die Gradzahlen dieser Winkel geben Aufschluß darüber, ob und – falls ja – wie die jeweiligen Planetenkräfte aufeinander wirken, ob sie harmonieren oder herausfordern, antreiben oder beruhigen etc.

In der Astrologie geht man davon aus, daß die Aspekte, die mit ganz bestimmten Winkeln in Beziehung stehen, eine besondere Bedeutung besitzen. Es sind dies die Winkelwerte, die sich ergeben, wenn man den Horoskopkreis von 360° nacheinander genau durch 1, 2, 3, 4, 5, 6 usw. teilt. Wenn im Horoskopkreis von 360° zwei Planeten genau an derselben Stelle stehen, nennt man das eine Konjunktion. (Der Horoskopkreis wird durch 1 geteilt.) Stehen sich zwei Planeten genau gegenüber, verwenden wir den Begriff Opposition. (Dabei wird der Horoskopkreis von 360 durch 2 geteilt, wir haben einen 180°-Winkel.)

☌ **Konjunktion** 0 Grad = 360:1

Konzentration von Kräften, die je nach Planeten Spannung oder Kraftverstärkung bedeutet. Aktivität, Wirksamkeit; Berührung!

Die Konjunktion ist ein sehr starker Aspekt. (6-8 Grad)

☍ **Opposition** 180 Grad = 360:2

Polare Spannung, die zur bewußten Klärung herausfordert; «Begegnungsaspekt». Bewußtheit, Erkenntnis, Gegenüberstellung.

Die Opposition ist ein starker Aspekt. (6-8 Grad)

△ **Trigon** 120 Grad = 360:3

Ausgleichende Synthese (die auch träge machen kann); «Produktivitätsaspekt». Schöpfung, Gestaltung; Harmonie.

Das Trigon ist ein mittelstarker Aspekt. (5-6 Grad)

□ **Quadrat** 90 Grad = 360:4

Spannung, die zum konstruktiven Umgang auffordert; «Herausforderungs- oder Widerstandsaspekt». Aufbau, Konstruktion.

Das Quadrat ist ein starker Aspekt. (5-6 Grad)

Q **Quintil** 72 Grad = 360:5

Kunstsinn und künstlerisches Können, schöpferische Transformation.

Das Quintil ist ein schwacher Aspekt. (2 Grad)

⚹ **Sextil** 60 Grad = 360:6

Harmonischer Aspekt, der eigene Kreativität verlangt bzw. anregt; «Neigungsaspekt». Heißt auch «kleines Trigon». Erzeugung, Werk; unbeschwerte Freude.

Das Sextil ist ein mittlerer bis schwächerer Aspekt. (4-5 Grad)

⚺ **Halbsextil** 30 Grad = 360:12

Ambivalent; schwächer und bisweilen «schwieriger» als Sextil. Intimität!

Das Halbsextil ist ein schwacher Aspekt. (3-4 Grad)

⚻ **Quincunx** 150 Grad = 360:2,4

Ambivalent; «Entscheidungs-» oder «Sehnsuchtsaspekt». Klärung, Bewußtwerdung.

Das Quincunx ist ein mittlerer bis schwächerer Aspekt. (4-5 Grad)

∟ **Halbquadrat** 45 Grad = 360:8

Ähnlich wie Quadrat, aber meist schwächer. Aktivität; schöpferische Transformation von Spannungskräften.

Das Halbquadrat ist ein mittlerer bis schwächerer Aspekt. (3-4 Grad)

N Nonagon 40 Grad = 360:9

Schöpfung, Gestaltung, Abschluß von Zyklen, Vorbereitung auf Durchbruch zu neuen Dimensionen.

Das Nonagon ist ein schwacher Aspekt. (2 Grad)

Nicht aspektierter Planet
Wenn ein Planet keinerlei Verbindung zu mindestens einem anderen Planeten (oder zu mindestens einer wichtigen Achse – Aszendent-Deszendent, Medium coeli-Imum coeli, Mondknotenachse) aufweist, also nicht mit einem der starken oder mittleren Aspekte verbunden ist, so sprechen die Astrologen von einem «isolierten» Planeten. Die durch den betreffenden Planeten repräsentierte Kraft wirkt wie isoliert; man muß sie bewußt integrieren lernen.

Dieser «Nicht-Aspekt» gilt als mittelstark.

Unter den jeweiligen Namen der Aspekte finden Sie Hinweise wie «stark», «mittel» oder «schwach». Es gilt aber auch: je weiter der Aspekt von der gradgenauen Winkelbeziehung entfernt ist, desto schwächer wird er wirken.

Über den «Orbis», also den Umkreis, wie weit ein Aspekt noch wirkt, wenn die Winkel nicht genau sind, gibt es unter Astrologen unterschiedliche Meinungen. Bei Sonne und Mond geht man von einem größeren Umkreis aus (plus 2 Grad vom Mittelwert), bei den langsamen Planeten wie Neptun und Pluto von weniger (minus 1-2 Grad vom Mittelwert). Bei starken Aspekten läßt man gleichfalls einen größeren Umkreis gelten, bei schwachen Aspekten einen kleineren. Die Zahlen in Klammern spiegeln meine persönliche Ansicht wider und befinden sich im Vergleich zur astrologischen Fachmeinung etwa im Mittelfeld.

Zur Erinnerung
Als Schlüsselbegriffe können wir uns merken:

Planeten	= Was wirkt oder passiert?
Zeichen	= Wie geschieht es?
Häuser	= Wo werden die Kräfte spürbar?
Aspekte	= Wie wirken die Kräfte auf einander?

In diesem Buch reicht uns bei der Deutung der einzelnen Planetenaspekte die Aufteilung in drei Beziehungsmuster aus, und zwar in Energieaspekte (= Konjunktionen), Herausforderungsaspekte (= Oppositionen und Quadrate) und in Förderungsaspekte (= Trigone und Sextile).

Wir unterscheiden in der Astrologie zwischen Aspekten der Planeten untereinander im *Geburtshoroskop*, die eine Grundlage für Charakter und Schicksal bilden, und solchen Aspekten, die sich im Verlauf des Lebens zwischen den laufenden Planeten und den Geburtsplaneten ergeben. Diese Aspekte zwischen den laufenden Planeten und dem Geburtsplaneten sind sogenannte *Transite*, die sich als zeitlich begrenzte Tendenzen, Herausforderungen und Chancen bemerkbar machen.

Die Aspekte der Planeten in Ihrem Geburtshoroskop entnehmen Sie bitte Ihrem eigenen Horoskopbild bzw. -blatt. (Wenn Sie noch kein eigenes Horoskop besitzen, können Sie es bei Astrodata anfordern.)

Eine Anmerkung: Bei den Herausforderungsaspekten nenne ich nur die «schwierigen» Themen. Das heißt natürlich nicht, daß diese Aspekte nur negativ seien! Bitte bedenken Sie das, bevor Sie vorschnelle Schlüsse ziehen.

Teil III

Die Deutung des Horoskops

Ausführliche Beschreibungen aller Planeten, ihre physikalische und symbolische Bedeutung, und astrologische Deutung der Planeten in Zeichen und Häusern.

☉ Der Lebensplanet Sonne

Die Kraft des Bewußtseins und der Schöpfung

Ohne die Sonne wäre das Leben auf unserem Heimatplaneten Erde nicht denkbar. Die Sonnenenergie hat alle wichtigen Lebensprozesse möglich gemacht und hält sie in Gang. Sie spendet Licht und Wärme, sie macht die Blüte der Flora und die Entfaltung der Fauna möglich. Das Licht der Sonne erhellt unsere Wege am Tage und läßt uns in den meisten Nächten über den Widerschein des Mondes noch einen Pfad erkennen.

Physikalische Informationen

Die Sonne ist das zentrale Gestirn unseres Planetensystems; ihre Schwerkraft hält unsere Erde und die anderen Planeten mehr oder weniger auf Kurs. Sie besitzt einen Durchmesser von knapp 1,4 Millionen Kilometern und ist im Durchschnitt etwa 150 Millionen Kilometer von der Erde entfernt. Sie dreht sich innerhalb von 25 Tagen einmal um die eigene Achse; die Erde braucht bekanntlich etwa 365 Tage, um die Sonne einmal auf einer elliptischen Bahn zu umkreisen. Die Sonnenoberfläche ist keineswegs so klar abgegrenzt, wie das dem menschlichen Auge erscheinen mag. Im Inneren dieses gigantischen Gasballes, der die Sonne physikalisch gesehen ist, ereignen sich bei vielen Millionen Grad Hitze ständig Atomfusionen, bei denen Wasserstoff zu Helium umgewandelt wird. Ein Teil der dabei entstehenden Energie wird in Form von sichtbarem und infrarotem Licht abgestrahlt, also als «Licht» und «Wärme». Alle elf Jahre kehren sich die magnetischen Pole der Sonne um, und die charakteristischen Sonnenfleckenzyklen betragen kurioserweise genau das Doppelte, nämlich 22 Jahre. Das Sonnenalter wird von Wissenschaftlern mit etwa viereinhalb Milliarden Jahren angegeben. Im Vergleich zu anderen bekannten Sternen ist unsere Sonne ein Zwerg, da deren Durchmesser bis zu eintausendmal größer ist und sie eine viele hundert Male größere Masse besitzen. Wir sollten nicht vergessen, daß unser gesamtes Sonnensystem mit unvorstellbarer Geschwindigkeit rund um ein galaktisches Zentrum kreist, ohne daß wir uns dieser «Raumfahrt» überhaupt bewußt sind.

Die Sonne und unsere Zeitmessung

Ohne die Sonne gäbe es nicht Tag und Nacht. Erst die Sonne schafft diese Zeiteinteilung. Dasselbe gilt für das Jahr mit seinen ganz unterschiedlichen Jahreszeiten, die sich danach richten, in welcher Weise sich die Erde der Sonne zu- oder von ihr abwendet.

Die Sonne bildet nicht nur eine Grundlage des uns bekannten Lebens in seinen vielgestaltigen Erscheinungsformen, sondern wir benutzen sie also auch als Zeitgeber. In frühen Kulturen wurde die Zeit oft zunächst nach den Mondphasen von Neumond über Halbmond zu Vollmond eingeteilt, weil man beobachten konnte, daß alle 27 1/3 Tage die Sonnenbahn einmal die sogenannte Ekliptik durchmaß. Daher die Monate und die heute noch gültigen Regeln des jüdischen und islamischen Kalenders. (Die Ekliptik ist, vereinfacht gesagt, der gedachte Meßkreis der zwölf Tierzeichenabschnitte, auf dem wir unsere astrologischen Gradzahlen eintragen bzw. ablesen.) Man stellte jedoch auch schon früh durch Himmelsbeobachtung fest, daß sich die Sonne pro Tag ungefähr einen Grad im Verhältnis zu dem «Gürtel» der vermeintlich unbeweglichen Fixsterne vorwärts bzw. nach Westen bewegt hatte und daß sie nach einer bestimmten Zeitdauer, eben nach dem dann so bezeichneten Jahr, mit 360 Grad ihren Kreislauf wieder von vorne begann. Erst später entdeckten scharfsinnige Forscher, daß nicht die Sonne, sondern die Erde sich bewegt – die Sonnenbahn also nur eine scheinbare ist. Das Wort Jahr wird übrigens nach meinem Herkunftswörterbuch entweder aus einem alten Wort für Frühling oder einem Begriff für «Gang der Sonne» abgeleitet. Das Wissen über den voraussichtlichen Sonnen- und Mondstand hatte zum Beispiel für die Landwirtschaft und Fischerei entscheidende Bedeutung für die Vorausberechnung der Saat-, Reife- und Erntezeiten, für Fruchtbarkeitsperioden, die auf geheimnisvolle Weise mit dem Mondlauf verbunden schienen, für Ebbe, Flut und Sturmfluten bei bestimmten Finsternissen und dergleichen mehr. Wir können festhalten: die Sonne teilt unser Jahr und unseren Tag ein, sie ist also der große Zeitmesser.

Die Sonne in der Mythologie

Es scheint mir wert, daran zu erinnern, daß in unserer Sprache die zentrale Quelle von Licht und Leben weiblich ist, unser Erdtrabant, der das Licht dieser Sonne nur widerspiegelt, jedoch männlich. Darin kommt zum Ausdruck, daß die Urgottheit zunächst als weiblich angesehen wurde. Erst mit dem Vordringen der griechisch-römischen Kultur wurden die Kräfte der weiblichen Gottheiten, vor allem jene der Sonne, männlichen Gottesgestalten zugewiesen. Das hat eben auch etwas mit dem sich ausbreitenden und durchsetzenden Patriarchat zu tun. In den romanischen Sprachen stoßen wir auf diese Einordnung: le soleil – il sole – la lune – la luna, usw.

Die Sonne wurde bei vielen alten Völkern verehrt, vor allem in landwirtschaftlich ausgerichteten Gesellschaften, in denen sie den Ernteerfolg bestimmte. Wir finden Sonnenkulte in Indien mit dem Sonnengott Surya, in Afrika, Mesopotamien, in Ägypten mit Amon-Re. In Griechenland galt zunächst Helios als Sonnengott, der Lenker des feurigen Pferdegespanns, das er als Sonnenlicht jeden Tag über die Himmel fuhr. Später jedoch wurde Apollo, der unter anderem als Begründer des weltberühmten Orakels von Delphi jahrhundertelang verehrt wurde, zum Gott des Lichts und Symbol der Sonnenkraft. Sonnenkulte gab es im England der Druidenkultur mit Stonehenge als bekanntestem steinernem Zeugnis eines frühen Sonnen- und Sternenkalenders, bei den Azteken und bei etlichen Indianerstämmen Nordamerikas. Über die verschollenen Anasazi-Indianer und deren Hauptkultstätte im Chaco Canyon in New Mexico mit zahlreichen Zeugnissen einer astronomisch begründeten Zeitrechnung und Landwirtschaft habe ich Anfang der 90er Jahre einen Terra X-Bericht im ZDF gemacht.

Es ist selbstverständlich, daß die Sonne im Mittelpunkt von Mythen und Kosmologien stehen mußte – zu gewaltig und offensichtlich sind ihre lebensspendenden und erhaltenden Funktionen für diese Erde.

An dieser Stelle möchte ich ausdrücklich zwei Seelen danken, die mich auf dem Weg zur inneren Sonne entscheidend angeleitet und weitergeführt haben, Darshan Singh und Rajinder Singh. Auf ihre praktische Lehre und einfache Meditationsmethode, den inneren Kosmos kennenzulernen und sich über die Kräfte zu erheben, die in der Astrologie symbolisch von den Planeten usw. angezeigt werden, gehe ich kurz im letzten Abschnitt dieses Buches ein.

Astrologische Symbolik der Sonne

Das astrologische Zeichen für die Sonne ist ein Kreis mit einem Punkt in der Mitte. Der Kreis zeigt die Ganzheit des Lebens und der Schöpfung an, der Punkt weist auf den geistigen und schöpferischen Lebenskern, den «göttlichen Funken» bzw. die Bewußtheit der Seele hin, die sich in einem Leben zum Ausdruck bringt.

Als *positive Schlüsselworte für die Deutung der Sonne* in der Astrologie gelten gemeinhin:

* Lebenskraft, Vitalität, Kreativität, Selbstvertrauen, Lebensziele, Selbstverwirklichung, Bewußtheit, Geist, Selbst, Souveränität, Großzügigkeit, Führungseigenschaften; Liebe, die Fähigkeit zu geben und zu empfangen, Loyalität; Fröhlichkeit, Warmherzigkeit, Charme, Ehrgefühl; Lebenswille, Zielstrebigkeit; Macht, Ehre, Ruhm, Autorität; Gesundheit; Mann, Vater, Beziehungen mit männlichen Personen, manchmal auch Kinder allgemein; Männlichkeit.

Als *Kernbegriffe für eine geschwächte oder übertriebene Sonnenkraft* finden wir:

* Passivität, Hyperaktivität, Selbstüberschätzung, Stolz, Dominanz, Grausamkeit, Hochmut, Arroganz, Angebertum, Aggressivität, Starrheit, Egoismus, Extravaganzen.

Die Sonne ist im Zeichen Löwe und im 5. Haus betont. Nach Johannes Vehlow begründet sie mit ihrer Position den Beginn der zwölf Sonnenhäuser (siehe mein Buch *Karma und freier Wille im Horoskop*).

In Horoskopen von Frauen verkörpert die Sonne u.a. den Mann bzw. den männlichen Partner; *in allen Horoskopen* den Vater. In politischen Horoskopen symbolisiert sie Herrscher, Präsidenten, hohe Würdenträger, die Regierung und den Staat schlechthin.

In Bezug auf den menschlichen *Körper und Organismus* repräsentiert die Sonne das Herz, die Arterien, den Rücken, das rechte Auge bei Männern, das linke bei Frauen (nach J. Vehlow), das Gehirn, die vasomotorischen Nerven und die rechte Körperseite. Spannungsaspekte zur Sonne würden in der medizinischen Astrologie also zu Deutungen über diese Körperteile bzw. Organe führen.

Unter *Steinen* und *Metallen* werden Diamant, Rubin, Hyazinth, Sonnenstein sowie Gold und Platin als zur Sonne gehörig genannt.

Als *Sonnentiere* gelten Löwe, Adler und Falke, vielleicht auch der Hahn.

Alle gelben, goldgelben, golden oder hell leuchtenden *Farben* stehen für die Sonne.

Als *Sonnenorte* können wir sonnige und gesunde Gegenden betrachten, Täler und Äcker, öffentliche Plätze, vor allem Ehrenplätze, Schlösser und Paläste, Regierungsgebäude und Museen. Als *Himmelsrichtung* wird der Osten als Ort des Sonnenaufgangs der Sonne zugeordnet.

Zu typischen «*Sonnenberufen*» zählen Goldschmiede und Juweliere, hohe Beamte und Politiker, Direktoren, Diplomaten, Spekulanten, Börsenmakler, Kunsthändler und unter Umständen auch Kunstschöpfer sowie der Hochadel, soweit er als solcher noch «regiert».

Zu charakteristischen Aspekten von *Schicksalen*, die symbolisch durch die Sonnenkraft bestimmt werden, gehören Erwerb von Reichtum, Ausübung von Machtbefugnissen, Siege und Erfolge aller Art (auch im Sport), erstaunliche Karrieren und Aufstiege sowie öffentliche Ehrungen, Ruhm und Auszeichnungen. Die Kehr- oder Schattenseite dieser Medaille wäre ein Schicksal, daß von Sturz aus hoher Stellung, Fall in Ungnade oder Unehre, enttäuschten Hoffnungen, schweren Schicksalsschlägen (zum Beispiel schwere Krankheit) und Erniedrigungen bestimmt wäre.

Astrologische Deutungen zur Sonne

Die Sonne in den zwölf Zeichen des Tierkreises

Man könnte zum Thema Sonne in den Zeichen ein dickes eigenes Buch schreiben – und es gibt ja auch viele Bücher dieser Art. An dieser Stelle möchte ich Ihnen deshalb nur einige prägnante Schlüsselworte und Merksätze mit auf Ihren astrologischen Weg geben. Sie gelten als Anhaltspunkte und stellen keine Festlegung dar! Sie sollten diese Kerngedanken mit den Hinweisen auf die Sonne in den zwölf Häusern und in Aspekten zu anderen Planeten sinnvoll kombinieren und austarieren.

Die nachstehenden Ausführungen sind nicht nur für den Sonnenstand in einem Zeichen gültig, sondern treffen oft, zumindest teilweise, auch für den Aszendenten zu. Anhand der Aszendententabelle weiter hinten im Buch können Sie diesen heraussuchen und die betreffende Beschreibung ebenfalls lesen.

☉ Sonne im Zeichen Widder ♈

Kernsatz: Ich mache mich mit Mut auf meinen Weg.

Stärken: Zu den Stärken dieses Sonnenzeichens zählen ein ausgeprägtes Selbstbewußtsein, Tatendrang, Zielbewußtsein, Pioniergeist, Tapferkeit und Einsatzbereitschaft, Wachheit und Direktheit.

Schwächen: Voreiligkeit oder Übereifer, Rücksichtslosigkeit gegenüber anderen Menschen, riskantes Verhalten, womit Sie sich selbst in Gefahr bringen, gehören zu den Schwächen.

Lebensaufgabe: Nutzen Sie Ihren Elan und Ihre Einsatzfreude für Ziele, die sich wirklich lohnen. Nehmen Sie sich also wenigstens kurz Zeit, innezuhalten und zu überlegen, bevor Sie sich mit voller Kraft «ins Zeug» legen. Und denken Sie bei aller Begeisterung und Entschlossenheit daran, daß Sie am meisten Erfolg haben können, wenn die Interessen aller Beteiligten berücksichtigt werden.

☉ Sonne im Zeichen Stier ♉

Kernsatz: Ich erwerbe mir Substanz und Werte, um das Leben zu genießen.

Stärken: Hier sind zu nennen Besonnenheit, Gutmütigkeit, Humor, Klarheit, Standhaftigkeit, Ausdauer, künstlerische Veranlagung, Formensinn, Wertbewußtsein, Gestaltungskraft, praktische Talente, Genußfreude.

Schwächen: Genußsucht, Neigung zum konservativen Dogmatismus, Sturheit und überzogene Schätzung materieller Werte sind die Schattenseiten.

Lebensaufgabe: Prüfen Sie, welche Werte von Dauer sind und über genügend Substanz verfügen, um Ihre Selbstentfaltung sinnvoll zu unterstützen und nicht nur Ihre Genußfreude zu befriedigen. Wenn Sie den Prozeß von Nehmen und Geben, also den stetigen Austausch von Lebenskräften in Form von materiellen und geistigen Energien und Besitztümern im Fluß und im Gleichgewicht halten, werden Sie Ihren eigenen Talenten gerecht und fördern gleichzeitig die Gaben anderer Menschen.

☉ Sonne im Zeichen Zwillinge ♊

Kernsatz: Ich kommuniziere, um mich auszudrücken und bewußter zu werden.

Stärken: Geistige Beweglichkeit und schnelles Handeln, Gewandtheit in Ausdruck und Umgang, Lebhaftigkeit, Anpassungsfähigkeit und Freude an Möglichkeiten, sich am Leben zu beteiligen, sind wichtige Stärken.

Schwächen: Schwankende Neigungen und Ansichten, Ruhelosigkeit und Zersplitterung von Aufmerksamkeit und Engagement in zu vielen Angeboten stellen Schattenseiten dar.

Lebensaufgabe: Nutzen Sie Ihr Interesse an Neuem und Ihre natürliche Aufnahmefähigkeit, um sich ein vielseitiges und umfassendes Bild vom Leben zu machen, und kommunizieren Sie mit anderen. Dabei gilt es die Versuchung zur nur oberflächlichen Betrachtung zu vermeiden und tiefer und beharrlicher zu schürfen mit Ihrem Wissensdurst, bis Sie auf wirkliche Weisheit stoßen.

☉ Sonne im Zeichen Krebs ♋

Kernsatz: Ich fühle die schöpferischen Lebenskräfte in mir und in der Welt.

Stärken: Gefühlsreichtum und Gemütstiefe, Feinfühligkeit und Phantasie, Häuslichkeit und Familiensinn, Empfänglichkeit und die Bereitschaft, Menschen zu umsorgen, sind Stärken dieses Sonnenzeichens.

Ob ein Anlehnungsbedürfnis – oder, bei schwieriger Aspektierung die rationale Ablehnung dieses inneren Gespürs – eine Stärke oder Schwäche ist, wird von Fall zu Fall einzeln einzuschätzen sein.

Schwächen: Bequemlichkeit, starke Beeinflußbarkeit, Unentschlossenheit, jähe Stimmungswechsel und launisches Verhalten sowie bei problematischen Aspekten ein karger Gefühlsausdruck tauchen als Schwächen auf.

Lebensaufgabe: Entwickeln Sie Ihre echten emotionalen Qualitäten, mit denen Sie nicht nur eigene, sondern auch die Bedürfnisse vieler Menschen zumindest teilweise stillen und diese Erde zu einem besseren Ort machen können. Sie bedürfen dabei aber der bewußten, auch verstandesmäßigen Unterscheidungskraft, um nicht in (Selbst-)Mitleid aufzugehen und/oder emotionale Verausgabung bzw. Verhärtung aufgrund von Ent-Täuschungen zu erleben.

☉ Sonne im Zeichen Löwe ♌

Kernsatz: Ich will das ganze Leben souverän und voller Freude genießen.

Stärken: Zu den lichten Seiten zählen Selbstbewußtsein, Aufstieg aus eigener Kraft, Selbstbehauptung, Ehrgefühl und Wahrheitsliebe, Ehrgeiz und natürliche Autorität, Beschützerinstinkt, Sinn für Verantwortung, Herzenswärme und schöpferische Einsatzkraft.

Die diesem Sonnenzeichen oft gegebene Großzügigkeit kann sowohl eine Stärke wie eine Schwäche sein, weil ein gutmütiger Löwe häufig ausgenutzt wird bzw. aus Fülle und Überschwang heraus mehr gibt, als er zurückerhält. (Karmisch betrachtet gleicht sich natürlich alles immer aus!)

Schwächen: Ungerechtfertigter Stolz, pompöse Selbstinszenierung, Imponiergehabe, manchmal auch (ungewollte) Rücksichtslosigkeit gegenüber den Bedürfnissen anderer Menschen sind Schwächen.

Lebensaufgabe: Nur wenn Sie den Menschen dienen, können Sie Ihre Fähigkeiten und Gaben an schöpferischer Kraft, Organisationstalent und überpersönlichem Mitgefühl (nicht Mit-Leid!) sinnvoll einsetzen. Der beste und wahre Herrscher ist derjenige, welcher der beste und wahrste Diener ist.

☉ Sonne im Zeichen Jungfrau ♍

Kernsatz: Ich analysiere, um die Faktoren im Leben richtig zu bewerten.

Stärken: Sorgfalt, Genauigkeit, methodisches Vorgehen, Ordentlichkeit, tiefschürfender Wissensdurst, Selbstbeschränkung, Fleiß, Unterscheidungskraft, Sparsamkeit und Ernsthaftigkeit sowie die Gabe, mit wenigem zufrieden zu sein, können wir als Stärken ansprechen.

Schwächen: Hier müssen wir Pedanterie, Kritiksucht und Verzettelung in Einzelheiten nennen sowie unter Umständen Kargheit bis zum Geiz.

Lebensaufgabe: Lassen Sie sich nicht von einer Neigung zur ständigen, zwar sachlich-richtigen, aber doch kritisch-analytischen Bewertung Ihrer Umwelt und Ihrer selbst den Blick dafür verstellen, daß Sie von Ihrem Wesenskern her die Aufgabe und die Möglichkeit haben, das schöpferische Licht in allen Lebensformen zu sehen. Sie können und sollten den Schritt zum inneren Menschen, zur Seele vollziehen.

☉ Sonne im Zeichen Waage ♎

Kernsatz: Ich gleiche Gegensätze aus, damit alle in Harmonie leben.

Stärken: Wir finden Harmoniestreben, Kunstsinn und ästhetisches Empfinden allgemein, ein charmantes und gewinnendes Wesen, Freude an Geselligkeit, sympathisches Auftreten und die Fähigkeit, sich um Ausgleich zu bemühen, als Stärken dieses Sonnenzeichens. Besonders ausgeprägt sind Einsatz für die Partnerschaft und Liebesfähigkeit.

Schwächen: Mangelnde Ausdauer und Beharrlichkeit in der Durchsetzung als richtig erkannter Ziele oder Aufgaben, ein gewisser Hang zum Komfort, ohne den Einsatz zu erkennen, der dafür geleistet werden muß, sowie oft Unentschiedenheit bzw. Unentschlossenheit bezeichnen die weniger lichten Seiten des Sonnenstands in diesem Zeichen.

Lebensaufgabe: Partnerschaften, allgemein Beziehungen mit anderen Menschen, dienen dazu, unser Bewußtsein zu entwickeln, eigene Beschränkungen zu erleben und an uns selbst zu arbeiten. Sie haben die Chance, durch Ihre Partnerschaftsbeziehungen in Ihrem eigenen Leben die Gesetze des zwischenmenschlichen Ausgleichs zu erfahren und die Kraft zur Harmonie zu entfalten.

☉ Sonne im Zeichen Skorpion ♏

Kernsatz: Ich engagiere mich und kämpfe, um etwas Neues zu schaffen.

Stärken: Furchtlosigkeit, Leidenschaftlichkeit, persönlicher Magnetismus, enorme Einsatzbereitschaft und Leistungskraft, heilerische Fähigkeiten, Zähigkeit und Kampfkraft, um die Existenz zu sichern, charakterisieren dieses Sonnenzeichen.

Schwächen: (Grundlose?) Eifersucht, gelegentliche Selbstüberschätzung und eine Sucht nach ständiger Auseinandersetzung sowie überscharfe (Selbst-)Kritik sind als Schwächen zu nennen.

Lebensaufgabe: Wenn Sie Ihre Leidenschaftlichkeit und Ihre Passion für das Abenteuer Leben zügeln und auf das Ziel der Transformation der Ego-Persönlichkeit zur überpersönlichen Seele ausrichten können, dann erlangen Sie den Zugang zur unerschöpflichen Quelle von Erfüllung und Sinn über alle begrenzten Ichkräfte hinaus. Das Zeichen Skorpion ist ein Doppelzeichen: der verteidigungs- und kampfbereite Skorpion am Boden, der sich durch das reinigende «Feuer» großer Krisen in den Göttervogel Phönix verwandelt, der aus der Asche zum Himmel emporsteigt.

☉ Sonne im Zeichen Schütze ♐

Kernsatz: Ich suche nach Zielen, die sich lohnen, und vertrete sie.

Stärken: Ein weitgesteckter geistiger Horizont, Idealismus, Güte, Begeisterungsfähigkeit, angeblich Liebe zur sportlichen Betätigung, Initiative, Entdeckermentalität, eine ehrenhafte Gesinnung, Freiheitsliebe, Gerechtigkeitsstreben und sowohl beruflicher als auch gesellschaftlicher Ehrgeiz, Sinn für Philosophie und religiöse Offenheit.

Schwächen: Bisweilen rennen sich diese Menschen fest: die Ideale werden dann zu fixen Ideen, Visionäre wandeln sich zu Dogmatikern. Die Freiheitsliebe kann ausarten in Ablehnung jeder Autorität.

Laut der Astrologin Isabel M. Hickey haben «Frauen (mit der Sonne) in diesem Zeichen Schwierigkeiten in Beziehungen mit Männern, weil es ihnen an Weiblichkeit mangelt. Sie wollen den Ton angeben und müssen lernen, feminin zu sein.» (Zitiert aus *Astrology – A Cosmic Science,* Seite 24, CRCS Publications, Sebastopol 1992.)

Lebensaufgabe: Versuchen Sie, eine gewisse «angeborene» Rastlosigkeit von einem irritierenden Faktor umzuwandeln zu einem gezielt eingesetzten Ansporn, Ihren Lebensweg zu finden. Lassen Sie sich von der ungeheuren Weite und den vielen Möglichkeiten der geistigen Dimensionen nicht darin beirren, Ihre Suche nach dem Allerhöchsten fortzusetzen: der Selbsterkenntnis und der eigenen, unmittelbaren Erfahrung der Schöpferkraft, die in allem wirkt, der wahren Re-ligion (= Rückverbindung).

☉ Sonne im Zeichen Steinbock ♑

Kernsatz: Ich leiste etwas, indem ich nutze, was mir zur Verfügung steht.

Stärken: Konzentrationsfähigkeit, Durchhaltevermögen, Wirklichkeitssinn, Festigkeit, Ehrgeiz, Fleiß, Bedachtsamkeit im Umgang mit schwierigen Situationen, Treue; diese Menschen behalten ihre Ziele immer vor Augen.

Schwächen: Vor allem in der Jugend Neigung zur Starrköpfigkeit und im Alter zur Sturheit; mitunter zu nüchtern und zu streng im Urteil; Übergewicht von äußerlich-materiellen Interessen.

Lebensaufgabe: Öffnen Sie sich bewußt auch für die schönen und leichten Seiten des Lebens, und lassen Sie ein Gleichgewicht entstehen zwischen der beruflichen, die Existenz sichernden Arbeit und den erstrebten Erfolgen einerseits und den musischen, gefühlsbetonten und seelischen Aspekten des Lebens andererseits. Sonst laufen Sie Gefahr, in sich zu verhärten.

☉ Sonne im Zeichen Wassermann ♒

Kernsatz: Ich finde neues Wissen in bislang unerforschten Gebieten.

Stärken: Ausgeprägte Beobachtungsgabe, schöpferische Vorstellungskraft und vielfältige Pläne und Ideen, Drang nach Unabhängigkeit, Intuition, zurückhaltender Selbstausdruck (im Gegensatz zum genau gegenüberliegenden Sonnenzeichen Löwe), dabei jedoch anpassungswillige Geselligkeit; gute Menschenkenntnis.

Schwächen: Zeitweise übertriebene Ablehnung von Grenzen und in der Gesellschaft und im zwischenmenschlichen Bereich üblichen gegenseitigen Abhängigkeiten; eventuell Revoluzzertum und anarchistisch gefärbte Auflehnung.

Lebensaufgabe: Richten Sie Ihren Wunsch nach Unabhängigkeit und Entdeckung «weißer Flecken» auf einen Bereich bzw. eine Tätigkeit, mit der Sie Brücken schlagen können in der Gesellschaft, zum besseren Verständnis von Menschen untereinander, in der Erarbeitung neuer Wissensgebiete oder durch neuartige Ideen und Erfindungen. Achten Sie darauf, daß Sie sich nicht durch gar zu große Eigenwilligkeit selbst blockieren.

☉ Sonne im Zeichen Fische ♓

Kernsatz: Ich glaube an die grundlegende Einheit allen Lebens.

Stärken: Einfühlungsvermögen, ein reiches Innenleben, starke Glaubenskraft, kreative und künstlerische sowie heilerische und «dienende» Talente und gleichzeitig zurückhaltender Ausdruck dieser Gaben; Sensibilität; mitunter mediale Gaben.

Das für dieses Sonnenzeichen charakteristische Mitgefühl kann rasch auch in Mit-Leiden umschlagen und ist daher wohl ambivalent.

Schwächen: Ein Hang zur Bequemlichkeit oder auch Nachlässigkeit; Menschen mit der Sonne im Tierkreisabschnitt Fische träumen gern in den Tag hinein oder verlieren sich womöglich in esoterischen Phantastereien.

Lebensaufgabe: Lassen Sie sich Ihre humanistischen und/oder spirituellen Interessen und Möglichkeiten nicht von anderen, unverständigen Menschen miesmachen. Glauben Sie an sich und Ihre eigene innere Wahrheit, aber legen Sie auch Einsatzbereitschaft und Beharrlichkeit dabei an den Tag, Ihre Wünsche bzw. Ziele zu verwirklichen und es nicht bei Träumen zu belassen!

Die Sonne in den zwölf Häusern der Lebensbereiche

Sonne im 1. Haus: Der Pionier – Die Aufgabe ist Werden

Ehrgeiz, ein kämpferisches Wesen, Willenskraft, starke Ausstrahlung auf bzw. magnetische Anziehung für andere Menschen und selbstbewußter Optimismus kennzeichnen diese Sonnenposition meistens. Der Drang nach Anerkennung ist stark ausgeprägt. Energischer Einsatz, Enthusiasmus, Großzügigkeit, Führungswille und Mut gehören ebenfalls zur Sonne im 1. Haus.

Manchmal besteht ein Widerwille gegen fremde Autorität, und der Horoskopinhaber kann mit seinem «sonnigen Gemüt» und seinem selbstbewußten Verhalten gut und gerne anderen Menschen recht schnell auf die Nerven gehen.

Im Unterschied zu den meisten mir bekannten anderen Astrologen spricht Richard Vaughan interessanterweise davon, daß ein Mensch mit diesem Sonnenstand «niemals zu stark dazu ermutigt werden könnte, die Ich-zuerst -Haltung einzunehmen». Immer «gibt es irgendein Zögern dabei, sich der Herausforderung des eigenen Schicksals zu stellen. Der Horoskopinhaber mit der Sonne im ersten Haus tendiert zunächst dazu, sich zurückzuhalten und nicht vorwärtszudrängen, was er aber lernen muß zu tun. Er muß dazu (erst) ermutigt und/oder durch die Umstände gezwungen werden.» (Nach *Astrology in Modern Language*, Seite 55f, CRCS Publications, Sebastopol, USA, 1992). Ich habe das bislang zwar noch nicht allgemein bestätigt gefunden, vielmehr scheint mir die Sonne im 1. Haus eher auf eine «Jetzt-komm-ich»-Attitüde hinzuweisen. R. Vaughan gilt aber gerade in bezug auf die Häuserinterpretation in den USA als ein führender Astrologe, weshalb ich seine Meinung auch gern mit vorstelle. Vielleicht findet sich ja die/der eine oder andere Leser/in in seiner Beschreibung endlich einmal wieder.

Die Sonne im 1. Haus symbolisiert auf jeden Fall die Herausforderung an den Horoskopinhaber, in diesem Leben den Wesenskern seiner Persönlichkeit und sein Auftreten in der Welt sowie seine Betrachtung der Umwelt in eine harmonische und schöpferische Übereinstimmung zu bringen.

Sonne im 2. Haus: Der Händler – Die Aufgabe ist Entwickeln

Bei Sonnenstellung ohne problematische Spannungen wird mit Sonne im 2. Haus die Gabe angezeigt, Geld, Geschenke und Werte ganz allgemein anzuziehen, damit umzugehen, sie auszutauschen. Das ständige Nehmen und Geben wird als lustvoller Vorgang erfahren.

Man erhält dabei in dem Maße, wie man selbst gibt.

Man sagt Menschen mit diesem Sonnenstand nach, daß sie einen «grünen Daumen» hätten und nicht nur eine gute Hand in bezug auf das Wachstum von Pflanzen besitzen, sondern auch beim Aufbau eines Geschäfts, einer Familie oder eines guten Rufes. Auch Gewinne durch eine hohe Stellung, Liebe zum Luxus und Großzügigkeit gehören hierher.

Bei kritischer Sonnenstellung hegt der Horoskopinhaber leicht die Sorge, es könnten nicht genügend Ressourcen zur Verfügung stehen, und deshalb meint er vielleicht, schnell und nachhaltig und immer wieder zugreifen zu müssen, was schließlich zu einer rein materialistischen Einstellung führen kann. Auch extravagante Geldverschwendung oder Verluste zählen zu den möglichen Schattenseiten.

Die Aufgabe dieser Hausposition der Sonne besteht darin, herauszufinden, welche Werte sich tragfähig erweisen und wie der Horoskopinhaber den Prozeß von Geben und Nehmen so gestalten kann, daß er an Substanz gewinnt, ohne andere Menschen dabei zu schädigen. Spirituelle Sicherheit ist letztlich immer von sehr viel längerer Dauer und größerer Tragfähigkeit als materieller Besitz.

Sonne im 3. Haus: Der Vermittler – Die Aufgabe ist Wissen

Wißbegierigkeit (manchmal auch Neugier), Aufnahmefähigkeit und das Talent zum Austausch sowie Liebe zur Abwechslung und Geselligkeit kennzeichnen diesen Sonnenstand. Viele kurze Reisen befriedigen den Wunsch nach neuen Impulsen. Interesse an Studien, über die der Horoskopinhaber dann gern auch innerhalb der Familie und Nachbarschaft oder gegenüber einer weiteren Umwelt kommuniziert. Das 3. Haus ist der «Marktplatz» für Neuigkeiten und Meinungen, für einen regen mentalen Austausch. Tätigkeiten in Läden oder im Verkauf allgemein oder dort, wo man mit Klienten spricht, oder Interviewsituationen entsprechen dieser Sonnenposition besonders.

Falls die Sonne im 3. Haus geschwächt ist, stellen wir oft Oberflächlichkeit, Unruhe und schwankende Ansichten fest.

Das Thema der Sonne im 3. Haus ist, im alltäglichen Umgang mit der Umwelt die eigene Kommunikationsfähigkeit so zu entwickeln, daß berechtigte Eigeninteressen auf geeignete Weise zur Geltung gelangen.

Sonne im 4. Haus: Der häusliche Mensch – Die Aufgabe ist Bauen

Starke Beziehungen zur Herkunft und ein daraus erwachsendes Heimatgefühl charakterisieren diese Sonnenstellung. In jungen Jahren werden die Eltern oder ein Elternteil häufig als zu streng oder bedrückend erlebt. Sehnsucht nach Verwurzelung, die für viele Menschen in einem harmonischen Familienleben ihre Erfüllung findet. Ein schönes Heim und Grundbesitz spielen eine Rolle.

Der letzte Lebensabschnitt gilt als der wichtigste, das Lebensende wird oft in guten Verhältnissen erfahren. Ein gewisser Hang zur Bequemlichkeit und ein Verharren am sicheren Ort, «im Schoße» eines Heims oder der Familie oder seiner Vorstellungswelt, tragen manchmal dazu bei, daß sich der Horoskopinhaber «abschottet» und sich nicht genügend mit der Umwelt austauscht.

Das Verständnis für die Ursachen und Ursprünge des eigenen Lebensschicksals gewinnen bei diesem Sonnenstand besondere Bedeutung. Die familiäre und kulturelle Herkunft und das individuelle Karma sollten als eine Einheit begriffen und bewußt in die Aufgaben eingeordnet werden, die in diesem Leben für die Seele anstehen.

Sonne im 5. Haus: Der (Lebens-)Künstler – Die Aufgabe ist Offenbaren

Die Sonne im 5. Haus verheißt Lebensfreude, ja, Lebenslust und ein kaum zu bändigendes Maß an Kreativität. Schöpferischer Wille und gestalterische Kraft verbinden sich auf vorteilhafte Weise. Kunst, Vergnügung und Unterhaltung, Spiel (auch Spekulationen) bieten ebenso ein weites Betätigungsfeld wie Zuwendung zu Kindern, allerdings meist nur innerhalb einer kleinen Familie.

Mit diesem Sonnenstand gehen Protektion durch höhergestellte Persönlichkeiten sowie potentiell ungewöhnliche Liebesbeziehungen einher. Romanzen aller Art beflügeln den Horoskopinhaber, der meist über reichlich Charme und Appeal verfügt. Er sollte daran denken, daß alle rein sexuellen Beziehungen karmische Bindungen nach sich ziehen, von denen er dann vielleicht gar nicht mehr so viel wissen will.

Bei problematischer Sonnenstellung wird man mit Fehlspekulationen, oberflächlicher Vergnügungssucht, Selbstüberschätzung und enttäuschenden persönlichen Beziehungen fertig werden müssen.

Mit der Sonne im 5. Haus besteht eine zentrale Aufgabe im Folgenden: Es gilt Selbstzweifel, Eigenblockaden und Minderwertigskeitsgefühle abzulegen und durch praktische Kreativität echte Lebenssicherheit und ein gesundes Selbstwertgefühl zu gewinnen. Die schöpferischen Impulse dieser Menschen müssen in der Praxis entfaltet werden, weil der Mensch sonst innerlich «verwelkt». Das braucht nicht immer gleich die höchste Kunst oder der grandiose Wurf zu sein – auch Malerei als Hobby, Tüftelei an einer Maschine oder Trainer einer Jugendfußballmannschaft bringen die notwendige Erfüllung mit sich.

Sonne im 6. Haus: Der Helfer – Die Aufgabe ist Verbessern

Traditionell sagt man, daß Horoskopinhaber mit dieser Sonnenstellung am besten in einer «dienenden» Funktion tätig seien, die im Alltag der Menschen gebraucht wird. Wenn dieser Begriff im Sinne von helfen oder heilen verstanden wird, macht er Sinn. Dann sehen sich diese Horoskopinhaber aufgrund ihrer eigenen Fähigkeiten veranlaßt oder durch die äußeren Umstände dazu gezwungen, sich für andere Menschen einzusetzen – und das ist dann auch ein Dienst an der Gemeinschaft. Unter Umständen zeigt die Sonne hier an, daß man es mit tüchtigen Untergebenen zu tun hat. Meist verfügt der Horoskopinhaber über irgendeine Form heilerischer Kräfte – vielleicht, ohne es bisher selbst zu wissen oder anzuwenden.

«Die Sonne hilft hier» auch, meint Toni Glover Sedgwick, «Gewohnheiten zu brechen... Es ist für eine Sonne im 6. Haus am einfachsten, negative Muster zu durchbrechen oder anderen, die sich darum bemühen, dabei zu helfen.»

Generell sollte der Horoskopinhaber einerseits darauf achten, seine wahren, auch sozialen Pflichten im Leben zu erkennen und zu erfüllen. Andererseits sollte er sich nicht unhaltbaren Umständen willenlos fügen oder unzumutbare (Arbeits-) Überlastungen einfach akzeptieren. Menschen mit dieser Sonnenstellung werden nämlich gern ausgenutzt.

Sonne im 7. Haus: Der Partner – Die Aufgabe ist Interaktion

Sowohl für die Ehe als auch für jede andere Form der engen Partnerschaft, also bei Geschäften und Verträgen, soll sich dieser Sonnenstand als förderlich erweisen. Durch den (Ehe-)Partner kommen Glück und Wohlstand, vielleicht sogar über die Stellung oder das Prestige eines Partners auch Kontakt mit der Öffentlichkeit. Günstig für Geselligkeit.

Darüber, ob bei dieser Häuserstellung der Sonne der Horoskopinhaber sich nun mehr auf Partner einstellen und von ihm sogar leiten lassen soll, oder ob er in Gefahr ist, zu stark von der Reaktion eines anderen Menschen abhängig zu sein und seine Individualität aufzugeben, gehen die Ansichten unter Astrologen weit auseinander. Zumindest nimmt die Einstellung und das «feed back» des Partners im Vergleich zu anderen Sonnenstellungen hier eine überproportional große Bedeutung ein. Diese Menschen können gut andere vertreten, als Rechtsanwälte oder Schlichter. Auch Auszeichnungen werden an sie überdurchschnittlich oft vergeben.

Allzu eigenwillige Ausprägungen einer nur vermeintlichen Individualität sollten zugunsten eines gedeihlichen Miteinanders mit privaten oder beruflichen Partnern aufgegeben werden. Dadurch wächst der Mensch an sich selbst und vermag ein gutes Beispiel für die schöpferische Zusammenarbeit von Menschen untereinander vorzuleben.

Sonne im 8. Haus: Der Sanitäter – Die Aufgabe ist Wandeln

Diese Menschen ziehen andere auf magnetisch-geheimnisvolle Weise an; es umweht sie eine Aura von Mysterium und Magie. Ihre erotischen und/oder medialen Kräfte sind deutlicher spürbar als bei den meisten anderen Sonnenpositionen. Der Umgang mit Sexualität als Ausdruck des unmittelbaren Kontaktes mit der Lebensenergie spielt vor allem in jüngeren Jahren eine wichtige Rolle.

Wenn die Sonne nicht durch Spannungsaspekte «angegriffen» wird, verfügen sie über eine stabile Lebenskraft. Gewinn durch Erbschaften und eine merkwürdige Beschäftigung mit alten und «toten» bzw. aufgegebenen Dingen, zum Beispiel mit Antiquitäten, Second-Hand-Kleidung usw.

Mit diesem Sonnenstand im 8. Haus erlebt der Horoskopinhaber besonders intensive «Stirb-und-Werde-Prozesse» und Phasen von «Ich-Krisen», die zeitweise durchaus schmerzhaft sind. Damit gewinnt er aber reiche Erfahrungen mit menschlichen und zwischenmenschlichen Problemen und er lernt, mit der Umwandlung von Energie in physischen und/oder emotionalen «Todeserfahrungen» umzugehen. Das befähigt und fordert ihn auf, anderen Menschen bei der Bewältigung ihrer Krisen zur Seite zu stehen. Er dient den anderen dann als «Tankstelle» oder als «Sanitäter», um ihnen bei ihrer Transformation und Regeneration «Erste Hilfe» zu geben.

Sonne im 9. Haus: Der Prediger – Die Aufgabe ist Verstehen

Idealismus und Wissensdurst, philosophische Neigungen und religiöse Interessen kennzeichnen diesen Sonnenstand. Abenteuer und weite Reisen bringen finanziellen Erfolg oder eine Öffnung für neue geistige Horizonte. Diese Menschen sind optimistisch und allgemein großzügig sowie gerecht.

Schattenseiten wären Scheinheiligkeit und Rastlosigkeit, wenn sie ihren Weg über höhere Ideale zu sich selbst noch nicht so recht gefunden haben.

Bei dieser Sonnenposition hüte man sich vor dogmatischer Starrheit in Glaubensangelegenheiten oder fanatischem Eintreten für eine vermeintlich gute Sache. Die Stärke der Sonne im 9. Haus liegt darin, Wissen und Weisheit zu erwerben und mit anderen zu teilen, nicht aber sie zu missionieren. Hier vermag der Mensch Visionen von einer besseren Zukunft zu empfangen und sie als erstrebenswertes Ziel für eine ganze Gemeinschaft zu verkünden.

Sonne im 10. Haus: Der Anführer – Die Aufgabe ist Erreichen

Der Tradition nach verheißt die Sonne im 10. Haus berufliche Erfolge, öffentliches Ansehen, Aufstieg durch Fleiß und Können, natürliches Charisma und Führungstalente sowie ganz allgemein Mehrung von Einkommen und Ehrungen.

Schattenseiten gibt es, wenn dieser Drang zum Erfolg, dieses Streben nach öffentlicher Bedeutung und materieller Sicherung so stark würden, daß sie alle anderen Felder menschlicher Bewegungen und Tätigkeiten überdecken. Es bleibt auch festzuhalten, daß jeder Versuch, gesellschaftlich «nach oben» zu gelangen, immer von viel Mißgunst und Widerstand begleitet sein wird.

Vermutlich angemessener, als gleich die Superkarriere daraus abzuleiten, ist es festzustellen, daß für Menschen mit der Sonne im 10. Haus die Themen persönlicher Ehrgeiz, Anerkennung durch ihre Umwelt und überdurchschnittliche Einkünfte bzw. gesicherte Finanzen eine herausragende Rolle spielen.

Ihr Ehrgeiz nach Karriere und Anerkennung, nach Einkommen und Prestige sollte sich an realistischen und erreichbaren Zielen orientieren. Horoskopinhaber mit diesem Sonnenstand mögen sich auch bei unvermeidlichen Ent-Täuschungen daran erinnern, daß ihr Ehrgeiz zum dauerhaftesten und höchsten Erfolg in ihrer spirituellen Selbsterkenntnis führen wird.

Sonne im 11. Haus: Der Sprecher – Die Aufgabe ist Erhöhen

Weitreichende Träume und viel Elan, sie wahrzumachen. Interesse an Werten und Hoffnung auf Ziele, die für viele Menschen Gültigkeit besitzen; Offenheit für soziale Belange, Freude an und Bereicherung durch gesellschaftliche oder kulturelle Zusammenkünfte, Ausrichtung auf Reformbestrebungen – dadurch auch Verbindung zu einflußreichen Personen. Man kann die Rolle eines «Sprechers» für hilfsbedürftige Menschen oder erstrebenswerte Ziele übernehmen.

Freunde bedeuten Menschen mit der Sonne im 11. Haus viel. Durch sie erfährt der Horoskopinhaber Verständnis und Förderung; bei problematischer Sonnenposition können sie sich allerdings auch als falsche Freunde erweisen, und man erleidet durch sie womöglich sogar Verluste.

Vertrauen Sie Ihren Träumen und Ihren Hoffnungen auf eine bessere Zukunft – und bewahren Sie sich sowohl einen genügend «langen Atem», um einen Ihrer positiven Pläne zu verwirklichen, als auch die Offenheit, Ihre Visionen an der irdischen Wirklichkeit überprüfen zu lassen und sie gegebenenfalls zu verändern.

Sonne im 12. Haus: Der Sucher – Die Aufgabe ist Vollenden

Lange Zeit war es üblich, das 12. Haus astrologisch als negativ zu deuten, als Symbol für Isoliertheit bis hin zu Krankenhaus- oder gar Gefängnisaufenthalt, als Stellvertreter böser geheimer Feinde und so fort. Damit müßte ein Horoskopinhaber mit der Sonne im 12. Haus nahezu alles Übel dieser Welt gewärtigen. Daß das zu einseitig und schlicht falsch ist, hat sich inzwischen unter den etwas bewußteren Astrologen einigermaßen herumgesprochen.

Mit der Sonne im 12. Haus bietet sich dem betreffenden Menschen die Chance, seinen Lebensweg unter dem Aspekt der Vollendung eines Seelenzyklus zu sehen und sich für seine Vervollkommnung auf einer höheren Ebene vorzubereiten. Das 12. Haus bildet den archetypischen Abschluß der astrologischen Häuser und damit einer Lebensphase. Es steht am Ende und bildet damit auch den Keim für einen Neubeginn. Es geht hier also darum, daß die Sonne als Symbol der Lebenskraft, der Persönlichkeit, des Selbst vor einer grundlegenden Verwandlung und Neuorientierung steht. Das geht zeitweise zumindest einher mit Verinnerlichung und einer gewissen seelisch-geistigen «Abgeschiedenheit» oder mit einer von der Umwelt oft nicht verstandenen «Suche».

Auch wenn Sie sich damit vielleicht unbeliebt machen sollten: Es ist wichtig, daß Sie den Geheimnissen der Schöpfung, dem Sinn Ihres Lebens und Ihrem eigenen Seelenweg nachspüren. Darin können Menschen mit der Sonne im 12. Haus eine echte Erfüllung finden. Aus der ungeschminkten Analyse der Ich-Situation und durch den Mut zur meditativen «Versenkung» in die eigene Mitte erwächst «Erleuchtung» und das spirituelle Leben der verkörperten Seele beginnt.

Zur Erinnerung: Immer, wenn ich eine maskuline Sprachform gebrauche, sind selbstverständlich Leserinnen genauso gemeint. Ich beschränke mich nur der sprachlichen

Einfachheit halber auf die übliche männliche Sprachform. Die Leserinnen bitte ich deshalb um freundliches Verständnis.

Deutung von Aspekten der Sonne zu anderen Planeten

☉ Sonne/Sonne: ☉ Persönlichkeit und Schicksal

Diese Aspekte bilden sich nur beim Vergleich von Geburts- und Progressions- bzw. Transithoroskopen und bei Partnerschaftshoroskopen.

Kombination von Sonne/Sonne allgemein

Wenn sich bei einem Partnerschaftsvergleich die beiden Sonnen in einem Hauptaspekt zueinander befinden, wird damit angezeigt, daß zwischen diesen beiden Menschen eine ausgeprägte Schicksalsverbindung besteht. Welcher Art sie ist, ergibt sich aus der speziellen Aspektfigur. Sonne/Sonne-Aspekte beim Vergleich zwischen Transiten oder Progressionen zur Geburtssonne sind Hinweise auf wesentliche Lebensthemen oder Persönlichkeitsentwicklungen, die jetzt aktualisiert und akzentuiert werden.

Energieaspekt Konjunktion Sonne/Sonne

Weitreichende Übereinstimmung von Überzeugungen und Handlungsweisen, Lebensfreude, Selbstbewußtsein.

Förderungsaspekte Trigon/Sextil Sonne/Sonne

Es scheint, als ob das Leben selbst schöpferische Hilfen gibt, als ob uns vieles in einem warmen Glanze strahlt. Ideen und Pläne erhalten Förderung, schöpferische Tätigkeiten können weiter entfaltet werden.

Herausforderungsaspekte Opposition/Quadrat Sonne/Sonne

Aus unterschiedlichen Standpunkten und Ansichten sollte man konstruktive Lösungen entwickeln – oder sich vielleicht auch dazu entscheiden, einen anderen, ganz eigenen Weg zu gehen. Spannungen müssen von einem übergeordneten (spirituellen) Verständnis her aufgelöst werden.

☉ Sonne/Mond: ☾ Geist und Seele

Kombination von Sonne/Mond allgemein

Mann und Frau (wobei es in der deutschen Sprache immer noch «die» Sonne und «der» Mond heißt!), Bewußtsein und die vielfältigen Schichten des Unter- und Unbewußten, Geist und Seele, gebende und empfangende Kräfte, Lebenskraft und Gefühl.

Energieaspekt Konjunktion Sonne/Mond

Das ist die Neumondstellung! Manche Astrologen wollen hier «Schwäche» und «Unverstandensein» erkennen. Ich kann dem nicht folgen. Vielmehr ist die Neumondstellung die große Chance zur Wandlung und zum Neubeginn. Damit spielt das Zeichen und das Haus, in dem diese Sonne/Mond-Konjunktion stattfindet, eine wesentliche Rolle. Ein Mensch mit der Neumondstellung im Geburtshoroskop hat sich esoterisch gesehen die Aufgabe gestellt, aus seiner karmischen Vergangenheit, die das Fundament für das jetzige Leben bildet, alle wichtigen Lehren zu ziehen, um seine geistige Zukunftsvision in dieser Phase ganz bewußt zu erfüllen.

Förderungsaspekte Trigon/Sextil Sonne/Mond

Die Lebenskräfte sind ausgewogen, zwischen der äußerlich erlebten und gestalteten Wirklichkeit und den gemüthaften Wunschträumen des Innenlebens besteht ein fruchtbares Gleichgewicht. Wir können von einem harmonischen Charakter und im allgemeinen guten Beziehungen zu Familie und Freunden ausgehen. Mann und Frau erleben gemeinsame Erfolge; Konflikte konnen gemeinsam und harmonisch gelöst werden.

Herausforderungsaspekte Opposition/Quadrat Sonne/Mond

Konflikte entstehen beim Aufeinanderprallen der Prinzipien von Autonomie und Abhängigkeit, einer nach außen und in die Öffentlichkeit gerichteten Tätigkeit und einer eher privaten, nach innen gewandten Empfindsamkeit. Sonne/Mond-Quadrate weisen oft auch auf Spannungen zwischen bzw. zu den Eltern hin. Der Oppositionsaspekt ist bekanntlich die Vollmondstellung. Bei einem bewußten Menschen zeigt die Sonne/Mond-Opposition eine gut entwickelte Balance zwischen Außen und Innen, Geist und Gemüt an. Bei weniger bewußten Menschen kann dies ein Hinweis auf eine Zerrissenheit zwischen dem Bedürfnis nach Selbstverwirklichung und der Sehnsucht nach einem erfüllten Gefühlsleben sein.

☉ Sonne/Merkur: ☿ Wille und Verstand

Zwischen Merkur und Sonne ist als Aspekt nur die Konjunktion möglich, da der Merkur nie weiter als 28 Grad von der Sonne entfernt ist. Bei einer gradgenauen Konjunktion sprechen manche Astrologen davon, daß der Merkur «verbrannt» ist, daß also seine Kräfte von der Sonne so überstrahlt werden, daß sie gar nicht zur Wirkung kommen oder sogar «vernichtet» werden.

Konjunktion Sonne/Merkur

Bei weiter Konjunktion, etwa 5 bis 7 Grad (manche Astrologen meinen 8 bis 10 Grad), sind Intelligenz, praktisches Denken, gute Auffassungsgabe, Zielbewußtsein, Organisationstalent, Geschäftigkeit und Bewußtheit deutlich ausgeprägt. Das ergibt auch eine gute Basis für wirtschaftliche Erfolge.

Bei zu enger Konjunktion, weniger als 3 bis 5 Grad, ist die geistige Einstellung subjektiv und eher «eng» bzw. im Ego verhaftet. Dazu gesellt sich bisweilen eine Tendenz zu Eigennutz und/oder Eigensinn.

☉ Sonne/Venus: ♀ Vitalität und Liebe

Venus und Sonne sind nie weiter als 48 Grad voneinander entfernt. Damit kommen als Aspekte nur die Konjunktion, das Halbsextil bzw. «Confinis» (30 Grad) und das Halbquadrat (45 Grad) in Frage.

Eine Konjunktion von 5 bis 10 Grad gilt als günstiger als eine von weniger als 5 Grad, da die Venuskräfte sich bei einer weiteren Konjunktion besser zu entfalten vermögen und nicht von der gewaltigen Sonnenkraft einfach überstrahlt werden.

Bei der Konjunktion zwischen Venus und Sonne drückt sich das natürliche Liebesempfinden stärker aus. Ein liebenswürdiges Wesen ergänzt ein natürliches Bestreben, Harmonie und Einklang zu erzielen. Der Mensch strahlt Gleichklang und Ebenmaß aus. Es besteht ein fein entwickeltes Kunstinteresse; alles Schöne wird als Wert bewußt wahrgenommen. Schicksal und Lebensweg sind allgemein begünstigt. Bei sonst ungünstigen weiteren Aspekten könnte sich eine Neigung zur Genußsucht und zur Bequemlichkeit bemerkbar machen.

Parker's Astrology spricht beim Halbquadrat von Venus zu Sonne von einem «Hauptaspekt», der dazu «tendiert, die Möglichkeit eines Zusammenbruchs in der Ehe oder einer dauerhaften Beziehung zu verstärken». Paris schreibt dagegen in *Der Schlüssel zum Horoskop* (Urania Verlag, Neuhausen), daß «Halbsextil und Halbquadrat von schwacher Wirkung und praktisch bedeutungslos sind».

☉ Sonne/Mars: ♂ Wille und Trieb

Kombination von Sonne/Mars allgemein

Emporkommen durch eigene Kraft, Ehrgeiz, Führungswille; im Horoskop einer Frau auch männliche(r) Partner bzw. Vater; auch Begeisterungsfähigkeit, Mut und Eifer gehören zu dieser Planetenkombination.

Energieaspekt Konjunktion Sonne/Mars

Vitalität, Lebenskraft, Sexualitätstrieb, Wunschstreben, Freiheitsdrang, Aufregung, männliche Bezugspersonen; sowie oben genannte Merkmale.

Förderungsaspekte Trigon/Sextil Sonne/Mars

Individualität, Durchsetzungskraft, Enthusiasmus; die Triebkraft wird in den Dienst des Lebenswillens und des Geistes gestellt.

Herausforderungsaspekte Opposition/Quadrat Sonne/Mars

Konflikt zwischen Verantwortung und Freiheit, Führeranspruch und Unabhängigkeit, Vermeidung und Konfrontation.

☉ Sonne/Jupiter: ♃ Selbstverwirklichung und Öffnung

Kombination von Sonne/Jupiter allgemein

Zu den Themen, die durch diesen Aspekt Bedeutung gewinnen, zählen Erfolg, Erfüllung, Glück, Gesundheit, Freude, optimistische Ausstrahlung, Anerkennung, Wahrheit, Ehrlichkeit, natürliches Selbstvertrauen.

Energieaspekt Konjunktion Sonne/Jupiter

Ein starker Geist voll schöpferischer Kraft, Anlagen zu besonderer Leistungsfähigkeit; stark und kraftvoll, aber nicht aggressiv. Im Horoskop einer Frau «Glück» durch einen (den?) Mann, im Horoskop eines Mannes auf ruhige Weise energisch und begünstigt.

Förderungsaspekte Trigon/Sextil Sonne/Jupiter

Günstig für Erfolg, Glück, Anerkennung und Gesundheit im Leben. Förderung der höheren Qualitäten des Menschen sowie durch männliche Personen; das Auftreten in der Umwelt erweckt Vertrauen. Gesellschaftlicher Ehrgeiz und gesundes Streben nach Besitz. Ein günstiger Aspekt für das Einvernehmen mit geistig interessierten und versierten Menschen (Religion, Philosophie, Meditation), mit Personen aus dem Bereich des Rechts sowie mit Höhergestellten generell.

Manche Astrologen halten diesen Aspekt zwischen Jupiter und Sonne für noch günstiger als die Konjunktion!

Herausforderungsaspekte Opposition/Quadrat Sonne/Jupiter

Konflikte wollen gelöst werden, wenn folgende polare Neigungen des Menschen gleichberechtigt nach Verwirklichung drängen: Liebe und Freiheit, Leidenschaftlichkeit und Vernunft, Führungswille und Bequemlichkeit. Bisweilen Hang zu Stolz, Anmaßung, Anerkennungssucht und Rechthaberei; eventuell auch leichtsinnig oder verschwenderisch.

☉ Sonne/Saturn: ♄ Selbstentfaltung und Grenzen

Kombination von Sonne/Saturn allgemein

Autorität, Ehrfurcht, Leistung, Kompetenz, Kontrolle, (Selbst-)Prüfungen; auch Vaterfigur(en).

Energieaspekt Konjunktion von Sonne/Saturn

Persönliche Behinderung oder Kraftverstärkung; Bescheidenheit, Einfachheit und Ausdauer oder Hemmungen und geschwächte Vitalität.

Förderungsaspekte Trigon/Sextil von Sonne/Saturn

Selbstbehauptung, kluges Anlegen und Verwalten von Reserven, Managerqualitäten, Entschiedenheit im Auftreten verbunden mit Taktgefühl.

Herausforderungsaspekte Opposition/Quadrat von Sonne/Saturn

Konflikte durch Schwanken zwischen Demut und Arroganz, Unterlegenheitsgefühle und Überlegenheitsgebaren; Selbstzweifel, übertriebene Vorsicht oder festgefahrene Gewohnheiten.

☉ Sonne/Uranus: ♅ Schöpferkraft und Schicksalswandel

Kombination von Sonne/Uranus allgemein

Risikobereitschaft zur Veränderung, Individualität und Auflehnung, Unpersönlichkeit, Exzentrik. Starke Sonne/Uranus-Aspekte bezeichnen meist Menschen mit revolutionären oder zumindest sehr ungewöhnlichen Ideen, die in irgendeinem Sinne ihrer Zeit voraus bzw. fortschrittlich sind. Allerdings bringt ihr Leben, gleich aus welchen Gründen, immer viel Aufregung mit sich. (Reinhold Ebertin nennt in seinem Buch *Kombination der Gestirneinflüsse* als Krankheiten speziell auch Herzneurose und Herzinfarkt!) Grundsätzlich sind Sonne/Uranus-Aspekte Vorboten zu plötzlichen Wenden im Leben. Oft spielen weite Reisen eine Rolle.

Energieaspekt Konjunktion Sonne/Uranus

Ungewöhnliche Persönlichkeit mit unabhängigen, umwälzenden und meist ungewohnten Ideen. In der Umwelt findet das oft keine Zustimmung, vielmehr deutliche Ablehnung oder Widerspruch. Ernst-Günter Paris spricht auch von «plötzlichen, romantischen Bindungen, die oftmals eine jähe Trennung erfahren» (*Der Schlüssel zum Horoskop*, Bd. I). Bei Sonne/Uranus-Konjunktion, – Opposition und – Quadrat muß allgemein mit überraschenden Begegnungen mit männlichen Personen und eben genauso raschen Abschieden gerechnet werden.

Förderungsaspekte Trigon/Sextil Sonne/Uranus

Originalität, Beweglichkeit, Reformstreben, Weitblick, Selbstvertrauen, auch wenn man keinen öffentlichen Zuspruch findet, Einflußnahme auf Umwelt ist auch aus einer «Außenseiterposition» möglich; Freiheitsliebe.

Herausforderungsaspekte Opposition/Quadrat Sonne/Uranus

Konflikte können entstehen zwischen den Bedürfnissen nach Liebe einerseits und Freiheit andererseits, zwischen Führungsanspruch und Gleichheitsprinzipien, zwischen einem Hang zur dramatischen Inszenierung der emotionalen Persönlichkeit und intellektueller Gelassenheit. Ungeduld, Zersplitterung von Energien und Eigenwilligkeiten sind ein weiteres Merkmal.

☉ Sonne/Neptun: ♆ Lebenskraft und Ichauflösung

Kombination von Sonne/Neptun allgemein

Kreativität, Anpassungsfähigkeit, Empfindsamkeit, Beeinflußbarkeit, Mitgefühl (oder Mitleid) und Aufopferung, Offenheit für Mystik und Magie (damit eventuell auch eine Tendenz zur Verführbarkeit), Illusionen, Opferbereitschaft, (Aus-)Flucht. Geistige Chancen stehen im Vordergrund der Selbstentfaltung. Die Annahme, daß wir bei einer Sonne/Neptun-Kombination generell von «Schwächlichkeit» und «Krankheit» ausgehen müssen (so R. Ebertin), finde ich bislang ebensowenig bestätigt wie die Aussage, daß bei dieser Planetenkombination immer auch «Gefühlsverwirrung» herrsche (so Paris).

Energieaspekt Konjunktion Sonne/Neptun

Gesteigerte Sensibilität und Inspiration; empfindsames Verständnis für seelische Belange; einfühlsame Kreativität.

Menschen mit diesem Aspekt im Geburtshoroskop sind häufigeren Stimmungsschwankungen unterworfen als viele andere und sind in ihrem Selbstwertgefühl von diesen

Stimmungen auch stärker abhängig. Eventuell Vater- oder Mannprobleme durch tragische Gefühlsbeziehungen, die etwas mit der Sehnsucht nach Verschmelzung einerseits und physischer oder emotionaler Auflösungstendenzen andererseits zu tun haben.

Förderungsaspekte Trigon/Sextil Sonne/Neptun

Hier wird die Gabe zur Einfühlung in andere Menschen und zur Empfänglichkeit für Eindrücke allgemein angezeigt. Menschen mit diesem Planetenaspekt können eine reiche Phantasie, ihre lebendige Intuition und ein künstlerisches Gespür schöpferisch nutzen. Offenheit für Esoterik, Verinnerlichung und Spiritualität, manchmal auch mediale Fähigkeiten. Paris spricht auch von einer Neigung zu weiten Reisen.

Herausforderungsaspekte Opposition/Quadrat Sonne/Neptun

Subtile gegenseitige Abhängigkeiten mit anderen Menschen, also das, was die Amerikaner «Co-Dependency» nennen; Täter-Opfer-Snydrom, Märtyrerneigungen, Tendenz zur (Selbst-)Täuschung. Konflikte ergeben sich aus dem Widerstreit zwischen Idealismus und Skepsis sowie zwischen Anforderungen aus der irdischen Wirklichkeit und zeitweiser Wolkenkuckucksheimmentalität. Die Pläne mögen vielfältig und großartig sein, oft fehlt es aber an Beharrlichkeit und Konzentration zu ihrer Durchführung. Klassische Deutungen sprechen auch von Genußgiften und Suchtgefahren (Alkohol, halluzinogene Drogen).

☉ Sonne/Pluto: ♇ Persönlichkeit und Transformation

Kombination von Sonne/Pluto allgemein

Durchsetzungskraft, Machtstreben, Kollektiveinflüsse (zum Beispiel politische Massenbewegungen und Modeströmungen), Macht und Magie, intensiver Einsatz von Energien, ungewöhnliche Herausforderungen, Krise und Transformation, Leben und «Tod».

Energieaspekt Konjunktion Sonne/Pluto

Die traditionelle Astrologie bewertet diesen Aspekt fast immer pauschal als negativ. Wir finden dann Begriffe wie «Herrschsucht, Nachteile dadurch», «Unfalltendenz, Krankheit, Lebensgefahr» und dergleichen mehr. Meiner natürlich begrenzten Erfahrung nach gelten vielmehr folgende Schlüsselworte: ein enormes Reservoir an Lebenskräften, das Außenstehenden oft unerschöpflich scheint, überdurchschnittlicher, intensiver und anhaltender Einsatz von Persönlichkeitsenergien (zum Guten oder zum Schlechten), der immanente Wille zur grundlegenden Wandlung, um die Tiefen des Seins auszuloten, auch wenn das letztlich eine Art der Selbstaufgabe, des «Todes» erfordert.

Die Hausposition gibt wichtigen Aufschluß darüber, in welchem Lebensbereich sich diese ungewöhnliche Kräfteballung auswirken wird. In einem insgesamt förderlich aspektierten Geburtsbild gelten auch die nachstehend genannten Hinweise. Bei weniger bewußt lebenden Menschen kommen für die Konjunktion Sonne/Pluto auch die Bemerkungen zur Geltung, die Sie unter den herausfordernden Aspekten finden.

Förderungsaspekte Trigon/Sextil Sonne/Pluto

Ein gut entwickeltes Selbstbewußtsein paart sich mit Entschlossenheit und Tatkraft. Sie können Führungsansprüche durchsetzen; damit geht ein erheblicher Einfluß auf die Umwelt einher. Dabei kommen körperliche und/oder geistige Energien zum Einsatz. Vitale Triebkraft (Pluto ist die «höhere Oktave» des Planeten Mars).

Herausforderungsaspekte Opposition/Quadrat Sonne/Pluto

Hang zur fanatischen Identifikation mit bestimmten Zielen und/oder Gruppen, Begeisterung und intensiver Einsatz für eine Sache oder einen Menschen, ohne mögliche Folgen zu bedenken; Überheblichkeit bzw. Selbstüberschätzung. Konflikte entstehen durch die gleichzeitig wirksamen Gegensätze von Stolz und Scham, offenem Selbstausdruck und versteckten Bestrebungen, Verachtung und Demut.

☉ Sonne/Mondknoten: ☊
Selbstverwirklichung und Lebensaufgaben

Kombination von Sonne/Mondknoten allgemein

Karma und Selbstverwirklichung, die großen Linien Ihres Lebenswegs und Ihr Lebenswille, Schicksal zum Anfassen!

Energieaspekt Konjunktion Sonne mit aufsteigendem Mondknoten (gleichzeitig Opposition mit dem absteigenden Mondknoten!)

Eine günstige karmische Ausgangslage. Auf Ihrem Schicksalskonto besteht ein ziemlich großes Guthaben. Ihr großes Potential an Kraft und Kreativität können Sie nutzen, wenn Sie Ihre Augen öffnen und beginnen, bewußt zu leben. Hilfen von «oben» auch in schwierigen Situationen. Das sollte Sie allerdings nicht zum «Sofasitzen auf der Gnade» verführen. (Diesen hübschen Ausdruck verdanke ich der unvergessenen Münchner Yogalehrerin Anneliese Harf. Danke, Anneliese!)

Energieaspekt Konjunktion Sonne mit absteigendem Mondknoten (gleichzeitig Opposition zum aufsteigenden Mondknoten!)

Entweder neigen Sie dazu, Ihr Licht unter den Scheffel zu stellen, sind zu schüchtern, gehen zu wenig aus sich heraus und fühlen sich zu oft irgendwie saft- und kraftlos, oder Sie versuchen, Ihr Ego in den Vordergrund zu spielen, und leiden unter (angeblich) zu geringer Beachtung durch die Umwelt. Mitunter Karma-Streß mit Vaterfigur(en). Ihre Chance: Meditation über den Sinn Ihres Lebens und die Frage «Wer bin ich?»

Förderungsaspekte Trigone/Sextile Sonne zur Mondknotenachse (ein Trigon zu einem Mondknotenpunkt ist gleichzeitig ein Sextil zum anderen, und umgekehrt!)

Chancen im öffentlichen Leben, Anerkennung in der Schule, unter Kollegen, im Beruf, ein gutes und sicheres Selbstwertgefühl und eine immerfort sanft sprudelnde Quelle an Kraft und Kreativität geben Ihnen ein wunderbares Fundament, aus Ihrem Leben viel zu machen. Es fällt Ihnen leicht, in die Richtung zu gehen, in die das Leben sich bewegt.

Herausforderungsaspekte Quadrate der Sonne zur Mondknotenachse (ein Quadrat zu einem Mondknoten ist gleichzeitig auch ein Quadrat zum anderen!)

Sie erhalten vom Leben reichlich Gelegenheiten, Geduld, Beharrlichkeit, Anpassungsfähigkeit und Beweglichkeit als Tugenden zu entwickeln, die Ihnen helfen, bewußt zu wachsen. Vor allem in jüngeren Jahren werden Sie nicht ganz zufrieden sein, vom Leben derart «beschenkt» zu werden, sondern empfinden vermutlich die meisten Herausforderungen als Hindernisse oder Knüppel, die Ihnen zwischen die Beine geworfen werden. Seien Sie gewiß, daß das Leben uns immer genau das gibt, was wir brauchen, um uns zu entwickeln!

☉ Sonne/Aszendent-Deszendent: AC/DC

Selbstwert und Rollenspiel

Energieaspekt Konjunktion Sonne/AC (gleichzeitig Opposition Sonne/DC)

Menschen mit Sonne am Aszendenten leben, fühlen und handeln meist unbeschwert «drauf los». Sie sind eins mit sich selbst – die innere Persönlichkeit und das äußere Verhalten stimmen überein. Das gibt ihnen genug Schwung, so daß sie oft andere Menschen begeistern oder überfahren können. Unter Umständen existiert eine Neigung, sich das Leben «zu einfach» vorzustellen und durch eine gewisse Einseitigkeit Widerstände zu provozieren, die dann zu Ent-Täuschungen führen. Wenn Sonne und Aszendent in dasselbe Tierkreiszeichen fallen, gewinnt dieses Zeichen stark an Bedeutung.

Energieaspekt Konjunktion Sonne/DC (gleichzeitig Opposition Sonne/AC)

Das Leben und die Welt erleben Menschen mit der Sonne am Du-Punkt vor allem über einen bzw. mehrere Partner. Die Meinung des anderen, seine Urteile, seine Reaktionen, seine Gefühle bestimmen in einem hohen Maß, was der Horoskopinhaber selbst von etwas hält, wie er sich auf Situationen einstellt, wie er agiert bzw. was er zu projizieren versucht. Einerseits ist mit dieser Sonnenstellung eine feine Empfänglichkeit für die Umwelt und insbesondere für persönliche Partner symbolisch angezeigt. Andererseits besteht eine Versuchung, sich allzusehr den Erwartungen und Spiegelungen der Umwelt anzupassen.

Förderungsaspekte Trigon/Sextil Sonne/AC-DC (ein Trigon zum einen Achspunkt ist gleichzeitig ein Sextil zum anderen)

Selbstentfaltung und Empfindsamkeit für die Bedürfnisse anderer, schöpferische Ausdrucksfähigkeit und Rücksichtnahme auf die Umwelt stehen in einem harmonischen und potentiell kreativen Verhältnis zueinander. Ich und Du, der eigene Wille und die eigenen Bedürfnisse können fruchtbar auf die Partner und mit den Partnern abgestimmt werden.

Herausforderungsaspekte Quadrat Sonne/AC-DC (ein Quadrat zum einen Achspunkt ist gleichzeitig auch ein Quadrat zum anderen)

Dieses Quadrat bringt nicht das Maß an Spannung, das wir bei reinen Planetenquadraten untereinander kennen. Denn ein Quadrat der Sonne zur Ich-Du-Achse ist gleichzeitig ein Energieaspekt der Sonne zur MC-IC-Achse. Ich werte ein Quadrat von Sonne zu Aszendent und Deszendent als eine stärkere Ausrichtung des Horoskopinhabers auf Erfolg in der Öffentlichkeit und innere Verwurzelung und als eine Vernachlässigung des Themenkreises Ich-Reflexion und Du-Bezug.

☉ Sonne/MC-IC: MC/IC
Erfolgsstreben und Durchsetzungskraft

Wenn der MC links von der Spitze des 10. Hauses ist, so herrscht beim Horoskopinhaber eine eher materielle Lebenseinstellung vor. Wenn der MC rechts, also in Richtung 9. Haus fällt, dann können wir von einer stärker ausgeprägten geistigen Orientierung ausgehen.

Manche Astrologen deuten nach dem IC auch eine innere, geistige Heimat und eine karmische Herkunft.

Energieaspekt Konjunktion Sonne/MC (gleichzeitig Opposition Sonne/IC)

Chancen, etwas Bedeutsames zu leisten und dafür auch die Anerkennung einer kleineren oder größeren Öffentlichkeit zu finden. Deutlicher Energieeinsatz, um eine bestimmte berufliche Stellung oder einen gewissen gesellschaftlichen Rang zu erreichen. Zielstrebigkeit und starkes Ichbewußtsein.

Energieaspekt Konjunktion Sonne/IC (gleichzeitig Opposition Sonne/MC)

Das Erleben und die Ausgestaltung der Individualität steht hier im Vordergrund. Interesse an und Bedürfnis nach einer echten Verwurzelung in einer sicheren Lebensgrundlage. Land und Landbesitz, Heim und Heimat, die persönliche oder eine geistige Familie spielen eine wichtige Rolle.

Förderungsaspekte Trigon/Sextil Sonne/MC-IC (ein Trigon zum einen Achspunkt ist gleichzeitig ein Sextil zum anderen)

Lebenslust und eine positive Lebenseinstellung sind bei dieser Sonnenstellung begünstigt; man findet leicht ein ausgewogenes Verhältnis zwischen sicheren geistigen «Ankern» und einer lockenden materiellen «Karriere».

Herausforderungsaspekte Quadrat Sonne/MC-IC (ein Quadrat zum einen Achspunkt ist gleichzeitig auch ein Quadrat zum anderen)

Der Horoskopinhaber muß sich schwer zu verwirklichenden Lebenszielen stellen oder hat mit einer bestimmten Ziellosigkeit im eigenen Tun zu kämpfen. Die Ich-Du-Beziehungen sind ihm wichtiger als innere und äußere Erfolge oder Sicherheiten.

☾ Der Gefühlsplanet Mond

Die Kraft der Psyche und des Träumens

Die Magie des Mondes

«Der Mond ist aufgegangen, die goldenen Sternlein prangen, am Himmel hell und klar.» So dichtete Matthias Claudius im berühmten *Abendlied.* Ein anderes deutsches Volkslied beginnt mit den Worten «Guter Mond, du gehst so stille…» Und ein bekanntes Gedicht lautet: «Siehst du den Mond dort steh'n? Er ist nur halb zu seh'n und ist doch rund und schön. Es gibt so viele Sachen, die wir getrost belachen, weil uns're Augen sie nicht seh'n.»

Der Mond hat immer schon die Phantasie der Menschen angesprochen. Die Verheißung des ersten Lichts der schmalen Mondsichel nach Neumond, der milde Glanz des Halbmondes, der strahlendhelle Schein des Vollmondes, der die Nacht erleuchtet, und schließlich das geheimnisvolle Dunkel der Tage um Neumond, wenn der Mond verschwunden scheint. Der Mond symbolisiert damit auch den stetigen Wandel des Lebens. «Es kann ja nicht immer so bleiben, hier unter dem wechselnden Mond…» schrieb der Dichter Kotzebue in «Trost beim Scheiden».

Nichts währt ewig, weder Freude noch Leid, weder Kindheit noch Alter, weder das Erdenleben noch der Körpertod. Der Mond bringt uns Menschen den Widerschein eines größeren Lichts, der Sonne, auch in der dunklen Nacht.

«Mond meiner Tage! Sonne meiner Nächte!» rief Heinrich Heine in Italien aus. «Und mir leuchtet der Mond heller als nordischer Tag», dichtete Goethe in den Römischen Elegien. Blicken Sie selbst wieder einmal in einer klaren Nacht, am besten in der Natur und unter freiem Himmel, hinauf zu unserem wechselvollen und doch treuen Begleiter Mond. Öffnen Sie sich für das, was der Mond ganz individuell in Ihnen anspricht und auslöst.

Der Mond und unser Kalender

Das Wort Mond leitet sich – so mein Herkunftslexikon – aus einem indogermanischen Wortstamm für «messen» her. In der Tat beruhten die frühesten Kalender nach heutigen Erkenntnissen auf Beobachtungen des Mondes und seiner Umlaufphasen um die Erde. Neumond, Halbmond und Vollmond kann jeder Mensch leicht beobachten und unterscheiden und die Mondphasen sind kurz genug, um überschaubar zu sein. Ein Monat begann, wenn religiöse Autoritäten feststellten, daß die schmale Sichel des neuen Mondes zu sehen war. Von Neumond zu Neumond vergehen etwas über 29,5 Tage. Die Monate wurden also auf abwechselnd 29 und 30 Tage bemessen. Zwölf Monate, nach den Mondphasen gerechnet, ergeben etwas mehr als 354 Tage.

Ein Mondkalender ist scheinbar sehr schlüssig. Noch heute benutzen manche Kulturkreise einen Mondkalender, zum Beispiel Muslime, so daß der Fastenmonat Ramadan jedes Jahr zu einer anderen Zeit stattfindet, gemessen an unserem üblichen Sonnenjahr. Der jüdische Kalender ist ein kombinierter Sonne-Mond-Kalender, der in normalen Jahren zwischen 353 und 355 Tagen hat und in dem es zwischen 383 und 385 Tagen in speziellen Schaltjahren gibt, die alle 19 Jahre auftauchen.

Das übliche Sonnenjahr, mit dem wir heutzutage rechnen, basiert auf der Einteilung von Zeitabschnitten nach dem Umlauf der Erde um die Sonne. *Das tropische Jahr* jeweils von einer Frühlings-Tagundnachtgleiche bis zur nächsten beträgt 365,2422 Tage, *das siderische Jahr* 365,25636 Tage. Die Abweichungen zwischen diesen beiden Meßmethoden, auf die ich aus Platzgründen hier nicht näher eingehen kann, sind so klein, daß sie im täglichen Leben keine Rolle spielen. Unter anderem gewährleistet ein Sonnenjahr, bei dem man den Umlauf der Erde um die Sonne als Basis für einen Kalender benutzt, daß die Saat, Reife-, Ernte- und Ruhezeiten der lebensnotwendigen Landwirtschaft immer in dieselbe Kalender-Jahreszeit fallen, daß vergleichbare klimatische Bedingungen in denselben Monaten herrschen. Im Dezember ist es danach in unseren Breitengraden immer zu kalt, um zu säen, das passiert eben erst im März, und so fort.

Ein Mondjahr ist für die Landwirtschaft ungeeignet. Um für die Arbeiten der durch Sonnenlicht und Sonnenwärme festgelegten Jahreszeiten mit immerwiederkehrenden, vorausschätzbaren Phasen des Keimens, der Blattentfaltung, der Blüte, der Befruchtung, der Fruchtbildung, der Reifung, der Ernte und der Regenerationszeit vorbereitet zu sein, fing man an, Sonnen- und Mondkalender miteinander zu verbinden. Von einigen hundert solcher Versuche in Mesopotamien und Griechenland, im Römischen Reich und in keltischen Landen – man denke an Stonehenge –, in Indien und China haben wir Kunde erhalten, bevor sich der reine Sonnenkalender durchsetzte, wie ihn Papst Gregor XIII. mit Hilfe der Berechnungen des Astronomen Christopher Clavius vom Oktober 1582 an eingeführt hatte.

Das römische Jahr begann im März; der Dezember war der 10. römische Monat. Das Wort *Dezember* leitet sich aus dem lateinischen Begriff für Zehn her. Die Einteilung von Monaten in Wochen geht auf die Babylonier zurück, die ein Sieben-Tage-Intervall kannten, das in sich keine astronomische Rechtfertigung oder Bedeutung besaß. Diese Sieben-Tage-Woche wurde von den Juden übernommen. Der 7. Tag erhielt eine besondere religiöse Bedeutung. Soweit bekannt unabhängig davon teilten die Römer die Woche in sieben Tage ein, deren Wochentage sich auf Sonne, Mond und fünf Planeten bzw. die ihnen zugeordneten Gottheiten bezogen.

So ist, leicht erkennbar, der Sonntag der Sonnen-Tag und der Montag der Mond-Tag. Im deutschen weniger deutlich als im englischen ist der Samstag der Saturn-Tag (englisch: *Satur-day*). Der Dienstag ist der Mars-Tag (im französischen zum Beispiel *mar-di* = Mars-Tag), der Mittwoch der Merkur-Tag (im französischen zum Beispiel *mercre-di*), der Donnerstag der Jupiter-Tag (im germanischen der Bezug zum Gott Thor bzw. Donar, dem Pendant zu Jupiter-Zeus), der Freitag ist der Venus-Tag (im französischen *vendre-di*, worin die erste Silbe der Venus noch aufzufinden ist).

In Britannien – im Süden des heutigen Englands – und in der Bretagne – im Nordwesten des heutigen Frankreichs beides kulturell zusammengehörige Landstriche, sind neben Stonehenge viele markante Meßsteine für astronomische Ereignisse rund um Sonne, Mond und Sterne gefunden worden. Ihre Bedeutung konnte bislang noch nicht umfassend und zweifelsfrei entschlüsselt werden. Mit diesen Meßsteinen lassen sich u.a. Sonne- und Mondfinsternisse sowie Aufgangs- und Untergangspunkte von Sonne und Mond berechnen. All das unterstreicht, daß Mond und Sonne seit altersher im Mittelpunkt des Interesses von Menschen standen, wenn es darum ging, Zusammenhänge zwischen dem Makrokosmos, der Welt rund um und «über» der Erde, und dem Mikrokosmos Mensch aufzuspüren.

Mond und mythische Gottheiten

In der chinesischen Mythologie kennt man die Mondgöttin Chang-o bzw. Heng O. Sie stahl das Elixier der Unsterblichkeit von den Göttern und suchte auf oder im Mond Zuflucht vor ihrem Mann Hou Yi, dem Herrn der Bogenschützen, der sie verfolgte. Einer Legende zufolge wurde sie in eine dreibeinige Kröte verwandelt und für immer auf den Mond verbannt. Ein Fest ihr zu Ehren findet am 15. Tag des 8. Mond-Monats im Herbst statt.

In der griechischen Mythologie war Artemis, die Zwillingsschwester des Apollo (der später auch als Sonnengott galt), zunächst die Göttin der Jagd, die Herrin wilder Tiere und die Beschützerin der Jugend und der Frauen. Im Unterschied zur sprichwörtlichen Liebesgöttin Aphrodite galt Artemis übrigens als die Göttin der reinen, keuschen Liebe. Artemis wurde aber auch mit dem Mond in Verbindung gebracht und deshalb später mit der Mondgöttin Selene verschmolzen.

Die römische Mythologie betrachtete die Göttin Diana als Gottheit der Wälder. Später wurde sie mit Artemis in deren Funktion als Mondgöttin gleichgesetzt. Im heutigen Efes in der Türkei, dem antiken Ephesus Kleinasiens, entstand einer der bedeutendsten Artemis-Tempel.

Der Mond als Himmelskörper

Der Mond besitzt eine etwa 80 mal kleinere Masse als die Erde. Seine Oberfläche ist stark zerklüftet bzw. von Kratern geprägt, die durch aufprallende Gesteinsbrocken entstanden, die sich auf Kollisionskurs befanden. Auch Mondbebentätigkeit konnte man messen. Der Mond hat keine Atmosphäre. Deshalb kann er auch die von der Sonne empfangene Strahlungsenergie nicht als Wärme speichern. Die Temperaturen schwanken zwischen plus 130 Grad Celsius während der direkten Sonneneinstrahlung und minus 173 Grad während der Mondnacht. An manchen Orten entstehen zeitweise sogar Temperaturen von 300° Celsius. Allerdings strahlt die Hitze nicht tiefer als etwa einen halben Meter in die Oberfläche ein.

Seine Erdumlaufbahn führt unseren Trabanten auf den nächsten Abstand zur Erde von 356 000 Kilometer und den weitesten von 407 000. Das ist weniger als 1 Prozent der Entfernung von der Erde zur Venus oder zum Mars, den beiden nächsten Nachbarplaneten unseres Globus. Die Geschwindigkeit des Mondes beträgt ca. einen Kilometer pro Sekunde; er durchmißt ungefähr einen Grad seiner Gesamtstrecke von 360 Grad in zwei Stunden. Der Mond besteht den chemischen Elementen nach zu 60 Prozent seiner Oberfläche aus Sauerstoff, ca. 16-17 Prozent Silizium, 6-10 Prozent Aluminium, 4-6 Prozent Kalzium, 3-6 Prozent Magnesium, 2-5 Prozent Eisen und 1-2 Prozent Titanium. Falls der Mond einen Eisenkern besitzt wie die Erde, so dürfte dieser ungewöhnlich klein sein.

Wissenschaftliche Auswertungen von Gesteinsproben der Apollo-Missionen zwischen 1969 und 1972 lassen vermuten, daß der Mond etwa 4,5 Milliarden Jahre «alt» ist. Wo stammt der Mond her? Darüber gehen die Meinungen auseinander. Eine Theorie besagt, daß der Mond ein Teil der Erde war, der sich von ihr durch die anfangs hohe Zentrifugalkraft der sich schneller drehenden Erde abspaltete, aber durch die Anziehungskraft der Erde in ihrem Kraftfeld blieb. Eine zweite Theorie meint, daß es sich bei Mond und Erde um zwei unabhängige Himmelskörper handelt, die sich mehr oder wenig gleichzeitig am Beginn der Materialisierungen aus einer «Urwolke» bildeten. Die dritte bekannte Theorie glaubt, daß die Erde mit ihrem Schwerkraftfeld einen Himmelskörper aus unserem Sonnensystem eingefangen hat, der sich ihr zu sehr genähert hatte.

Nach Meinung des Physikers Immanuel Velikovsky, die ihm zunächst nur Spott eintrug, inzwischen aber als die wahrscheinlichste Antwort auf die Frage nach dem Woher des Mondes akzeptiert wird, gab es eine Kollision zwischen der Erde und einem anderen, planetenähnlichen und planetengroßen Projektil von der Größe des Mars. Dieser Zusammenstoß brachte ungeheure Mengen heißer Gase (von beiden Körpern?) hervor, die nach ihrer Abkühlung zu einem festen Körper «geronnen», eben den Mond bildeten, der innerhalb der Anziehung der Erde blieb und sie seither umkreist.

Gleich, welche Version stimmt – dramatisch ist es rund um den Mond offensichtlich immer zugegangen.

Astronomisch und vielleicht auch symbolisch gesehen, zeigt der Mond dem Menschen stets nur eins seiner beiden Gesichter: Rund 59 Prozent der Mondoberfläche sind von der Erde aus sichtbar, 41 Prozent blieben bis zum Zeitalter der Raumfahrt den menschlichen Augen verborgen. Ist hier ein Bezug zur viel zitierten Emotionalität zu finden, die astrologisch vom Mond vertreten wird und die sich ja auch dadurch auszeichnet, daß ein Aspekt, eben die gemüthafte Reaktion des Menschen, «einseitig» zum Ausdruck gebracht wird?

Astrologische Symbolik des Mondes

Eine Zahl vorweg, der Vollständigkeit halber: Obwohl es rund 29,5 Tage dauert von Neumond zu Neumond bzw. von Vollmond zu Vollmond, ist der Mond bereits nach etwa 27,3 Tagen wieder am selben Ort im Tierkreis angelangt. Am 1. Januar 1995 um null Uhr steht der Mond bei 3°46 Steinbock. Bereits am 28. Januar 1995 gegen 10 Uhr früh steht er erneut wieder an diesem Grad im Tierkreis. Jetzt aber von Zahlen zu Aussagen.

Der Mond repräsentiert die psychischen Funktionen des Menschen, er ist ein Mittler zwischen Geist und Körper.

Er symbolisiert im Familienleben die Mutter, die Partnerin sowie die Frau allgemein.

Im politisch-gesellschaftlichen Feld repräsentiert der Mond das Volk (während die Sonne für deren Regierung steht), die Demokratie und die Öffentlichkeit.

Der Mond steht zusätzlich für die Nacht und für Träume.

Esoterisch gilt er dem Anthroposophen Rudolf Steiner als Tor der Seele zur Vergangenheit (das wird im Kapitel über esoterische Astrologie im Heyne Planetenbuch über die Sonne näher ausgeführt); in der «Inneren Astrologie» nach den Lehren von Sant Mat (siehe auch letztes Kapitel in diesem Buch) erscheint der Mond der Seele auf der dritten von fünf Ebenen.

Eine starke Mondstellung im Horoskop läßt auf ein Leben voller Wechselfälle und Veränderungen schließen mit einer unbeständigen Lebensführung oder vielen Reisen.

Wenn der Mond entsprechende fördernde Aspekte genießt, dann deutet er auf Erfolge und öffentliche Anerkennung hin (was natürlich nicht unbedingt Starruhm heißt, sondern sich auf den jeweiligen Rahmen des Horoskopinhabers und auf das, was Öffentlichkeit für ihn besagt, bezieht).

Erfährt der Mond dagegen herausfordernde Aspekte durch andere Planeten, so muß man zeitweise seelische Bedrückungen und melancholische Anwandlungen überwinden lernen sowie mit sogenannten Schicksalsschlägen bzw. häufigem Auf und Ab in Beruf, Wohnort, Partnerschaft und Familie und/oder Gelddingen fertig werden.

Der Mond «regiert» Wasser, das Meer, Flüsse und Seen, entsprechend des Wasserbezugs auch die Schiffahrt; Pflanzenwachstum, Wachstum generell, den Keim und seine Reifung; nach Vehlow interessanterweise auch «die freie Heilkunde».

Der Mond und der menschliche Körper

Der Mond vertritt astrologisch den gesamten Flüssigkeitshaushalt des menschlichen Organismus; weiterhin Magen, Bauch, Darm und Blase; die weiblichen Geschlechtsorgane einschließlich der Brüste und natürlich der Menstruation, Konzeption, Schwangerschaft und Geburt; nach Vehlow das sympathische Nervensystem; das rechte Auge bei Frauen, das linke bei Männern (die Sonne repräsentiert das jeweils andere Auge); Drüsengewebe, Lymphgefäße; die gesamte linke Körperhälfte; schließlich auch die «Verflüssigung» und Aufnahme unserer Nahrung und deren Ausscheidung.

Der Mond und die Kuh

Kühe und alle Rinderarten, übrigens einschließlich der Stiere, gehören astrologisch zum Mond. Das ist interessant in Verbindung mit der Auffassung Steiners, daß der Mond das Seelentor zur Vergangenheit darstellt, und mit der Reinkarnationslehre: danach ist die

Kuh nämlich das «letzte Sprungbrett» für eine sich in der Entwicklung befindliche Seele, bevor sie im nächsten Leben als Mensch wiederverkörpert wird. Kühe sind in Indien bekanntlich «heilig», das heißt, daß man sie nicht schlachtet.

Der Mond, Steine und Metalle

Mondstein, Opal, Perlen, Smaragd, Quarzkristall, Glas und natürlich Silber sowie Aluminium werden als zum Mond gehörig bezeichnet.

Als Wochentag gehört der Montag zum Mond, als Himmelsrichtung der Westen, als Farben alle weißen, weißgelben, silbergrauen, silbrig-schimmernden und violetten (!) Schattierungen.

Bislang konnten auf dem Mond keinerlei Spuren von Wasser entdeckt werden. Das ist astrologisch-mythologisch insofern interessant, weil gerade der Mond die «Herrschaft über die Gewässer» symbolisieren soll. Die Schwerkraft des Mondes wirkt bekanntlich auf große Gewässer, wie die Meere, und trägt zu den Erscheinungen von Ebbe und Flut bei. Manche Astrologen und Naturheilkundige gehen auch davon aus, daß diese Anziehungskraft auf sehr kleine Flüssigkeitssysteme wirkt, zum Beispiel den Wasserhaushalt des Menschen, den Blut- und den Lymphfluß, die Menstruation und so fort. Und wir kennen ja eine Menge von «Bauernregeln», die sich auf die hauptsächlich aus Wasser bestehenden Pflanzen und ihr Wachstum beziehen. Dennoch bleibt es zumindest kurios, daß der astrologische Repräsentant von Wasser und Gefühl selbst eher als besonders unwirtlich beschrieben werden muß.

Zur weiteren Einstimmung auf das symbolische Bedeutungsfeld des Mondes gebe ich Ihnen eine Reihe von Begriffen mit auf Ihren Einstieg in die Astrologie, die sich als hilfreiche Assoziationen bewährt haben. Sie können und sollten auf diese Hinweise zurückgreifen, wenn Sie über den Mond in den Zeichen, den Häusern und in Aspekten zu anderen Planeten nachlesen.

Wesentliche Grundbedeutungen des Mondes:

- Materie, Form, Stofflichkeit, Wachstum
- Weiblichkeit, frauliche Reife
- Mütterlichkeit, nährende Qualitäten
- Liebe zur Heimat, zu freien Landschaften und Gewässern
- Anpassungsfähigkeit,
- Sensibilität, Empfindsamkeit, Empfänglichkeit
- Gefühl, Psyche, «Seelisches» im Sinne von Seele = Gemüt (nicht Seele = ewiges Selbst!)
- Reflexion, Widerspiegelung
- Vorstellungskraft, Phantasie, Kreativität, Träumerei
- Medialität, Magnetismus
- Häuslichkeit, Familie, Kinder
- Nahrung, Ernährung, Kochen
- Sympathie, Liebe, Freundlichkeit

- Unbewußtes, Unterbewußtsein
- Erinnerung, Vergangenheit
- Gewohnheiten, Ererbtes
- Öffentlichkeit, Menge, Masse, Volk

Herausforderungen durch den Mond:
- Bedürfnis nach emotionaler Sicherheit
- wechselhafte Stimmungen und Launen
- übertriebene «Gluckenmentalität» und erdrückende Fürsorge
- Bedürfnis, verstanden zu werden
- Materialismus
- zu starke mediale Beeinflußbarkeit
- Passivität
- Vermischung von inneren und äußeren Wirklichkeiten
- emotionale Verletzlichkeit
- (unbewußte) Abhängigkeiten

Die Autorinnen Jan Spiller und Karen McCoy definieren den Mond als *Schlüssel zur emotionalen Sicherheit* (nach *Spiritual Astrology*, S. 47ff, Fire Side, New York, 1988). Danach ist der Mond astrologisches Symbol für die tiefsten Gefühlsbedürfnisse, außerdem Repräsentant unbewußter Manipulationen anderer durch «Spielchen» rund um Abhängigkeiten und Empfindlichkeiten sowie Kindheitsmuster. Ferner soll der Mond für den Weg zur inneren Erfüllung stehen und jene Gaben beleuchten, die zur Persönlichkeitsintegration ohne Brüche führt. Ihrer Ansicht, daß der Mond auch den Prozeß einer emotionalen Abnabelung von anderen Menschen darstellt, durch den man an Nähe und Intimität und damit an persönlicher Sicherheit verliert, vermag ich nicht nachzuvollziehen.

Astrologische Deutungen zum Mond

Der Mond in den zwölf Zeichen des Tierkreises

Ein Hinweis vorweg: In einem männlichen Horoskop beschreibt die Mondstellung in einem der Zeichen neben den anderen Symbolfunktionen des Mondes auch den Typus von Frau, den der Mann sucht bzw. anzieht. In einem weiblichen Horoskop kann der Mond für das Frauenbild stehen, das die Frau selbst bereits anstrebt oder das sie unbewußt ablehnt!

☾ Mond im Zeichen Widder: ♈ Traum und Wille

Menschen mit Mond im Widder machen nachhaltig auf ihre Existenz aufmerksam. Gefühle werden spontan und impulsiv geäußert, manchmal sogar explosiv. Man findet schnell Freunde, verliert sie aber mitunter auch wieder ebenso schnell, weil man sie vor den Kopf stößt. Der Wille wird stark vom Gefühl beeinflußt. Bei Entscheidungen, vor allem schnellen, gerät die Vernunft dabei öfter ins Hintertreffen. Menschen mit dieser Mondstellung streben und drängen optimistisch vorwärts und geraten dabei auch mit der Umwelt in Auseinandersetzungen. Idealistische Träume und Pläne, die zur Verwirklichung aber noch einer bewußten Entwicklung von Ausdauer und Beharrlichkeit bedürfen. Vielleicht Angst vor Angriffen oder Befürchtung, die Identität zu verlieren.

☾ Mond im Zeichen Stier: ♉ Gefühl und Genuß

Charmante, liebenswürdige Art mit viel Einfühlungsvermögen. Vorliebe für die schönen Seiten des Lebens. Gefühlsmäßig hohe Affinität zu Geld, Besitz und Werten aller Art (zum Beispiel Kunstschätzen), wobei die subjektive Absicherung ebenfalls wichtig ist. In der Alltagsrealität jedoch recht veränderliche materielle Verhältnisse. Emotional eher beständig, bequem und gutmütig; wenn einmal die Sicherung durchbrennt, ist allerdings höchste Vorsicht geboten. Diese Menschen verstehen es, mit dem, was sie haben, umsichtig umzugehen. Das Gefühlsleben ist auf sinnliche erfahrbare, «greifbare» Empfindungen und Erlebnisse gepolt. Gefühle müssen sich auch in der Alltagspraxis bewähren, sonst fließt ihnen keine Energie mehr zu. Die Seelenträume des Mondes im Stier sind eher venusisch-genießerisch als rein geistiger Natur.

Sorge vor Wert- oder Substanzverlusten und Armut.

Die Neigung zu den leiblichen Genüssen des Lebens sollte etwas in Schach gehalten werden, um nicht unangenehme gesundheitliche Konsequenzen tragen zu müssen.

☾ Mond im Zeichen Zwillinge: ♊ Gemüt und Kommunikation

Vielseitige und gleichzeitig recht veränderliche Gefühle, die lebhaft zum Ausdruck gebracht werden. Dabei reichen die Empfindungen nicht tief in das Wesen hinunter, sondern sind eher an der Oberfläche der Psyche. Im Verhältnis zu anderen Mondstellungen in den Zeichen sind die Gefühle hier weniger leidenschaftlich, und deshalb «verabschieden» sich diese Menschen von den eigenen Gefühlen auch leichter als andere. Tendenz, um Konflikte zu vermeiden, Menschen das zu sagen, was sie vermeintlich hören wollen, statt das, was der eigenen Erkenntnis der Wahrheit entsprechen würde. Sie sind lebendig und beweglich, offen für alles Neue, interessiert an Erweiterung des Wissens und mit einer kreativen Vorstellungskraft gesegnet. Der Austausch über Seelenthemen ist für diese Horoskopinhaber ein Lebenselixier; das verleiht ihnen auch die Gabe, darüber zu sprechen oder zu schreiben.

Sorge, nicht genügend informiert zu sein oder als unwissend zu erscheinen.

☾ Mond im Zeichen Krebs: ♋ Gefühl und Bindung

Der Mond ist «Herrscher» dieses Zeichens und steht deshalb an dieser Stelle besonders stark. Nach den üblichen astrologischen Deutungen heißt das: intensive Gefühle, Bindung an Tradition, Anpassungsfähigkeit und Beeinflußbarkeit, träumerisches Wesen, Sinn für Familie und Häuslichkeit. Die Mutter spielt eine wichtige Rolle; ob fördernd oder beengend, müssen die Aspekte erweisen. In vielem sind diese Horoskopinhaber überempfindlich und werden dann leicht launisch, wenn ihnen irgend etwas in die Quere kommt. Eine der Lernaufgaben dieser Mondstellung besteht darin, die Vergangenheit auch einmal wirklich vergangen sein lassen zu können und (vermeintliches) Unrecht zu vergeben und zu vergessen.

Neigung, anderen zu helfen, sie zu bemuttern oder zu erwarten, daß man selbst verwöhnt wird, weil man glaubt, das werde einem «geschuldet». In einem männlichen Horoskop weist der Mond in Krebs auf eine Partnerin hin, die mehr den Mutteraspekt des Weiblichen verkörpert. In einem weiblichen Horoskop wird die Horoskopinhaberin vor allem ihre mütterlichen Seiten ausleben wollen – wenn sie sie nicht verdrängt und damit genauso zu einem starken Thema ihres Lebens macht. Angst vor emotionaler Isolation oder dem Gefühl, nicht «dazuzugehören».

☾ Mond im Zeichen Löwe: ♌ Vision und Größe

Starke Persönlichkeit, die sich emotional dramatisch in Szene zu setzen versteht. Führungsqualitäten und kreative Talente, gepaart mit einer instinktiv guten Wahrnehmung. Großzügig, ehrgeizig und sowohl auf die Sicherheit durch Besitz als auf die Insignien von materiellem Erfolg und gesellschaftlicher Anerkennung bedacht. Die Hoffnungen und Ansprüche aufgrund grandioser Visionen werden dann enttäuscht, wenn der Horoskopinhaber noch recht unbewußt und oberflächlich lebt und noch nicht erkannt hat, wieviel Einsatz und Dienstbereitschaft jeder wirkliche Erfolg erfordert. Möchte gern ständig im Mittelpunkt stehen. Stolz und dabei leicht verletzlich. Neigt zu Selbstüberschätzung. Leidenschaftlich in der Gefühlszuwendung, aber auch in der Abneigung. In einem männlichen Horoskop zeigt der Mond im Löwen an, daß der Mann optimistische, extrovertierte und mitunter sogar theatralische Frauen anzieht. In einem weiblichen Horoskop weist der Mond im Löwen darauf hin, daß die Frau Luxus liebt und einen großen gesellschaftlichen Rahmen sucht, in dem sie ihre Partnerschaft zelebrieren kann. Furcht vor Bloßstellung oder Fremdbestimmung.

☾ Mond im Zeichen Jungfrau: ♍ Psyche und Vernunft

Der Verstand beherrscht das Gemütsleben und die Tiefe der Empfindungen, die man sich erlaubt. Man plant sorgfältig, handelt methodisch und lebt eher einfach. Korrektheit und Ordnungsliebe sind Hilfen, um sich selbst sicher zu fühlen, gehen der Umwelt aber leicht auf die Nerven. Tüchtige, praktische Menschen, die anderen gerne helfen und ihnen dienen – nach den eigenen Maßstäben dessen, was gut für andere sein mag; das Einfühlungsvermögen in die emotionalen Bewegungen anderer Menschen ist indes nicht sonderlich entwickelt. Der eigene Gefühlsausdruck ist zurückhaltend bis kümmerlich, was man mit vermeintlicher intellektueller Überlegenheit oder sonstiger Vorbildlichkeit gern überspielen möchte. Es lohnt sich, weniger am Detail haften zu bleiben und der Seele mehr Raum zur Entfaltung zu geben. Diese Menschen müssen lernen, Gefühle zu entdecken und zu schätzen. Angst vor Kritik oder Mangel an emotionaler Zuwendung.

☾ Mond im Zeichen Waage: ♎ Traum und Partnerschaft

Sanfte Menschen, hinter deren verbindlichem Auftreten eine nicht zu unterschätzende Stärke steckt. Ehrgeizig und dabei auf Partnerschaften angewiesen. Diese Menschen träumen davon, ihre Seelenwünsche in einer idealen Partnerschaft zu verwirklichen. Lebhaft in der Aussprache, auch in der Diskussion von Gefühlsangelegenheiten. Bedürfnis nach Liebe. Sie streben nach Harmonie um fast jeden Preis und sind leicht wankelmütig. Sie dürfen ruhig eigene Prinzipien stärker vertreten, ohne befürchten zu müssen, daß sie dann weniger emotionale Zuneigung erfahren werden. Nachsichtig gegenüber sich selbst; man sollte ruhig etwas mehr Verantwortung übernehmen. In einem männlichen Horoskop Hinweis auf eine charmante und gleichzeitig starke Frau, die das Ruder übernimmt. In einem weiblichen Horoskop begünstigt diese Mondstellung künstlerische Talente und Gastgeberqualitäten.

Furcht vor dem Alleinsein oder Disharmonie in der unmittelbaren Umgebung.

☾ Mond im Zeichen Skorpion: ♏ Gefühl und Leidenschaft

Stark emotional und sinnlich veranlagt; fast jederzeit bereit, für die Gefühle zu kämpfen. Ungeduldig, launisch und grüblerisch, oft auch taktlos; gleichzeitig ungewöhnlich engagiert und fähig, schwerste Aufgaben zu übernehmen, die mit Zähigkeit erledigt werden. Wenn sich diese Horoskopinhaber bewußt dafür öffnen, dann können sie durch stark transformierende seelische Krisen und Prozesse gehen, die ihnen eine neue geistige Sicht des Lebens und ungeahnte spirituelle Kraft geben. Die Kehrseite davon ist, daß ein impulsiver Wille oder ein sturer Stolz eine harmonische Lebensführung und eine förderliche Entwicklung der Persönlichkeit oft unnötig behindern. Heilerische Gaben und mediale Anlagen. In einem weiblichen Horoskop Frau mit großem Sexappeal und persönlicher Anziehungskraft. In einem männlichen Horoskop oft eine besitzergreifende Mutter und/oder eine Frau, die zur Eifersucht neigt. Befürchtung, beherrscht zu werden, oder Angst, sich zu intensiv zu engagieren.

☾ Mond im Zeichen Schütze: ♐ Gefühl und Erkenntnisdrang

Man möchte das Leben verstehen und sich sinnvoll daran beteiligen, am liebsten in einer führenden oder lehrenden Stellung oder an irgendeiner Pionierfront. Optimistische Lebenshaltung, direkt im Umgang mit der Umwelt, idealistisch gesonnen. Schütze ist ein Feuerzeichen mit einem bewegten Innenleben, daher werden die Gefühle meist leidenschaftlich erlebt und ohne Umschweife, manchmal auch etwas brüsk ausgedrückt. Bei allem emotionalen Engagement wird der Horoskopinhaber jedoch immer auf die Bewahrung seiner Unabhängigkeit und Freiheit bedacht sein. Deshalb weicht er vor Bindungen immer wieder zurück und wirkt so etwas schwankend. Das Leben ist recht wechselhaft, Phasen des Aufbruchs und Abenteuermutes wechseln sich ab mit Zeiten der Hoffnungslosigkeit. Diese Menschen sollten Ausdauer entwickeln, um ihre Absichten auch zu verwirklichen. Sie sollten mehr auf ihre innere Stimme, auf die Intuition der Seele hören, um ihren Weg zu sehen und geduldig zu vollenden.

Sorge um die Wahrheit oder Furcht vor allem Unbekannten, Neuen.

☾ Mond im Zeichen Steinbock: ♑ Traum und Grenzen

Oft gehemmtes oder unterkühltes Gefühlsleben und selbstauferlegte oder anerzogene Zurückhaltung beim Ausdruck von Gefühlen, vor allem in weiblichen Horoskopen. Einfluß von Eltern, besonders der Mutter, ist stark. Tüchtigkeit, Geduld, nüchterne Lebensauffassung. Diese Menschen sind zuverlässig, konservativ und ehrgeizig. Sie besitzen die Fähigkeit, einmal geplante Vorhaben ruhig und beharrlich in die Tat umzusetzen. Sie sollten sich aber gestatten, mehr Freude zu empfinden und sich selbst mehr Freude zu bereiten. Sie fühlen sich häufig sogar in ihren Träumen begrenzt und wagen nicht, Phantasie und Gefühl freien Lauf zu lassen. Sie könnten jedoch durchaus beides miteinander verbinden: eine realistische Einstellung und ein schöpferisches und empfindsames Gemütsleben. In einem männlichen Horoskop zeigt diese Mondstellung an, daß eher ruhige und ernsthafte Partnerinnen angezogen werden. Angst, ausgenutzt zu werden oder die gesellschaftliche Stellung zu verlieren.

☾ Mond im Zeichen Wassermann: ♒ Vision und Unabhängigkeit

Gute Beobachtungsgabe und fortschrittliche Lebenseinstellung, Originalität und offener Geist. Direkt und unverwandt, dabei jedoch auch manchmal verletzend, weil die Gefühle der anderen Menschen nicht erkannt und berücksichtigt werden. Die eigenen Gefühle dieser Horoskopinhaber sind häufig etwas oberflächlich und spielen nur eine untergeordnete Rolle. Wassermann als mentales Zeichen begünstigt den weichen Fluß der Empfindungen des menschlichen Gemüts nicht gerade. Hinter einem prinzipiell freundlichen Gesicht verbirgt sich manchmal ein deutlicher Egoismus. Diese Menschen sollten sich vor einer emotionalen Verhärtung hüten. Die Phantasie ist dafür um so stärker entwickelt. Mit ihren Visionen von einer besseren Welt verbinden sie den unbedingten Drang, frei zu sein. Sie wollen sich nicht ihnen unverständlichen Forderungen beugen, die auf Gefühlen anderer Menschen beruhen. Furcht vor dem Unerwarteten oder Angst, die Individualität zu verlieren.

☾ Mond im Zeichen Fische: ♓ Sehnsucht nach Einheit

Reiche Vorstellungskraft, umgänglich, freundschaftlich; bereit, auch schwierige Arbeiten anzugehen. Angeblich eine gute Konstellation für Künstler, Musiker und Esoteriker, angeblich weniger förderlich für Berufe, die nüchterner scheinen. Von Herzen kommende Sympathie mit benachteiligten Menschen; hohe Beeindruckbarkeit durch Einflüsse aus der Umwelt. Deshalb sollten diese Menschen lernen, sich zu schützen und ihre Gefühlsaura nicht unbedacht zu öffnen. Gefahr, ausgenutzt zu werden oder Neigung zu Minderwertigkeitsgefühlen. Der Eigenwille sollte gestärkt werden. In einem männlichen Horoskop deutet der Mond in Fische auf eine sensible, vielleicht auch sentimentale und liebevoll gebende Frau. In einem weiblichen Horoskop kann man damit rechnen, daß mediale und/oder heilerische Gaben vorhanden sind. Befürchtung, hilflos zu sein oder im namenlosen Kollektiv aufzugehen.

Mond in den zwölf Häusern

Mond im 1. Haus: Ich fühle, daß ich lebe!

Gute Intuition, klarer Verstand und reiche Einfälle, aber auch viel Wandel und Unbeständigkeit. Neugierde und Schüchternheit stehen in einem Spannungsverhältnis. Bei Spannungsaspekten zum Mond auch Unbesonnenheit und Ungeduld. In Feuerzeichen soll der Mond im 1. Haus impulsive Leidenschaft und wechselhaftes Denken anzeigen. In Luftzeichen sollen die geistigen Talente und die verbale Kommunikationsfähigkeit gefördert werden. In Erdzeichen soll der Mond im 1. Haus eher auf Bequemlichkeit hinweisen. In Wasserzeichen soll er vielseitige Interessen und ein sanftes Gemüt verleihen.

Für Sie ist es wichtig, Gefühle nicht nur zu empfinden, sondern auch direkt und frei heraus auszudrücken. Das gibt Ihnen emotionale Sicherheit. Schätzen Sie selbst ein, ob Sie diese Qualität schon angemessen entwickelt haben, ob Sie bislang noch viel zu zurückhaltend sind oder ob Sie es vielleicht in den Augen anderer Menschen damit übertreiben, Ihr Herz auszuschütten.

Mond im 2. Haus: Ich spüre, welche Werte ich brauche!

Wechselhafte Finanz- und Besitzverhältnisse, Wandel in der Beurteilung von Werten, materielle und geistige Habe sind Schwankungen unterworfen, wie der Mond sie mit den Gezeiten, mit Ebbe und Flut, beeinflußt. Auch die emotionale Substanz ist einem stetigen Wandel von Sicherheits- und Unsicherheitsgefühlen unterworfen. Eine klassische Deutung für eine «gute» Mondstellung lautet: «Vorteile durch Frauen, Gewinne durch öffentliche Angelegenheiten» (Paris, *Der Schlüssel zum Horoskop*).

Es wird Ihnen helfen, wenn Sie mit sich in bezug auf Ihre Gefühle zu Geld und Besitz ins reine kommen und etwa eine irrationale Ablehnung von materiellen Werten oder eine unvernünftige Überbewertung ins Gleichgewicht bringen. Der Erwerb und die sinnvolle Nutzung von konkret greifbaren Werten und der Aufbau sicherer Strukturen vermittelt Ihnen auch Sicherheit im Gefühlsleben.

Mond im 3. Haus: Es inspiriert mich, mit anderen Menschen über meine Gefühle zu sprechen!

Neigung zum Studium auch schwieriger Wissensgebiete. Förderung durch Geschwister, Verwandte und Bekannte. Viele kurze Reisen, meistens erfolgreiche. Unter Umständen Tendenz zur Oberflächlichkeit und schwankende Gefühle. Bei problematischer Mondaspektierung auch launischer Charakter möglich.

Sie sollten ausdrücken, was Sie bewegt. Sie können innere Sicherheit gewinnen, wenn Sie Ihre Überlegungen mit jemandem teilen und besprechen können. Auch Schreiben – im Tagebuch, als kleine Geschichten für Freunde oder Familie – gibt Ihnen die willkommene Gelegenheit, Gefühle und Gedanken niederzulegen und sich durch diesen Vorgang der Bewußtwerdung besser mit ihnen auseinanderzusetzen.

Mond im 4. Haus: Ich fühle mich verwurzelt!

Haus- und Grundbesitz, Erbschaften, Vermögensangelegenheiten allgemein werden vom Mond in diesem Haus «freundlich bestrahlt». Vor allem zum Lebensende hin noch mehrfache Ortsveränderungen; der Lebensabend kann in Unabhängigkeit erfahren werden. Häusliches und Familie werden als förderlich erlebt. Falls Spannungsaspekte zum Mond bestehen, deutet das auf Probleme mit bzw. im Elternhaus oder in der zweiten Lebenshälfte im eigenen Heim hin.

Eine stabile, am liebsten eine behütete Familiensituation, zu der Sie aktiv beitragen, kann Ihnen Geborgenheit geben. Dabei kommt es entscheidend darauf an, was und «wieviel» Sie selbst an Einfühlungsvermögen und Mitgefühl anderen Menschen schenken und welche Art von nährender, schützender Atmosphäre Sie mithelfen zu kreieren.

Mond im 5. Haus: Mein Gemüt sucht außen, was nur die Seele innen finden kann!

Das Gemüt sucht sich Vergnügungen und Unterhaltungen, sollte sich aber vor Glücksspiel, Börsenspekulationen oder Wetten aller Art in Acht nehmen. Viele Impulse zur kreativen Tätigkeit, aber Unsicherheit über das Wie und Wo. Der Umgang bzw. die schöpferische Anleitung von Kindern im Volksschulalter kann ein wunderbares Gebiet der Entfaltung darstellen. Diese Mondstellung zeigt ebenfalls überdurchschnittliche Gastgeberqualitäten an.

Ein erfülltes Gefühlsleben finden Sie durch den bewußten Ausdruck Ihrer schöpferischen Talente. Das mag im Bereich von Kunst und Theater angesiedelt sein oder mit Kindern – den eigenen, in Spielgruppen, kreativen Arbeitsgemeinschaften oder Vereinen mit Jugendabteilungen. Sie brauchen die Gelegenheiten, sich selbst mit dem Reichtum Ihrer Emotionen «in Szene» setzen zu können.

Mond im 6. Haus: Ich empfinde Mitgefühl mit dem Schicksal anderer Menschen!

Streben oder gar Sehnsucht der Seele, anderen Menschen zu helfen oder sie zu heilen. Die Möglichkeiten dazu sind oft aber recht beschränkt, was traurig stimmen kann und dann vielleicht als emotionale Blockade wirkt. Die Lebensumstände bieten eher dienende als leitende Stellungen. Der Alltag und die Routinepflichten werden von nervlicher Anspannung begleitet; oft auch Überlastung. Bei problematischer Mondaspektierung unter Umständen auch Neigung zu Gesundheitsstörungen.

Sie finden emotionale Zufriedenheit, wenn Sie sich für bzw. mit anderen Menschen für etwas einsetzen, was hohen Ansprüchen an Ihr Verantwortungsbewußtsein genügt. Das mag auf praktische, soziale oder auf materielle Weise geschehen. Eine weitere Deutung zu dieser Mondstellung zielt darauf, daß wir auch mit den Träumen unserer Seele «dienen» können: wenn wir den inneren Blick auf das Wesentliche des Lebens richten und dazu beitragen.

**Mond im 7. Haus: Ich suche nach einem Menschen,
mit dem ich meine Träume verwirklichen kann!**

Ausgeprägte Empfindlichkeit für Reaktionen anderer Menschen auf eigenes Verhalten, Gefühle und Lebensführung. Verbindungen mit privaten und/oder beruflichen Partnern genießen einen hohen Rang.

Paris schreibt wörtlich: «Gut für Ehe, oftmals früher Eheschluß. Gute Teilhaberschaft. Popularität.» (*Der Schlüssel zum Horoskop*, S. 121, Urania Verlag) Daß er recht haben möge, wünsche ich Ihnen allen, die Sie diese Mondposition in Ihrem Horoskop finden.

Richten Sie Ihre Gefühlsenergien getrost auf Ihnen wichtige Partnerschaften, seien sie privater oder beruflicher Natur. Dadurch gewinnen Sie ganz direkt die nötigen eigenen Erfahrungen, auf welche Weise sich Menschen fördern und ergänzen können, welche emotionalen Themen dabei auftauchen und gleichzeitig, wie Sie die Gefahren von einseitiger oder gegenseitiger Abhängigkeit vermeiden können.

Mond im 8. Haus: Ich bin innerlich aufgewühlt und spüre, daß sich etwas Neues entfalten wird!

In Krisenzeiten oder bei Notfällen gute Gefühlskontrolle und damit die Voraussetzung dafür, klar zu denken und richtig zu handeln. Die leicht desinteressierte Gemütshaltung ist im Alltag für andere Menschen, die mehr aktive Beteiligung und ein leidenschaftlicheres Mitfühlen erwarten, eher schwierig zu verkraften. Erbschaften, vor allem von Frauen. Das Thema Tod spielt eine wichtige Rolle. Offenheit für Mystik und Meditation. Die Seele ist auf einer inneren Suche. Auch deshalb meide man am besten das vermeintliche Glück von Suchtmitteln ganz.

Ihr Seelenfrieden hängt eng mit einer tiefgreifenden Auseinandersetzung und emotionalen Bewältigung von Themen aus den Kreisen «Stirb-und-Werde-Prozesse», «Tod, Transformation und Reinkarnation», Durchleben und Überwinden von Ich-Krisen und Selbstentfaltung bzw. Begrenzung und Versuchung durch Sexualität, Macht und Magie. Hier geht es auch um die Umwandlung der Persönlichkeit durch subjektiv als einschneidend erfahrene Gefühlserlebnisse.

Mond im 9. Haus: Ich hänge großen Träumen nach!

Fernreisen, die den geistigen Horizont öffnen. Zahlreiche Ortswechsel, auch an weit entfernt gelegene Orte, oft im Ausland. Fülle an geistigen Interessen und Studien. Durchaus auch grundlegende Wandlungen in religiösen Fragen oder in bezug auf Ideale. Was immer man hat, scheint noch nicht gut oder beglückend oder erfüllend genug zu sein. Deshalb kann man hier raten, sich mit wesentlichen Antworten zu beschäftigen, wie sie in der Meditation zu finden sind. Bei kritischer Mondstellung auch Dogmatismus bzw. Fanatismus in Glaubensdingen.

Seelische Inspiration und Stabilität gewinnen Sie, wenn Sie sich über philosophische Themen und esoterische Erfahrungen mit anderen Menschen austauschen, wenn Sie Ideale vertreten und neue Entdeckungen in den Innenwelten machen können. Reisen, Lernen und Lehren bilden ein «magisches Dreieck», durch das Sie Ihre Sehnsucht nach tiefen Gefühlen und Wahrheit zu erfüllen vermögen.

Mond im 10. Haus: Ich brauche den Zuspruch meiner Umwelt, um mein Selbstwertgefühl zu sichern!

Diese Mondstellung verheißt Erfolge und Anerkennung im Beruf, in einer Karriere, in der jeweiligen Umwelt bzw. Öffentlichkeit des Horoskopinhabers. Die Aufmerksamkeit eines «Publikums» mag den Menschen nervös oder gespannt stimmen, dennoch sucht er die Popularität. Trotz der Erfolge ist mit zahlreichen Wechseln im Berufsleben zu rechnen. Berufliche Zusammenarbeit mit Frauen bzw. Förderung durch sie.

Sie fühlen sich am wohlsten bei einer Arbeit, die von der Öffentlichkeit wahrgenommen wird. Das kann, muß aber nicht unbedingt eine berufliche Tätigkeit sein. Auch die Organisation von öffentlichen Veranstaltungen, wie Gemeinschafts- oder Vereinstagungen, Kongresse oder Theaterabende usw., eignet sich dazu, daß Sie emotionale Sicherheit über Anerkennung von der Außenwelt gewinnen.

Mond im 11. Haus: Ich fühle mich am wohlsten, wenn ich am Gemeinwohl Anteil nehme!

Lebendige Anteilnahme und gute Einfühlungsgabe für Fragen des Gemeinwohls und Einsatz für Gruppenziele. Richard Vaughan schreibt u.a.: «Dies (diese Mondstellung im 11. Haus) ist günstig für die Politik und dafür, ein Repräsentant des Volkes zu werden.« (In *Astrology In Modern Language*, S. 87, CRCS Publications, Sebastopol, 1992.) Viele Freunde geben immer wieder unterschiedliche Hilfen. Förderung oder – bei problematischer Mondaspektierung – Behinderungen durch Frauen. Wechselnde Privatbeziehungen.

Humanistische Reformbestrebungen, Träume von spirituell gesinnten Gemeinschaften und Visionen einer besseren Erde bewegen Sie besonders. Sie finden emotionale Erfüllung im Einsatz für diese Visionen, vor allem, wenn Sie sie zusammen mit Freunden und im Austausch mit Geistesverwandten anpacken können. Trauen Sie Ihren Gefühlen, verwirklichen Sie Ihre Träume – selbst dann, wenn naturgemäß immer wieder auch Ent-Täuschungen von Menschen oder Zielen auftreten.

Mond im 12. Haus: Ich vertraue meinen Visionen!

Hang zur Melancholie ob der Schärfe der eigenen oder des Mitleids an fremden Lebenserfahrungen. Diese Anteilnahme kann in spirituelle Erkenntnis der karmischen Zusammenhänge umgewandelt werden. Man sucht nach echten Werten und wendet seine geistige Aufmerksamkeit auf die inneren Dimensionen der Seele. Manchmal auch aufopferungsvoller Einsatz für gemeinnützige Unternehmungen. Die bewußte Abkehr von emotionaler Oberflächlichkeit läßt diese Horoskopinhaber manchmal etwas unnahbar erscheinen.

Sie brauchen eine Vision, welche über die Alltäglichkeit des Durchschnittslebens und die Begrenzungen materialistischer Einstellungen weit hinausführt. Dann können Sie sich spirituellen Werten widmen, die darin bestehen, Selbsterkenntnis zu erlangen und zur Bewußtwerdung des Menschen als Seele, als Funken Gottes beizutragen. Das können Sie auch tun, ohne nach außen hin sichtbar aktiv zu sein, sondern mehr durch Ihre meditative Lebensführung.

Deutung von Aspekten des Mondes zu den anderen Planeten

☾ Mond/Sonne: ☉ Seele und Geist

Kombination von Mond/Sonne allgemein

Mann und Frau, Bewußtsein und die vielfältigen Schichten des Unter- und Unbewußten, Geist und Seele, gebende und empfangende Kräfte, Lebenskraft und Gefühl.

Energieaspekt Konjunktion Mond/Sonne

Das ist die Neumondstellung! Manche Astrologen wollen hier «Schwäche» und «Unverstandensein» erkennen. Ich kann dem nicht folgen. Vielmehr ist die Neumondstellung die große Chance zur Wandlung und zum Neubeginn. Damit spielt das Zeichen und das Haus, in dem diese Mond/Sonne-Konjunktion stattfindet, eine wesentliche Rolle. Ein Mensch mit der Neumondstellung im Geburtshoroskop hat sich esoterisch gesehen die Aufgabe gestellt, aus seiner karmischen Vergangenheit, die das Fundament für das jetzige Leben bildet, alle wichtigen Lehren zu ziehen, um seine geistige Zukunftsvision in dieser Phase ganz bewußt zu erfüllen.

Förderungsaspekte Trigon/Sextil Mond/Sonne

Die Lebenskräfte sind ausgewogen, zwischen der äußerlich erlebten und gestalteten Wirklichkeit und den gemüthaften Wunschträumen des Innenlebens besteht ein fruchtbares Gleichgewicht. Wir können von einem harmonischen Charakter und im allgemeinen guten Beziehungen zu Familie und Freunden ausgehen. Mann und Frau erleben gemeinsame Erfolge; Konflikte können gemeinsam und harmonisch gelöst werden.

Herausforderungsaspekte Opposition/Quadrat Mond/Sonne

Konflikte entstehen beim Aufeinanderprallen der Prinzipien von Autonomie und Abhängigkeit, einer nach außen und in die Öffentlichkeit gerichteten Tätigkeit und einer eher privaten, nach innen gewandten Empfindsamkeit. Mond/Sonne-Quadrate weisen oft auch auf Spannungen zwischen bzw. zu den Eltern hin. Der Oppositionsaspekt ist bekanntlich die Vollmondstellung. Bei einem bewußten Menschen zeigt die Mond/Sonne-Opposition eine gut entwickelte Balance zwischen Außen und Innen, Geist und Gemüt an. Bei weniger bewußten Menschen kann dies ein Hinweis auf eine Zerrissenheit zwischen dem Bedürfnis nach Selbstverwirklichung und der Sehnsucht nach einem erfüllten Gefühlsleben sein.

☾ Mond/Mond: ☾ Sehnsucht und Traum

Diese Aspekte ergeben sich nur im Vergleich zwischen zwei Horoskopen, zum Beispiel zwischen Geburts- und Transithoroskop oder bei Partnerschaftsvergleichen. Im Transit-

oder Progressionshoroskop wird der laufende Mond Themen, Chancen und Herausforderungen auslösen, die im Geburtshoroskop aufgrund der Zeichen- und Häuserstellung des Geburtsmondes sowie durch seine Aspektierung angezeigt sind. Da kann es sich sowohl um weibliche Personen, um seelische Themen, um Gefühlsmuster, um Erfolge in der Öffentlichkeit oder auch um die Auslösung von Gesundheitsstörungen handeln.

Dabei ist der progressive Mond (Progressionen sind eine Technik der astrologischen Prognose, die hier nicht weiter behandelt werden kann) wichtiger; der laufende Transitmond aber allein relativ unbedeutend. Denn bekanntlich gibt es jeden Monat immer wieder alle möglichen Aspekte zwischen dem schnellaufenden Transitmond und Geburtsplaneten.

Im Partnerschaftsvergleich stehen beide Monde für die erträumten Erwartungen und befürchteten Projektionen in bezug auf Frauenbild, Gemütslage, Gefühlsäußerungen, Weiblichkeit, Geborgenheit, Anpassung und so fort. Die folgenden Hinweise beziehen sich auf Mondaspekte im Partnervergleich.

Energieaspekt Konjunktion Mond/Mond

Beide Partner «senden auf derselben Wellenlänge». Sie empfinden auf ähnliche Weise und fühlen sich «seelenverwandt». Man erfaßt intuitiv, wer und wie der andere ist. Das kann auch zum Gefühl der Bedrängnis durch zu große Nähe und Intimität führen, so daß die Partner dann etwas «Abstand» brauchen.

Förderungsaspekte Trigon/Sextil Mond/Mond

Inniges Verstehen und gefühlsintensive Zuwendung zueinander, ganz natürliche gegenseitige Förderung und Hilfe. Man baut sich gemeinsam ein eigenes «Nest», in dem die Partner Sicherheit und Geborgenheit finden. Sie wissen sich beide angenommen.

Herausforderungsaspekte Opposition/Quadrat Mond/Mond

Bei diesen Aspekten stehen die Monde in Zeichen, deren Elemente – Wasser, Erde, Feuer und Luft – ganz verschieden sind. Damit stehen Gefühl und Temperament in einer gewissen Spannung. Das kann dazu führen, daß sich die Partner unverstanden fühlen, daß es zu Auseinandersetzungen oder zu Eifersucht kommt. Wenn man diese Spannungen als karmische Lernaufgabe ansieht, die man überwinden oder lösen soll und kann (!), dann werden sich die Partner bemühen, sich von der Ebene der Seele her anzunehmen und die Gefühle als zeitbedingten, wechselhaften Ausdruck momentaner Egostimmungen nicht mehr so wichtig zu nehmen.

☾ Mond/Merkur: ☿ Gefühl und Verstand

Kombination von Mond/Merkur allgemein

Gefühlsbetontes und fürsorgliches Denken, Verständnis für die emotionalen Bedürfnisse anderer; Wankelmut; emotionale Erinnerungen; in Schrift- und Sprachausdruck, bei

Verhandlungen und Verträgen sowie bei geschäftlichen Vorhaben allgemein werden Intellekt, Urteil und Kommunikation vom Gefühl und von Empfindungen beeinflußt.

Energieaspekt Konjunktion Mond/Merkur

Sie sind geistig rege, haben eine gute Auffassungsgabe und verfügen über die Fähigkeit, einfühlsam auf Ihre Mitmenschen einzugehen. Gedankenaustausch vor allem mit weiblichen Personen. Verstand und Gefühl arbeiten eng zusammen. Unter Umständen ein Hang zur egozentrischen Betrachtung oder die Furcht, daß emotionale «Ansprüche» anderer die eigene Freiheit einschränken. Das sollte dann offen miteinander besprochen werden!

Förderungsaspekte Trigon/Sextil Mond/Merkur

Noch sensibler und gleichzeitig ausgeglichener als der Konjunktionsaspekt. Sie sind fähig, Ideen und Meinungen auf harmonische Weise anderen mitzuteilen. Ein Gespräch mit Ihnen ist immer interessant. Ihre gute Beobachtungsgabe verbindet sich mit einer angemessenen Anpassungsfähigkeit. Ihr Gedächtnis funktioniert gut und Sie lernen leicht. Güte.

Herausforderungsaspekte Opposition/Quadrat Mond/Merkur

Hier haben wir es mit Konflikten zu tun zwischen Sicherheitsstreben und Freiheitsdrang, Intuition und Rationalität, instinkthaftem Erspüren und intellektuellem Begründen. Daraus entsteht leicht Unbeständigkeit oder Unschlussigkeit im Handeln sowie unnötige Schärfe oder Kritik in der Rede. Vorsicht bei Verträgen und finanziellen Verbindlichkeiten: Lesen Sie das Kleingedruckte, überlegen Sie lieber dreimal, bevor Sie etwas unterschreiben.

☾ Mond/Venus: ♀ Gefühl und Harmoniestreben

Kombination von Mond/Venus allgemein

Empfindsamkeit bis zur Verletzlichkeit, Beziehungen mit Frauen, Passivität, Romantik, Zugehörigkeitsstreben, Anima, mütterlich-liebevoll nährende Qualitäten und Suche nach emotionaler Sicherheit sowie harmonische Liebesverbindungen gehören zu den Themen dieser Planetenkombination.

Energieaspekt Konjunktion Mond/Venus

Anmut und persönlicher Zauber, starkes Gefühlsleben, Schwankungen in der Einstellung zur Umwelt, bisweilen schnell verliebt, Zärtlichkeitsbedürfnis; Gabe, andere Menschen zu umsorgen.

Förderungsaspekte Trigon/Sextil Mond/Venus

Liebevolles und sympathisches Wesen, künstlerische Talente, ausgeprägtes Liebesverlangen; gute Urteilskraft in Wert- und Geschmacksfragen. Heiteres Gemüt, Gutmütigkeit, positive Einstellung zum Leben. Starke künstlerische Begabungen.

Herausforderungsaspekte Opposition/Quadrat Mond/Venus

Beeinflußbarkeit, Eitelkeit, falsche Sentimentalität, Schüchternheit, Launenhaftigkeit sowie unsicheres oder falsches Urteil in Liebesangelegenheiten und/oder Geschmacksfragen zählen zu den Konfliktthemen dieser Venus/Mond-Konstellationen.

☾ Mond/Mars: ♂ Empfindung und Leidenschaft

Kombination von Mond/Mars allgemein

Innere Spannungen, ausdruckstarkes Gefühlsleben; intensive seelische Energien.

Energieaspekt Konjunktion Mond/Mars

Ausgeprägte Emotionen und Passionen, sinnliche Leidenschaft, Gefühlsaufregungen, Auseinandersetzung mit Mutter oder Frau.

Förderungsaspekte Trigon/Sextil Mond/Mars

Tatkräftig schützende und nährende Energie, die Gefühlsbedürfnisse annimmt; erotische Erregung, Sex-Appeal. Gefühl und Wille gehen Hand in Hand.

Herausforderungsaspekte Opposition/Quadrat Mond/Mars

Konflikt zwischen Abhängigkeit und Unabhängigkeit, Reaktion und Initiative, Festhalten und Loslassen. Gefühl und Wille streben auseinander; man sollte sich um einen Ausgleich (oder ein Ventil) bemühen, zum Beispiel Sport.

☾ Mond/Jupiter: ♃ Empfindung und Öffnung

Kombination von Mond/Jupiter allgemein

Glücksgefühle, die Entfaltung des Gemüts und der seelischen Aspekte des Lebens, Religiosität, Sehnsucht nach Geborgenheit, Güte, Mitgefühl und echtes Verständnis für andere sowie Beliebtheit oder gar Prominenz spielen bei dieser Konstellation eine Rolle.

Energieaspekt Konjunktion Mond/Jupiter

Ein sympathisches Wesen verbindet sich mit einer optimistischen Lebenssicht. Gute Gesundheit, aber mit Neigung zum Übergewicht – Jupiter entfaltet eben alles, (leider) auch den Körper. Sozialer Altruismus und persönliche Hilfsbereitschaft kennzeichnen diesen

Aspekt ebenso wie Freude an Geselligkeit und Vergnügungen. Reinhold Ebertin nennt auch «Geschäftstüchtigkeit».

Förderungsaspekte Trigon/Sextil Mond/Jupiter

Unbewußte Strömungen und nach außen gerichtete Entfaltungsenergien sind im Einklang. Das Gefühl beeinflußt das Handeln. Freigiebigkeit, Beliebtheit, gesellschaftliche Anerkennung und dadurch auch finanzielle Vorteile. Oft erntet man mit dieser Konstellation die guten karmischen Früchte guter früherer Taten. Unterstützung durch Frauen und die häusliche Umgebung.

Herausforderungsaspekte Opposition/Quadrat Mond/Jupiter

Konflikte wollen gelöst werden, wenn folgende polare Neigungen des Menschen gleichberechtigt nach Verwirklichung drängen: Sicherheit und Freiheit, Intimität und Freiheit, Furcht und Tapferkeit, Heimatbedürfnis und Fernweh. Mitunter Hang zu Gleichgültigkeit, Ungerechtigkeit, Nachlässigkeit, ungerechtfertigtes Mißtrauen, Streit über Weltanschauungen oder Unentschiedenheit in Fragen von Lebenswerten.

☾ Mond/Saturn: ♄ Wunschträume und Wirklichkeit

Kombination von Mond/Saturn allgemein

Es geht um die Themen Familie und Abhängigkeiten, um Elternschaft und Selbstentwicklung, Sicherheit und Vertrauen, Empfindsamkeit und Schutzbedürfnisse.

Energieaspekt Konjunktion von Mond/Saturn

Gedanken an die Pflichterfüllung und Gefühlssehnsüchte prallen aufeinander und müssen in Einklang gebracht werden.

Förderungsaspekte Trigon/Sextil von Mond/Saturn

Eine praktische und genügsame Wesensart verbindet sich mit Ausgeglichenheit und Verantwortungsgefühl. Unterstützt finanzielle Vorhaben, wenn diese real sind.

Herausforderungsaspekte Opposition/Quadrat von Mond/Saturn

Probleme mit Frauen (oder der eigenen Weiblichkeit?). Gehemmte Gefühle bewirken Energieblockaden, Unzufriedenheit und behindern die Entfaltung des Ehrgeizes.

☾ Mond/Uranus: ♅ Gefühl und Veränderung

Kombination von Mond/Uranus allgemein

Im Vordergrund wird eine ungewöhnliche Kombination von Sensibilität für Emotionen anderer Menschen und eine gut entwickelte Intuition sowie lebendige Ausdrucksfähigkeit stehen. Dazu kommen Themen wie Freundschaften allgemein, das Gleichgewicht zwischen Gemeinschaftsbindung und Bewahrung der individuellen Unabhängigkeit. Manchmal auch eine gewisse emotionale Unbeständigkeit oder «Anfälligkeit» für Gefühle.

Energieaspekt Konjunktion Mond/Uranus

Individualismus bis hin zur Sonderlichkeit, ge- oder überspanntes Gefühlsleben; die Gabe, interessante Menschen, vor allem Frauen, anzuziehen und entweder sie zu fördern oder durch sie gefördert zu werden. Überraschende Begegnungen und auch wieder rasche Trennungen, vor allem mit bzw. von Frauen.

Förderungsaspekte Trigon/Sextil Mond/Uranus

Emotionen und Intellekt arbeiten gut zusammen, geistige Beweglichkeit und seelische Erregbarkeit. Interesse bis hin zur Neugier für Neues. Zeitweise Verbindungen mit ungewöhnlichen Frauen. Häufige äußerliche Umstellungen wie Ortswechsel, Reisen und allgemein Rastlosigkeit. Aufgeschlossenheit für seelische Grenzgebiete.

Herausforderungsaspekte Opposition/Quadrat Mond/Uranus

Reizbarkeit, Widerstände gegen vermeintlich dauerhafte Bindungen, vor allem zu Frauen, plötzliche Gefühlsschwankungen oder unerwartete Veränderungen. Konflikte, die als Lernaufgabe gelöst werden sollten, sind u.a. Spannungen zwischen dem Wunsch nach Nähe und der Sehnsucht nach Freiheit, zwischen Familie und Freunden, kürzlicher Vergangenheit und naher Zukunft sowie zwischen dem Gefühl, persönlich besonders zu sein und dem gleichzeitigen Streben nach humanistischer Gleichheit.

☾ Mond/Neptun: ♆ Seele und Inspiration

Kombination von Mond/Neptun allgemein

Es geht um Sensibilität und Medialität, um Ideale und Ziele, um das Gefühl, auf einer Mission zu sein. Man möchte gern «dazugehören» und am liebsten ganz mit seiner Sache, mit dem Partner, einem Ideal oder seiner Tätigkeit eins werden.

Energieaspekt Konjunktion Mond/Neptun

Wollen Sie sichtbar sein oder unsichtbar? Sie neigen einmal stärker dazu, allein zu sein, sehnen sich ein anderes Mal aber danach, von anderen Menschen angenommen und verstanden zu werden. Sie sind auf jeden Fall auf der Suche nach Ihrer wahren Identität. Glauben Sie an Ihre seelische Inspiration, und bemühen Sie sich, ihr eine realistische Form des äußeren Ausdrucks zu geben. Jede kreative Tätigkeit zum Beispiel wird Sie «erden» und dennoch Ihren Träumen genug Raum lassen.

Förderungsaspekte Trigon/Sextil Mond/Neptun

Künstlerische Gaben, sensibles Wesen, Feinfühligkeit, reiche Phantasie und deutliche Träume, starke Wünsche, Medialität und die Gabe zur inneren Schau kennzeichnen diesen Aspekt. Nehmen Sie auch das mit dazu, was ich unter Konjunktion angeführt habe.

Herausforderungsaspekte Opposition/Quadrat Mond/Neptun

Spannungen tauchen auf, wenn sich abgehobene Wunschträume, die für diese Aspekte typisch sind, an den Realitäten des Alltags reiben. Einerseits möchte man festhalten, andererseits nachgeben. Mitgefühl und Mitleid vermischen sich leicht, so daß das Urteil getrübt wird. Beeinflußbarkeit, Schicksalskrisen, Haltlosigkeit und daraus resultierende Suchtgefahren sind weitere Facetten. Die Chance dieses Aspekts besteht darin, eine hohe seelische Sensibilität in einer angemessenen und stabilen Weise konstruktiv, nicht verträumt zu nutzen!

☾ Mond/Pluto: ♇ Traum und Macht

Kombination von Mond/Pluto allgemein

Das Geben und Nehmen im Bereich der Gefühle spielt die wichtigste Rolle bei dieser Planetenkombination. Mit großer Intensität liebt oder verleugnet man (sich selbst und andere), projiziert oder leidet man, hält man fest oder läßt man los.

Energieaspekt Konjunktion Mond/Pluto

Emotionen zeigen oder verstecken, sie annehmen oder verdrängen – Sie schwanken oft zwischen extremen Empfindungen und wissen dann nicht, wie Sie sich verhalten sollen. Manchmal ist Ihnen vielleicht noch nicht einmal klar, was Sie eigentlich wirklich fühlen. Sie traumen von totalen Gefühlen und fürchten sich gleichzeitig vor der Macht dieser Gefühle. Nehmen Sie Kontakt auf mit Ihrem «höheren Selbst» bzw. mit Ihrer Seele, zum Beispiel durch Meditation, und lassen Sie sich von einer höheren Ebene aus führen (aber nicht verführen).

Förderungsaspekte Trigon/Sextil Mond/Pluto

Enorme Zielstrebigkeit in der Verfolgung und Erreichung von Gefühlszielen und emotionalen Ansprüchen; intensives Gefühlsleben, auch im Bereich Sexualität und Erotik. Manchmal auch Sentimentalität.

Herausforderungsaspekte Opposition/Quadrat Mond/Pluto

Geht es Ihnen mehr um Macht oder mehr darum, eine schützende Geborgenheit nicht nur zu erleben, sondern auch selbst mit zu gestalten? Soll das Heim nur neu dekoriert werden, oder müssen Sie ein neues Haus bauen, entweder äußerlich oder innerlich, entweder materiell oder emotional? Sie müssen sich einer tiefgreifenden Selbstprüfung unterziehen und dürfen sich nicht von starken eigenen oder fremden Gefühlsaffekten darin beirren lassen, Ihren eigenen Weg zu suchen und zu finden. Auch Eifersucht und verletzte Eitelkeit sowie heftige Gefühlsausbrüche, die man kontrollieren sollte, um nicht sich selbst oder anderen zu schaden.

☾ Mond/Mondknotenachse: ☊ Seele und Schicksal

Kombination von Mond/Mondknoten allgemein

Karma und Seele, wie Sie Ihr Schicksal empfinden (nicht unbedingt, wie es ist!), Sehnsüchte und Träume über Ihren Lebensweg.

Energieaspekt Konjunktion Mond mit aufsteigendem Mondknoten (gleichzeitig Opposition mit dem absteigenden Mondknoten!)

Sie empfinden selbst und/oder können anderen Menschen viel Geborgenheit geben. Dabei sind Sie in Ihrem Mitgefühl so sensibel, daß Sie leicht «aus der Haut fahren». Sie haben Ahnungen, Intuition und mediale Begabungen. Unterstützung durch eine «Mutter-Gestalt» im Leben.

Energieaspekt Konjunktion Mond mit absteigendem Mondknoten (gleichzeitig Opposition zum aufsteigenden Mondknoten!)

Es fällt Ihnen schwer, von der Vergangenheit loszulassen. Vermutlich horten Sie alte Fotos und genießen die nostalgisch-wehmütigen Gefühle, die in Ihnen beim Betrachten aufsteigen.

Ahnungen, Intuition, Medialität – aber eher nach innen oder in die Vergangenheit gerichtet. Schwierigkeiten mit einer «Mutter-Figur» im Leben. Ihre Chance: Versuchen Sie die Impulse aus Ihrem Unterbewußten, die Erinnerungen und Prägungen, mit innerem Abstand und nüchtern zu betrachten, ohne sie gleich zu bewerten. Dann wird sich Unwesentliches schnell auflösen und nur Wesentliches bleiben!

Förderungsaspekte Trigone/Sextile Mond zur Mondknotenachse (ein Trigon zu einem Mondknotenpunkt ist gleichzeitig ein Sextil zum anderen und umgekehrt!)

Sie lieben Ihre Gefühle und können andere Menschen damit beschenken. Sie empfinden Ihr Leben als eine alles in allem recht ausgeglichene Rechnung zwischen Geben und Nehmen, zwischen Lieben und Geliebtwerden, zwischen Aufgaben und Chancen, zwischen Körper und Seele.

Herausforderungsaspekte Quadrate Mond zur Mondknotenachse (ein Quadrat zu einem Mondknoten ist gleichzeitig auch ein Quadrat zum anderen!)

Sie fühlen sich oft emotional unausgeglichen oder überbeansprucht und wissen häufig nicht, wie Sie mit Ihren Gefühlen so umgehen sollen. Es kommt Ihnen so vor, als ob Ihre Träume und Ihr Schicksal nicht unter einen Hut zu bringen sind. Ihre Chance: Spüren Sie in sich hinein, was Sie wirklich wollen. Fragen Sie nach innen, ob das Leben das auch will. Falls beides übereinstimmt, sollten Sie den Mut haben, auch wirklich alles dafür einzusetzen – egal, was die Umwelt dazu meint!

☾ Mond/Aszendent-Deszendent: AC/DC

Ich-Gefühl und Du-Suche

Kombination von Mond/AC-DC allgemein

Es geht um die persönliche Beziehung und das eigene unmittelbare Verhältnis zu anderen Menschen.

Energieaspekt Konjunktion Mond/AC (gleichzeitig Opposition Sonne/DC)

Bereitwilliges Eingehen auf den Partner, stetige Veränderungen in Vorlieben und Abneigungen, Gefühlsschwankungen.

Energieaspekt Konjunktion Mond/DC (gleichzeitig Opposition Sonne/AC)

Starke Einstellung auf ein Du; Einfühlungsvermögen, aber gleichzeitig auch Empfindlichkeit oder Beeinflußbarkeit.

Förderungsaspekte Trigon/Sextil Mond/AC-DC (ein Trigon zu einem Achspunkt ist gleichzeitig ein Sextil zum anderen)

Förderliche Bekanntschaften mit Frauen; harmonisches, anpassungsfähiges Wesen; freundlicher Umgang mit der Umwelt.

Herausforderungsaspekt Quadrat Mond/AC-DC (ein Quadrat zum einen Achspunkt ist gleichzeitig auch ein Quadrat zum anderen)

Empfindlichkeit gegenüber Kritik; problematische Mutterbeziehung und/oder zur Partnerin oder Frau; man eckt im Umgang mit der Umwelt, vor allem mit Frauen, leicht einmal an. Aber: Dieses Quadrat ist meistens gleichzeitig eine Konjunktion Mond/AC oder Mond/DC – lesen Sie bitte deshalb auch dort nach.

☾ Mond/MC-IC: MC/IC

Ich-Gefühl und Publikumserfolg

Kombination von Mond/MC-IC allgemein

Sehnsucht nach Anerkennung und Erfolg. Bedürfnis, sich «angenommen» fühlen zu können. Reinhold Ebertin bezeichnet in *Kombination der Gestirneinflüsse* die Verbindung von Mond und MC auch als das Prinzip der «eigenen Seele» (S. 124, Bauer Verlag Freiburg, 1979).

Energieaspekt Konjunktion Mond/MC (gleichzeitig Opposition Mond/IC)

Instinktives Gespür für das, was «ankommt» und was zum Erfolg führt. Drang an die Öffentlichkeit – oder Angst davor. Extrovertierte Persönlichkeit. Nach Ebertin «seelenvolles Wesen, Beeinflußbarkeit, Wandelbarkeit».

Energieaspekt Konjunktion Mond/IC (gleichzeitig Opposition Mond/MC)

Man «verkriecht» sich am liebsten im sicheren Schoße einer «Kirche» oder der Geborgenheit des Heims. Introvertierte Persönlichkeit. Fähigkeit, seelischen Wurzeln nachzuspüren; innige Verbindung zu Familie und Herkunft; Bereitschaft, sich mit dem eigenen Karma auseinanderzusetzen – oder dessen Verdrängung.

Förderungsaspekte Trigon/Sextil Mond/MC-IC (ein Trigon zum einen Achspunkt ist gleichzeitig ein Sextil zum anderen)

Fürsorglichkeit, Innerlichkeit, Sinn für die Familie. Die Lebensführung richtet sich nach Zielen, die von der Seele als wertvoll und erstrebenswert erfühlt werden.

Herausforderungsaspekt Quadrat Mond/MC-IC (ein Quadrat zum einen Achspunkt ist gleichzeitig auch ein Quadrat zum anderen)

Stimmungsschwankungen sind an der Tagesordnung. Sie können lernen, damit richtig umzugehen, wenn Sie sich nicht mit ihnen identifizieren, sondern sie sozusagen als neutraler Beobachter zur Kenntnis nehmen. Überprüfen Sie Gefühlsregungen, bevor Sie sich durch unbedachte Emotionalität in Ihrer Lebensfreude in der Familie oder in Ihrem Berufserfolg gefährden lassen.

☿ Der Geldplanet Merkur

Die Kraft der Klugheit und der Kommunikation

Gleich zu Beginn möchte ich erklären, warum ich Merkur auch als den Geldplaneten bezeichne. Denn üblich ist diese Bezeichnung keineswegs. Die gebräuchlichen Schlüsselworte für das, was der Merkur astrologisch symbolisiert, sind Kommunikation, Denken, Wahrnehmung, Handel, Wissen, Vermittlung, Reisen. In der römischen Mythologie galt Merkur zwar bereits als Gott der Händler und des Handels, als trickreicher Förderer des profitträchtigen Kommerzes – doch soll uns das als Begründung für die Wahl des Titels nicht genügen.

In der Alchemie ist Merkur die Bezeichnung für das Metall Quecksilber. Quecksilber stellte einen wesentlichen Inhaltsstoff bzw. Katalysator dar beim Versuch, aus Eisen Gold zu machen. Gold war lange Zeit synonym mit Geld höchster Qualität und höchsten Wertes, ganz gleich, wo auf dem Erdball man sich befand. Noch heute ist Gold eine globale Währung. Ohne die quicklebendige, fast nicht greifbare Qualität des Merkurs und die für ein Metall ja völlig ungewöhnliche Eigenschaft der Fließfähigkeit im noch nicht erhitzten Zustand ist in der Alchemie aber kein Gold zu gewinnen.

Auch Geld besitzt diesen merkwürdigen Charakter der Fluidität, des Flusses im sogenannten Geldkreislauf, der ständigen Veränderung aus seiner Form von Metallmünzen, Scheinen und inzwischen auch nur noch Zahlen in Computerspeichern in die Form von Gegenständen wie Autos und Raketen. Geld bleibt selten lange an einem Ort – außer, wo es gehortet wird, damit werden allerdings Energieblockaden, Neid, Krieg, Zerstörung und Selbstzerstörung auslöst. Ein Hauptmerkmal von Geld ist «Liquidität», man ist «flüssig».

Wenn wir überlegen, welcher der zehn Planeten Geld symbolisieren könnte, kommen ohnehin nur Merkur und Jupiter in Frage. Während Jupiter indes «positiv» und «männlich» gewertet wird als Symbol für Glück, Entfaltung und Expansion sowie Religion, Gesetz und Philosophie, ist – neben Uranus – nur Merkur ein «neutraler» Planet. Und Geld an sich ist auch neutral, weder gut noch schlecht – es kommt darauf an, was man damit macht. Man kann Gutes und Wichtiges, Schöpferisches und Soziales kaufen – also die im Geld angelegte, sozusagen vorübergehend kristallisierte Energie in etwas verwandeln, das nützlich und aufbauend ist. Oder man kann die in Geld gespeicherte Energie auch in Drogen und Kriegsgerät transformieren und damit viel individuelle und kollektive Not und Zerstörung bewirken.

Denken wir neben der Funktion von Geld auch an die Geschwindigkeit, mit der heute finanzielle Transaktionen an den Börsen und zwischen Banken weltweit ablaufen. Da steigen und fallen Kurse, da werden Millionen und Milliarden «gemacht» oder verloren – nicht mehr mit der Eile des Windes, sondern fast mit Lichtgeschwindigkeit. Wer anders als der Götterbote Merkur unter den Planeten könnte diesen Handel symbolisch verkörpern?

Neben der Analogie zwischen der Beweglichkeit des Geldes und der Beweglichkeit des Metalls soll der folgende griechische Mythos über den Gott Merkur ebenfalls zeigen, warum ich Merkur als Geldplaneten bezeichne. Bei Eleanor Bachs Buch, *Astrology from A to Z*, bin ich darauf gestoßen.

Merkur, dessen griechischer Name Hermes lautet, ist der Sohn von Jupiter-Zeus und Maja. (Insoweit zeigt sich bereits, daß Geld nicht gleich Glück ist, sondern Geld ein Bestandteil, aber nicht die Essenz dessen ist, so wie Merkur als Sohn des Jupiter gilt.) Unmittelbar nach seiner Geburt stiehlt Hermes-Merkur eine Kuhherde des Sonnengottes Apollo. Aus einem Schildkrötenpanzer und Kuhdarm baut er zudem ein einzigartiges Musikinstrument, die Lyra. Apollo-Sonne ist wütend, als er den Diebstahl entdeckt und erfährt, wer der Dieb ist. Merkur gibt seine Tat zu und bietet an, die Herde zurückzugeben. Und er nimmt seine gerade erst gebaute Lyra zur Hand, spielt die wundersamsten Melodien darauf und lobpreist des Sonnengottes Adel, seine Intelligenz und Freigiebigkeit. Apollo ist so entzückt, daß sein Zorn verraucht, er die Tat Merkurs vergibt und ihm die Lyra im Tausch gegen die Kuhherde anbietet.

Während seine Kühe nun grasen, schneidet Merkur Schilfrohr ab und macht daraus die erste Panflöte. Apollo-Sonne ist wiederum so entzückt, daß er Hermes-Merkur erneut einen Tauschhandel anbietet: der goldene Stab des Apollo, mit dem dieser seine Herden hütet, und die Gottesschaft über alle Viehhüter gegen die bezaubernde Flöte. Auch dieser Handel wird vollzogen.

Merkur wird hier als Erfinder des Tauschhandels dargestellt. Was ist Geld anderes als ein Tauschmittel?

Im Vorgriff auf den späteren praktischen Teil noch ein «Negativbeispiel»: Wenn der Planet Merkur rückläufig ist, kommen neue Geldgeschäfte kaum oder gar nicht in Gang, stocken bereits laufende Verhandlungen und man muß generell mit Verzögerungen, Verspätungen, Verlusten und Unbill rechnen, die sich ganz konkret und auch materiell bemerkbar machen.

Sie sehen also, warum ich meine, daß gute Gründe dafür sprechen, den Planeten Merkur als Symbol auch und vor allem für Geld anzusehen.

Und so geht übrigens der Merkur-Hermes-Mythos weiter:

Apollo erzählt Jupiter nun vom Geschick dessen Sohnes. Jupiter ist stolz auf ihn und ernennt ihn zu seinem Boten. Er überträgt ihm die Hoheit über Verträge, die Förderung des Handels und den Erhalt der Freizügigkeit für alle Menschen auf allen Straßen in der ganzen Welt. Merkur-Hermes erhält von seinem Vater einen Botenstab, der als Ausweis seiner göttlichen Beauftragung gilt, einen runden Hut gegen den Regen und geflügelte goldene Sandalen, die ihn mit der Geschwindigkeit des Windes überall hintragen können. Merkur verspricht, niemals zu lügen, auch wenn er vielleicht nicht immer die ganze Wahrheit sagen könne. Auch Hades (= Pluto), der griechische Gott der Unterwelt, beauftragt ihn als seinen Herold und als Führer der Seelen in die Unterwelt.

Der neue kleine Gott wird in der olympischen Götterfamilie aufgenommen. Er zeigt ihnen die Kunst des Feuermachens durch das rasche Hinundherdrehen eines Stöckchens. Merkur erlernt und erfindet Methoden der Zukunftsschau; er hilft, das Alphabet zu erfinden, die Astronomie und Musikgesetze zu entdecken; er setzt Gewichts- und Maßeinheiten fest und kultiviert den Olivenbaum. Kurz, Merkur ist zum Boten der Götter und der Schöpfung geworden – er trägt den goldenen Stab des Sonnengottes, er ist Abgesandter seines Vaters Jupiter = Zeus und sogar des Unterweltgottes Hades.

Darauf, ob der Stab des Hermes-Merkur nun ein Stab des Magiers ist wie in der Tarotkarte *Der Magier*, die auch die Zahl eins trägt, oder der symbolische Heilstab der Mediziner, gehe ich im Abschnitt über Merkur in Mythos und Wissenschaft noch kurz ein. Immerhin hat dieser junge Gott ja zwei Stäbe erhalten!

Das astrologische Merkursymbol

Sehen wir uns nun das Merkursymbol näher an. Zuoberst sehen wir den Halbkreis, die Schale, die Symbol des Mondes ist. Darunter der Kreis der vollkommenen Ganzheit, wie er auch im Sonnensymbol erscheint. (Dort allerdings mit einem Punkt in der Mitte als Ausdruck des beseelten Willens, der eine Ganzheit bewußt steuert und «lebt».) Unter den beiden genannten Elementen sehen wir das Kreuz der irdischen Dualität und Polarität zwischen Geist (die Senkrechte) und Materie (die Waagerechte).

Die Wandelbarkeit des Mondes, das Schnellbewegliche und Flüchtige der sich laufend verändernden Reflektion des Sonnenlichts durch den Mond ist ein Teil des Merkursymbols. Dieses Element steht über und beherrscht also quasi das geistige Prinzip, das sich im Kreis ausdrückt. Beider Wirkungen werden auf das irdische Reich übertragen. So ist das astrologische Zeichen für den Merkur bereits Symbol für seine Vermittlungsaufgaben zwischen dem psychisch-gefühlsbedingten Mondhaften, dem geistig-inspirierten Sonnenhaften und dem materiell-menschlich Erdhaften.

Der führende deutsche Astrologe, Bernd A. Mertz, schreibt in seinem Buch *Das Horoskop – Seine Deutung und Bedeutung* (Ebertin Verlag Freiburg, 2. Auflage 1984) u.a.:

«Merkur ist der einzige Planet, der alle drei Zeichenelemente vereint. So ist er der Mittler, aber auch der Verstehende für alle Vorkommnisse, für alle Erlebnisebenen. Merkur ist überall zu Hause; wendig, diplomatisch, beredt, neugierig und doch stets neutral… (Merkur kennt) die Höhe des Bewußtseins, die Tiefe des Unterbewußtseins, und er weiß um das Kreuz der Menschen, das jeder tragen muß. Dies macht seine Größe, aber auch seine Unscheinbarkeit aus.»

Merkur in Mythos und Wissenschaft

In der römischen Mythologie war Merkur der Gott der Händler und des Handels, der Wissenschaft und Astronomie, aber auch der Diebe (Sie erinnern sich, daß er in seiner griechischen Gestalt als Hermes eine Kuhherde des Sonnengottes stahl), Vagabunden und der Reisenden als auch der Schläue und Eloquenz. In der Kunst wird er meist als junger Mann mit einem geflügelten Hut und mit geflügelten Sandalen dargestellt.

Vorläufer des römischen Merkur war der griechische Gott Hermes, einer der zwölf Hauptgötter des olympischen Pantheons. Er galt als allgegenwärtige agile Gottheit mit vielen Funktionen: Hüter der Herden und Hirten, Führer und Beschützer der Reisenden, Führer der Seelen auf dem Weg zur Unterwelt, Bote des Zeus (=Jupiter), Überbringer des Glücks, Schutzpatron der Redner, Schreiber, Athleten, Händler und Diebe. Als griechischer Hermes bildete man ihn ab mit einem breitkrempigen Hut mit Flügeln darauf, geflügelten Sandalen, einem Widder, einer Lyra und zwei Stäben, nämlich mit dem Caduceus, dem Botenstab sowie mit einem Hirtenstab. Hermes galt übrigens auch als Gott des Zufalls, der unerwarteten Wendung und war für seinen Erfindungsreichtum, seine Schnelligkeit und seine Beschützergabe bekannt.

Hermes-Merkur hat also zwei Stäbe. Erstaunlich ist, daß Apollo, der ihm ja den ersten Stab im Tausch gegen die Kuhherde gab und ihm dabei die Gottesschaft über die Viehherden übertrug, den offensichtlich wertvolleren Stab gab, der eben kein normaler Hirten-, sondern eher ein Zauberstab ist. Die Rolle des Götterboten wurde Hermes jedoch von seinem Vater Zeus-Jupiter übertragen mitsamt einem Heroldstab, der indes keine besonderen Fähigkeiten zu besitzen scheint.

Der Caduceus, das Geschenk des Apollo, war nach dem Mythos ein Stab aus Olivenholz und Gold, an dem sich zwei Schlangen emporranken und der von zwei Flügeln bekränzt wird. Dieser Stab – indem wir unschwer das Symbol der westlichen Medizin erkennen können – besaß magische Kräfte über Träume, Wachen und Schlaf. Hermes legte den Stab sanft auf die Augen jener, die ins Jenseits gerufen wurden, und er benutzte ihn als Wanderstock, wenn er die Toten in die Unterwelt begleitete.

Vorläufer des griechischen Gottes Hermes war der ägyptische Gott Thoth, den die Griechen auch *Hermes Trismegistos*, den *dreifach großen Hermes* nannten. Thoth war Schutzherr der Literatur und Begründer aller mystischen und okkulten Weisheit. Es gibt eine *hermetische Literatur* mit Werken, die auf Hermes Trismegistos zurückgehen sollen. Die in griechisch und lateinisch verfaßten und in Ägypten gesetzten Werke behandeln philosophische, theologische und esoterische Themen und sind etwa um 50 bis 200 nach Christus entstanden, also keineswegs ägyptischen Ursprungs.

In der späten ägyptischen Mythologie war Thoth Gott des Wissens, der Weisheit und der Magie. Er war Schöpfer und Ordner des Universums und Erfinder von Schrift, Arithmetik und Astronomie.

Wir sehen, daß hinter dem unscheinbaren und in der Alltagsastrologie oft vernachläßigten Planeten Merkur ein beträchtlicher Symbolgehalt steckt! Kommen wir nun zu den naturwissenschaftlichen Seiten.

Der Merkur im Sonnensystem

Merkur ist der der Sonne am nächsten stehende Planet. Wissenschaftler schätzen, daß sich der Merkur vor etwa 4,6 Milliarden Jahre bildete. Seine Oberfläche gleicht einem glühend heißen Kratermeer. Die hohen Temperaturen von rund 350 Grad Celsius zusammen mit der niedrigen Anziehungskraft erlaubten die Bildung einer ausgeprägten Atmosphäre nicht.

Merkur umkreist die Sonne einmal in 88 Tagen; seine Entfernung zu unserem gemeinsamen Zentralgestirn variiert dabei zwischen 46 und 70 Millionen Kilometern. Man kann den Merkur nur schwer beobachten, da er sich nie weiter als 28 Grad von der Sonne entfernt. Radarbeobachtungen haben erwiesen, daß die Eigendrehung des Merkur 58,6 Tage beträgt. Das heißt, daß sich dieser Planet im Verlauf von zwei Sonnenumkreisungen dreimal um sich selbst dreht.

Die Masse des Merkur beträgt rund sechs Prozent der Erdmasse, sein Durchmesser ist um sechzig Prozent geringer als jener der Erde. Seine hohe Dichte legt nahe, daß er einen Eisen oder Eisen-Nickel-Kern in sich birgt; man nimmt an, daß der Merkur mehr Eisen enthält als die Erde.

Die ersten Nahaufnahmen der Raumsonde Mariner 10 lieferten Bilder von der Oberfläche des Merkur. Danach ähnelt sie der Oberfläche des Mondes mit Kratern in «Hochländern» und flachen «Tiefebenen» mit nur wenigen Kratern darin.

Merkur in der Astrologie

Der Merkur regiert die Zeichen Zwillinge und Jungfrau; das heißt astrologisch, daß er seine Qualitäten in diesen Zeichen besonders gut entfalten kann. Er wird dem dritten und dem neunten Haus zugeordnet; auch hier gilt, daß in dieser Position sein Wesen deutlich zum Ausdruck kommen kann.

Schlüsselworte zum Verständnis des Merkur in der Horoskopdeutung sind:
Intelligenz, Wachheit, Ausdruckskraft, Kommunikation, Vielseitigkeit, Geschäftssinn, (Verhandlungs-)Geschick, Verstand, Vermittlungsfähigkeit, Wandelbarkeit, Aktivität, Schnelligkeit; aber auch Skepsis, Neugierde, Unentschlossenheit, Neigung zu Kritik, Ruhelosigkeit, Unverantwortlichkeit, Schwafelei, Nervosität, Nachahmungstrieb.

Die Position Ihres Merkurs im Geburtshoroskop zeigt an, in welchem Lebensbereich Ihr Geist besonders wach und aktiv ist. Myrna Lofthus schreibt in *A Spiritual Approach To Astrology:* «Wenn im Geburtshoroskop Merkur vor der Sonne steht, zeigt die Mentalenergie mehr Wißbegierde. Wenn im Geburtshoroskop der Merkur hinter der Sonne steht, ist die Mentalenergie abwägender.» Nach meinen Erfahrungen muß dieses Zitat so verstanden werden: «Wenn Merkur weniger als 180 Grad von der Sonne entfernt steht – betrachtet im Uhrzeigersinn! –, dann ist der Geist aufgeschlossener. Wenn der Merkur gegen den Uhrzeigersinn betrachtet näher als 180 Grad von der Sonne entfernt ist, ist der Geist zurückhaltender.»

Materiell-körperliche Bedeutungen

Nerven, Wahrnehmungs- und Ausdrucksorgane (vor allem Sprache und Gehör); körperliche Beweglichkeit.

Psychologisch-seelische Bedeutungen

Vermittler zwischen sonnenhaften Bewußtseinskräften und mondhaften Energien der Empfindungen und Gefühle. (Der Merkur «regiert» ja die Zeichen links und rechts der Zeichen von Sonne und Mond. Die Sonne ist im Löwen heimisch, der Mond im Krebs – Zwillinge und Jungfrau sind die beiden Zeichen davor und danach.) Anpassungsfähigkeit und Ausdrucksfähigkeit durch rechte Kommunikation. Analyse und Kritik.

Sozial-gesellschaftliche Bedeutungen

Erwerbssinn, Geschäftsinteressen, Handels- und Tauschbereitschaft; Tauschmittel wie Geld, Anlagepapiere etc. Merkurisch sind Journalisten, Schriftsteller, Rechtsanwälte, Werbeleute, Kaufleute, Händler, Börsenmakler. Vom Merkur geprägte Orte und Einrichtungen sind solche, wo Waren oder Informationen ausgetauscht werden: Handelsketten und Warenhäuser, Märkte und Umschlaghäfen, Schulen und Universitäten, Post- und Paketdienste, Schienen und Straßen usw.

Überlegungen zur esoterisch-geistigen Bedeutung

Der Verstand hilft dem Menschen, seine Freiheit zur Entscheidung wahrzunehmen. Auch wenn die Freiheit des Menschen durch karmische, kulturelle und genetische Prägungen nicht total ist, haben wir Verantwortung für unsere Gedanken, Worte und Taten, ob wir wollen oder nicht. Wenn Sie über gute Ernährung nachdenken und dieses Thema auch konstruktiv mit anderen erörtern, besteht eine große Wahrscheinlichkeit, daß Sie auch in Ihren Taten = der Auswahl Ihrer Nahrung bewußt und umsichtig sind. Sie üben die Gabe aus, zu denken und zu sprechen um damit Ihre Wirklichkeit mitzugestalten. Hierin liegt eine Funktion des symbolischen Merkur: Er gibt uns die Mittel an die Hand, uns klar zu werden über das, was wir sinnvollerweise wollen und wie wir es im Rahmen der gegebenen Umstände verwirklichen können.

Wie Venus kann Merkur Morgen- oder Abendstern sein, allerdings ist er seltener und schwieriger zu sehen als die hellstrahlende Venus, weil er meist zu nah an der Sonne steht, um wahrgenommen zu werden. Als Morgenstern gehört er zum Zeichen Zwillinge, als Abendstern zum Zeichen Jungfrau. Mehr darüber dort.

Als Morgenstern ist er sorgloser und unbekümmerter, als Abendstern überlegter und kritischer. Merkur ist «als Morgenstern der Führer durch die Tagwelt, als Abendstern der Führer durch die Nacht.» (Zitat aus *Das Grundwissen der Astrologie* von B.A. Mertz).

Merkur in den zwölf Zeichen des Tierkreises

☿ Merkur im Widder: ♈ Vorwärtsdrängender Geist

Stärken: Sie sind spontan im Denken und Handeln, dabei oft kämpferisch eingestellt, und nehmen neue Ideen voller Enthusiasmus auf. Sie reagieren auf Eindrücke meist impulsiv und ganz von Ihrem Standpunkt aus. Sie sind schöpferisch im Denken, voller Wissensdrang, beobachten scharf und sind schlagfertig. Sie können witzig und unterhaltsam sein. In der Kommunikation liegt Ihnen ein lebendiger, rascher Austausch. Sie sind schnell bereit, in etwas zu investieren, und gehen dabei auch Risiken ein.

Schwächen: Ungeduld, Voreiligkeit, Übertreibung, Unbeständigkeit, geistige Überanstrengung und Nervosität sowie ein bisweilen aufbrausendes Temperament sind Schwächen dieser Merkurstellung.

Aufgabe: Für Sie wäre es besonders nützlich, Gelassenheit und Umsicht zu stärken sowie mentale Konzentration und Beharrlichkeit, um Ihre Stärken zu fördern und Ihre Schwächen abzubauen. Atmen Sie einige Male bewußt tief durch, bevor Sie etwas Wichtiges entscheiden oder in einer problematischen Situation impulsiv reagieren. Besinnen Sie sich auf Ihr inneres, höheres Bewußtsein; denken Sie als Regel mindestens zweimal über etwas nach, bevor Sie handeln; meditieren Sie. Lassen Sie Ihrer Lebensfreude, Ihrer geistigen Regsamkeit und Ihrem positiven Vorwärtsdrang durchaus ihren Raum!

☿ Merkur im Stier: ♉ Praktischer Verstand

Stärken: Sie lernen leichter aus Erfahrungen, aus Reisen und von im Austausch mit Ihnen angenehmen Menschen als aus Lehrbüchern. Sie haben Ausdauer und Geduld bei geistiger Betätigung und ein gutes Gedächtnis für das, was Sie einmal aufgenommen haben. Sie verstehen es, diplomatisch zu vermitteln und auf charmante Weise Partner in Rede oder Schrift für sich zu gewinnen. Häufig hat die geistige Betätigung etwas mit Kunst oder schöpferischen Dingen, die der Lebensfreude dienen, zu tun. In der Kommunikation sind Sie überlegt und vielleicht zu bedacht; in Geldangelegenheiten konservativ und mit einem Sinn für reale Werte.

Schwächen: Eigensinn und Einseitigkeit, manchmal zu konservative Einstellungen, langsam in der Aufnahme neuer Konzepte, eventuell auch denkfaul. Das Denken wird leicht von rein materiellen Erwägungen beherrscht; der eigene Vorteil steht so im Vordergrund, daß legitime Gemeinschaftsinteressen nicht mehr wahrgenommen werden.

Aufgabe: Finden Sie den richtigen Ausgleich zwischen Ihrem, oft unbewußten, Bedürfnis nach Sicherheit und der daraus stammenden übervorsichtigen Zurückhaltung und Ihrem inneren Wunsch, mühelos, elegant und wie von selbst voller Leichtigkeit und

Freude Ihren Weg zu gehen. Ihr Sinn für gefühlvolles Handeln und Ihre angeborene Freude an den Genüssen des Lebens sollten Ihnen dabei eine Richtschnur sein.

☿ Merkur in den Zwillingen: ♊ Vielseitiger Austausch

Stärken: Hier steht der Merkur «stark», da Zwillinge neben dem Zeichen Jungfrau eines seiner «Heimatzeichen» ist. Ihre Sinneswahrnehmungen sind akut, Sie haben fast immer alle Antennen ausgefahren und nehmen auf, was um Sie herum vorgeht. Geistige Vielseitigkeit verbinden Sie mit weitgesteckten Interessen, Wissensdurst und raschem Denken. Sie «funktionieren» eher von Verstand und Vernunft gesteuert als von Instinkt oder Intuition. Sie nehmen logisch erklärbare neue Konzepte schnell und sicher auf; Sie können Ihre Gedanken anderen klar und verständlich mitteilen. Im Austausch mit anderen suchen und finden Sie schnell Kontakt. Sie haben kaufmännisches Talent.

Schwächen: Hyperwachheit führt zusammen mit einer manchmal zu großen Arbeitsbelastung zu nervlicher Anspannung und Überbeanspruchung; Ruhelosigkeit und Unbeständigkeit, falls die Vielseitigkeit der Interessen nicht bewußt eingegrenzt wird; Tendenz zur Vernachlässigung von Fakten und Details und zu voreiligen Schlußfolgerungen ohne hinreichende Prüfung aller Umstände.

Aufgabe: Gönnen Sie sich mehr Ruhe, schalten Sie häufiger ab – vielleicht durch Kurzurlaube, eine Nachmittags-Siesta oder einfach durch einige Minuten der Stille immer wieder über den Tag verteilt. Finden Sie Ihre eigene Mitte (siehe auch Buchhinweis *Meditation – Kraft aus der Mitte*) und schöpfen Sie aus der gelassenen, stillen Verinnerlichung neue Kraft und eine bessere «Verankerung». Sie sollten sich immer wieder bemühen, eine neue Übersicht über die Dinge zu gewinnen und etwas mehr Beständigkeit zu entwickeln.

☿ Merkur im Krebs: ♋ Empfindsames Denken

Stärken: Ihr Geist nimmt Information und Wissen leicht auf und behält gut, dabei absorbieren Sie eher als daß Sie formell «lernen». Denken und Empfinden stehen bei Ihnen in einer schöpferischen Wechselbeziehung. Sie vertiefen Ihr Denken und entwickeln eigene Arbeitsmethoden. Wenn Sie kritisieren, sind Sie auf konstruktive, positive Wirkung bedacht; Sie besitzen einen ausgeprägten Sinn für Harmonie und Kunst (allerdings nicht für die sinnentleerte «moderne» Kunst ohne Mitte). Sie sind emotional empfänglich und haben ein Gespür für Seelenkunde. Sie denken aus dem Unterbewußtsein. Im Verfolgen Ihrer Pläne sind Sie beharrlich und verhandeln und handeln zäh. Dabei hilft Ihnen Ihre intuitive und medial Veranlagung, gute von schlechten Geschäften, Möglichkeiten und Angeboten zu unterscheiden. Sie können ein/e exzellente/r Redner/in sein, weil Sie es verstehen, die Sympathie anderer Menschen zu gewinnen.

Schwächen: Empfindlichkeit, launisches Gemüt; Unbeständigkeit in den Ansichten, unter Umständen unzuverlässig; stärker auf Menschen selbst als auf deren Probleme eingestellt, und dadurch manchmal vielleicht weniger wirksam in der Hilfsbereitschaft als möglich.

Aufgabe: Lassen Sie sich nicht von den eigenen und/oder Weltproblemen deprimieren – so sehr vor allem die letzteren Sie bedrücken. Sie müssen sich davor hüten, zu tief in Schwierigkeiten und Nöte hineinzufühlen, weil Sie emotional leicht überflutet werden und buchstäblich mitleiden. Sie wachsen nicht durch kritische Argumentation, sondern indem man an Ihre Sympathie appelliert.

(Mit meinem eigenen Merkur im letzten Grad Krebs im Geburtshoroskop könnte es durchaus sein, daß ich nicht objektiv genug wäre – deshalb habe ich mich hier etwa zur Hälfte auf Zitate aus anderen Büchern gestützt; siehe Literaturverzeichnis).

☿ Merkur im Löwen: ♌ Schöpferischer Geist

Stärken: Sie können kreativ denken und andere begeistern; Sie planen viel und gern und verfügen über genügend Umsicht und Weitblick, um ihre Vorhaben zu verwirklichen. Selbstvertrauen und Organisationstalent bringen Ihnen auch finanzielle Erfolge. In der Kommunikation sind Sie warmherzig und offen und können leicht überzeugen. Sie identifizieren sich ganz mit Ihren Überzeugungen und können dadurch zu einem geistigen Führer werden.

Schwächen: Stolzes und/oder autoritäres Denken kann Projekte und deren Realisierung behindern; Vorsicht vor «Großmaul»-Image; mitunter Streitsucht und übertriebener Ehrgeiz. Achtung vor Verlusten durch spekulative Geschäfte. Sucht nach Anerkennung, Überschätzung der eigenen geistigen Fähigkeiten und eine gewisse Denkfaulheit.

Aufgabe: Entwickeln Sie Ihre wundervollen Gaben auf eine überpersönliche Weise, so daß Sie Offenherzigkeit, Großmut, Überzeugungskraft und die natürliche Autorität in Auftreten, Sprache und Schrift dazu nutzen, anderen Menschen zu helfen und mitmenschliche Dienste aus einer Motivation der Liebe heraus zu vollbringen.

☿ Merkur in der Jungfrau: ♍ Gründlicher Verstand

Stärken: Merkur «regiert» das Zeichen Jungfrau – er steht hier also stark. Sie denken praktisch und vernünftig, sind sorgfältig und ordentlich, genau und kritisch. Sie möchten gern mehr wissen und sind deshalb bereit und fähig, dementsprechend viel und rasch zu lernen. Sie können auch wissenschaftlich logisch und analytisch denken. Dabei beherrschen Sie eine große Fülle an Detailkenntnissen. In der Kommunikation bemühen Sie sich, exakt zu sein (was anderen manchmal auch als penibel erscheinen mag). Zu Geld und Geschäften haben Sie eine gesunde Einstellung; Sie wissen, wie Sie sich das erarbeiten, was Sie brauchen und anstreben und prüfen finanzielle Möglichkeiten systematisch, bevor Sie sich entscheiden.

Schwächen: Bei aller Genauigkeit und Liebe zum Detail geht der Blick für die Ganzheit manchmal verloren; gegenüber langsameren und schwächeren (= «dümmeren» oder weniger informierten) Geistern Neigung zur Unduldsamkeit und überscharfen Kritik.

Aufgabe: Sie müssen erkennen, daß sich die Welt letzthin nicht nach dem richtet, was die menschliche Vernunft als sinnvoll, notwendig, praktisch und human erkennt, sondern sich vor allem von persönlichen Gefühlen, egoistischen Interessen und tief eingeprägten Vorurteilen lenken läßt. Erst wenn Sie diese Einsicht verinnerlichen, können Sie Ihre Vernunft wirkungsvoll zur Geltung bringen – weil Sie andere Menschen dann nicht durch kühle Ratio zur «richtigen Lebensweise» sozusagen bekehren, sondern sie vielmehr einfühlsam-geschickt einladen, in den Geboten der Vernunft auch eigene Vorteile zu erkennen und sie deshalb zu befolgen.

☿ Merkur in der Waage: ♎ Harmonischer Austausch

Stärken: Sie können sich gut an vorherrschende Strömungen anpassen, sind aufgeschlossen für den Austausch und die Zusammenarbeit in einer Gemeinschaft, verfügen über Organisationstalent und schaffen mit Schönheitssinn, taktvollem Verhalten und harmonischer Kommunikation eine positive Atmosphäre für die Entfaltung geistig-schöpferischer Kräfte. Sie interessieren sich für die schönen Künste und verstehen es, Ihren Geist auf harmonische Gedanken, Vorstellungen und Gefühle zu richten, anstatt sich dem modernen Trend zur «inneren Umweltverschmutzung» durch negative Bilder und Artikel in den Massenmedien anzuschließen.

Im Bereich von Handel und Kommerz haben Sie die Fähigkeit, Erfolge durch ausgleichende Verhandlungen und ausgewogene Verträge zu erzielen.

Schwächen: Versuchung, mit schönen, überzeugungsstarken Worten erfolgreich zu blenden; zu große Offenheit für alle Meinungen und daher oft unentschlossen; manchmal ein «Vollkommenheitswahn», also ein extremes Bedürfnis nach Perfektion um sich herum – was das Zusammenleben ziemlich erschweren kann. Isabel M. Hickey (siehe Literaturverzeichnis) meint übrigens u.a.: «In einem weiblichen Horoskop zeigt er (der Merkur in Waage) eine Übermännlichkeit (sic!) an, welche die Ausbildung einer weiblicheren Einstellung benötigt.»

Aufgabe: Sie stellen Ihre positive Grundeinstellung zum Leben bewußt in den Vordergrund, um innere Unsicherheiten zu kaschieren. Vielleicht sollten Sie lernen, daß es in Ordnung ist, Unsicherheiten zu zeigen und zu besprechen, um sie dann besser zu verstehen und sie zu lösen bzw. abzugeben. Dazu bedarf es aber Ihrer eigenen, freien Willensentscheidung, ob Sie wirklich innerlich auch sicherer werden wollen – oder ob Sie glauben, daß Sie damit zu festgelegt sind und nicht mehr frei, zwischen den vielen verlockenden Interessensgebieten und Meinungspolen hin und her oszillieren zu können!

☿ Merkur im Skorpion: ♏ Leidenschaftliches Denken

Stärken: Sie haben eine ungewöhnliche Beobachtungsgabe und scharfe Urteilskraft und dringen schnell zum Kern der Dinge vor; Sie können Probleme und Aufgaben bewältigen, vor denen andere Menschen kapitulieren. Zähigkeit, praktische Veranlagung und Regenerationskraft helfen Ihnen dabei. Sie können konzentriert denken, haben einen klaren Verstand und sind schlagfertig; Sie können sich durchsetzen. In Gelddingen sind Sie instinktiv richtig «gepolt». In der Kommunikation wirken Sie für andere häufig anstrengend, weil Sie Ihre Ansichten sehr intensiv vorbringen. Sie erfassen rasch und intuitiv die Schwachstellen der Menschen um Sie herum – was bei Mißbrauch dieses Wissens nicht nur positiv sein muß.

Schwächen: Leicht verletzend im Ausdruck; sehr kritisch bis kämpferisch eingestellt; extrem leidenschaftlich bis fanatisch im Denken und Handeln, unter Umständen auch machtbesessen. Eventuell kreist das Denken zu ausschließlich um Sexualität und/oder Tod.

Aufgabe: Machen Sie sich nicht unnötig zum Richter und Vollstrecker, auch wenn Ihre Urteile richtig sein mögen. Denken Sie an das Bibelwort: «Richtet nicht, auf daß Ihr nicht gerichtet werdet.» Vielleicht gelingt es Ihnen auch, Disputen und Auseinandersetzungen wenigstens jedes zweite Mal aus dem Wege zu gehen, anstatt immer wieder Öl ins Feuer zu gießen? Sie besitzen die wunderbare Fähigkeit, schwierige Herausforderungen zu meistern – das verleiht Ihnen mehr Glanz als kleinlich anmutende Streitigkeiten. Geben Sie einer heimlichen Faszination von Vorstellungen über ungewöhnliche bis sadomasochistische Erotik und/oder machtorientierter Gewalt und/oder geheimen okkulten Praktiken nicht soweit nach, daß Sie davon «verschlungen» werden. Sie sollten und können statt dessen Ihre besonderen Erkenntnisfähigkeiten auf höhere spirituelle Themen und Inhalte lenken.

☿ Merkur im Schützen: ♐ Suchender Geist

Stärken: Sie denken sozial oder philosophisch-religiös. Gerechtigkeit und Wahrheit sind Ihnen wichtig und Sie streben bewußt danach. Sie reisen gern und suchen in fernen, fremden Ländern nach neuen Erkenntnissen und vertieftem Lebenssinn. Ehrgeiz und Unabhängigkeitsdrang, Führungsdenken und Güte verbinden sich in Ihnen. Sie verfügen über eine wache Beobachtungsgabe und einen scharfsinnigen Geist. Die Vielseitigkeit Ihrer Interessen führt dazu, daß Sie oft an mehreren Projekten gleichzeitig arbeiten oder sogar zwei Berufstätigkeiten ausüben.

Schwächen: Unkonzentriertheit; Missionarstum; hochfliegende Ideen, die wie Sternschnuppen auftauchen und wieder verglühen; Verlangen nach Auszeichnung und Prahlerei. Reinhold Ebertin meint in *Kombination der Gestirneinflüsse* auch: «Schwierigen Aufgaben wird gern aus dem Weg gegangen.»

Aufgabe: Sie sollten mehr Liebe zum Detail entwickeln und einige Ihrer wunderbaren und großartigen Ideen auch wirklich durchführen. Dazu müssen Sie mehr Ausdauer und Beharrlichkeit entwickeln und öfter erst denken, bevor Sie planen und sprechen. Geistige Ruhe, innere Stille und regelmäßige Meditation könnten Ihnen dabei sehr helfen. Wirtschaftliche Vorteile können Sie relativ leicht erzielen, wenn Sie mit beiden Beinen auf dem Boden bleiben und sich nicht zersplittern.

☿ Merkur im Steinbock: ♑ Sichernder Verstand

Stärken: Sie gehen gern geistig klar, methodisch und praktisch an Aufgaben heran. Am liebsten folgen Sie bereits früher bewährten Plänen. Sie können konzentriert und besonnen denken und lassen sich nicht von irgendwelchen Stimmungen in Ihrem Urteil trüben. Sie sind ernsthaft, zielbewußt und gründlich. Sie verfügen über ein gutes Gedächtnis. Erfolge stellen sich meist durch eigenes Verdienst ein. Sie können auch schwierige Probleme durch folgerichtiges Denken lösen. In der Kommunikation sind Sie meist sachlich, bisweilen auch etwas zu nüchtern. In Geldangelegenheiten sind Sie auf die Sicherung Ihres materiellen Besitzes bedacht und gehen vorsichtig an die Aufgabe heran, ihn weiter zu mehren. Riskante Unternehmungen sind nicht Ihre Sache.

Schwächen: Unnötige Ängste vor materiellen Verlusten und Neigung, Sparsamkeit bis hin zum Geiz zu übertreiben. In geistigen Fragen unter Umständen Intoleranz und Starrheit. Vielleicht Schwermut.

Aufgabe: Bei all Ihrem Ehrgeiz, möglichst alles richtig zu machen, Erfolge zu erreichen und dann zu sichern, sich nicht auf unbekannte Wagnisse einzulassen und möglichst sicher in der Erde verwurzelt zu sein, sollten Sie ab und zu auch daran denken, daß Ihre Äste und Zweige in den Himmel reichen. Gestatten Sie sich ruhig etwas mehr Lebensfreude, genießen Sie auch die leichteren Seiten des Lebens! Das macht es Ihnen übrigens in der Umwelt dann auch einfacher. Und erlauben Sie sich und Ihrer Umwelt auch ein bißchen mehr menschliches Mitgefühl.

☿ Merkur im Wassermann: ♒ Origineller Austausch

Stärken: Sie sind geistig vielseitig interessiert, pflegen ein offenes und fortschrittliches Denken, erfassen neue Konzepte und Situationen rasch und sicher, bilden Sich gern eigene, ungewöhnliche Urteile, sind schnell begeistert für Erfindungen und Reformen, lieben geistige Abwechslung in Ihrer Tätigkeit und im Umgang mit anderen Menschen. In Finanzfragen neigen Sie zu spekulativen und/oder humanistisch begründeten Investitionen von Zeit und/oder Geld. Solange Sie nicht immer unbedingt auf eine Verzinsung angewiesen sind und ab und zu auch den Verlust von Kapital verschmerzen können, können Sie sich diesen «Luxus» leisten.

Schwächen: Unter Umständen ziemlich stur, weil man von der eigenen Einzigartigkeit gar zu sehr überzeugt ist; mit manchen Ideen und Gedankengängen «zu fortschrittlich» und damit zu sehr von der Alltagswirklichkeit abgehoben, dadurch mitunter Neigung zur Eigenbrötlerei; «Daniel Düsentrieb».

Aufgabe: Vielleicht sollten Sie manchmal etwas mehr Rücksicht darauf nehmen, daß andere Menschen nicht allen Ihren Einfällen immer sofort folgen können. Sie verstehen es zwar, wichtige neue Dinge klar auszudrücken – doch wenn Sie nun noch etwas einfühlsamer auf das «Gefühlskostüm» Ihrer Umwelt eingehen (obwohl das mit der «Richtigkeit» Ihrer Gedanken nichts zu tun haben muß), werden Sie sehr viel mehr Erfolg bei der Verwirklichung Ihrer Pläne und Projekte genießen können.

☿ Merkur in den Fischen: ♓ Inspiriertes Denken

Stärken: Sie sind sehr sensibel und sogar sensitiv, mit einer reichen Vorstellungskraft und Phantasie gesegnet, und auch aufnahmefähig für die Gedanken anderer Menschen. Poesie, schöne Literatur und Musik können Sie erfüllen.

Glauben, Vorahnungen und esoterische Themen finden Ihr geistiges Interesse. Sie sind offen für unbewußte, unterbewußte und überbewußte Schichten des Geistes und haben womöglich selbst sogar mediale Gaben. Sie sind stark von der Stimmung in Ihrer Umwelt abhängig. Sie sind ein/e gute/r Zuhörer/in und können selbst faszinierend und einfühlsam erzählen, wenn Sie sich sicher und angenommen fühlen.

Schwächen: Der Instinkt spielt bisweilen eine zu große Rolle im Verhältnis zum Verstand; Fakten werden beiseite geschoben; Schwärmerei; Überempfindlichkeit gegen mentale und astrale Einflüsse; diese Menschen lassen sich auch gern «treiben» statt selbst zu handeln. In finanziell wichtigen Dingen sollten Sie sich vor Einflüsterungen falscher «Freunde» hüten und so nüchtern wie nur irgend möglich sein.

Aufgabe: Schalten Sie Energieverluste aus, die immer wieder dadurch entstehen, daß Sie sich von negativen Gedanken überfluten lassen oder sich momentanen (schlechten) Launen hingeben. Das hindert Sie nämlich meist daran, instinktiv erfaßte, vielversprechende Pläne nicht zu verwirklichen. Dazu müssen Sie immer bewußter und genauer beobachten, in welchen Situationen, wann genau und warum «Störgefühle» auftauchen. Ein Schlüssel liegt in der erhöhten Bewußtheit und einem sorgfältigen, rationalen «Registrieren» dessen, was Sie wahrnehmen. Der zweite Schlüssel ist schlicht und einfach Beharrlichkeit, Ausdauer und Disziplin im Denken, Planen, Reagieren und Verwirklichen. Und denken Sie daran, daß die äußere Welt genausoviel Berechtigung für ihre Existenz und unsere Kooperation besitzt wie die innere!

Merkur in den zwölf Häusern

Merkur im 1. Haus

Neugierig, wissensdurstig, fröhlich; schnelle Auffassungsgabe, anpassungsfähig. Geistige Beweglichkeit, Pionierdenken, ausgeprägter verbaler Ausdruck. Reiselust. Die meisten geistigen Impulse kommen aus der Außen-, nicht aus der Innenwelt.

Falls geschwächt: Neigung zu Oberflächlichkeit und Unzuverlässigkeit; eigene Ansichten stehen im Vordergrund. «Prahlhans»-Auftreten. Nervosität.

Merkur im 2. Haus

Finanzielle Erfolge durch eigene (mentale) Fähigkeiten, aber fluktuierende Geldsituation. Geistig auf Geld eingestellt. Fähig, so zu kommunizieren, daß man verstanden wird und der Austausch Ergebnisse hervorbringt.

Falls geschwächt: Verluste durch mangelhafte Umsicht.

Merkur im 3. Haus

Wach, vielseitig, beflissen, anpassungsfähig. Verständnis für die Denkweise anderer und Gabe, andere zu beeinflussen. Viele kurze Reisen. Gewandt und genau im Ausdruck; gut für Lehrer. Bereit, Wissen und Erfahrungen zu sammeln.

Falls geschwächt: «Hans-Dampf-in-allen-Gassen» oder «schwer von Begriff». Sieht eigene Fehler nicht leicht ein.

Merkur im 4. Haus

Talent zur Analyse von Ursachen und Wurzeln von Menschen und Situationen. Beständiges Studium vermittelt Lebenssicherheit. Gabe, die Seelenwelt anderer wahrzunehmen und sensibel darüber zu sprechen. Geistige Wachheit bis ins hohe Alter.

Falls geschwächt: viele Ortswechsel, zumindest in der ersten Lebenshälfte. Unverständnis im Elternhaus oder Familie.

Merkur im 5. Haus

Die Gedanken kreisen, zumindest in jungen Jahren, mit Vorliebe um Romanzen und Affären; tiefere Beziehungen bedürfen der Möglichkeit zur intelligenten Kommunikation. Kinder – physische und geistige – ziehen in späteren Jahren die Aufmerksamkeit an. Stimulierende mentale Fähigkeiten, die sich gern auch dramatisch und spielerisch darstellen (Theaterspiel). Mentale Fähigkeiten werden zum schöpferischen Selbstausdruck genutzt.

Falls geschwächt: mitunter mental fixiert und starr in Urteil und Kommunikation. Unbeständiges Gefühls- und Liebesleben?

Merkur im 6. Haus

Analytische Fähigkeiten, Unterscheidungskraft und Integrationsgabe, um aus vielen Details ein ganzes werden zu lassen. Mentale Energien sind vor allem auf die Arbeit ausgerichtet. Oft kann man größere Erfolge in einer Angestelltenposition bzw. im Dienst an anderen erzielen denn als Selbständiger. Interesse für medizinische und hygienische Studien?

Falls geschwächt: mitunter nervliche Überbelastung und Überarbeitung; Hindernisse in der Arbeit, mangelhafte Anerkennung. Eventuell Hang zur kleinlichen Kritik.

Merkur im 7. Haus

Liebt Beziehungen mit Menschen, die intelligent und eloquent sind. Partner – in persönlichen und geschäftlichen Beziehungen – müssen schnell von Begriff sein. Der Merkur in dieser Hausposition möchte gern viel mit anderen austauschen und interessiert sich für alles, was um ihn herum vorgeht. Man muß sich indes entscheiden, ob man das kommuniziert, was andere am liebsten hören oder das, was einem wahr zu sein scheint. Oft auch stark partnerorientiert. Der verstorbene Astrologe Paris spricht von «Neigung zur Verstandehe» und «manchmal auch Liebesbindung mit verwandten Menschen».

Falls geschwächt: Zwistigkeiten oder Streit in Partnerschaften. Prozesse sollte man möglichst vermeiden und sich um außergerichtliche Vergleiche bemühen.

Merkur im 8. Haus

Außerordentliche Wachheit und Reaktionsfähigkeit in Zeiten der Krisen oder Not, auch eine Gabe, Impulse und Wahrheiten aus dem «Jenseits» bzw. anderen (astralen) Bewußtseinsebenen aufzunehmen. Gedankliche Auseinandersetzung mit Esoterik und Fragen von Geburt, Tod und Wiedergeburt. Gewinn durch Erbschaften. Offenheit für verborgene Motivationen und Ängste anderer Menschen; Gabe, sich darüber in einer Weise auszutauschen, die andere Menschen tief beeindruckt – positiv oder negativ. «Detektiv-Naturell».

Falls geschwächt: eventuell Lungenprobleme – dann muß man auf ausreichend Sauerstoffzufuhr und genügend tiefe, natürliche Atmung achten. Sorgen über Geld, Verträge und Erbschaftsangelegenheiten; man sollte dann alles genau überprüfen.

Merkur im 9. Haus

Diese Merkurposition unterstützt geistige Studien, die Beschäftigung mit vergleichender Religionswissenschaft und mit den spirituellen Grundlagen des Denkens anstatt mit Detailwissen. Günstig für höhere Lehrer und eine weitergehende Selbsterkenntnis. Reisen ins Ausland, Sprachbegabung; gut entwickelter Geschäftssinn; Erfolg, vor allem in Politik, Religion, im Verlagswesen. Es geht bei dieser Häuserstellung mehr um die Zukunft als um Vergangenheit oder Gegenwart; der Erfolg hat deshalb auch etwas mit der Inspiration anderer für positive Zukunftsaussichten zu tun.

Falls geschwächt: Unentschlossenheit; oft ist es besser, nicht zu nahe mit bzw. bei Verwandten zu wohnen.

Merkur im 10. Haus

Beruflicher oder gesellschaftlicher Aufstieg durch die kluge Anwendung der eigenen geistigen Gaben; Fähigkeit, selbst Autorität auszustrahlen und auszuüben oder sich auf höhere Autoritäten in der angemessenen Weise einzustellen. Die Verstandeskraft wird praktisch eingesetzt, der Geist konzentriert sich auf «Erfolg», ganz gleich, ob er sich in Geldwert oder im sozialen Renommee ausdrückt.

Falls geschwächt: Rufschädigung, Berufsprobleme oder Mißbrauch von Autorität.

Merkur im 11. Haus

Vielseitig interessierte und interessante Freunde, oft jünger, mehr geistige als emotionale Verbindungen; ein umfassender und aufgeschlossener Geist. Man ist fähig, auf freundliche und zugleich unpersönliche Weise «objektiv» zu kommunizieren. In Geldangelegenheiten geneigt, ungewöhnliche oder humanistisch-reformerische Projekte zu unterstützen und daraus zu profitieren.

Falls geschwächt: Enttäuschung oder Verleumdung durch Freunde; Menschen, die Widerspruch vorbringen, werden schnell abgelehnt.

Merkur im 12. Haus

Intuition, metaphysische Interessen, sensible psychologische Wahrnehmung. Fähigkeit, «unsichtbare» und «ungreifbare», spirituelle und transzendente Wahrheiten des Lebens zu erfassen und sich darüber mit anderen verständlich auszutauschen. Beschäftigung mit «letzten Fragen» nach dem *Woher?*, *Wohin?* und *Warum?*. Meditation (siehe auch Hinweis auf die *Innere Astrologie* in der Schlußbetrachtung und im Anhang).

Falls geschwächt Mangel an Selbstvertrauen, man wird leicht mißverstanden; evt. Geheimniskrämer. Unter Umständen können geistige Fähigkeiten nicht genügend ausgewertet werden.

Die althergebrachte Astrologenmeinung nennt auch «geheime Feinde», «Schaden durch Schriftstücke oder Gerüchte, Gefahr strafrechtlicher Verfolgung». Mir scheint diese Zuordnung unrealistisch zu sein.

Merkur in Beziehung zu den anderen Planeten

☿ Merkur/Sonne: ☉ Verstand und Wille

Zwischen Merkur und Sonne ist als Aspekt nur die Konjunktion möglich, da der Merkur nie weiter als 28 Grad von der Sonne entfernt ist. Bei einer gradgenauen Konjunktion sprechen manche Astrologen davon, daß der Merkur «verbrannt» ist, daß also seine Kräfte von der Sonne so überstrahlt werden, daß sie gar nicht zur Wirkung kommen oder sogar «vernichtet» werden.

Konjunktion Merkur/Sonne

Bei weiter Konjunktion, etwa 5 bis 7 Grad (manche Astrologen meinen 8 bis 10 Grad), sind Intelligenz, praktisches Denken, gute Auffassungsgabe, Zielbewußtsein, Organisationstalent, Geschäftigkeit und Bewußtheit deutlich ausgeprägt. Das ergibt auch eine gute Basis für wirtschaftliche Erfolge.

Bei zu enger Konjunktion, weniger als 3 bis 5 Grad, ist die geistige Einstellung subjektiv und eher «eng» bzw. im Ego verhaftet. Dazu gesellt sich bisweilen eine Tendenz zu Eigennutz und/oder Eigensinn.

☿ Merkur/Mond: ☾ Verstand und Gefühl

Kombination von Merkur/Mond allgemein

Gefühlsbetontes und fürsorgliches Denken, Verständnis für die emotionalen Bedürfnisse anderer; Wankelmut; emotionale Erinnerungen; in Schrift- und Sprachausdruck, bei Verhandlungen und Verträgen sowie bei geschäftlichen Vorhaben allgemein werden Intellekt, Urteil und Kommunikation vom Gefühl und von Empfindungen beeinflußt.

Energieaspekt Konjunktion Merkur/Mond

Sie sind geistig rege, haben eine gute Auffassungsgabe und verfügen über die Fähigkeit, einfühlsam auf ihre Mitmenschen einzugehen. Gedankenaustausch vor allem mit weiblichen Personen. Verstand und Gefühl arbeiten eng zusammen. Unter Umständen ein Hang zur egozentrischen Betrachtung oder die Furcht, daß emotionale Ansprüche anderer die eigene Freiheit einschränken. Das sollte dann offen miteinander besprochen werden!

Förderungsaspekte Trigon/Sextil Merkur/Mond

Noch sensibler und gleichzeitig ausgeglichener als der Konjunktions-Aspekt. Sie sind fähig, Ideen und Meinungen auf harmonische Weise anderen mitzuteilen. Ein Gespräch mit Ihnen ist immer interessant. Ihre gute Beobachtungsgabe verbindet sich mit einer angemessenen Anpassungsfähigkeit. Ihr Gedächtnis funktioniert gut und Sie lernen leicht. Güte.

Herausforderungsaspekte Opposition/Quadrat Merkur/Mond

Hier haben wir es mit Konflikten zu tun zwischen Sicherheitsstreben und Freiheitsdrang, Intuition und Rationalität, instinkthaftem Erspüren und intellektuellem Begründen. Daraus entsteht leicht Unbeständigkeit oder Unschlüssigkeit im Handeln sowie unnötige Schärfe oder Kritik in der Rede. Vorsicht bei Verträgen und finanziellen Verbindlichkeiten: Lesen Sie das Kleingedruckte, überlegen Sie lieber dreimal, bevor Sie etwas unterschreiben.

☿ Merkur/Merkur: ☿ Verstand und Kommunikation

Kombination von Merkur/Merkur allgemein

Themen aus dem Bereich Verstand und Kommunikationsfähigkeit, Vielseitigkeit und Wißbegier, Geschäftsinteressen und Geldfluß verstärken sich gegenseitig.

Diese Aspekte bilden sich nur zwischen Transit-Merkur oder progressivem Merkur im Verhältnis zum Radix-Merkur oder beim Vergleich von Partnerschaftshoroskopen.

Merkur-Merkur Trigon/Sextil/Konjunktion

Der Verstand wird beflügelt, der Wissensaustausch gefördert, die Kommunikation erleichtert. Handel und Wandel, Geld und Verträge können mit Erfolg angepackt werden.

Merkur-Merkur Quadrat/Opposition

Es treten bei allen Merkur-Themen (siehe oben) Spannungen auf – in einem selbst oder von außen. Man braucht besonders viel Geduld und Zähigkeit, um zum Erfolg zu kommen.

☿ Merkur/Venus: ♀ Kommunikation und Liebe

Merkur und Venus sind nie weiter als 76 Grad voneinander entfernt. Damit kann zwischen ihnen nur eine Konjunktion, ein Halbsextil, ein Halbquadrat und ein Sextil entstehen.

Kombination von Merkus/Venus allgemein

Liebesgedanken und Gespräche oder schriftlicher Austausch über die Liebe, künstlerische Erfolge, Zusammenarbeit, Einschätzung und Auswahl.

Energieaspekt Konjunktion Merkur/Venus

Schönheits- und Formensinn, heitere Lebenseinstellung, Verstand und Kommunikation werden von Harmoniestreben beeinflußt.

Förderungsaspekte Sextil und Halbsextil Merkur/Venus

Leichtlebigkeit, Aufgeschlossenheit für Schönheit und Kunst, guter Geschmack.

Herausforderungsaspekt Halbquadrat Merkur/Venus

Tendenz zur Eitelkeit, Mangel an Zielgerichtetheit, Neigung zu Luxus und Verschwendung.

☿ Merkur/Mars: ♂ Denken und Energie

Kombination von Merkur/Mars allgemein

Erfolge durch Entschlossenheit; druckvolle Kommunikation.

Energieaspekt Konjunktion Merkur/Mars

Neugier, rasche Auffassung und schnelle Entscheidungen, Ruhelosigkeit, ehrgeizige Pläne schmieden. Womöglich Hang zu riskanten Geschäften.

Förderungsaspekte Trigon/Sextil Merkur/Mars

Fähigkeit zur Artikulation; Initiativen starten, die auch verfolgt und durchgesetzt werden; im Wettbewerb bestehen. Wahrnehmung und Wille, Verstand und Energie verbinden sich auf kreative Weise.

Herausforderungsaspekte Opposition/Quadrat Merkur/Mars

Konflikte zwischen Denken und Tun, Bedachtsamkeit und Spontaneität, Überlegung und Geschwindigkeit. Spannungen zwischen Triebkraft und Verstand.

☿ Merkur/Jupiter: ♃ Austausch und Entfaltung

Kombination von Merkur/Jupiter allgemein

Weitgespannte Kommunikation und lebendiger Wissensdurst, gesunder Menschenverstand, Fähigkeit, Wissen zu assimilieren und in sinnvoller Weise zu ordnen sowie darzustellen. Erfolge in Gelddingen!

Energieaspekt Konjunktion Merkur/Jupiter

Reichtum an Ideen und Gedanken, zielbewußte Orientierung, Sinn für Ethik, Recht und Spiritualität, Gutmütigkeit oder sogar Barmherzigkeit. Einsatz der Verstandeskräfte für eine gute Sache. Kann indes auch auf fast unmerkliche Weise eigensinnig sein.

Förderungsaspekte Trigon/Sextil Merkur/Jupiter

Gute Beobachtungsgabe, überdurchschnittlich intelligent; aufbauender, nicht schneidender Intellekt, tiefgründiger Verstand, Wahrheitsliebe. Begabung und Erfolge, wo Reisen eine Rolle spielen, in kaufmännischen Berufen oder im Bereich von Literatur und Kunst. Eine geistige Lebenseinstellung, philosophisch oder spirituell, ist das Fundament für echtes Vertrauen in die positiven Kräfte des Lebens und guten Ausgang von Ereignissen auch in schwierigen Situationen.

Herausforderungsaspekte Opposition/Quadrat Merkur/Jupiter

Konflikte wollen gelöst werden, wenn folgende polare Neigungen des Menschen gleichberechtigt nach Verwirklichung drängen: Idealismus und Realismus, Weisheit und Wissen, Moral und Zweckmäßigkeit, Theorie und Praxis. Bei einer eher unbewußten Lebensführung auch Leichtfertigkeit, Unzuverlässigkeit, Hang zu Ungenauigkeit oder Übertreibungen (auch in Fragen der Wahrheit) sowie Taktlosigkeit oder eitle Arroganz. Man beobachtet hier ab und zu auch fixe Anschauungen, die nicht unbedingt richtig sein müssen, einen Mangel an gesundem Menschenverstand und die Schwierigkeit, auch einmal «nein» zu sagen.

☿ Merkur/Saturn: ♄ Verstand und Verantwortung

Kombination von Merkur/Saturn allgemein

Sachliche, gründliche und klare Kommunikation, Managerqualitäten und zweckgerichtete Leistung; Gedankenarbeit, gutes Gedächtnis. Finanzielle Erfolge durch beharrliche und systematische Arbeit.

Energieaspekt Konjunktion Merkur/Saturn

Sachlichkeit und Fähigkeit, Probleme nicht nur zu erkennen, sondern auch konkret zu lösen; tiefgründiges Denken. Zuverlässigkeit in der Kommunikation; manchmal auch große Nüchternheit im Austausch. Erfolgreiche Bedachtsamkeit bei Geldanlagen.

Förderungsaspekte Trigon/Sextil Merkur/Saturn

Verantwortlich benutzter Verstand, Aufmerksamkeit, Organisationstalent. Man sammelt Erfahrungen und weiß sie auch praktisch anzuwenden und daraus zu profitieren. Schöpferische Kombination von Verstand und Verantwortungsbereitschaft, zwischen kommerziellen Interessen und Sicherheitsstreben.

Herausforderungsaspekte Opposition/Quadrat Merkur/Saturn

Konflikte können entstehen zwischen der Tendenz des Saturns zur Gründlichkeit und der des Merkurs zur Schnelligkeit, zwischen Beharrung und Beweglichkeit sowie zwischen Verpflichtungsbereitschaft und Oberflächlichkeit. Kleinlichkeit im Denken und Handeln und Widerstände in der Jugend können dazukommen.

☿ Merkur/Uranus: ♅ Intelligenz und Wendung

Kombination von Merkur/Uranus allgemein

Verstand und Intuition, Systeme und Differenzierungen, Prinzipien und Ausnahmen; plötzliche Einfälle, überraschende Geschäftsangebote und Chancen; originelles Denken und witzige Rede; Scharfsinnigkeit.

Energieaspekt Konjunktion Merkur/Uranus

Sie verfügen über einen guten Intellekt – entwickeln Sie ihn bitte auch! In Ihrer Ab- oder Zuneigung sind Sie eher extrem. Es liegt Ihnen viel daran, schöpferische Leistungen zu vollbringen. Dabei sind Sie redegewandt und können so auf andere Menschen Einfluß ausüben. Sie haben die Anlage, plötzliche Ideen aufzugreifen und rational zu verwirklichen. (Siehe auch Trigon/Sextil.)

Förderungsaspekte Trigon/Sextil Merkur/Uranus

Sie haben das Talent, sich rasch auf Neues einzustellen; Sie sind im Denken und Handeln beweglich und wissen sich unerwartet bietende Chancen zu nutzen. Sie verfügen über einen «Erfindergeist» und pflegen ein nicht-alltägliches Gedankenleben. Sie lieben ausgefallene Reisen. (Siehe auch Konjunktion.)

Herausforderungsaspekte Opposition/Quadrat Merkur/Uranus

Konflikte entstehen zwischen Ansprüchen an Gründlichkeit und eigenwillige Neuerungsbestrebungen, zwischen fundiertem Wissen und momentaner Inspiration, zwischen Tradition und neuartigen, originellen Entwicklungen. Auch Mühe, mit dem Verstand auf plötzliche oder unerwartete Veränderungen von Außen angemessen zu reagieren; Nachteile durch Übereilung, Zersplitterung oder Eigenwilligkeit. Lösung der Konflikte ist durch intellektuelle Disziplin möglich.

☿ Merkur/Neptun: ♆ Intelligenz und Vision

Kombination von Merkur/Neptun allgemein

Themen dieser Planetenkombination sind Vervollkommnung, Rechtfertigung, Imagination, Phantasie, Spiritualität und Offenbarung; manchmal auch Gesundheit. Für Geldgeschäfte eher von fragwürdigem Nutzen; am besten noch im Bereich von Kunst, Theater, Literatur oder Esoterik.

Energieaspekt Konjunktion Merkur/Neptun

In Ihnen ist intuitives Einfühlungsvermögen und tiefgründiges Denken; Sie erfassen Zusammenhänge; manchmal Medialität. Unter Umständen muß man mit Unklarheiten und (Selbst-)Täuschungen rechnen. Vorsicht vor einer unkontrollierten Öffnung für mediale und/oder astrale Einflüsse. Bisweilen scheint die Gedankenkraft irgendwie «zerflossen». (Siehe auch Förderungsaspekte und Herausforderungsaspekte, die teilweise auch für die Konjunktion gelten.)

Förderungsaspekte Trigon/Sextil Merkur/Neptun

Ein poetischer, beflügelter und schöpferischer Geist, der sich hier Ausdruck sucht. Offenheit für Mystik, Meditation und Esoterik, aber auch Traumforschung und Tiefenpsychologie. Sie sind das, was man einen «realistischen Idealisten» nennen könnte. Sie sind fähig, Eingebungen und Offenbarungen anderen Menschen mitzuteilen. Oft haben Sie eine Vorahnung für zukünftige Ereignisse; Sie suchen nach geistigen Verbindungen, häufig auch in der geographischen oder kulturell-religiösen Ferne. (Siehe auch Konjunktion.)

Herausforderungsaspekte Opposition/Quadrat Merkur/Neptun

Konflikte entstehen zwischen dem Verstand und unbewußten bzw. überbewußten Dimensionen des Seins, zwischen Informationen und Intuitionen, zwischen Ordnung und Chaos, zwischen praktischen Alltagserwägungen und idealistischen Wünschen und Träumen. Sie müssen – oder dürfen! – lernen, daß Realität und Phantasie sich nicht ausschließen, sondern zusammen etwas Neues kreieren können.

☿ Merkur/Pluto: ♇ Intelligenz und Macht

Kombination von Merkur/Pluto allgemein

Gedankenkontrolle; missionarischer Eifer für eine Sache; Vertrauen und Geheimnisse; Benutzung von Wissen und Überredungskraft; Verstand und Transformation; Geld und Macht.

Energieaspekt Konjunktion Merkur/Pluto

Sie können andere durch Reden oder Schreiben beeinflussen, weil Sie genau und tiefgründig wahrnehmen, was vorgeht und vor allem, warum es geschieht. Sie haben einen fast detektivischen Spürsinn. Ihre hochentwickelte Wachheit führt unter Umständen zu einer nervlichen Belastung. Gönnen Sie sich und Ihrem Verstand Pausen und ab und zu auch Urlaub!

Förderungsaspekte Trigon/Sextil Merkur/Pluto

Gute Beobachtungsgabe und scharfsinnige Kritikfähigkeit; Erfolge mit Sprache und Schrift; diplomatische Klugheit, die ein Ziel verfolgt; Fähigkeit, mittels Intelligenz und Kommunikation wirtschaftliche Erfolge zu erzielen.

Herausforderungsaspekte Opposition/Quadrat Merkur/Pluto

Überhastetes Denken und Sprechen; Widersprüchlichkeit und Ruhelosigkeit. Möglicherweise Überschätzung der eigenen Kräfte und/oder nervliche Überreizung aufgrund zu intensiver Anstrengungen. Konflikte zwischen alten Verhaftungen und mentaler Distanz, alltäglicher Oberflächlichkeit und karmisch notwendiger Vertiefung, Offenlegung von Gedanken und Absichten und deren Verbergung. Diese Konflikte könnten durch bewußte verstandesmäßige Auseinandersetzung mit Themen wie Karma, Reinkarnation und Spiritualität gelöst werden.

☿ Merkur/Mondknotenachse: ☊ Wissen und Weg

Kombination von Merkur/Mondknoten allgemein

Karma und Kommunikation, Schicksal und Geld, Verstand und Lebensweg, Intellekt und höhere Führung.

Energieaspekt Konjunktion Merkur/aufsteigender Mondknoten (gleichzeitig Opposition mit dem absteigenden Mondknoten)

Der gedankliche Austausch über Ideen, Motivationen, Antriebe und Lebenspläne wird Ihnen helfen, Ihren eigenen Weg klarer zu sehen und sicherer zu gehen. Öffnen Sie sich bewußt für diese Themen der zwischenmenschlichen Kommunikation. Diese Konstellation deutet nach Myrna Lofthus (siehe Literaturverzeichnis) auch daraufhin, daß man «spirituelle Lehrer anzieht». Sie können mit richtigen Zielen, die der Verbesserung des Lebens dienen, auch Geld verdienen.

Energieaspekt Konjunktion Merkur/absteigender Mondknoten (gleichzeitig Opposition zum aufsteigenden Mondknoten)

Lassen Sie sich nicht von pessimistischen Anwandlungen unterkriegen oder von Miesepetern anstecken: es geht nicht darum, daß Sie das Leben erdulden, sondern Sie können es selbst aktiv gestalten. Dazu sollten Sie auch von manchen überholten Meinungen über den Austausch zwischen Menschen allgemein und solchen über Geld im besonderen Abschied nehmen. Sie begeben sich mit sicherem Gespür in die «karmischen Situationen» hinein, die von Ihnen verlangen, sich mental weiterzuentwickeln.

Förderungsaspekte Trigone/Sextile Merkur/Mondknotenachse (ein Trigon zu einem Mondknotenpunkt ist gleichzeitig ein Sextil zum anderen, und umgekehrt)

Es fällt Ihnen leicht, auf andere Menschen zuzugehen bzw. von anderen etwas anzunehmen. Sie fühlen sich wohl, wenn sich etwas um Sie herum rührt, wenn Sie mitten im Trubel sind und Sie sich im Fluß der Ereignisse befinden. Daß Sie dabei auch materiell profitieren ist für Sie ganz selbstverständlich.

Herausforderungsaspekte Quadrate Merkur/Mondknotenachse (ein Quadrat zu einem Mondknoten ist gleichzeitig auch ein Quadrat zum anderen)

Haben Sie ein Problem damit, ein offenes Gespräch zu führen? Finden Sie sich immer wieder in chaotischen Situationen wieder? Machen Ihnen Ihre Finanzen ständig Sorgen? Fühlen Sie sich unwohl, wenn es um Geld geht und gehen Sie diesem Thema am liebsten aus dem Weg? Diese Quadrate fordern Sie auf, sich in diesem Leben besonders um Klarheit der Gedanken zu kümmern, Ordnung in Ihre Geldangelegenheiten zu bringen und Ihre Einstellung zum Austausch mit der Umwelt immer wieder zu überprüfen.

☿ Merkur/AC-DC-Achse: AC/DC

Verstand und Selbstausdruck

Energieaspekt Konjunktion Merkur/AC

Sie sprechen am liebsten über das, wer Sie sind, wie Sie fühlen und was Sie gerade interessiert. Dabei können Sie durchaus ein liebenswürdiger, charmanter und gern gesehener Plauderer sein. Vielleicht sollten Sie jedoch ab und zu auch einmal darüber bewußt nachdenken, was andere Menschen betrifft.

Energieaspekt Konjunktion Merkur/DC

Sie stellen sich mit Vorliebe auf die «Wellenlänge» des Partners ein und versuchen im gleichen Rhythmus zu «funken» wie er bzw. sie. Sie dürfen ruhig einmal Ihre eigenen Meinungen stärker ins Spiel bringen.

Förderungsaspekte Trigon/Sextil Merkur/AC-DC

Sie verstehen, auf harmonische Weise sich selbst auszusprechen und dabei auch Raum für die Ideen und Gedanken anderer zu lassen. Dies ist auch für geschäftliche Erfolge eine wichtige und gute Voraussetzung.

Herausforderungsaspekte Opposition/Quadrat Merkur/AC-DC

Sie haben immer wieder Schwierigkeiten, sich zu entscheiden, ob Sie mehr Ihren eigenen Gedanken oder den Ansichten von Partnern folgen sollen. Hören Sie dann auf Ihre innere Stimme.

Die Opposition Merkur/Aszendent ist dasselbe wie die Konjunktion Merkur/Deszendent und umgekehrt. Das Quadrat von Merkur zu Deszendent entspricht dem Quadrat von Merkur zu MC. Trigon/Sextil von Merkur zu Deszendent entspricht Trigon/Sextil von Merkur zu Aszendent.

☿ Merkur/MC-IC-Achse: MC/IC Verstand und Erfolg

Energieaspekt Konjunktion Merkur/MC

Sie verfolgen klare Lebensziele und können Sie auch erreichen. Erfolg im Beruf durch den Einsatz von Intelligenz und Kommunikation sind Ihnen wichtig und liegen Ihnen auch.

Energieaspekt Konjunktion Merkur/IC

Sie bilden sich gern eine eigene Meinung und denken nach, bevor Sie handeln. Vielleicht fühlen Sie sich dabei manchmal unsicher und zögern deshalb, vor allem in bezug auf Öffentlichkeit und gesellschaftliche Anerkennung. Sie haben einen Sinn für Grundbesitz, Sicherung des Lebensabends und für Familien.

Förderungsaspekte Trigon/Sextil Merkur/MC-IC

Ihnen gelingt es, Außenwirkung und Innenleben, Beruf und Familie harmonisch «unter einen Hut» zu bekommen. Gespräche und Verhandlungen, Verträge und Geschäfte gehen Ihnen verhältnismäßig leicht von der Hand.

Herausforderungsaspekte Opposition/Quadrat Merkur/MC-IC

Meist ist es Ihnen wichtiger, wie Sie sich darstellen und wie Sie bei anderen «ankommen», als wie erfolgreich Sie sind. Spannungen zwischen dem Wunsch nach äußerer Stellung und innerer Entwicklung.

Die Opposition von Merkur zu MC entspricht der Konjunktion mit IC und umgekehrt. Das Quadrat von Merkur zu IC entspricht dem Quadrat von Merkur zu MC. Trigon/Sextil von Merkur zu IC entspricht Trigon/Sextil von Merkur zu MC.

♀ Der Liebesplanet Venus

Die Kraft der Harmonie und Kultur

Bedeutung des Venussymbols

Der Kreis, das Symbol des Geistigen, der Ganzheit und Vollkommenheit steht über dem Kreuz. Das Kreuz ist das Sinnbild für unser irdisches Leben, in dem sich die Vertikale des geistigen Strebens und die Horizontale der materiellen Bindung zum Zeichen der Dualität und Polarität zusammenfinden. Im Venussymbol stehen die ganzheitlichen Sonnenkräfte (Das Sonnensymbol ist bekanntlich der Kreis mit dem Punkt in der Mitte) noch über den erdhaften. Damit kommt zum Ausdruck, daß der Planet Venus harmonische, idealisierende bzw. vergeistigende Kräfte zur Wirkung bringt.

Das astrologische Symbol für Erde, das wenig verwendet wird, sieht genau umgekehrt aus. Da steht dann das Kreuz über dem Kreis, die Materie beherrscht also den Geist. Die Venus repräsentiert demnach die «Umkehrung» der Erde, die höheren Kräfte und die höheren Ziele. Liebe (nicht Abhängigkeiten, Erwartungshaltungen usw.), echte Liebe stellt das Allheilmittel dar, wie wir Menschen uns untereinander aussöhnen können und wie die Seele zu ihrem Ursprung, zu Gott, zurückfinden kann.

Venus in der Mythologie

Im alten Rom war die Gottheit Venus zunächst von geringer Bedeutung. Etwa ab 300 vor Christus wurde sie mit der griechischen Göttin Aphrodite gleichgesetzt. Julius Cäsar verehrte Sie als *Venus Genetrix*, als Ahnfrau seiner eigenen Familie. Sie wurde im kaiserlichen Rom auch als *Venus Felix*, als Glücksbringerin verehrt, als *Venus Victrix*, Siegbringerin, als *Venus Verticordia*, Beschützerin weiblicher Keuschheit, aber auch als *Venus Libentina*, Schutzherrin sinnlicher Freuden.

Als «Venus von Willendorf» bezeichnet man die Kalksteinfigur einer Muttergöttin aus paleolithischer Zeit, die nahe Wiens gefunden wurde; «Venus von Menton» wurde eine ähnliche Figur aus Seifenstein getauft und als «Venus von Lespugne» ist eine Elfenbeinfigur aus Frankreich bekannt. In diesen Bildnissen steht die schöpferische Fruchtbarkeit einer Muttergöttin im Vordergrund.

Symbol und Mythos einer Muttergöttin finden sich in vielen Kulturen der antiken Welt. Die Universalgöttinnen *Ishtar* aus Babylon, *Astarte* aus Syrien, Isis aus dem ägyptischen Erbe, deren Kult sich in griechisch-römische Zeiten fortsetzte, die *Magna Mater* Phrygiens, *Kali* und als Unterform *Lakshmi* im Hinduismus sind einige wichtige Beispiele. Als Universalgöttinnen zeigen sie immer auch furchterregende und «negative» Seiten.

Die griechische Göttin *Aphrodite* galt als Göttin der Liebe. Sie wurde entweder «schaumgeboren», nachdem Kronos (Saturn) die Genitalien des Uranus ins Meer warf.

Nach einer anderen Schilderung war Aphrodite Tochter des Zeus und der Dione. Im «Urteil des Paris» wählte dieser sie zur schönsten aller Göttinnen aus und gab ihr den Vorzug vor Hera und Athene. Sie half ihm daraufhin, Helena von Troja zu entführen, was bekanntlich den Ausbruch des Trojanischen Krieges provozierte.

Die schöne Aphrodite war mit Hephaistos, dem – eher häßlichen – Gott des Feuers und des Schmiedens, verheiratet. Sie verliebt sich leidenschaftlich in den hübschen und männlichen Kriegsgott Ares. Hephaistos überrascht beide, fängt sie in einem Zaubernetz und ruft die anderen Götter herbei, damit sie das schamlose Paar mit eigenen Augen sähen. Ares muß schließlich eine Entschädigung zahlen, für die Poseidon bürgt. Das Paar flieht getrennt und «in Schande», Ares nach Thrakien, Aphrodite nach Paphos auf Zypern. Dort wird sie von den Grazien gebadet und gesalbt und strahlt erneut Schönheit und Liebe aus.

Die «Venus von Milo» und Botticellis Gemälde «Geburt der Venus» gehören sicher zu den bekanntesten Darstellungen der Aphrodite bzw. Venus.

Erich Neumann schreibt in seinem Klassiker *Die große Mutter* (Walter Verlag): «Die große Göttin ist mit der Entwicklung des Patriarchats zur Liebesgöttin geworden, und die Macht des Weiblichen ist auf die Macht der Sexualität reduziert.»

Und die Autorinnen River und Gillespie meinen in *The Knot of Time* u.a.: «Die moderne Astrologie hat viel von der lebendigen Energie dieses Planeten versäumt. Als Kriegerin und Jägerin brachte sie in frühen Mythen die Wildheit der Leidenschaft zum Ausdruck. Viele unserer wichtigsten Einsichten ergeben sich aus der Intensität von Erfahrungen in Beziehungen. Obwohl Astrologen in den letzten 2000 Jahren dazu geneigt haben, die Bedeutung der Venus zu unterschätzen, sind die meisten Menschen sehr daran interessiert zu erfahren, wo in ihrem Horoskop sich die Venus befindet. Der Wunsch nach Liebe und sexueller Interaktion sind oft ein Schlüssel zu unserer Lebensenergie. Ihre Verleugnung kann Depressionen hervorrufen; die Wiedererweckung von Liebe in unserem Leben initiiert oft Heilung.»

In diesem Sinne wollen wir Venus also ihren gebührenden Platz im Horoskop einräumen und die Chancen untersuchen, die sie uns bietet. In profaner Hinsicht «regiert» Venus übrigens Zucker und Kupfer; Vieh und Geld als Statusymbole für Reichtum; Energie und gespeicherte Energie, also Besitztümer; schlechthin also alles, was einen Wert besitzt. Ihre Attribute in der Gestalt der Aphrodite waren Myrte und Taube oder Gans.

Venus in der Astronomie

Venus ist der zweite Planet (nach Merkur), der um die Sonne kreist. Er wird manchmal als Schwesterplanet der Erde betrachtet, weil er unserem Heimatplaneten nach Masse, Durchmesser und Dichte recht ähnlich ist, vermutlich auch nach Zusammensetzung und innerer Struktur. Dicke Wolken umhüllen die gesamte Oberfläche der Venus und reflektieren etwa 75 % des Sonnenlichts. Die Venus ist daher der hellste Himmelskörper nach unserer Sonne und unserem Erdtrabanten Mond.

Die Venus kreist mit einer mittleren Entfernung von 108,2 Millionen Kilometer um die Sonne und vollendet eine Umkreisung nach 224,7 Tagen. Ihr Orbit ist im Vergleich zu allen anderen Planeten der ebenmäßigste. Während sich die Erde in 24 Stunden einmal um sich selbst «vorwärts» dreht (um die Achse Nordpol/Südpol), dreht sich die Venus sehr langsam «rückwärts», und zwar in 243 Tagen einmal um ihre eigene Achse. Die Venus kreist also in knapp 225 Tagen einmal um die Sonne und dreht sich rückwärts um ihre eigene Achse in 243 Tagen. Das führt dazu, daß ein Venustag, also die Zeit von einem Mittag zum nächsten, 117 Erdtagen entspricht.

Venus in der Astrologie

Übersicht

Traditionell symbolisiert die Venus Harmonie, Kunst, Schönheit und Zuneigung sowie die Fähigkeit, Menschen anzuziehen und Beziehungen aufzubauen und zu pflegen.

Ganzheitlich betrachtet repräsentiert sie alle Bemühungen, eine Mitte zu erreichen und sich mit dem eigenen Selbst und dem anderer zu vereinen. Dazu gehört auch, Werte und Ideale zu formulieren und innere Erfahrungen auszudrücken. Es geht bei der Venus um den Prozeß der inneren Bedeutung.

Materiell-körperliche Entsprechungen

Sinneserfahrungen, Sinnesempfindungen, Sinnlichkeit. Berührung (zum Beispiel Liebkosung, Umarmung, Massage), Gehör (z.B. Musik, Stimme), Geschmack (z.B. Feinschmeckerei), Geruch (z.B. feine Düfte), Gesicht (z.B. Farbsinn, Anblick des/der Geliebten). Nieren und Venen; zusammen mit Mond (Flüssigkeitshaushalt) auch Drüsenfunktionen.

Psychologisch-seelische Entsprechungen

Empfinden, Sinnes- und Genußfreude, Streben nach Ausgleich und Harmonie, Freigebigkeit, Fähigkeit zu und/oder Streben nach Hingabe, Ästhetik und Schönheitsempfinden, Kunstsinn, künstlerische Gaben, Erotik und Drang zur Vereinigung.

Sozial-gesellschaftliche Entsprechungen

Die junge Frau, das Mädchen, die Gattin, die Geliebte, die Freundin, der/die Künstler/in; negativ auch die Modepuppe oder das «leichte Mädchen». Berufe, die mit Kunst, gutem Geschmack, Lebensfreude etc. zu tun haben. In der negativen Ausprägung auch Berufe, die nicht der Erbauung, sondern der oberflächlichen Befriedigung der Sinne dienen.

Überlegungen zu esoterisch-geistigen Entsprechungen

Ihrem astrologischen Symbol nach, in dem der Kreis der Vollkommenheit über dem Kreuz der irdischen Dualität zwischen Materie und Geist steht, fördert die Venus auf harmonische und liebenswürdige Weise Bestrebungen, das Leben nach Idealen auszurichten und eine sinnvolle Balance zu finden zwischen spiritueller Innerlichkeit und erdzugewandter Sinnlichkeit.

Die Venusposition in einem der Häuser gibt an, in welchem äußeren Lebensbereich sich diese Kraft zeigen könnte; die Venusposition in einem der Zeichen gibt an, mit welcher Färbung bzw. wie dieses Bestreben nach Einklang zwischen Geist und Materie verwirklicht werden kann.

Die Venus als Morgen- und als Abendstern

Die Venus kann sowohl als Morgenstern wie als Abendstern auftreten, wie Merkur. Wie Merkur «regiert» auch Venus nicht nur ein, sondern zwei Zeichen, nämlich Stier und Waage. Der deutsche Astrologe Bernd A. Mertz macht immer wieder zurecht darauf aufmerksam (u.a. in *Das Grundwissen der Astrologie*), daß die Venus als Morgenstern anders gedeutet werden muß denn als Abendstern. Im o.g. Buch schreibt er: «Als Morgenstern symbolisiert Venus das Zupacken, um das Leben zu meistern, um sich kämpferisch zu entfalten und um Verzicht zu üben... Die Frau mit Löwenmut, mit Zivilcourage...» Hier regiert sie das Zeichen Stier. Als Abendstern ist die Venus «das Symbol für Hingabe, das Musische, das Künstlerische, für die Liebe, das Verführerische, das der Lust Zugewandte... die unter allen Umständen die Bindung sucht.» Als Abendstern «regiert» die Venus das Zeichen Waage.

Venus in den zwölf Abschnitten des Tierkreises

♀ Venus im Widder: ♈ Liebe und Energie

Charakter: Begeisterungsfähigkeit, Wunschkraft und leidenschaftliche Liebesgefühle bringt diese Venusposition mit sich. Mitunter besteht eine Neigung zu Abwechslung und Liebesabenteuern. Sie halten mit Ihren Absichten nicht hinter dem Berge und verstehen es, die Initiative zu übernehmen.

Aufgabe: Sie müssen innen finden, was Sie außen suchen! Solange Sie Ihr Glück in der Liebe und/oder im künstlerischen Ausdruck suchen, ohne eine bewußte Verbindung zur Quelle der höheren Seelenkraft in sich selbst, bleiben Sie in der Äußerlichkeit gebunden. Und Sie sollten sich häufiger in andere Menschen hineinversetzen, um für deren Wünsche und Interessen bei all Ihrem Wollen genügend Raum zu lassen.

Stärken: Schöpferische Kräfte, feurige Liebe, Liebe auf den «ersten Blick» gehören zu den Stärken. Sie können ein lebendiger Freund und ein energiegeladener Kollege sein. In finanziellen Unternehmungen sind Sie risikofreudig. In der Liebe sind Sie großzügig, bisweilen vielleicht auch fordernd. Sexuelle Erfüllung gilt Ihnen viel.

Schwächen: Bei unbewußter Lebensführung neigen Menschen mit dieser Venusstellung dazu, nur ihre eigenen Wünsche zu sehen und nur ihren eigenen Genuß zu suchen. Bei allem Idealismus besteht dann die Gefahr der Schwärmerei, der Zersplitterung und/oder der unüberlegten Entscheidungen und Handlungen, die man später vielleicht bereut. Ungeduld und Impulsivität verleihen der Venus hier eine «männlich-drängende» Qualität.

♀ Venus im Stier: ♉ Liebe und Materie

Charakter: Sie verfügen über eine bemerkenswerte persönliche Anziehungskraft und eine fein entwickelte physische Sinnlichkeit. Ein Hang zu Luxus, vor allem zu Schmuck, ist unübersehbar. Materieller Besitz und greifbare Werte spielen für Sie eine wichtige Rolle, weil sie Realitäten manifestieren.

Aufgabe: Teilen Sie Ihre Gaben und Talente mit anderen Menschen. Achten Sie darauf, daß der lebendige Austausch mit der Umwelt nicht von einem übersteigerten Bedürfnis nach materieller Sicherheit und emotionaler Absicherung blockiert wird.

Stärken: Treue und Beständigkeit in Gefühlsfragen, Häuslichkeit, Kunstinteresse und künstlerische Anlagen, zum Beispiel in Musik und Gesang. Sinn für Formen und Farben, Materialien und Proportionen. In der Liebe romantisch und zärtlich; Gefühlstiefe. Talent, Küchengenüße zu zaubern – oder sich daran zu delektieren.

Schwächen: Bei ungünstigen Aspekten kann die Venus im Zeichen Stier auch darauf hindeuten, daß der Mensch besitzergreifend, materialistisch und bequem ist. Der legitime Wunsch nach Stabilität kann dann umschlagen in eine verhärtete Lebensführung, in der alle Werte vor allem äußerlich eingeschätzt werden.

Im Stier hat die Venus die Qualität des Morgensterns. Der Astrologe Mertz beschreibt sie dann u.a. als zupackend, um das Leben zu meistern, mutig und bereit, falls notwendig, auch Verzicht zu üben. Siehe auch Notiz im Abschnitt Venus/Waage.

♀ Venus in den Zwillingen: ♊ Liebe und Kommunikation

Charakter: Vielseitige Interessen verbinden sich mit einer liebenswürdigen und gewinnenden Form der Kommunikation. Sie streben nach Harmonie im Austausch mit der Umwelt und sind in Ihrer Einstellung zum Leben offen genug, anderen Menschen Raum für deren Lebensweise zu lassen. Sie erfassen die Gefühle der Menschen, werden aber selbst nicht zu tief davon ergriffen und beherrschen ihre Leidenschaften. Menschen mit dieser Venusstellung brauchen eine/n Partner/in, der auch Freund ist und mit dem/der gleiche Interessen und gleiche intellektuelle Wellenlängen bestehen.

Aufgabe: Nutzen Sie Ihre Fähigkeit, andere Menschen zu inspirieren, fröhlich zu stimmen, ihnen ein Freund zu sein.

Stärken: Sympathisches Wesen, natürlicher Charme, Entgegenkommen und Anpassungsfähigkeit. Positive Lebenseinstellung und enthusiastisches Zugehen auf neue Situationen. Julia und Derek Parker meinen auch, «Gespür, Geld zu verdienen und Geschick, gute Geschäfte zu machen».

Schwächen: «Unzuverlässige» Gefühle und unentschlossene Liebesneigungen; die schnelle Flirtbereitschaft kann leicht als Oberflächlichkeit aufgefaßt werden.

♀ Venus im Krebs: ♋ Liebe und Gefühle

Charakter: Sie bringen Freundlichkeit und echt empfundene Liebe gern auch äußerlich zum Ausdruck. Sie zeichnen sich durch großes Anlehnungsbedürfnis aus – bewußt oder unbewußt! – und einen guten Sinn für Heim und Häuslichkeit. Emotionale und instinktive Funktion.

Aufgabe: Verkriechen Sie sich nicht im Bestreben, Liebe und Zuwendung zu erleben, nicht in sich selbst aus Angst vor Ablehnung. Das würde nur zur Selbstisolation führen. Schenken Sie Ihre Gabe der Sensitivität Menschen, die Verständnis und Mitgefühl brauchen. Damit erfahren Sie ein neues Selbstwertgefühl, weil Sie eine wichtige Aufgabe innerhalb der Gemeinschaft wahrnehmen.

Stärken: Gefühlstiefe und intensives Liebesempfinden; Loyalität und Familiensinn; dauerhafte Freundschaften; Kinderliebe. In Geldangelegenheiten auf Sicherung des Kapitals und risikofreie Mehrung ausgerichtet. Fürsorglichkeit und Fähigkeit, andere Menschen emotional zu verstehen und zu unterstützen.

Schwächen: Neigung, die Gefühle anderer Menschen zu «manipulieren», zum Beispiel durch vermeintlich nachgiebige Anpassung, die indes Aufmerksamkeit und dauerhafte emotionale Zuwendung des anderen erwartet. Beeinflußbarkeit, Launenhaftigkeit.

Eine amerikanische Astrologin behauptet übrigens wörtlich, «Venus in diesem Zeichen ist ‹plastic›», also künstlich und es seien «eher bemutternde als sich paarende Menschen». Sie sehen, wie weit die Meinungen auch in der Astrologie voneinander abweichen können.

♀ Venus im Löwen: ♌ Liebe und Lebensfreude

Charakter: Großzügigkeit, Mitmenschlichkeit, ein offenes Herz und ein freier Ausdruck der Gefühle kennzeichnen Sie.

Liebesbedürfnis und Gabe, Liebe zu schenken. Dennoch dürfte es kaum jemandem leicht fallen, Ihnen in Liebesdingen seinen Willen aufzuzwingen. Meist besteht ein Drang, viel Geld zu verdienen (zumindest zur Verfügung zu haben), um mit schönen Dingen das Leben noch mehr zu bereichern.

Aufgabe: Richten Sie sich in Ihrem Fühlen und Handeln nach Ihren eigenen höchsten Idealen aus und lassen Sie sich von einem als richtig erkannten Kurs nicht abbringen – weder durch verletzten Stolz noch durch falsches Mitleid. Geselligkeitsliebe und Vergnügungslust sollten nicht zum Selbstzweck werden.

Stärken: Warmherziges Wesen, attraktiv, loyal – eine farbige und schöpferische Persönlichkeit, die andere Menschen regelrecht vitalisieren kann. Echtes Mitgefühl und spontane Hilfsbereitschaft. Sinn für schöne Kleidung, Schmuck und alles, was das Auftreten nach außen hin gefälliger und beachtenswerter macht; damit auch eine Vorliebe für Theater.

Schwächen: Tendenz, um des Aufsehens willen sich in den Vordergrund zu spielen; relativ starke Abhängigkeit von Zustimmung durch die Umwelt. Eine angeborene Spielfreude kann unter Umständen in die Sucht zu spekulieren umschlagen. Falscher Stolz auf Fähigkeiten, das eigene Aussehen oder die gesellschaftliche Position muß gleichfalls zu den Schwächen dieser Venusposition gerechnet werden.

♀ Venus in der Jungfrau: ♍ Liebe und Dienst

Charakter: Ihre Empfindungen werden wesentlich von praktischen Überlegungen bestimmt. Sie streben nach einer höheren Sittlichkeit im Umgang zwischen den Menschen. Aufrichtige Sympathie für Menschen in Not und Fähigkeit zu helfen, vor allem auch Kranken.

Aufgabe: Sie haben in diesem Leben die Aufgabe, sich für mehr Lebensfreude, Warmherzigkeit, Liebenswürdigkeit und allgemein für den Ausdruck von Liebe zu öffnen. Dazu zählt auch, daß Sie sexuelle und erotische Hemmungen und Blockaden überwinden bzw. auflösen lernen. Gestatten Sie sich, der Liebe zwischen Menschen und der Harmonie in der Kunst einen genügend großen Raum und eigene Gefühlsenergie zu widmen, daß sie sich schöpferisch entfalten können.

Stärken: Sinn für Ordnung und Reinlichkeit als Grundlage für Schönheit, Harmonie und Kunst. Gut entwickelte Unterscheidungsfähigkeit in bezug auf Werte aller Art. Gabe, anderen effizient und praktisch zu dienen, getragen von einem höheren Ideal.

Schwächen: Womöglich Gefühlskälte und/oder kritische Einstellung zum Partner in Sachen Liebe. Konventionen werden oft als wichtiger bewertet denn Herzensregungen.

Sakoian/Acker schreiben in ihrem *The Astrologer's Handbook* (Harper & Row, New York, 1989) u.a.: «Leute mit Venus im Zeichen Jungfrau suchen oft Partner, mit denen sie ihre Arbeit und ihre intellektuellen Interessen teilen können. Aber diese Venusstellung führt offensichtlich dazu, daß mehr Leute unverheiratet bleiben als mit Venuspositionen in anderen Zeichen, aufgrund der hohen und kritischen Standards, die sie in bezug auf einen Partner setzen.» Es wäre einmal recht interessant zu erfahren, ob das statistisch gesehen wirklich stimmt.

♀ Venus in der Waage: ♎ Liebe und Partnerschaft

Charakter: Sie haben ein verbindliches Wesen und finden rasch Kontakt zu anderen Menschen; meist sind Sie überall beliebt. Künstlerische Talente und gut entwickelte Ästhetik sowie Farbensinn verleihen Ihnen einen guten Geschmack und ein einfühlsames Urteil in Fragen von Kunst, Inneneinrichtung, Kleidung und so fort. Geselligkeitsliebe. Im Herzen sind und bleiben Sie jung, unabhängig vom Alter. Durch Ihr Aussehen fallen Sie angenehm auf.

Aufgabe: Geben Sie sich nicht «netter», als Sie sich fühlen oder es wirklich auch sind. Sie müssen nicht unbedingt Harmonie dadurch schaffen, daß Sie sich hinanstellen, anderen nach dem Munde reden oder überholte Gesellschaftsnormen auch für sich selbst akzeptieren. Der Neigung zu Bequemlichkeit sollten Sie nicht allzu sehr oder allzu häufig nachgeben.

Stärken: Im Zeichen Waage ist die Venus am «besten» Platz im Tierkreis. Sie drückt sich im Vergleich zur Venus im Zeichen Stier hier im Zeichen Waage weniger physisch als mental und spirituell aus und ist insgesamt «verfeinert». Emotionen werden klar empfunden und direkt ausgedrückt. Sie haben ein gutes Gespür für Gerechtigkeit und Fair Play, Takt und Diplomatie – auch und vor allem in persönlichen Beziehungen. Sie können Lebenskünstler sein. Liebe zu Musik.

Schwächen: Disharmonie in Partnerschaft, unter Freunden, am Arbeitsplatz oder in der Umwelt führen leicht zu gesundheitlichen Folgen. Sie sind leicht verletzlich, können aber Ärger auch schnell wieder vergessen. In der Liebe Gefahr der Zersplitterung, wenn ein gewisser Hang zur «Unpersönlichkeit» in der intimen Partnerschaft zu bestimmend würde. Der unbedingte Wunsch nach Harmonie verhindert manchmal klare oder auch kontroverse Aktionen, die dennoch notwendig sind. Eventuell unrealistisch im Umgang mit Geld.

In der Waage hat die Venus die Qualität des Abendsterns. Bernd A. Mertz beschreibt sie in dieser Zeichenstellung als hingebungsvoll, musisch, künstlerisch, verführerisch, lustvoll und auf Liebe hin orientiert.

♀ Venus im Skorpion: ♏ Liebe und Anziehungskraft

Charakter: Starke erotische Anziehung, betonte Sinnlichkeit; Leidenschaftlichkeit in Gefühlsangelegenheiten (oder Probleme damit).

Aufgabe: Die Kraft der Liebe und das dahinter liegende Prinzip der menschlichen Seele, die sich einer umfassenden schöpferischen Harmonie bewußt ist, in welcher die Liebe ihren Wert als Kraft der Anziehung, des Einklangs, der Heilung und der Erfüllung – diese Kraft der Liebe also darf nicht zu egozentrischen Absichten mißbraucht und manipuliert werden. Die Hauptaufgabe bei dieser Venusposition liegt darin, einen Ausgleich zu finden zwischen der Leidenschaftlichkeit des mars-regierten Zeichens Skorpion und der Venus als Künderin und Trägerin der Kraft der Liebe. Dazu ist ein Orientierung auf schöpferische Interessen außerhalb von Sexus und Eros hilfreich.

Stärken: Gefühlsintensität; die Gabe, verborgene Talente in anderen zu entdecken und zu fördern. Enorme Kraftreserven, die – wenn sie ethisch und spirituell richtig «gepolt» sind – nicht nur in der Partnerschaft, sondern auch im persönlichen Rahmen der Gesellschaft positive Wunder wirken können.

Schwächen: Eifersucht, Tendenz zur Kraftvergeudung, eventuell Neigung zu Aggressionen oder Opfer von Aggressionen. Schwanken zwischen Selbstbeherrschung und Ausschweifung; Gefahr von Krankheiten durch Exzesse.

♀ Venus im Schützen: ♐ Liebe und Idealismus

Charakter: Liebessehnsucht und Kunststreben werden von Idealen geleitet. Ihnen gelten «klassische» Vorbilder viel – für Menschen, Schönheit, für Architektur, Musik usw.

In der Liebe suchen Sie nach einem Partner, mit dem sowohl erotische Erfüllung wie gegenseitige geistige Stimulierung möglich ist.

Aufgabe: Sie sollten zwei Seiten des Zeichens Schütze – die philosophische, religiöse, idealistische und die freizügige, leichtlebige, spielerisch-vergnügte – mit der Venuskraft der Liebe und der ausgleichenden Harmonie in Ihrem Liebesleben und dem Ausdruck Ihrer künstlerischen Gaben sinnvoll miteinander verbinden.

Stärken: Vertrauensvolle Offenheit und Empfindsamkeit im Umgang mit anderen. Eine ausgeprägte Wunschkraft hilft Ihnen, vieles von dem zu verwirklichen, was Sie sich vornehmen. Optimismus im Leben und Unterstützung für die freie Entfaltung der Persönlichkeit erleben Sie nicht nur selbst, sondern können sie auch mit anderen teilen.

Schwächen: Launenhaftigkeit, vielleicht auch Unzuverlässigkeit. Mitunter schwärmerische, irreale Erwartungen in der Liebe oder an die Kunst, die über kurz oder lang enttäuscht werden. Bindung an Tradition und Konvention.

♀ Venus im Steinbock: ♑ Liebe und Sicherheitsstreben

Charakter: Bedachtsame Ernsthaftigkeit und das Bemühen um solide Vertrauenswürdigkeit kennzeichnen Ihre Einstellung zu Liebesfragen. In Meinungen über Kunst oder eigenen künstlerischen Interessen sind Sie eher konservativ gestimmt. In der Jugend oft Enttäuschungen in der Liebe; Neigung zu reifen oder erfahrenen Partnern.

Aufgabe: Sie können in diesem Leben lernen, daß es keinen Grund gibt, Angst zu hegen, in der Liebe und im Austausch mit Menschen «zuviel» zu geben. Sie sind ehrgeizig und spüren den Wunsch nach Geltung und Anerkennung, sind aber gleichzeitig in «intimen» persönlichen Dingen eher scheu oder gehemmt. Lockern Sie eine übermäßige Selbstbeherrschung und verabschieden Sie sich von manchen überlebten Anschauungen!

Stärken: Verantwortungsbewußtsein, Treue, Beständigkeit, Realismus in Partnerschaftsbeziehungen; Selbstbeherrschung im Liebesleben. Wenn Mittel und Ergebnisse der eigenen erfolgreichen Bemühungen um materielle und soziale Stabilität mit anderen geteilt werden, so erwächst daraus eine sozial wertvolle Vorbildfunktion.

Schwächen: Falscher Stolz auf «Immunität» gegenüber unsicheren Gefühlsimpulsen; emotionale Kälte. Unter Umständen zu starke Ausrichtung auf und Abhängigkeit von materiellen Werten. Dann rückt eventuell Berechnung in den Vordergrund und echte Herzlichkeit wird blockiert.

♀ Venus im Wassermann: ♒ Liebe und Originalität

Charakter: Fortschrittliche und friedliebende Gesinnung, Neigung zur Unabhängigkeit in der Liebe, zahlreiche Freundschaften und Freude an Geselligkeit, Sinn für neuzeitliche und/oder extreme Kunstformen.

Aufgabe: Sie sollten Ihr weites Herz und ihr großes Verstehen für die Vielfalt der menschlichen Lebenswege, Liebesweisen und Kunstformen mit einer klaren und festen inneren spirituellen Orientierung verknüpfen, um nicht in oberflächliche Gleichgültigkeit abzugleiten. Ihrer wunderbaren Gabe, (fast) alles zu akzeptieren und über alles, auch Ungewöhnliches zu kommunizieren, sollten Sie mit tief gegründeten Werten ein solides und tragfahiges Fundament geben, auf dem eine echte mitmenschliche Zuwendung und Hilfe möglich werden.

Stärken: Im positiven Sinn «überpersönliche» Liebe, die nicht auf einen Menschen beschränkt ist und die fähig ist, das Liebenswerte und Einzigartige in jedem Menschen zu erfassen und zu empfinden. Anständigkeit.

Schwächen: Manchmal emotional zu distanziert oder sogar gefühlskalt. Falls die Neigung zu immer neuen Reizen überhand nimmt, dann auch chaotisches Gefühlsleben und oberflächliche Begegnungen.

♀ Venus in den Fischen: ♓ Liebe und Seelentiefe

Charakter: Empfindsames Gemüts- und Triebleben, Liebessehnsucht, Sentimentalität. Sinn für Musik, Malerei und andere Kunstgenüsse. Opferbereitschaft, manchmal auch leiden in bzw. an der Liebe. Das Prinzip der Liebe erreicht in diesem Zeichen potentiell seine höchste Entwicklungsstufe.

Aufgabe: Mit Ihrem tiefen Mitgefühl und Ihrer natürlichen Gabe, auf andere Menschen einzugehen, halten Sie einen wichtigen Schlüssel in der Hand, Ausgleich und Einklang unter Menschen zu fördern – sei es in einer Partnerschaft oder in einer größeren Gemeinschaft.

Stärken: Verständnis für die universale Einheit allen Seins; daraus erwächst Mitgefühl, vor allem für Schwächere, (auch für Tiere!). Sehr sensitiv oder sogar medial veranlagt. Als Freund voller Einfühlungsvermögen und Fürsorge. Als Liebespartner offen dafür, sinnliche und geistige Vereinigung zu erfahren. In der Kunst sensibel und differenziert – ideale Werte gelten als Maßstab zur Beurteilung oder für die eigene künstlerische Betätigung.

Schwächen: Abhängigkeit vom Stimmungen; in der Jugend oft noch ohne Festigkeit des Charakters. Nach Enttäuschungen geht man neuen Konflikten gern aus dem Weg und zieht sich in sich selbst zurück, anstatt sich ihnen zu stellen. Bei unbewußter Lebensweise auch Verführbarkeit und Bequemlichkeit.

Paris (siehe Literaturverzeichnis) nennt übrigens auch «Sinn für Humor». Das mag von Fall zu Fall so sein. Die Aussage eines britischen Astrologenpaares, «das Individuum ist in allen Lebensbereichen gänzlich seinen Emotionen unterworfen» scheint mir allerdings viel zu pauschal zu sein.

Venus in den Häusern

Venus im 1. Haus

Sinn für Kunst und Ästhetik, Streben nach Einklang und Ausgleich. Vom Naturell her anziehend und im Umgang gefällig; allgemein beliebt. Bei auch sonst entsprechenden anderen Konstellationen die Gabe, einen «leichten» Lebensweg zu gehen und zu finden. In der Liebe oft direkt und zielbewußt.

Bei ungünstiger Prägung Neigung zu Eifersucht, Unbeständigkeit, Suche nach Abwechslung von Sinnesgenüssen; Hang, Auseinandersetzungen aus dem Weg zu gehen und damit mitunter Mangel an Durchsetzungskraft. In Liebesangelegenheiten bisweilen auch zu ichbezogen.

Venus im 2. Haus

Günstige materielle Umstände, Vorteile durch Beziehungen, sinnlicher Appeal. Bemühen, Gefühlsbindungen zu sichern und beständig zu sein. Gewinne durch künstlerische Betätigung oder Handel mit Kunst (auch Inneneinrichtungen u.ä.).

Bei ungünstiger Prägung Berechnung in den persönlichen Beziehungen und Bewertung von Vorteilen durch Partner. Extravaganz, z.B. in Mode und Schmuck; Geld rinnt leicht durch die Hände.

Venus im 3. Haus

Vorteile durch Geschwister und Verwandte, vielseitige Sympathie, beschwingter und harmonischer Austausch mit anderen Menschen; Vergnügungsreisen. Anteilnahme an der Umwelt und ihren Freuden und Sorgen, Erfolg in Erziehungsberufen und in Angelegenheiten des Schriftverkehrs. In der Liebe auf fröhliche Kommunikation bedacht.

Bei ungünstiger Prägung Konflikte durch oberflächliche Liebesbeziehungen, Spannungen mit Geschwistern und Verwandten; sarkastische oder gar zynische Ader.

Venus im 4. Haus

Harmonische Gefühle für Eltern und Heimat, künstlerische Gestaltung des eigenen Heims, Familiengefühl. Musik und Kunst spielen in der zweiten Lebenshälfte eine Rolle, Erfolge im Alter, auch Grundbesitz. Bernd A. Mertz spricht auch von Sentimentalität. In der Liebe geht es vor allem um eine harmonische Verwurzelung in Heim und Familie.

Bei ungünstiger Prägung mangelhafter Sinn für Häuslichkeit und Vernachlässigung des eigenen Heims; eventuell auch Fehlschläge im Alter und Verlust von Grundbesitz. Reinhold Ebertin weist auch auf die Gefahr zur Übersäuerung durch übermäßigen Genuß von Leckerbissen hin.

Venus im 5. Haus

Harmonische Beziehungen in Liebe und Freundschaft; spontane, offene Herzlichkeit, die auf Gegenliebe stößt. Liebesreichtum. Sinn für schöpferische, künstlerische Tätigkeit, Erfolge durch Kunst. Kinderliebe. Neigung zu Luxus.

Bei ungünstiger Prägung Mißbrauch der Verführungsgabe, Enttäuschungen im Gefühlsleben, Eitelkeit.

Venus im 6. Haus

Gute gesundheitliche Disposition; Fähigkeit, aus Liebe und Hingabe viel im Dienst für andere zu leisten. Streben nach moralischer Reinheit und zuverlässiger Pflichterfüllung. In der Liebe werden Herzensregungen mit praktischen Überlegungen verknüpft.

Bei ungünstiger Prägung Unentschlossenheit in Liebesdingen; Unsicherheit in Geschmacksfragen. Vorsicht vor vermeidbaren gesundheitlichen Belastungen durch Übermaß.

Venus im 7. Haus

Sehnsucht nach Liebesverbindungen; Partnerschaft und Ehe werden begünstigt. Man ist beliebt oder gilt gar als beneidenswerter Lebenskünstler; Freude an Geselligkeit, Erfolg in der Öffentlichkeit, auch in Rechtsbelangen. Guter Geschmack und künstlerische Neigungen fördern sich gegenseitig.

Bei ungünstiger Prägung Streit mit Partnern bzw. in der Ehe; Mißgunst in öffentlichen Belangen. Mitunter Zersplitterung im Liebesleben durch zu ungezielte Sehnsucht nach Verbindungen.

Venus im 8. Haus

Leidenschaftliche Gefühlsbindungen, starke Anziehungskraft. Materielle Vorteile durch Partnerschaften, Ehe und Erbschaften. Bereitschaft, sich auf Gefühle einzulassen und sich mit ihnen wirklich auseinanderzusetzen. Mertz spricht von der «Kraft der tiefen Zuneigung», Paris vom «sanfte(n) Ende des eigenen Lebens».

Bei ungünstiger Prägung Neigung zum Fanatismus in der Liebe, zu Gefühlsextremen, Eifersucht und Verletzung von Gefühlen (auch der eigenen!). Eventuell Enttäuschungen durch den Partner und trügerische Hoffnungen auf Erbschaften.

Venus im 9. Haus

Beglückende Reisen, die den Horizont erweitern und neuen Sinn vermitteln, vielleicht im Zusammenhang mit Kunst. Bestreben, Harmonie im Geistigen – Religion, Philosophie, Recht, Spiritualität – zu fördern. Ehrgeizige Liebe, die auf höhere Ziele ausgerichtet ist und sich gleichzeitig auch ein gewisses Maß an Freiheit erhalten will.

Bei ungünstiger Prägung Schwärmerei, übertriebene Vorstellungen; mitunter partnerschaftliche Probleme mit Ausländern oder im Ausland. Auch Launenhaftigkeit und übertriebener Ehrgeiz?

Venus im 10. Haus

Öffentlicher Erfolg, Anerkennung künstlerischer Tätigkeit; künstlerische Berufe, Vorteile durch einflußreiche Personen, günstige Geschäftsverbindungen. Wohlstand oder zumindest materiell sorgloses Leben. Verantwortungsbewußtsein und Beständigkeit im Liebesleben; Treue; Neigung zu reifen Partnern.

Bei ungünstiger Prägung wird zu großer Wert auf «Diplomatie» gelegt; schwankende Popularität und materielle Verhältnisse. Enttäuschungen oder Trennungen durch zu nüchterne Einstellung zu Gefühls- und Liebesdingen.

Venus im 11. Haus

Zahlreiche Freundschaften (Freundinnen!), Geselligkeit, Umgang in kultivierten Kreisen. Erfüllung von Hoffnungen und Wünschen, oft zusammen bzw. durch Freunde. In der Liebe eher unkonventionell und freiheitsliebend. Ebertin spricht von «fortschrittlicher Gesinnung im Liebesleben».

Bei ungünstiger Prägung Enttäuschungen durch unzuverlässige Freunde, Verkehr in schlechter Gesellschaft. Eigenwillige Ideen und Pläne schaffen Konflikte.

Venus im 12. Haus

Liebessehnsucht, Harmoniestreben und Kunstsinn sind auf Ideale ausgerichtet, Sinnhaftigkeit und Erfüllung. Auf einer stärker erdhaften Ebene geht es um Sensibilität und feine Erotik, um hoch entwickelte Ästhetik und um Kunst voller Hintersinn. Fähigkeit zur Hingabe; Erfolge auch außerhalb der öffentlichen Aufmerksamkeit. Sinn für Musik und andere Künste.

Die meisten Autoren bewerten diese Venusstellung übrigens negativ, wohl, weil sie mit dem 12. Haus vor allem Negatives verbinden. Dann heißt es zum Beispiel «heimliche Liebschaften», «Laster», «Verführbarkeit» und so weiter. Ich schließe mich dem nicht an.

Bei ungünstiger Prägung wird man leicht vom Partner ausgenutzt, neigt zur Beeinflußbarkeit und lebt gern zu sorglos in den Tag hinein.

Deutung von Venusaspekten zu anderen Planeten

♀ Venus/Sonne: ☉ Liebe und Vitalität

Venus und Sonne sind nie weiter als 48 Grad voneinander entfernt. Damit kommen als Aspekte nur die Konjunktion, das Halbsextil (30 Grad) und das Halbquadrat (45 Grad) in Frage.

Eine Konjunktion von 5 bis 10 Grad gilt als günstiger als eine von weniger als 5 Grad, da die Venuskräfte sich bei einer weiteren Konjunktion besser zu entfalten vermögen und nicht von der gewaltigen Sonnenkraft einfach überstrahlt werden.

Bei der Konjunktion zwischen Venus und Sonne drückt sich das natürliche Liebesempfinden stärker aus. Ein liebenswürdiges Wesen ergänzt ein natürliches Bestreben, Harmonie und Einklang zu erzielen. Der Mensch strahlt Gleichklang und Ebenmaß aus. Es besteht ein fein entwickeltes Kunstinteresse; alles Schöne wird als Wert bewußt wahrgenommen. Schicksal und Lebensweg sind allgemein begünstigt.

Bei sonst ungünstigen weiteren Aspekten könnte sich eine Neigung zur Genußsucht und zur Bequemlichkeit bemerkbar machen.

Parker's Astrology (Dorling Kindersley, New York 1991) spricht beim Halbquadrat von Venus zu Sonne von einem «Hauptaspekt», der dazu «tendiert, die Möglichkeit eines Zusammenbruchs in der Ehe oder einer dauerhaften Beziehung zu verstärken». Paris schreibt dagegen in *Der Schlüssel zum Horoskop* (Urania Verlag, Neuhausen 1977), daß «Halbsextil und Halbquadrat von schwacher Wirkung und praktisch bedeutungslos sind».

♀ Venus/Mond: ☽ Liebe und Gefühl

Kombination von Venus/Mond allgemein

Empfindsamkeit bis zur Verletztlichkeit, Beziehungen mit Frauen, Passivität, Romantik, Zugehörigkeitsstreben, Anima, mütterlich-liebevoll nährende Qualitäten und Suche nach emotionaler Sicherheit sowie harmonische Liebesverbindungen gehören zu den Themen dieser Planetenkombination.

Energieaspekt Konjunktion Venus/Mond

Anmut und persönlicher Zauber, starkes Gefühlsleben, Schwankungen in der Einstellung zur Umwelt, bisweilen schnell verliebt, Zärtlichkeitsbedürfnis; Gabe, andere Menschen zu umsorgen.

Förderungsaspekte Trigon/Sextil Venus/Mond

Liebevolles und sympathisches Wesen, künstlerische Talente, ausgeprägtes Liebesverlangen; gute Urteilskraft in Wert- und Geschmacksfragen. Heiteres Gemüt, Gutmütigkeit, positive Einstellung zum Leben. Starke künstlerische Begabungen.

Herausforderungsaspekte Opposition/Quadrat Venus/Mond

Beeinflußbarkeit, Eitelkeit, falsche Sentimentalität, Schüchternheit, Launenhaftigkeit sowie unsicheres oder falsches Urteil in Liebesangelegenheiten und/oder Geschmacksfragen zählen zu den Konfliktthemen dieser Venus/Mond-Konstellationen.

♀ Venus/Merkur: ☿ Liebe und Austausch

Merkur und Venus sind nie weiter als 76 Grad voneinander entfernt. Damit kann zwischen ihnen nur eine Konjunktion, ein Halbsextil, ein Halbquadrat und ein Sextil entstehen.

Kombination von Venus/Merkur allgemein

Liebesgedanken und Gespräche oder schriftlicher Austausch über die Liebe, künstlerische Erfolge, Zusammenarbeit, Einschätzung und Auswahl.

Energieaspekt Konjunktion Venus/Merkur

Schönheits- und Formensinn, heitere Lebenseinstellung, Verstand und Kommunikation werden von Harmoniestreben beeinflußt.

Förderungsaspekte Sextil und Halbsextil Venus/Merkur

Leichtlebigkeit, Aufgeschlossenheit für Schönheit und Kunst, guter Geschmack.

Herausforderungsaspekt Halbquadrat Venus/Merkur

Tendenz zur Eitelkeit, Mangel an Zielgerichtetheit, Neigung zu Luxus und Verschwendung.

♀ Venus/Venus: ♀ Liebe und Genuß

Im Geburtshoroskop taucht Venus nur einmal auf, also gibt es natürlich keine Aspekte Venus/Venus. Diese entstehen aber in sogenannten Progressionshoroskopen und bei Transiten zwischen den laufenden Planeten eines Jahres im Vergleich zum Geburtshoroskop.

Kombination von Venus/Venus allgemein

Übereinstimmung in Wertfragen und Liebesdingen. Romantik, erotische Anziehung, Sensibilität und Sinnlichkeit, ästhetisches Empfinden und künstlerische Kreativität.

Energieaspekt Konjunktion Venus/Venus

In Liebesdingen sendet und empfängt man auf der gleichen «Wellenlänge»; Vertiefung von Liebesgefühlen; schöpferische Impulse für künstlerische Gestaltungskräfte. Eventuell auch Neigung zu Exzessen bei Sinnesfreuden.

Förderungsaspekte Trigon/Sextil Venus/Venus

Beschwingtheit, Freude am Leben, Erfolge in Liebe und Kunst; harmonische Entwicklungsphase.

Herausforderungsaspekte Opposition/Quadrat Venus/Venus

Tendenz zu Sorglosigkeit, Verschwendungssucht, Genußstreben. Blockierte Liebesenergien.

♀ Venus/Mars: ♂ Liebe und Energie

Kombination von Venus/Mars allgemein

Bereitschaft und Drang, Liebestrieb, Sinnlichkeit, Empfindlichkeit.

Energieaspekt Konjunktion Venus/Mars

Intimität, Eros und Sexus, sich einfügen können oder Konfrontation, Sehnsüchte, Rivalitäten, Reizbarkeit, starke Sinnennatur, leidenschaftliches Liebesleben.

Förderungsaspekte Trigon/Sextil Venus/Mars

Ausgleich zwischen Aktionen und Reaktionen, Harmonie zwischen Geben und Nehmen sowie Anpassung und Selbstbehauptung; gesundes Verhältnis zwischen Erotik und Sexualität.

Herausforderungsaspekte Opposition/Quadrat Venus/Mars

Konflikte zwischen Weiblich und Männlich, Passiv und Aktiv, Altruismus und Egoismus, Nähe und Unabhängigkeit, Liebe (Venus) und Sex (Mars).

♀ Venus/Jupiter: ♃ Liebe und Glück

Kombination von Venus/Jupiter allgemein

Genuß und Maß, Liebesglück, Herzlichkeit, künstlerisches Wesen, ausgeprägter Sinn für Schönheit. Einen Menschen mit dieser Kombination bezeichnet jemanden, der Glück im Leben hat (falls im 2. Haus, auch in Form reicher finanzieller Segnungen). Erinnern wir uns an dieser Stelle daran, daß nach dem Gesetz von Ursache und Wirkung der Grund für das Glück in diesem Leben zuvor in anderen Lebensformen gelegt wurde.

Nach der Darstellung der alten Astrologie bedeutet die Konstellation von Jupiter und Venus die Verbindung des «großen Glücks» mit dem «kleinen Glück». Der Ansicht der Amerikanerin Lynne Burmyn und manch anderer moderner, psychologisierender Astrologen, daß die Jupiter/Venus-Kombination generell, also auch bei den fördernden Aspekten, «zu viel (von allem und jedem)» und «Übertreibung» bedeuten soll, kann ich mich übrigens nicht anschließen. Wann sollte es auf unserer Erde und in unserer Zeit zumal «zuviel» Liebe geben? Sei es die persönliche, intime und sinnliche Liebe zwischen zwei Menschen, sei es das Mitgefühl für andere Menschen oder sei es die überpersönliche Liebe zu unserem wahren Selbst und dessen schöpferischer Quelle, Gott – gibt es da je ein *Zuviel*?

Energieaspekt Konjunktion Venus/Jupiter

Glück im Leben und in der Liebe, glückliche persönliche Beziehungen und Verbindungen, Fähigkeit, rasch Beliebtheit zu erlangen, harmonischer Ordnungssinn, ausgeprägte Ästhetik, Hang zum Luxus und zu anspruchsvollen Einstellungen und Verhaltensweisen. In der astrologischen Tradition gilt diese Konjunktion als einer der glücklichsten Aspekte überhaupt. Wenn Sie ihn also für sich in diesem Leben in Ihrem Geburtshoroskop manifestiert haben, sage ich nur *Herzlichen Glückwunsch*! Nutzen Sie diese kosmische Hilfe, verschlafen oder verschleudern Sie sie nicht.

Förderungsaspekte Trigon/Sextil Venus/Jupiter

Bei dieser Konstellation finden wir eine ähnliche Qualität wie bei der Konjunktion, allerdings fördert dieser Aspekt noch mehr das Geben und Teilen. Man erlangt leicht Sympathien und schenkt sie auch an andere; durch das eigene fröhliche Wesen gewinnt man schnell Freunde. Günstig für Geldangelegenheiten, weil der gelebte Optimismus andere Menschen beflügelt und attraktiv, also anziehend wirkt – auch auf Erfolg. Aktives Seelenleben und bewußte Suche nach höheren Wahrheiten; auch gute «Erfolge» in der Meditation.

Herausforderungsaspekte Opposition/Quadrat Venus/Jupiter

Konflikte wollen gelöst werden, wenn folgende polare Neigungen des Menschen gleichberechtigt nach Verwirklichung drängen: Quantität und Qualität, direkte Offenheit und taktvolle Zurückhaltung, geistige Interessen und sinnliche Neigungen, Haben und Teilen. Starallüren, Eitelkeit, ein triebhafter Appetit oder eine sexuelle Unersättlichkeit, Neigung zur Verschwendung, Vergnügungssucht, aufgesetzte Freundlichkeit oder Angebertum können sich möglicherweise bei weniger entwickelten Menschen unangenehm offenbaren.

♀ Venus/Saturn: ♄ Liebe und Verantwortung

Kombination von Venus/Saturn allgemein

Themen sind bei dieser Planetenaspektierung der eigene Beliebtheitsgrad, das Selbstwertgefühl, allgemein Erfolg und dessen Dauer, die äußere Erscheinung; im Horoskop einer Frau auch das Verhältnis zum Vater (sonst Sonne/Venus-Thema), im Horoskop eines Mannes auch der Umgang mit der weiblichen Libido (sonst Mond/Venus-Thema). Auch das Begriffspaar Ernsthaftigkeit und Sinnesreiz gehört hierher.

Energieaspekt Konjunktion Venus/Saturn

Reserviertheit, pflichtbewußte Einstellung zum Leben, Setzen und Anerkennen von Grenzen; Mann-Frau-Beziehung wie im Absatz oben erwähnt; tiefe wahre oder gehemmte bzw. heimliche Liebe, je nach weiteren Aspekten.

Förderungsaspekte Trigon/Sextil Venus/Saturn

Verbindungen bei größerem Altersunterschied, gezügelte Erotik, Aufrichtigkeit und Zuverlässigkeit in der Liebe; materielle Einstellungen.

Herausforderungsaspekte Opposition/Quadrat Venus/Saturn

Prüderie oder «sexueller Geiz», Spannungen zwischen Liebe und Pflichten, Vergnügen und Aufgaben, Beziehungen und Arbeit. Unbefriedigte Liebe, Eifersucht.

♀ Venus/Uranus: ♅ Liebe und Originalität

Kombination von Venus/Uranus allgemein

Gleichberechtigung, Reform von Partnerschaftsformen, Liebeserregung, plötzliche Veränderungen in Partnerschaften, ungewöhnliche Verbindung von Intuition und sinnlichem Empfinden; eigenwillige Neigungen; viele Freunde.

Energieaspekt Konjunktion Venus/Uranus

Starke Gefühlsspannungen, exzentrische Liebesäußerungen, schnelle Verliebtheit, schnelle Trennungen; Beliebtheit; intuitives Einfühlungsvermögen, besonders in weibliche Anliegen. Künstlerische Anlagen und schöpferische Gestaltungsgaben, besonders in Musik und im Hinblick auf Rhythmus. Unabhängigkeitsdrang in Liebe und Kunst.

Förderungsaspekte Trigon/Sextil Venus/Uranus

Originelles Wesen mit ausgeprägter sinnlicher Anziehungskraft; ausgefallene Liebesbeziehungen, romantische Neigungen; oft frühe Eheschließung. Vielfältige Äußerungen von Liebesgefühlen, von Sentimentalität zu Extravaganz; wählerisch in Liebe und Kunst.

Herausforderungsaspekte Opposition/Quadrat Venus/Uranus

Unbeständigkeit der Gefühle, Empfindlichkeit in Liebesdingen, Untreue bzw. ausschweifende Sexualität; Verdrängung oder Unterdrückung von Gefühlen und Wünschen, wodurch Enttäuschungen entstehen. Sinn für Musik, Tanz und Literatur.

♀ Venus/Neptun: ♆ Liebe und Inspiration

Kombination von Venus/Neptun allgemein

Erotische Phantasien, leichte Erregbarkeit, Illusionen bzw. Projektionen in der Beurteilung von Werten in Liebe und Kunst; ausgeprägtes Harmoniestreben, Opferbereitschaft; mediale Empfänglichkeit, sensitive Liebe.

Energieaspekt Konjunktion Venus/Neptun

Verfeinertes Interesse an allen Formen von Kunst, Hang zu eigener künstlerischer Gestaltung, idealisierende bis schwärmerische Einstellung zur Liebe, Neigung zur Verbindung von Mystik und Spiritualität mit Liebe und Kunst; psychosomatische Empfindlichkeit für Stimmungsschwankungen und/oder starke Gefühle.

Förderungsaspekte Trigon/Sextil Venus/Neptun

Sehnsucht nach wahrer Liebe, Empfänglichkeit für alles Gute, Schöne und Wahre; guter Geschmack, fein entwickelter Sinn für Kunst und Ästhetik, sinnliche Erregbarkeit, künstlerische Phantasie.

Herausforderungsaspekte Opposition/Quadrat Venus/Neptun

Ernüchterung und Enttäuschungen im Liebesleben, Geschmacksverirrungen, Unbeständigkeit im beruflichen Tun, mitunter Unsicherheit in den Gefühlen oder leichte Verführbarkeit; erotische Verirrungen.

♀ Venus/Pluto: ♇ Liebe und Macht

Kombination von Venus/Pluto allgemein

Leidenschaftlichkeit und starkes Liebesempfinden; Zusammenhänge zwischen Sex, Geld und Macht; *Codependency* (gegenseitige psychische Abhängigkeiten); Erwartungshaltungen, Projektionen, Besitzansprüche und Konkurrenzdenken in der Liebe; Dankbarkeit; Gefühl des Getriebenseins, Fähigkeit zur tiefgreifenden Transformation – das alles sind wichtige Aspekte des Venus/Pluto-Themas.

Energieaspekt Konjunktion Venus/Pluto

Fanatische Liebe, intensives Eingehen auf den Partner, starke Anziehungskraft, besondere künstlerisch-schöpferische Gaben; ausgeprägtes Verlangen nach sexuell-erotischer Erfüllung; unter Umständen außergewöhnliches finanzielles Geschick.

Förderungsaspekte Trigon/Sextil Venus/Pluto

Ausgeprägte künstlerische Interessen, starkes Triebleben, intensive Wunschvorstellungen, beträchtlicher Sexappeal.

Herausforderungsaspekte Opposition/Quadrat Venus/Pluto

Übersteigertes Triebleben bis hin zur Gefahr von Ausschweifungen und Unsittlichkeit, ungewöhnliche Spannungen im Liebesleben; mitunter Untreue und starke Konflikte in der Partnerschaft. Fanatismus in Kunstfragen. Unter Umständen auch Unterdrückung oder Verdrängung von Liebessehnsucht, sinnlichem Begehren und/oder eigenwilligen künstlerischen Neigungen mit der Folge, daß die Energie blockiert ist.

♀ Venus/Mondknotenachse: ☊ Liebe und Schicksal

Kombination von Mondknoten/Venus allgemein

Karma und Liebe, Harmonie auf dem Lebensweg, künstlerische Kreativität als seelische Erfüllung.

Energieaspekt Konjunktion Venus/aufsteigender Mondknoten (gleichzeitig Opposition mit dem absteigenden Mondknoten!)

Sie nehmen leicht und gern Verbindungen zu anderen Menschen auf; Sie suchen die Ergänzung im Gegenüber und sind bereit, ihm/ihr etwas von sich zu geben. Sie empfinden Ihr Leben als eine wunderbare Chance, Liebe und Glück zu erfahren.

Energieaspekt Konjunktion Venus/absteigender Mondknoten (gleichzeitig Opposition zum aufsteigenden Mondknoten!)

Sie fühlen sich häufig verwirrt in bezug auf Ihre Gefühle, vor allem, wenn es um die Liebe geht. Vielleicht hängen Sie zudem der Sehnsucht nach einem «schönen» Leben nach, das Sie derzeit aber nicht leben (können). Ihre Chance: Öffnen Sie sich für eine höhere Bewußtseinsebene, von der aus Sie nicht darüber nachsinnieren, wie Sie selbst glücklich werden, sondern darauf zustreben, andere Menschen glücklich zu machen. Geschenktes Glück kommt schnell zurück!

Förderungsaspekte Trigone/Sextile Venus/Mondknotenachse (ein Trigon zu einem Mondknotenpunkt ist gleichzeitig ein Sextil zum anderen, und umgekehrt!)

Partnerschaften, eine harmonische Gestaltung des Alltagslebens und ein sicheres Glücksgefühl fallen Ihnen zu. Sie können noch sehr viel mehr aus «dem Vollen» schöpfen in bezug auf Kreativität, Entfaltung von Talenten, Glück in der Liebe und Erfolg in Finanzdingen, wenn Sie nicht allzusehr «auf der faulen Haut» liegen, sondern sich laufend und bewußt um Ihre Seelenentwicklung kümmern.

Herausforderungsaspekte Quadrate Venus/Mondknotenachse (ein Quadrat zu einem Mondknoten ist gleichzeitig auch ein Quadrat zum anderen!)

Sie spüren Konflikte zwischen noch nicht erfüllten Wünschen oder unerreichbaren Zielen einerseits und der Einsicht andererseits, daß man Lebensglück innen finden muß und nicht von einem Partner oder Wohlstand abhängig machen kann. Vor allem Liebesangelegenheiten bereiten häufige Kopfschmerzen. Wie können Sie diese Konflikte harmonisch lösen? Indem Sie weiterhin Ihr Herz offen halten und trotzdem nicht zuviel und das auch noch von den «falschen» Menschen erwarten.

♀ Venus/AC-DC-Achse: AC/DC

Liebe und das Ich/Du-Thema

Kombination von Venus/AC-DC allgemein

Harmoniestreben, Liebeswünsche und künstlerische Gaben entwickeln sich entlang der Ich-Du-Achse. Das heißt, daß das Selbstbild und Rollenspiel einerseits sowie die Erwartungen an und der Bezug auf ein Du andererseits eine wichtige Rolle dabei spielen, wie sich Liebesleben und Kunstinteressen entwickeln; harmonische Persönlichkeit.

Energieaspekt Konjunktion Venus/AC

Gefälliges Wesen, Anmut im Auftreten, deutlicher Drang zur Erfüllung der eigenen Wünsche, Ausrichtung auf Lebensfreude und Lebensgenuß, Schönheitssinn, liebevoller Umgang mit anderen, sinnliche Anziehungskraft; eventuell zu starke Egozentrik.

Energieaspekt Konjunktion Venus/DC

Hier wird vom Du-Partner erwartet, daß er/sie die Liebes- und Harmoniebedürfnisse und/oder künstlerischen Neigungen erfüllt. Fähigkeit zum sensiblen Eingehen auf eine/n Partner/in, aber unter Umständen auch unkritische Opferbereitschaft und unerfüllbare Erwartungen, man versucht, sein Leben durch einen anderen Menschen zu führen.

Förderungsaspekte Trigon/Sextil Venus/AC-DC

Ausgleich zwischen Ich- und Du-Bezug; Gabe, harmonisch eigene Interessen mit den Wünschen anderer zu verbinden. Wenn andere Aspekte nicht dagegen sprechen, begünstigt diese Konstellation eine echte Partnerschaft und bringt Liebenswürdigkeit im Wesen mit sich. Neigung zur Verschönerung der Umwelt, Liebesbekanntschaften, Geselligkeit.

Herausforderungsaspekte Quadrate Venus/AC-DC

Spannungen im Liebesleben aufgrund unklarer oder unbewußter Auseinandersetzungen zwischen Selbstbild und Partnerschaftserwartungen, zwischen eigenen Identifikationen und fremden Projektionen. Beruf und Öffentlichkeit sowie Familie und geistige Heimat sind meist die Bereiche, in denen sich diese Spannungen auslösen und zu Disharmonien führen können. Vielleicht Neigung zu Verschwendung.

♀ Venus-MC-IC-Achse: MC/IC Liebe und Erfolg

Kombination von Venus/MC-IC allgemein

Individuelle Liebe; Ausrichtung auf Harmonie entlang der Achse Beruf/Öffentlichkeit und Familie/Zurückgezogenheit. Reiches bzw. tiefes Liebesempfinden.

Energieaspekt Konjunktion Venus/MC

Erfolg in Beruf und Öffentlichkeit durch ausgeglichenes Wesen und liebevolle Beachtung der Interessen anderer Menschen oder «automatisch» durch die eigene anmutige Ausstrahlung. Die als wichtig erkannten Werte sollen von anderen ebenfalls geschätzt werden.

Energieaspekt Konjunktion Venus/IC

Heimatliebe, Familiensinn; Ausrichtung auf Harmonie, die tief im Inneren wurzelt; Entwicklung von Werten, die beständig sind und kollektive Gültigkeit besitzen.

Förderungsaspekte Trigon/Sextil Venus/MC-IC

Einklang von individuellen und allgemein gültigen Anschauungen und Bewertungen. Eine harmonische Grundlage zur Entfaltung eines erfüllten Liebeslebens und/oder kreativer künstlerischer Tätigkeit.

Herausforderungsaspekte Quadrate Venus/MC-IC

Mangelhafter Ausgleich zwischen öffentlichen Werten und persönlichen Wurzeln; Spannungen im Liebesleben aufgrund beruflicher und/oder familiärer Probleme.

♂ Der Energieplanet Mars

Die Kraft des Willens und des Triebs

Das Marssymbol

Schauen wir uns das Zeichen für den Mars näher an. Wir sehen einen Kreis mit einem schräg gestellten Pfeil. Die meisten unter uns kennen dieses Zeichen bereits als Piktogramm für «männlich». Das Marssymbol drückt ein eigenwilliges Streben aus, das männliche Qualitäten hat. Diese zielgerichteten «Yang-Energien», die aus dem Trieb gespeist werden, beherrschen die vom Kreis symbolisierte Ganzheit. Das eher statische Kreuz zweier Linien ist hier zu einem dynamischen Pfeil umgebildet worden. Da dieser Pfeil nicht genau senkrecht nach oben geht, sondern schräg gestellt ist, können wir darauf schließen, daß die Willenskräfte beim Mars zwischen Geist und Materie, zwischen Transzendenz und Körperlichkeit noch «unentschlossen» sind. Daher spricht man ja auch davon, daß ein ungehemmter Wille und ein ungezügelter Trieb der Anleitung und Führung durch ein entwickeltes Bewußtsein bedürfen. Das Marszeichen stellt übrigens auch ein Phallussymbol dar.

Mythisches rund um den Mars

Mars ist als der «rote Planet» bekannt und wird im Volksmund allgemein als der Gott des Krieges angesehen. Er war in der Mythologie der Antike aber sehr viel mehr.

Bei den Römern tauchte Mars gleich in drei Funktionen auf:

* Als *Mars sylvanus* war er der Gott der Frühlingsvegetation. Schon darin liegt ein Hinweis, warum Mars in der Astrologie auch als der Herrscher des Zeichens Widder gilt, mit dem ja das astrologische Jahr und die Jahreszeit des Frühlings beginnt. Unser Monatsname März läßt noch den Ursprung des lateinischen Monatsnamens *martius* ahnen. Das Jahr der Römer begann mit diesem Monat.
* Als *Mars gravidus* wurde er von den Römern mit dem griechischen Kriegsgott *Ares* identifiziert. Der Monat März markierte für die Römer nicht nur den Frühlingsbeginn, sondern auch die «Kriegssaison» (von März bis Oktober) wurde nun festlich eröffnet.
* Als *Mars quirinus* galt er als Gott des Staates und als Vater von Romulus und Remus, den Kindern der jungfräulichen Vestalin Rhea Silvia. Danach rettete Mars sie vor dem Ertrinken im Tiber und zog sie mit der Hilfe einer Wölfin und des geheiligten Spechtes Picus auf.

Mars wurde von den Römern mit der Wölfin, dem Specht, einem Pferd und der Farbe Rot In Verbindung gesehen.

In der griechischen Mythologie war Ares ein Sohn des Göttervaters Zeus, der Kriegsgott. Obwohl unter den olympischen Göttern eher unbeliebt, schenkte Aphrodite ihm ihre Zuneigung und gebar ihm mehrere Kinder. In Homers *Illias* wird Ares als ein Kriegsgott dargestellt, der an Blutvergießen und Gewalt seine Freude findet. Er wird u.a. als Rächer, Schlächter und Fluch bezeichnet. Ares' Emblem war ein Speer, Geier und Hund waren seine heiligen Tiere. Welche Gründe die Fortentwicklung oder Neufestsetzung vom Geier zum Specht und vom Hund zur Wölfin hatte, ist bislang ungeklärt. Ares favorisierte im Trojanischen Krieg die Trojer.

Mars in Literatur und Wissenschaft

In einem Science-Fiction-Klassiker von 1950, der *Mars-Chronik*, stellt ein amerikanischer Schriftsteller Ereignisse zwischen 1999 und 2026 dar, die sich alle auf dem roten Planeten abspielen. Zunächst besuchen Raumfahrer von der Erde den Mars, dann kommen Geschäftemacher, die ihn auszubeuten hoffen, und schließlich finden die Überlebenden eines großen Weltkriegs auf Erden auf dem Mars eine Zuflucht. Dort bemühen sie sich darum, eine neue, humanere Zivilisation aufzubauen.

In *Das Marsgesicht* beschreibt der deutsche Autor Johannes von Buttlar die neuesten Forschungsergebnisse über die eigenartige Formation auf dem Mars, die wie ein Gesicht aussieht, über die «Marskanäle» und die Frage nach der zumindest früher einmal gegebenen Existenz von Wasser auf dem Mars, über Vulkanaktivitäten und über die Möglichkeit, den Mars eines Tages als «Ausweichquartier» für eine überbevölkerte Erde und eine Zwischenstation auf der Reise ins ferne All zu nutzen.

Der Forscher und Schriftsteller Immanuel Velikovsky schrieb in seinem Buch *Worlds in Collision* (Welten im Zusammenstoß), daß sich ein Komet vom Jupiter abgespalten hätte. Etwa um 1500 vor Christus – also durchaus innerhalb der Epoche unserer Geschichtsschreibung – kam dieser Komet angeblich der Erde sehr nahe. Dabei hielt er die Eigenrotation der Erde einige Zeit lang an – was weltweit zur Sintflut und auf der damaligen Nachtseite der Erde zur Himmelsverdunkelung führte, weil die Sonne eben nicht mehr am Horizont «aufging». Im 8. Jahrhundert vor Christus kollidierte der Komet fast mit dem Mars, um danach in seine jetzige Umlaufbahn zu gelangen… als unser Planet Venus!

Physikalische Daten zum Mars

Nun einige «handfestere» Angaben zum Planeten Mars. Mars ist der vierte Planet von der Sonne aus gesehen (nach Merkur, Venus und Erde). Der rote Planet ist etwa anderthalbmal so weit von der Sonne entfernt wie die Erde. Er ist nur halb so groß wie unser blauer Planet. Der Mars ist von seinen Merkmalen der Erde – im Vergleich zu den anderen Planeten in unserem Sonnensystem – am ähnlichsten. Seine Rotationsachse und seine Rotationsgeschwindigkeit gleichen jenen der Erde. Auf dem Mars gibt es (wegen der gekippten Rotationsachse) Jahreszeiten; allerdings fallen Sommer und Winter auf dem Mars extremer aus als auf der Erde. Die Atmosphäre des Mars ist dünn genug, um seine

Oberfläche beobachten zu können. Es gibt erdähnliche geologische Strukturen und sogar wohl immer noch Vulkantätigkeit. Dennoch sieht die Oberfläche des Mars eher aus wie jene des Mondes.

Die Grolier-Enzyklopädie von 1990 schreibt über die Existenz von Leben auf dem Mars wörtlich: «Die Frage nach Leben auf dem Mars, die zu Beginn (unseres) Jahrhunderts so bedeutsam war, bleibt offen. Nur ein wirklich eindeutiges unzweifelhaftes (Forschungs-)Resultat ist aussagefähig. Die Unfähigkeit der Viking(-Mission), Leben zu entdecken, kann bedeuten, daß es kein Leben auf dem Mars gibt, oder daß die Experimente falsch angelegt waren. Mars bleibt der beste Kandidat für (außerirdisches) Leben im Sonnensystem außerhalb der Erde. Es bedarf weiterer Forschungsarbeit, um die widersprüchlichen Ergebnisse der Viking(-Missionen) in Einklang zu bringen.»

Mars in der Astrologie

Übersicht

Mars ist betont in den Zeichen Widder und Skorpion sowie im 1. und im 8. Haus. Er steht für die Qualitäten Initiative, Energie, Triebkraft, für den «Yang»-Aspekt der Libido (nicht nur für männliche Libido!), also für drängende oder gebende Liebe – während Venus für den «Yin»-Aspekt steht, für erwartende und aufnehmende Liebe –, für Aktivität, Durchsetzungsfähigkeit und Risikobereitschaft. Falls der Mars geschwächt ist, steht er für Ungeduld, Aggression, Rücksichtslosigkeit oder sogar für Konfliktscheu.

Materiell-körperliche Bedeutungen

Kopf, Körperwärme, Muskeln, Sexualfunktionen, vor allem männliche Zeugungskraft (siehe im Vergleich dazu Venus und weibliche Sexualorgane sowie Fruchtbarkeit).

Psychologisch-seelische Bedeutungen

Willensstärke, Mut, das Antreibende, Entschlossenheit, Arbeits- und Kampfesfreude, Tätigkeitsdrang, das betont Männliche, Jugendlichkeit.

Sozial-gesellschaftliche Bedeutungen

Krieger, Soldaten; Kämpfer für eine Sache, aber auch Gegner und Widersacher; Polizisten, Sportler, Pioniere, Mechaniker, Techniker, Handwerker, Chirurgen; Berufe, bei denen mit Eisen bzw. Stahl umgegangen wird.

Überlegungen zur esoterisch-geistigen Bedeutung

Ernst-Günther Paris (siehe Literaturhinweise im Anhang) sprach davon, daß die Sonne uns das Leben in Bewußtheit schenke, und fuhr fort: «... Mars schenkt uns die Entschlossenheit, diese sonnenhafte Lebensenergie zu nutzen und praktisch anzuwenden. Wie wir diese in uns gelegte Willenskraft nutzen, ist zum einen davon abhängig, welche

Entwicklungsstufe (des seelischen und spirituellen Bewußtseins, Anm. d. Autors) wir einnehmen, zum anderen, wie dieser Wille durch die Konstellation bei der Geburt in uns gelagert ist.»

Mars symbolisiert in der Esoterik auch den ersten Impuls, sich mit geistigen Fragen, mit Mythologie und Lebenssinn, mit Meditation und echter Selbstverwirklichung zu befassen.

Mars in den zwölf Zeichen des Tierkreises

♂ Mars im Widder: ♈ Ungestüme Energie

Charakter: Die symbolische Marskraft im Zeichen Widder handelt positiv von innen nach außen und kümmert sich dabei wenig um die Umwelt und deren Reaktionen.

Aufgabe: Eine Aufgabe bei dieser Marsposition könnte darin bestehen, sich vor der Tendenz zu blindem Eifer, der nur schadet, besser zu hüten.

Stärken: Vorwärtstrieb (siehe auch Anmerkung bei «Mars in Fische»), Siegeswille, Wachstum, Handlungsdrang und Tatendurst, Unerschrockenheit, Mut, Entschlossenheit, Enthusiasmus, Selbstbewußtsein, Pionier- und Kampfesgeist, Freiheitsdrang, Energieentfaltung.

Schwächen: Falls der Mars «ungunstig» gestellt ist, sich also in schwierigen Aspekten zu anderen Planeten befindet (Opposition, Quadrat, manchmal Konjunktion) oder falls der Mensch eher unbewußt lebt, eventuell auch Jähzorn, Zerstörungswut, übersteigertes Selbstbewußtsein, Ungeduld, Streitlust, Kraftvergeudung.

Mars gilt als der Regent oder Herrscher des Tierkreisabschnitts Widder. Hier «wirkt» er oft stärker, das heißt, die von ihm symbolisierten Kräfte machen sich meist besonders deutlich bemerkbar.

Eine Anmerkung: Für eine Frau stellt die Marsposition im Widder eine Herausforderung dar, meinen die Traditionalisten unter den Astrologen. Sie sprechen sogar davon, daß diese Marsstellung für eine Frau angeblich ungünstig sei, weil sie dann «zu positiv und maskulin in ihrem Ansatz» wäre. (Das wörtliche Zitat stammt nicht von einem Mann, sondern von der amerikanischen Astrologin Isabel M. Hickey!)

♂ Mars im Stier: ♉ Festhaltende Energie

Charakter: Die symbolische Marskraft im Zeichen Stier ist körperhaft-materiell eingestellt, sie schätzt greifbare Freuden des Lebens, wie Geld und Sexualität.

Aufgabe: Besitz und Freuden, Aktivitäten und Gefühle mit anderen Menschen zu teilen stellt bei dieser Marsstellung oft eine wichtige Lebensaufgabe dar.

Stärken: Erwerbstrieb, Arbeitswille und Arbeitskraft, Festigung, Ausdauer im Verfolgen von Absichten und Vorhaben, Widerstandskraft, praktische Fähigkeiten, erotischer Antrieb.

Schwächen: Falls sich der Mars in schwierigen Aspekten zu anderen Planeten befindet oder falls der Mensch eher unbewußt lebt, eventuell auch Eigensinn, Eifersucht, Sturheit, Widerspenstigkeit, Impulsivität, Rachsucht, Mangel an Großzügigkeit (= Geiz).

♂ Mars in den Zwillingen: ♊ Neugierige Energie

Charakter: Die symbolische Marskraft im Zeichen Zwillinge ist wach, lebendig und vielseitig.

Aufgabe: Eine Aufgabe besteht darin, Energie zu bewahren, sinnvoll einzusetzen und die Konzentrationsfähigkeit zu entwickeln.

Stärken: Erlebnistrieb, Kommunikationswille, schnelle Entschlußfähigkeit, erfinderisches Denken, Austausch, Handlungsbereitschaft, Beweglichkeit, vielseitige Fähigkeiten, Schlagfertigkeit, Witz, Redegewandtheit.

Schwächen: Falls sich der Mars in schwierigen Aspekten zu anderen Planeten befindet oder falls der Mensch eher unbewußt lebt, eventuell auch Schwatzhaftigkeit, Voreiligkeit, Zersplitterung der Kräfte, Rastlosigkeit, Sarkasmus, Widerspruchsgeist, Unzuverlässigkeit, Streitsucht.

♂ Mars im Krebs: ♋ Fließende Energie

Charakter: Sehr empfindsame Energie; der Mensch nimmt wie über feinste Antennen auch fast unmerkliche Impulse und Energien aus der Umwelt auf, äußert sich selbst aber eher scheu und zurückhaltend.

Aufgabe: Der Mars im Krebs symbolisiert oft die Aufgabe, daß diese Menschen lernen müssen, für ihre Anliegen auch fest, deutlich und energisch nach außen hin aufzutreten, damit sie nicht einfach ausgenutzt oder «überfahren» werden.

Stärken: Beschützertrieb, schöpferischer Wille, instinktives Handeln, reiches Gefühlsleben, Unternehmungslust, Liebe zur Veränderung, Abhängigkeit von Stimmungen, Gefühlsimpulse.

Schwächen: Falls sich der Mars in schwierigen Aspekten zu anderen Planeten befindet oder falls der Mensch eher unbewußt lebt, eventuell auch Unbeherrschtheit, Verführbarkeit, Launenhaftigkeit, leichte Reizbarkeit, überemotional und leicht «eingeschnappt».

♂ Mars im Löwen: ♌ Selbstsichere Energie

Charakter: Der Feuerplanet Mars im Feuerzeichen Löwe: das heißt Energie hoch zwei, Drama, Leidenschaft! Wenn dieser Mensch nicht durch andere Faktoren im Horoskop «gebremst» wird, sitzt er immer auf dem Piloten- oder Rennfahrersitz.

Aufgabe: Eine wichtige Lebensaufgabe für Menschen mit dieser Marsstellung besteht darin, daß sie lernen, auch die Standpunkte und Lebensweisen anderer Menschen gelten zu lassen.

Stärken: Unternehmungstrieb, Gestaltungswille, Selbstvertrauen, Großzügigkeit, Kühnheit, Vitalität, Arbeitseifer, Leidenschaftlichkeit, Besitzstreben, Verantwortlichkeit.

Schwächen: Falls sich der Mars in schwierigen Aspekten zu anderen Planeten befindet oder falls der Mensch eher unbewußt lebt, eventuell auch Neigung zu autoritärem Auftreten, Spekulationen, dogmatisch verfochtenen Überzeugungen und Meinungen, ungezügelter Leidenschaft oder Eifersucht; falscher Stolz.

♂ Mars in der Jungfrau: ♍ Gründliche Energie

Charakter: Menschen mit Mars in der Jungfrau sind allgemein sehr hilfsbereit, strebsam und fleißig. Sie sind energische und harte Arbeiter.

Aufgabe: Mars in der Jungfrau symbolisiert häufig die Lernaufgabe, zu akzeptieren, daß andere Menschen anders und nicht so methodisch oder gar «hart» arbeiten wie die Menschen mit dieser Marsstellung im Horoskop.

Stärken: Ordnungstrieb, überlegter Wille, Ausdauer im Detail und bei wissenschaftlicher bzw. forschender Arbeit, realer Ehrgeiz, methodisches Vorgehen, Ausnutzung der jeweiligen Situation bzw. Anpassung an die Lage, kritische Geisteshaltung; «rationelle Energie».

Schwächen: Falls sich der Mars in schwierigen Aspekten zu anderen Planeten befindet oder falls der Mensch eher unbewußt lebt, eventuell auch Kritiklust, Engstirnigkeit, Reizbarkeit, Pedanterie, Nervosität.

♂ Mars in der Waage: ♎ Sinnliche Energie

Charakter: In ihrer Partnerschaft sind diese Menschen voller Begeisterungsfähigkeit bis hin zum Überschwang. Sie lieben gemeinsame Aktivitäten und genießen voll Freude die schönen Seiten des Lebens mit dem Du. Sie sind meist ästhetisch anspruchsvoll. Sie nehmen das Leben gern leicht.

Aufgabe: Menschen mit dieser Marsposition schwanken oft zwischen lammfrommer Selbstaufgabe aufgrund eines mangelhaften Selbstwertgefühls und bissiger Aggression zum vermeintlich notwendigen Selbstschutz. Sie müssen sich Diplomatie und Fingerspitzengefühl sowie Geduld erst im Leben erarbeiten.

Stärken: Eroberungstrieb, Verbindungswille, Freundlichkeit und Herzlichkeit sind Träger des Erfolgs, Vorliebe für Gemeinschaftsarbeit und Geselligkeit, Offenheit, intuitiver Geist, Begeisterungsfähigkeit, temperamentvolles Wesen, Kunstsinn; bei Frauen möglicherweise starke Libido.

Schwächen: Falls der Mars ungünstig gestellt ist, sich in schwierigen Aspekten zu anderen Planeten befindet (Opposition, Quadrat, manchmal Konjunktion) oder falls der Mensch eher unbewußt lebt, eventuell auch Abhängigkeit von Gefühlen und Stimmungen, Eitelkeit, Disziplinlosigkeit; zu große Offenheit kann zu Verstimmung führen.

♂ Mars im Skorpion: ♏ Magische Energie

Charakter: Diese Menschen halten nicht mit ihrer Energie zurück, sie können sich intensiv einsetzen und wissen sich deutlich auszudrücken, sogar wenn sie schweigen! Sie besitzen meist eine magnetische Ausstrahlung und verfügen über einen guten Instinkt.

Aufgabe: Menschen mit Mars im Skorpion müssen im Verlauf des Lebens lernen, überschießende Kräfte und einen manchmal zu starken Eigensinn «in den Griff» zu bekommen. Sie sollten Ängste überwinden und sich für die Kraft der Liebe öffnen.

Stärken: (Über-)Lebenstrieb, Durchsetzungswille, energischer Einsatz der Kräfte, Ehrgeiz, Zielstrebigkeit, schnelle Auffassung, Kritiksinn; Fähigkeit, höhere Kräfte aufzunehmen, zu «channeln», und damit tiefgründig zu arbeiten; zu Opfern für andere bereit.

Schwächen: Falls sich der Mars in schwierigen Aspekten zu anderen Planeten befindet oder falls der Mensch eher unbewußt lebt, möglicherweise auch Neigung zu Kraftvergeudung, Selbstschädigung, Machtwille, Rücksichtslosigkeit, Stolz, Selbstsucht, Unverträglichkeit, Sturheit.

Mars gilt mit bzw. neben Pluto als Mit-Regent oder Mit-Herrscher des Tierkreisabschnitts Skorpion. Im Skorpion «wirkt» der Mars also sehr stark.

♂ Mars im Schützen: ♐ Zielgerichtete Energie

Charakter: Astrologen sprechen hier von einem freundlich gestimmten, optimistischen Mars. Bei bewußter Lebensführung findet man Interesse an Religion, Philosophie und Esoterik. Energien werden gern auch körperlich erfahren, im Sport oder auf Reisen.

Aufgabe: Notwendigkeit, die Rechte anderer Menschen genauso zu achten wie die eigenen. Vorsicht vor zu großem Mitteilungsbedürfnis.

Stärken: Überzeugungstrieb, Führungswille, Unabhängigkeit, Abenteuerlust, Sportvorlieben, Sinn für Gesetz und Sitte, persönlicher Einsatz, Arbeit mit Begeisterung, Offenheit, Beweglichkeit, gute Beobachtungsgabe, Impulsivität.

Schwächen: Falls sich der Mars in schwierigen Aspekten zu anderen Planeten befindet oder falls der Mensch eher unbewußt lebt, unter Umständen auch Voreiligkeit, übertriebener Freiheitsdrang oder taktlose Freimütigkeit, dogmatische Überzeugungs- oder Missionierungssucht, Neigung zu Extravaganzen, Beifallssucht.

♂ Mars im Steinbock: ♑ Ausdauernde Energie

Charakter: Beharrlichkeit im Einsatz kennzeichnet diese Marsstellung (wenn er nicht durch schwierige Aspekte zu anderen Planeten «geschwächt» wird). Die Bemühung um Selbständigkeit ist stark ausgeprägt; es findet eine innere Auseinandersetzung statt zwischen niederen Trieben und höheren Idealen. Diese Menschen sind eher schweigsam. Ihr Motto könnte lauten: «Langsam, aber sicher!» Nach Isabel M. Hickey ist dies «die beste Position für Mars, weil die Saturn-Kraft (des Steinbocks, Anm. d. Autors) die tierische Energie (des Mars, Anm. d. Autors) zügelt und beherrscht.»

Ich selbst würde übrigens nicht von einer «tierischen», sondern vielmehr von einer triebhaften Energie sprechen.

Aufgabe: Es kann leicht zu Problemen mit Vorgesetzten oder Kollegen kommen, weil sich Menschen mit Mars im Steinbock oft wenig gewandt ausdrücken und nicht gut erklären können. Also besteht die Aufgabe für diese Menschen darin, sich bewußter auch auf die Erklärungsbedürfnisse und Erwartungshaltungen der Umwelt einzustellen.

Stärken: (Ab-)Sicherungstrieb, Durchsetzungswille, Ehrgeiz, Zähigkeit, Arbeitskraft, Unternehmungsgeist, Selbständigkeit, nüchterner Sinn für die Realität, Tiefgründigkeit.

Schwächen: Falls der Mars ungünstig gestellt ist, sich in schwierigen Aspekten zu anderen Planeten befindet (Opposition, Quadrat, manchmal Konjunktion) oder falls der Mensch eher unbewußt lebt, auch Eigensinn, Selbstüberschätzung, Trotz, Egoismus.

♂ Mars im Wassermann: ♒ Ungewöhnliche Energie

Charakter: Hier bricht sich die symbolische Marskraft neue Bahnen, hier erprobt sie Ungewohntes, hier setzt sie sich für Reformen ein. Der Mars stellt im Wassermann Unternehmungslust und Unabhängigkeitsstreben dar. Man gewinnt Freunde durch Offenheit und originelle Fähigkeiten. *Aufgabe:* Manchmal sollten Menschen mit dieser Marsstellung lernen, etwas vorsichtiger und nüchterner, abwägender und rücksichtsvoller gegenüber den (zugegebenermaßen oft eingefahrenen) Ansichten der Umwelt zu sein.

Stärken: Freiheitstrieb, Reformwille, Erfindergeist, überlegtes Handeln, Vorliebe für neue Arbeitsmethoden und Gemeinschaftsarbeit, Verfechter eigener Ideen, Originalität im Handeln.

Schwächen: Falls der Mars ungünstig gestellt ist, sich in schwierigen Aspekten zu anderen Planeten befindet (Opposition, Quadrat, manchmal Konjunktion) oder falls der Mensch eher unbewußt lebt, eventuell auch Reizbarkeit, Unbeständigkeit, Oberflächlichkeit, übertriebene Extravaganzen als vermeintlicher Beweis der eigenen Originalität, Neigung zum Widerspruch.

♂ Mars in den Fischen: ♓ Aufopfernde Energie

Charakter: Die vorwärtstreibende Kraft des Mars kommt in eine Umgebung, die von den empfänglichen, sensitiven und manchmal auch medialen Tendenzen des Zeichens Fische bestimmt wird. Nach außen hin wirken Menschen mit Mars in den Fischen ruhig, sind innen aber oft ruhelos. Die Chancen liegen (entgegen der meist negativen Beurteilung von Mars in diesem Zeichen durch traditionelle Astrologen) darin, daß man die ungestüme Kraft des Willens und die Energie des Selbstausdrucks «verfeinern» und in den Dienst der Selbsterkenntnis und des sozialen oder beratenden Dienstes für andere Menschen stellen kann. Für Musiker gilt diese Marsstellung übrigens als besonders förderlich.

Aufgabe: Tatkraft und Erfolgswille müssen oft gestärkt und vor dem «Ertrinken» in der eigenen Sensibilität und Sensitivität oder auch Faulheit bewahrt werden. In Liebesangelegenheiten bedarf es eines gewissen Durchhaltewillens und der Fähigkeit, auch mit Enttäuschungen fertig zu werden, bevor man zu einer tieferen Erfüllung findet.

Stärken: Abwartetrieb, nachdenklicher Wille, im Hintergrund wirken bzw. in der Stille arbeiten, sozialer Einsatz, schnelle Stimmungswechsel, gastfreundliche Haltung, Interesse am Geheimnisvollen bzw. an Mythologie, Esoterik oder Religion.

Schwächen: Falls sich der Mars in schwierigen Aspekten zu anderen Planeten befindet oder falls der Mensch eher unbewußt lebt, vielleicht auch Neigung zu Suchtgiften und Rauschmitteln, Unbeherrschtheit, mangelnde Durchsetzungsfähigkeit, Unzuverlässigkeit.

Das Zeichen Fische beschließt den Kreis der Sternzeichen. Hier ist unser «Trieb» in «Wartestellung», bevor er beim Widderzeichen, das den Frühlingspunkt und auch den Wiederbeginn in der Natur bezeichnet, in Aufbruchsstimmung versetzt wird. Siehe auch Mars im Widder.

Mars in den zwölf Häusern

Mars im 1. Haus

Einsatzbereitschaft, körperliche Kraft, Risikofreude, Unternehmungslust, Zivilcourage, Ehrgeiz, schnelle Auffassung, Organisationstalent, Selbstvertrauen.

Falls geschwächt: Unüberlegtheit, rücksichtloses Handeln, jähzornig; dann auch Vorsicht vor Verletzungen und Gewaltanwendung.

Mars im 2. Haus

Nutzen und Gewinn aus eigener harter Arbeit und einsatzfreudigem Unternehmungsgeist; Freigiebigkeit; Besitz muß erkämpft werden.

Falls geschwächt: Neigung zu Verschwendung oder schwankende Besitzverhältnisse; Aufgabe, überlegt mit Besitz umzugehen.

Mars im 3. Haus

Fülle an mentaler Energie, rasche und prägnante Ausdrucksweise, bereit zu Auseinandersetzungen, praktische Begabung als Erzieher, viele kurze Reisen.

Falls geschwächt: Streit mit Nachbarn, Verwandten und Geschwistern, auch brieflich; zu impulsives Denken kann schaden; unter Umständen Ungeduld.

Mars im 4. Haus

Kraft und Entschlossenheit, die materiellen und spirituellen Fundamente für das eigenen Leben zu legen. Ausbruch aus Familie und/oder Tradition. «Gut für Land- und Hausbesitz» (laut Paris, siehe Literaturhinweise).

Falls geschwächt: seelische Belastungen durch Familienstreit, Besitzverlust und/oder Probleme im Alter.

Mars im 5. Haus

Vorliebe für Vergnügungen, sinnliche Freuden, Liebesaffären, Lust am sportlichen oder künstlerisch-kreativen Ausdruck; Erfindertrieb; ungewöhnliche Ausstrahlung. Bernd A. Mertz (siehe Literaturhinweise) spricht u.a. von Triebstärke, Eifer und Erfolgssucht.

Falls geschwächt: unüberlegt bis tollkühn, hemmungslos, Verluste durch Spekulationen oder Wettgeschäfte, Kräftevergeudung.

Mars im 6. Haus

Dynamisch und aktiv im Einsatz in der Arbeit und für Aufgaben, die der Mensch als sinnvoll anerkennt. Intensive Arbeitsfähigkeit bei gutem Einkommen. Allerdings wird einem nichts geschenkt.

Falls geschwächt: Neigung zu Überarbeitung sowie zu Irritabilität und Ungeduld bei Berufskollegen und Untergebenen; eventuell Operationen.

Mars im 7. Haus

Neigung zu früher oder hastig geschlossener erster Ehe, Partnerdrang, Intensität in der Liebe, Vorteile durch Heirat, Flirt- und Eroberungstrieb.

Falls geschwächt: fast unüberwindlich scheinende Gegensätze in der Partnerschaft, Trennung von Partnern (durch Scheidung, Tod oder Wohnortwechsel), Probleme mit Verträgen.

Mars im 8. Haus

Geldgewinn durch Erbe, persönliche Beziehung bzw. Partnerschaft oder Teilhaberschaft; stark ausgeprägte Sexualkraft; Bereitschaft, Probleme offen anzugehen.

Falls geschwächt: Streit mit Partner(n) über Geld; Schwierigkeiten mit Erbschaften; Vorsicht vor Gebrauch oder gar Mißbrauch aller medialen Phänomene und Kräfte.

Viele Astrologen sprechen davon, daß diese Marsstellung auf die Gefahr eines plötzlichen oder gewaltsamen Todes hinweise.

Mars im 9. Haus

Unternehmungslust und Entdeckergeist, weite Reisen, Kampf für Recht und Gesetz, unabhängige Gesinnung, energisches Eintreten für die eigenen Überzeugungen.

Falls geschwächt: religiöser Dogmatismus oder Fanatismus, Prozesse, ruheloser Geist.

Mars im 10. Haus

Ehrgeiz, Erfolgsstreben, schnelles Handeln, gute Aufstiegschancen, ständige Bewegung (= Veränderung) im Berufsleben; Vertrauen in die eigenen Kräfte.

Falls geschwächt: Selbstüberschätzung, Rückschläge durch eigene Fehler, Anfeindungen, mangelhafte Anerkennung durch Vorgesetzte.

Mars im 11. Haus

Gute gesellschaftliche Beziehungen, Energien werden auf soziale Ziele oder höhere Ideale gerichtet; bisweilen Freunde mit heftigem Charakter.

Falls geschwächt: falsche Freunde, Verführung oder Schaden durch Freunde, schlechte soziale Beziehungen. Die Aufgabe bestünde dann darin zu lernen, «nein» zu sagen.

Mars im 12. Haus

Bereitschaft und Fähigkeit, sich für andere Menschen einzusetzen, tiefes Gemütserleben und intensive Gefühlsreaktionen; solche Menschen mögen «milde» und «harmlos» erscheinen, können aber unerbittlich sein, wenn man sie sich zu Feinden gemacht hat.

Falls geschwächt: verborgene Feinde, falsche Anklagen; eine Lernaufgabe besteht darin, Gefühle nicht zu unterdrücken und zu verdrängen, sie aber auch nicht aggressiv vorzubringen.

Mars in Aspekten zu anderen Planeten

♂ Mars/Sonne: ☉ Wille und Trieb

Kombination von Mars/Sonne allgemein

Emporkommen durch eigene Kraft, Ehrgeiz, Führungswille.

Energieaspekt Konjunktion Mars/Sonne

Vitalität, Lebenskraft, Wunschstreben, Freiheitsdrang, Aufregung, männliche Bezugspersonen.

Förderungsaspekte Trigon/Sextil Mars/Sonne

Individualität, Durchsetzungskraft, Enthusiasmus; die Triebkraft wird in den Dienst des Lebenswillens und des Geistes gestellt.

Herausforderungsaspekte Opposition/Quadrat Mars/Sonne

Konflikt zwischen Verantwortung und Freiheit, Führeranspruch und Unabhängigkeit, Vermeidung und Konfrontation.

♂ Mars/Mond: ☾ Leidenschaft und Mut

Kombination von Mars/Mond allgemein

Innere Spannungen; seelische Energien.

Energieaspekt Konjunktion Mars/Mond

Intensive Emotionen und Passionen, Gefühlsaufregungen, Auseinandersetzung mit Mutter oder Frau.

Förderungsaspekte Trigon/Sextil Mars/Mond

Tatkräftig schützende und nährende Energie, die Gefühlsbedürfnisse annimmt; erotische Erregung, Sex-Appeal.

Herausforderungsaspekte Opposition/Quadrat Mars/Mond

Konflikt zwischen Abhängigkeit und Unabhängigkeit, Reaktion und Initiative, Festhalten und Loslassen.

♂ Mars/Merkur: ☿ Denken und Aktivität

Kombination von Mars/Merkur allgemein

Erfolge durch Entschlossenheit; druckvolle Kommunikation.

Energieaspekt Konjunktion Mars/Merkur

Neugier, rasche Auffassung und schnelle Entscheidungen, Ruhelosigkeit, ehrgeizige Pläne schmieden.

Förderungsaspekte Trigon/Sextil Mars/Merkur

Fähigkeit zur Artikulation; Initiativen starten, die auch verfolgt und durchgesetzt werden; im Wettbewerb bestehen.

Herausforderungsaspekte Opposition/Quadrat Mars/Merkur

Konflikte zwischen Denken und Tun, Bedachtsamkeit und Spontaneität, Überlegung und Geschwindigkeit.

♂ Mars/Venus: ♀ Bereitschaft und Drang

Kombination von Mars/Venus allgemein

Liebestrieb, Sinnlichkeit, Empfindlichkeit.

Energieaspekt Konjunktion Mars/Venus

Intimität, Eros und Sexus, sich einfügen können oder Konfrontation, Sehnsüchte, Rivalitäten.

Förderungsaspekte Trigon/Sextil Mars/Venus

Ausgleich zwischen Aktionen und Reaktionen, Harmonie zwischen Geben und Nehmen sowie Anpassung und Selbstbehauptung; gesundes Verhältnis zwischen Erotik und Sexualität.

Herausforderungsaspekte Opposition/Quadrat Mars/Venus

Konflikte zwischen Weiblich und Männlich, Passiv und Aktiv, Altruismus und Egoismus, Nähe und Unabhängigkeit, Liebe (Venus) und Sex (Mars).

♂ Mars/Mars: ♂ Trieb und Tat

Die Konstellation Mars zu Mars kann nur beim Vergleich zwischen dem Stand des Mars im Geburtshoroskop mit dem Stand des Mars zu einem späteren Zeitpunkt («Transit») auftauchen oder im Vergleich von Partnerschaftshoroskopen.

Energieaspekt Konjunktion Mars/Mars

Energieballung mit allen positiven und negativen Folgen (in Feuerzeichen wie zwei Vulkane dicht nebeneinander); enormer Durchsetzungswillen oder Kampfbereitschaft.

Förderungsaspekte Trigon/Sextil Mars/Mars

Harmonische Kraftverstärkung, Ergänzung von einander verwandten Energien, geordnete Zielstrebigkeit.

Herausforderungsaspekte Opposition/Quadrat Mars/Mars

Konflikt zwischen unterschiedlichen Selbstwertansichten, Unverständnis der Triebbedürfnisse des anderen und deshalb Streit.

♂ Mars/Jupiter: ♃ Leistung und Gewinn

Kombination von Mars/Jupiter allgemein

Erfolgreiches Schaffen, glückliche Entscheidungen, gewinnbringende Unternehmungen; laut Ebertin auch Verlobung, Heirat, Geburten.

Energieaspekt Konjunktion Mars/Jupiter

Unabhängigkeit, Mut, Ehrgefühl (bis Stolz), Erfolgsorientierung bei großem Einsatz, Eintreten für Ideale.

Förderungsaspekte Trigon/Sextil Mars/Jupiter

Persönliche Wünsche und Bedürfnisse anderer Menschen sowie ethische Erwägungen werden miteinander ausgeglichen.

Herausforderungsaspekte Opposition/Quadrat Mars/Jupiter

Konflikte zwischen jetzt und später, zwischen Eigenwillen und Verständnis für andere.

♂ Mars/Saturn: ♄ Energie und Widerstand

Kombination von Mars/Saturn allgemein

Gehemmte oder konzentrierte Lebenskraft sowie Herausforderung zur Überwindung von Widerständen; Energiezunahme parallel zur Meisterung von Problemen.

Energieaspekt Konjunktion Mars/Saturn

Macht, Autorität, Beherrschung, Pflicht, Schuldgefühle, Strafe, Anstrengung, Tradition, Ehrfurcht; (älterer) Mann oder Vater.

Förderungsaspekte Trigon/Sextil Mars/Saturn

Persönliche Wünsche können harmonisch auf Verantwortlichkeiten abgestimmt werden; gesicherte Strukturen, die doch genügend Entwicklungs- und Spielraum lassen.

Herausforderungsaspekte Opposition/Quadrat Mars/Saturn

Konflikte zwischen Ego und Umwelt, zwischen Individuum und Gesellschaft, zwischen Impulsivität und Vorsicht.

♂ Mars/Uranus: ⛢ Ansporn und Überraschung

Kombination von Mars/Uranus allgemein

Plötzliche Energieausbrüche, Eigenwilligkeit, ungewöhnliche Leistungen.

Energieaspekt Konjunktion Mars/Uranus

Freiheitstrieb, Originalität(sucht?), energische Suche nach der eigenen Identität; Trennung von männlichen Personen.

Förderungsaspekte Trigon/Sextil Mars/Uranus

Aktion und Intellekt verbinden sich günstig, Selbstwertgefühl und Anerkennung der Gleichheit aller Menschen, Reforminteresse.

Herausforderungsaspekte Opposition/Quadrat Mars/Uranus

Konflikte zwischen Individuum und Gruppe, zwischen Führungsanspruch und Fähigkeit zu folgen, zwischen Intensität und Unpersönlichkeit.

♂ Mars/Neptun: ♆ Tat und Vision

Kombination von Mars/Neptun allgemein

Eingebungen, phantasievolle Pläne, Hilfe zur rechten Zeit.

Energieaspekt Konjunktion Mars/Neptun

Tatkraft, die aus dem Unbewußten gespeist wird; Träume wahrmachen wollen; schwankende Orientierung im Leben; moralischer Mut; sensitive Libido.

Förderungsaspekte Trigon/Sextil Mars/Neptun

Ausgleich von individuellen und kollektiven Bedürfnissen sowie von Selbstdarstellungsdrang und Anpassungsbereitschaft; außenbezogene Direktheit und gleichzeitig innen erlebte Transzendenz.

Herausforderungsaspekte Opposition/Quadrat Mars/Neptun

Konflikt zwischen Eigensucht und Opferbereitschaft, zwischen Anerkennungsdrang und Zurückgezogenheit, zwischen dem Schwert und der Feder, zwischen Jetzt und dem Zeitlosen.

♂ Mars/Pluto: ♇ Instinkt und Macht

Kombination von Mars/Pluto allgemein

Übermenschlich erscheinende Kräfte; Erfolge durch übermäßige Anstrengungen.

Energieaspekt Konjunktion Mars/Pluto

Machtwillen, Machtkämpfe (vor allem mit männlichen Personen oder mit einem Kollektiv), Gewalt, Schmerz, Wut, Sexualität, Drama.

Förderungsaspekte Trigon/Sextil Mars/Pluto

Fähigkeit, langfristige Strategien zu entwickeln und durchzuhalten; Nutzung von allgemeinen Entwicklungstendenzen in der Gesellschaft durch das Individuum.

Herausforderungsaspekte Opposition/Quadrat Mars/Pluto

Konflikt zwischen Vergangenheit und Zukunft, Anfang und Ende, Freiheit und Bindung, Aufbau und Zerstörung.

♂ Mars/Mondknotenachse: ☊ Triebkraft und Schicksal

Kombination von Mars/Mondknotenachse allgemein

Zusammenarbeit, Verbindungstrieb, Einsatz zur Bewältigung der Lebensaufgaben.

Energieaspekt Konjunktion Mars/aufsteigender Mondknoten

Tatkraft und Entschlossenheit, sich neuen Aufgaben zu widmen.

Energieaspekt Konjunktion Mars/absteigender Mondknoten

Auseinandersetzung mit alten, noch nicht bewältigten Problemen.

Förderungsaspekte Trigon/Sextil Mars/Mondknotenachse

Konstruktiver Einsatz bei der Lösung alter und der Meisterung neuer karmischer Aufgaben.

Herausforderungsaspekte Quadrate Mars/Mondknotenachse

Schwierigkeiten, den Ichwillen und die karmischen Lebensaufgaben miteinander in Einklang zu bringen.

♂ Mars/AC-DC-Achse: AC/DC

Triebkraft und persönliche Beziehungen

Kombination von Mars/AC-DC allgemein

Willensausrichtung mehr auf sich selbst (AC) oder mehr auf ein Du (DC).

Konjunktion Mars/AC

Kämpferische Einstellung zum Leben; sich mit großer Energie durchsetzen, Ich-Wille.

Trigon/Sextil Mars/AC-DC

Ausgewogene Haltung zu Ich-Ansprüchen und Eingehen auf ein Du.

Quadrate Mars/AC-DC

Streit oder mitunter Fehlschläge durch voreiliges Handeln in Beziehungen.

Konjunktion Mars/DC

Starke Ausrichtung auf das Du; Zuwendungs-Ansprüche bzw. Energie-Erwartungen an und Projektionen auf den Partner. (Opposition Mars/Aszendent ist dasselbe wie Konjunktion Mars/Deszendent. Das Quadrat von Mars zu Deszendent entspricht dem Quadrat von Mars zu MC. Trigon/Sextil von Mars zu Deszendent entspricht Trigon/Sextil von Mars zu Aszendent.)

♂ Mars/MC-IC-Achse: MC/IC

Triebkraft und soziale Stellung

Kombination von Mars/MC-IC allgemein

Willensausrichtung mehr auf öffentliche Stellung (MC) oder mehr auf private Interessen (IC).

Konjunktion Mars/MC

Entschlossener Einsatz für berufliches Fortkommen und soziale Position, Impulsivität in der Öffentlichkeit bzw. im Beruf.

Trigon/Sextil Mars/MC-IC

Abgewogener Einsatz und Zielstrebigkeit, Aufstieg, Organisationstalent; Ausrichtung auf Außenwelt.

Quadrate Mars/MC-IC

Streit oder mitunter Fehlschläge durch voreiliges Handeln im beruflichen Leben.

Konjunktion Mars/IC

Energien sind mehr auf Heim und Heimat bzw. das eigene Innenleben gerichtet als auf die Außenwelt. (Die Opposition von Mars zu MC entspricht der Konjunktion mit IC. Das Quadrat von Mars zu IC entspricht dem Quadrat von Mars zu MC. Trigon/Sextil von Mars zu IC entspricht Trigon/Sextil von Mars zu MC.)

♃ Der Glücksplanet Jupiter

Die Kraft der Entfaltung und des Sinns

Das Planetensymbol

Trotz oft leicht variierter Form können wir stets zwei Grundmuster erkennen, nämlich ein Kreuz und eine Mondsichel. Die Mondsichel ist nach links hin offen und steht damit für den zunehmenden Mond. Die seelische Empfänglichkeit befindet sich über dem Kreuz des Erdenlebens.

Ernst-Günther Paris sagt dazu: «Die psychischen, reflektierenden Kräfte beherrschen die Ordnungsgesetze der Materie und verleihen höhere Einsichten, die wir uns für die eigene Entwicklung nutzbar machen können.» (In *Der Schlüssel zum Horoskop;* vgl. Literaturhinweise.)

Damit finden wir zu einer ersten Aussage über die astrologische Bedeutung des Planeten Jupiter. Jupiter symbolisiert jene Kraft in uns, die hilft, das irdische Kreuz nicht als schwere Last zu empfinden, sondern es fröhlich und leicht zu schultern, wenn wir für die überpersönliche Ordnung und den höheren Sinn des Lebens empfänglich sind bzw. werden.

Mythologie und Wissenschaft

Jupiter, der fünfte Planet unseres Sonnensystems von der Sonne aus gerechnet, ist bei weitem der größte. Seine Masse stellt rund zwei Drittel der gesamten Planetenmasse aller Planeten in unserem Sonnensystem dar. Er ist 318mal größer als die Erde und 1000mal kleiner als die Sonne. Falls Jupiter noch um einiges größer gewesen wäre, wären Druck und Temperatur in seinem Inneren dann hoch genug gewesen, um eine Atomfusion hervorzubringen, und Jupiter wäre zu einem Stern geworden! Der Planet Jupiter trug also den Erkenntnissen der Astronomie zufolge am ehesten den Keim in sich, als selbstleuchtender Stern eine Sonne für andere Gestirne zu werden.

Wir entdecken darin eine bemerkenswerte Parallele zur astrologischen Deutung, die in Jupiter am meisten Sonnenkraft findet, und zur Mythologie, in der Jupiter als oberster Gott und Schutzherr des Römischen Staates eine wahrhaft sonnige Stellung einnahm. Er war Bruder und Gatte der Juno. Der römische Jupiter ist ein Pendant bzw. eine Übernahme des griechischen Gottes Zeus. Beiden wurde die Autorität zugeschrieben, Recht und Gesetz zu erlassen und ihre Einhaltung zu überwachen.

Der Römer Lucan schrieb über Jupiter sogar: «Ist die Heimstatt Gottes irgendwo sonst denn in der Erde und im Meer, in der Luft und im Himmel? Warum suchen wir nach weiteren Göttern? Was auch immer du siehst, was immer du berührst, das ist Jupiter.»

Die Autorinnen Lindsay River und Sally Gillespie finden noch andere Bezüge für den Gott Jupiter: «Wie der babylonische Marduk, der auch mit dem Planeten (Jupiter) verbunden ist, ging das Naturgesetz, das sie (Jupiter und Zeus) aufrechterhielten, aus der früheren Großen Göttin hervor. Zeus' Mutter Rhea und die babylonische Tiamat waren die Schöpferinnen, welche der Menschheit das heilige Gesetz überbrachten.» (In *The Knot Of Time;* vgl. Literaturhinweise.)

Es ist wohl an der Zeit, daß wir von der rein männlich interpretierten Astrologie, in der die Planeten schon durch ihre Bezeichnungen männlich geprägt sind (Ausnahme Sonne und Venus), zu einer ganzheitlichen Sicht kommen. Darin finden dann sowohl männliche wie weibliche Qualitäten ihre symbolischen Entsprechungen in allen Planeten.

Man könnte andererseits auch argumentieren, daß unser Zentralgestirn Sonne zumindest in der deutschen Sprache noch die klare Zuordnung zur weiblichen Ur-Göttin erkennen läßt und es insofern genügt zu wissen, daß alle Planeten sich nach dieser weiblichen Kraft richten (müssen).

Mythologie, Astrologie und Astronomie weisen in bezug auf Jupiter immer auf Themen der Weite, des Wachstums, der Offenheit und der Autorität bzw. göttlich-schöpferischen Kräfte hin.

Der amerikanische Forscher Immanuel Velikovsky schrieb in seinem Buch *Worlds in Collision,* daß der Planet Jupiter einen Kometen hervorbrachte und ausstieß, der später zum Planeten Venus wurde. Jupiter wurde in der alten Astrologie bekanntlich als «das große Glück» bezeichnet, die Venus nannte man «das kleine Glück». Es ist kurios, wie sich Anschauungen aus der Mythologie und Worte aus dem Volksmund in neueren wissenschaftlichen Beschreibungen unseres physikalischen Universums widerspiegeln. Man fühlt sich unwillkürlich an das Wort *Wie oben, so unten* erinnert.

Jupiter in der Astrologie

Übersicht

Dieser Planet ist betont in Schütze und im 9. Haus.

Früher galt er auch als betont in den Fischen und im 12. Haus. Seit der Entdeckung des Neptuns nimmt dieser die Stellung Fische/12. Haus ein.

Jupiter steht symbolisch für Glück, Entfaltung, Aufbaustreben, Wachstum, Harmonie, höheren Schutz, Sinnbedürfnis, Optimismus, Glaube, Ganzheitlichkeit, Erkenntnis, Weisheit, Lebenssinn, Großzügigkeit, Ethik, Moral, Sitte, Philosophie, Religion, Gesetz, Gerechtigkeit, chancenreiches Potential.

Falls er durch schwierige Aspekte im Geburtshoroskop oder durch gespannte Transite zeitweise geschwächt ist, zeigt er auch eine Neigung an zu Überheblichkeit, überzogenen Erwartungen, Ausschweifungen, Genußsucht, religiösen Dogmatismus, Bigotterie, materielle bzw. juristische Streitigkeiten; Opportunitätsdenken, Hang zur Bequemlichkeit.

Materiell-körperliche Entsprechungen

Ernährungsfunktionen, Körperwachstum (auch Dickleibigkeit), Speicherungsfunktionen, Blutbeschaffenheit, Leber/Galle; Ebertin spricht auch von Wechseljahren als Entsprechung zum Jupiter.

Psychologisch-seelische Entsprechungen

Suche nach dem wahren Glück; Streben nach Harmonie und deren Ausdehnung und Entfaltung zum geistigen Gesetz und zur kosmischen Ordnung; Fernweh; Idealismus.

Sozial-gesellschaftliche Entsprechungen

Reiche; Beamte, Juristen aller Berufe; Priester, Kirche, geistige Lehrer; Bankangestellte, Verwalter von Besitz; Verleger und Verlagsangestellte; Ärzte, Sportler; mittleres Alter, Patriarchen; Fremde bzw. Ausländer; Glücksritter.

Überlegungen zu esoterisch-geistigen Entsprechungen

Jupiter symbolisiert in der Esoterik die tiefgründige Beschäftigung mit geistigen Fragen sowie die praktische Verbindung mit höheren Dimensionen über eigene Meditationspraxis. Ernst-Günther Paris schreibt u.a.: «Was mondhaft im dunklen Urschoß verschlossen bleibt, manifestiert sich durch die Venus im Sinnenleben und erfährt im Jupiter die geistige Erhöhung.» (In *Der Schlüssel zum Horoskop.*)

Jupiter in den zwölf Abschnitten des Tierkreises

♃ Jupiter im Widder: ♈ Idealistische Energie

Charakter: Das Handeln wird von Idealen, Glaubensüberzeugungen oder sinnvollen Absichten bestimmt. Der Jupiter ist im Widder energisch und unternehmungslustig, mit starkem Selbstwertgefühl und Führungsqualitäten, liebt Freiheit und Unabhängigkeit; Hilfsbereitschaft und Ideenreichtum zeichnen ihn ebenfalls aus.

Aufgabe: Jupiter in Widder symbolisiert die Aufgabe, die Verwirklichung von Plänen nach anspruchsvollen Maßstäben zu überprüfen und das eigene Handeln in den Dienst eines höheren Sinns zu stellen.

Stärken: Optimistische Lebenseinstellung, sinnvolle Entfaltung der Kräfte, Edelmut, Offenheit, ehrliches Handeln; sportliche Interessen; kann Fülle und die angenehmen Dinge des Lebens wie von selbst anziehen!

Schwächen: Falls sich der Jupiter in gespannten Aspekten zu anderen Planeten befindet oder falls der Mensch eher unbewußt lebt, finden wir bei dieser Jupiterposition im symbolischen Widder auch Unausgeglichenheit, übereilte Urteile und Handlungen, zu heftig durchgesetzten Anspruch auf die Übernahme der eigenen Ideale, materialistische Einstellung, Genußsucht, Streit.

♃ Jupiter im Stier: ♉ Der Sinn der Materie

Charakter: Fähig, Glück und Zugewinn anzuziehen, mit starker Sinnlichkeit ausgestattet, oft eine Vorliebe für Luxus und ein schönes Heim, schätzt gutes Essen; gut fähig, Geld zu verdienen, und braucht es als Selbstwertbestätigung auch; läßt andere am eigenen Überfluß teilhaben.

Aufgabe: Bei dieser Jupiterposition stellt sich unser aller Lebensaufgabe, die wahren Werte zu erkennen und zu verwirklichen, auf besondere Weise. Bei Jupiter im Stier geht es nämlich darum, die materielle Habe und den Besitz, Geld zwar anzuziehen, zu schätzen und sich daran zu erfreuen, aber gleichzeitig die Sinnbestimmung nicht aus den Augen zu verlieren. Die Fülle des Glücks muß in den Dienst von nicht nur egoistischen persönlichen Interessen gestellt werden, um wirklich Frucht zu tragen.

Stärken: Sinnvoller Umgang mit Materie, Stofflichem, Geld, Glück; Selbstentfaltung und Aufbau von materiellen Werten, Bildung von Substanz; Genußfreude, Besitzinteressen, soziale Einstellung und Großzügigkeit.

Schwächen: Falls sich der Jupiter in gespannten Aspekten zu anderen Planeten befindet oder falls der Mensch eher unbewußt lebt, besteht bisweilen eine Neigung zu Verschwendung; die Menschen können auf ruhige Weise recht stur sein und sogar einem blanken Materialismus frönen.

♃ Jupiter in den Zwillingen: ♊ Entfaltung durch Kommunikation

Charakter: Reiselustig, schreibfreudig, kommunikationsfähig; eine gute Jupiterposition für Lehrer/innen, Verkäufer/innen und Menschen, die sich für Ideen öffentlich einsetzen (Politiker/innen?) sowie für Tourismus; liebt Abwechslung und vielseitige Beziehungen; findet Glück darin, frei zu sein.

Aufgabe: Jupiters Wesensmerkmal ist, aufzunehmen, zu speichern, anzusammeln, sich zu entfalten. Das Zeichen Zwillinge beschreibt jedoch eine oft entgegengesetzte Tendenz, nämlich die zur vielseitigen Öffnung nach außen, zum stetigen Austausch mit anderen. Die Aufgabe wäre dann zu lernen, mit dem, was man erlangt, sorgsam umzugehen und es sinnvoll zu bewahren, um es nicht gleich wieder abzugeben oder zu verlieren.

Stärken: Sympathisches, waches Wesen und gute Umgangsformen, gesellschaftliche Gewandtheit und Charme, Entgegenkommen; interessiert an Studien und intellektueller Entfaltung; Sicherheit im Urteil über Sinn und Wert von Sprache, Kommunikation und Idealen; sorglose Lebenseinstellung.

Schwächen: Falls sich der Jupiter in gespannten Aspekten zu anderen Planeten befindet oder falls der Mensch eher unbewußt lebt, besteht eine Neigung zu Oberflächlichkeit oder zur Zerstreuung der angesammelten Dinge sowie ein Hang zur Leichtlebigkeit und ein Mangel an Konzentration; manchmal verletzende Art und Weise, sich sprachlich auszudrücken.

♃ Jupiter im Krebs: ♋ Fülle der Gefühle

Charakter: Eine harmonische Persönlichkeit, die bereits durch ihr Wesen Erfolg und Glück anziehen kann. Mit dieser Jupiterstellung fällt es leichter als mit vielen anderen, Besitz und Anlagen zu bilden.

Aufgabe: Der Zustrom von eigenen Gefühlen und Wünschen sowie von Angeboten und Möglichkeiten des Lebens mag so groß sein, daß man immer wieder ganz zu sich selbst zurückkommen muß, um einen unabhängigen Standpunkt zu finden, von dem aus man klar urteilen und sicher entscheiden kann, was die echten Ziele und Werte sind.

Stärken: Gefühlsreichtum, starker Familiensinn, Anhänglichkeit, Harmoniestreben, gerechte und soziale Einstellung zur Umwelt, Hilfsbereitschaft, Disposition zum Erfolg in der Öffentlichkeit, Empfänglichkeit.

Schwächen: Falls sich der Jupiter in gespannten Aspekten zu anderen Planeten befindet oder falls der Mensch eher unbewußt lebt, so ist er leicht beeinflußbar oder sogar verfügbar, übervorsichtig und auch geizig.

♃ Jupiter im Löwen: ♌ Optimismus und Lebensfreude

Charakter: Dieser Jupiter liebt Vergnügungen und Luxus, legt auf Würde wert, möchte andere gern beeindrucken, wahrt dabei aber durchaus seine Selbständigkeit. Menschen mit dieser Planetenstellung verfügen allgemein über eine gut ausgeprägte Vitalität.

Aufgabe: Extravagante Neigungen und ein Hang zur Beifallssucht sollten überprüft und entweder ausgeglichen oder in einen sinnvollen Lebensplan richtig integriert werden.

Stärken: Gut ausgeprägtes Selbstvertrauen, großzügige bzw. ehrgeizige Planungen, Führungswille und -qualitäten, Popularität, Mut und Loyalität.

Schwächen: Falls sich der Jupiter in gespannten Aspekten zu anderen Planeten befindet oder falls der Mensch eher unbewußt lebt, Neigung zu Übertreibungen und daraus resultierende Fehler; weiterhin beobachtet man Eitelkeit, Überheblichkeit, Stolz oder Spekulationsneigungen sowie Vernachlässigung des Innenlebens.

♃ Jupiter in Jungfrau: ♍ Entfaltung durch Arbeit

Charakter: Moralische Werte, Wissensdrang und Organisationstalent sowie persönliche Berechenbarkeit sind Wesensmerkmale dieser Jupiterstellung.

Aufgabe: Die großzügig-optimistische und positive Weite des Jupiters und der eher vorsichtig-abwägende «enge» Charakter der Jungfrau müssen sich sinnvoll und bewußt miteinander arrangieren.

Stärken: Ein prüfender Verstand verbindet sich mit klugem Ehrgeiz und der Fähigkeit zur harmonischen Zusammenarbeit; eher intellektuell als emotional; gut für Inspektoren und Detektive.

Schwächen: Falls sich der Jupiter in gespannten Aspekten zu anderen Planeten befindet oder falls der Mensch eher unbewußt lebt, kommen auch Sorglosigkeit, oberflächliche Kritik oder ein übertriebener Ehrgeiz zum Vorschein; mitunter auch Kleinlichkeit.

♃ Jupiter in der Waage: ♎ Erfolgreiche Beziehungen

Charakter: Vorliebe für alles Schöne und Kunst, Freude an Geselligkeit, Aufrichtigkeit, Höflichkeit; gerecht und freundlich sowie kultiviert und idealistisch.

Aufgabe: Der natürliche Optimismus im Umgang mit anderen, die idealistischen Ziele und die glückliche Hand dürfen nicht zur Sorglosigkeit und zum Leichtsinn verführen. Lieber einmal mehr nachdenken, abwarten und auch lernen, dann und wann auf eine vermeintlich nur Erfolg versprechende «Chance» zu verzichten.

Stärken: Gerechtigkeitssinn, Beliebtheit, Glück in Partnerschaften und in der Du-Beziehung; Erfolg in der Öffentlichkeit sowie im Beruf, vor allem in großen Firmen; gut für Künstler oder Rechtsanwälte.

Schwächen: Falls sich der Jupiter in gespannten Aspekten zu anderen Planeten befindet oder falls der Mensch eher unbewußt lebt, sind Probleme durch Partner und juristische Schwierigkeiten möglich; auch stellt man manchmal Abhängigkeit von anderen Menschen fest sowie einen übermäßigen Hang zum Luxus.

♃ Jupiter im Skorpion: ♏ Magnetische Kräfte

Charakter: Menschen mit dieser Jupiterstellung im Horoskop neigen zu scharfen und kritischen und dabei klugen und treffenden Urteilen. Ihr Handeln ist zwar vorsichtig, doch energisch. Man schmiedet ehrgeizige Pläne, dies allerdings eher im geheimen.

Aufgabe: Lebensfreude und Triebkräfte sollten nicht auf Kosten anderer Menschen ausgelebt werden. Vorsicht vor einem Hang zur Selbstüberschätzung.

Stärken: Großer Mut und enorme Einsatzbereitschaft. Glück beim anderen Geschlecht, aber bei harmonischer Jupiterstellung auch allgemein in Geldangelegenheiten sowie bei Erbschaften. Starke Triebkräfte; die magnetischen Kräfte können bei einer rechten Bewußtseinsentwicklung auch zu heilenden Energien werden.

Schwächen: Falls sich der Jupiter in gespannten Aspekten zu anderen Planeten befindet oder falls der Mensch eher unbewußt lebt, mitunter Tendenzen zur Genußsucht (inkl. Sexualität und Rauschmittel); ein übertrieben materialistisches Besitzstreben.

♃ Jupiter im Schützen: ♐ Humanitärer Optimismus

Der Planet Jupiter gilt als «Herrscher» bzw. «Regent» des Sternzeichens Schütze. Das bedeutet, daß er hier in seinem «eigenen» Zeichen steht und damit besonders gut gestellt ist und seine positiven Eigenschaften verstärkt werden.

Charakter: Lebhaftes und sorgloses Wesen, liebenswürdige Art; abenteuerlustig und risikofreudig, weitreichende Pläne und Betätigung im Ausland. Solche Menschen lieben ihre Freiheit über alles; sie reisen gern.

Aufgabe: Man sollte der Selbstgerechtigkeit und einem ungefragten Missionsdrang in sich nicht zuviel Raum geben.

Stärken: Gerechtigkeitsdenken, Verinnerlichung, philosophische, humanitäre oder religiöse Interessen; Frauen mit dieser Jupiterstellung sind oft gute Managerinnen; Glück in bezug auf Geldangelegenheiten.

Schwächen: Falls sich der Jupiter in gespannten Aspekten zu anderen Planeten befindet oder falls der Mensch eher unbewußt lebt, Tendenz zu Verschwendung oder Spekulation.

♃ Jupiter im Steinbock: ♑ Überlegte Lebensziele

Charakter: Im Mittelpunkt des Wesens steht die Realität, die Wirklichkeit und wie der Mensch in der Welt vorankommt; Vertrauenswürdigkeit.

Aufgabe: Während Jupiter die Kraft der Entfaltung symbolisiert, wird das Zeichen Steinbock u.a. durch seinen «Herrscher» Saturn charakterisiert, der für die Kraft der Konzentration steht. Die Aufgabe von Jupiter in Steinbock besteht darin, zwei gegensätzliche Energien in Einklang miteinander zu bringen: die zuversichtliche Entfaltung des Jupiters und die vorsichtige Zurückhaltung des Steinbocks.

Stärken: Klugheit, Sorgfalt, Verantwortungsbewußtsein, Korrektheit und gewissenhafter Einsatz; Führungsqualitäten.

Schwächen: Falls sich der Jupiter in gespannten Aspekten zu anderen Planeten befindet oder falls der Mensch eher unbewußt lebt, Scheinheiligkeit oder Egoismus; manchmal Mühe, liebevolle Gefühle auch zu zeigen; zu vorsichtig bis geizig in Finanzdingen.

♃ Jupiter im Wassermann: ♒ Fülle an Inspirationen

Charakter: Humor und Kameradschaftlichkeit, Freude am Austausch mit anderen Menschen, originelle Ideen sowie die Fähigkeit, andere dafür zu begeistern; Drang nach Unabhängigkeit; Reformer.

Aufgabe: Bei dieser Stellung des Jupiters ist man leicht geneigt, ob der hohen Ziele den Boden unter den Füßen zu verlieren und Luftschlösser zu bauen. Die Aufgabe bestünde dann darin, einen sicheren Bezug zur Alltagsrealität wiederzufinden.

Stärken: Klares Urteil, gute Menschenkenntnis, positives Denken, soziales Mitgefühl; Fähigkeiten im Bereich von Wissenschaft und technischen Erfindungen; Erfolg in Massenmedien, im Personalbereich und als Organisatoren.

Schwächen: Falls sich der Jupiter in gespannten Aspekten zu anderen Planeten befindet oder falls der Mensch eher unbewußt lebt, erlebt man Eigensinn, Exzentrik oder Unentschlossenheit.

♃ Jupiter in den Fischen: ♓ Erfülltes Seelenleben

Bevor Neptun (wieder-)entdeckt wurde und dann in der modernen Astrologie seinen Platz fand, war der Planet Jupiter Herrscher nicht nur des Zeichens Schütze, sondern auch der Fische. Damit galt er auch in diesem Zeichen als «stark» gestellt.

Charakter: Diese Menschen arbeiten gut und gern mit anderen zusammen, da sie sich leicht in andere einfühlen können; Vorliebe für stillere Freuden und für ein eher zurückgezogenes Leben; stilles Wesen ohne große materielle Ambitionen.

Aufgabe: Menschen mit dieser Jupiterposition sollten darauf achten, daß ihnen ihre Arbeit auch eine bewußte emotionale Freude bereitet und sie die Arbeit wirklich gern mögen, weil sie sonst nicht sehr glücklich werden.

Stärken: Bescheidenheit, Arglosigkeit, Gutmütigkeit, Altruismus; der «gute Samariter», der hilft, ohne über sich selbst viel Aufhebens zu machen; bei richtiger Ausbildung gute Fähigkeiten im Bereich der Esoterik und mystische Neigungen; Neigung zur Meditation.

Schwächen: Falls sich der Jupiter in gespannten Aspekten zu anderen Planeten befindet oder falls der Mensch eher unbewußt lebt, Neigung zu tiefreichender Sensibilität und dazu, sich zu leicht beeinflussen zu lassen; bisweilen Bequemlichkeit.

Jupiter in den zwölf Häusern der Lebensbereiche

Jupiter im 1. Haus

Symbolisiert eine glückliche Natur, Entfaltung des Ichs; Fülle in materiellen Dingen, Begünstigung von persönlichen Unternehmungen; Reisen weiten den geistigen Horizont beachtlich. Positive Talente und Fähigkeiten, optimistische Lebenseinstellung, verstärkte Vitalität. Liebt Vergnügungen; setzt sich für subjektiv als gerecht betrachtete Ziele ein.

Bei ungünstiger Prägung auf eine Tendenz zu Egoismus und Heuchelei bzw. Verstellung achten sowie auf gesundheitliche Schwächen.

Jupiter im 2. Haus

Zieht finanzielle Erfolge an und versteht es, Ressourcen zu nutzen und materielle Substanz aufzubauen, auf der Grundlage eines natürlichen Selbstvertrauens und Optimismus. Entfaltung und Mehrung von Besitz, wozu auch die Talente und Fähigkeiten gehören! Eine gute Basis für Bankleute, Aktienverwalter, Verkäufer oder Menschen, die mit Reisen und Tourismus zu tun haben. Ernst-Günther Paris meint zu dieser Häuserposition des Jupiters sogar wörtlich «schließt jede Armut aus.» Das dürfte wohl etwas übertrieben sein, da es sicher genug Menschen in armen Entwicklungsländern gibt, bei denen Jupiter im 2. Haus steht. Aber schauen Sie sich selbst einmal im Freundes- und Bekanntenkreis um, ob man diese Behauptung aufrecht halten kann.

Bei ungünstiger Prägung besteht eine Neigung, den Zugewinn mit Extravaganzen rasch wieder zu verspielen, oder es bedarf großer Anstrengungen, um einen bescheidenen Wohlstand zu erlangen.

Jupiter im 3. Haus

Bezeichnet einen Menschen, der in seiner Umwelt sehr beliebt ist und gute Beziehungen zu Geschwistern, Verwandten und Nachbarn hat und durch sie gefördert wird; meist glückliche Kindheit, in der man große Unterstützung für die eigene Entfaltung erfährt. Der Verstand wird kultiviert, gute Intuition, Reisen bringen Vorteile, Erfolge durch Erziehung und Schriftliches, wie Literatur; sprachliche Gewandtheit und bewußte Bemühung, Lebenssinn und Ideale zu kommunizieren.

Bei ungünstiger Prägung macht sich ein Hang zur mentalen Ruhelosigkeit bemerkbar; ein Beruf, der viel Reisen mit sich bringt, könnte das auffangen. Energien werden leicht zerstreut, eine unpraktische Seite des Charakters verstärkt. Gespannte Beziehungen zu Familie bzw. Nachbarn, Hindernisse auf Reisen, Mißerfolge durch Briefe.

Jupiter im 4. Haus

Bringt Erfolg in den späteren Lebensjahren bzw. im Alter. Man baut auf Traditionen auf oder wird von den Eltern, auch finanziell, sehr unterstützt. Glück bzw. Erfolg stellt sich eher am Geburtsort bzw. im Geburtsland ein als außerhalb. Man braucht viel Raum um sich herum. Diese Jupiterstellung zeigt oft auch Gewinn durch Erbe an. Starke Seelenkräfte, Leben aus archeytpischen Energien.

Bei ungünstiger Prägung Auseinandersetzungen mit Eltern und/oder Probleme mit Haus- und Grundbesitz.

Jupiter im 5. Haus

Weist auf hohe Kreativität hin. Viel Glück und Erfolg stellen sich ein durch physische oder geistige Kinder (zum Beispiel Unternehmungen, Projekte, Vorhaben). Gesellschaftlicher Erfolg und Gunst von Freunden und Bekannten durch ein sympathisches Wesen und Beherrschung der Instinkte und Triebe. Glück in Liebesangelegenheiten. Bei guter weiterer Aspektierung durch andere Planeten auch vorteilhaft für Spiel und Spekulationen. Bernd A. Mertz spricht zu Recht auch von «kreativer Sinnsuche». Ich hatte vor einigen Jahren aufgrund eines günstigen Uranusaspekts zum Jupiter in meinem eigenen Horoskop Lotto gespielt, und zwar nur an einem Wochenende und das auch vorher bei Freunden als «glücksverheißend» angekündigt, und auch prompt gewonnen – allerdings nur drei Richtige. Es funktioniert also mitunter durchaus, den Erfolg vorauszusehen – wie groß er wird, steht aber nicht «in den Sternen», sondern eben nur, daß man sich in einem Glückszyklus befindet.

Bei ungünstiger Prägung stellen sich gern Probleme mit Kindern ein; von Spiel und Spekulationen muß abgeraten werden, weil bei schwieriger Jupiteraspektierung in diesem Haus sonst Verluste drohen.

Jupiter im 6. Haus

Erfolg bei Arbeit im Dienste von Mitmenschen, zum Beispiel durch anerkannte Führungsqualitäten und gute Beziehungen zu Angestellten oder Kollegen. Vorteile durch Angestellte. Man versteht es, sich im Leben behaglich einzurichten. Eine gute Jupiterposition für die Gesundheit, falls keine gespannten Aspekte dazu vorliegen, auch für heilerische Fähigkeiten. B. A. Mertz spricht auch von «Dienst am Recht».

Bei ungünstiger Prägung spricht die klassische Astrologie u.a. von Leber-Galle-Störungen, Problemen mit dem Blut und Krankheiten durch falsche oder zu sorglose Ernährung.

Jupiter im 7. Haus

Steht für Glück, Erfolg und reichen Gewinn durch Ehe bzw. persönliche Du-Beziehung, womöglich erst im zweiten «Anlauf». Diese Jupiterstellung im 7. Haus zeigt die Fähigkeit an, nützliche Partnerschaften zu schließen – aufgrund der optimistischen Ausstrahlung und der eigenen Beliebtheit. Man entfaltet sich am besten in einer Zweier-Beziehung.

Bei ungünstiger Prägung Schwierigkeiten in der persönlichen Du-Beziehung; Probleme bei Rechtsangelegenheiten bzw. in Geschäftspartnerschaften.

Jupiter im 8. Haus

Bedeutet Geldgewinn durch Partner, Ehe bzw. durch Erbe. Ein starker erotischer Trieb; magnetische Ausstrahlung; Heilgaben. E.-G. Paris spricht von einem «friedlichen Tod», den diese Jupiterstellung anzeige. Fähigkeit, in persönlichen Krisenzeiten neuen Sinn zu finden, Mut zu schöpfen und sich auf transformierte Weise wieder zu entfalten.

Bei ungünstiger Prägung ein Hinweis auf manchmal mangelhafte Urteilskraft, extravagante Selbstentfaltung oder Selbsttäuschung, Enttäuschungen in Erbangelegenheiten.

Jupiter im 9. Haus

«Bringt» erfolgreiche Fernreisen, auch von längerer Dauer, oft sogar Aufenthalt im Ausland. Eine ähnliche Sehnsucht nach Erweiterung des Horizonts spiegelt sich im Interesse an Philosophie, Religion, Wissenschaft und Mystik. Erfolge in der höheren Form von Erziehung sowie in der Veröffentlichung von geistig anspruchsvollem Gedankengut. Ein sicheres Urteil paart sich mit einer guten Intuition; Gerechtigkeitssinn.

Bei ungünstiger Prägung kann sich ein unangenehmer missionarischer Drang bemerkbar machen, der auf Vorstellungen aufbaut, die absolut gesetzt werden. Die moralische Einstellung ist eher schwankend.

Jupiter im 10. Haus

Fördert den vorhandenen großen Ehrgeiz zur Entfaltung des eigenen Potentials – nicht nur, um viel Geld im Beruf zu verdienen, sondern mindestens ebenso, um in den Augen anderer Menschen eine gesellschaftlich herausragende Stellung einzunehmen. Tatsächlich haben Menschen mit dieser Jupiterposition im 10. Haus auch auffallend häufig besonders großen Erfolg im Leben, ihre Karriere geht nach oben, sie bekleiden öffentliche Ämter und gewinnen Ansehen und Anerkennung. Der Wohlstand wird durch eigene Leistung, die einem aber psychologisch relativ leicht fällt, erworben. Man ist offen und «siegesgewiß». Isabel M. Hickey spricht sogar von der «besten Position von Jupiter für Erfolg und Wohlstand».

Bei ungünstiger Prägung zeigen sich immer wieder einmal größere Widerstände im Beruf, die Erfolgskurve geht auf und ab, man wird (oft ungerecht) kritisiert oder übergangen.

Jupiter im 11. Haus

Symbolisiert Freundschaften, die einem dabei helfen, Ziele im Leben zu erreichen. Wünsche und Hoffnungen werden nicht nur entfaltet, sondern auch erfüllt. Das Streben in höhere Gesellschaftsschichten wird durch hochgestellte Bekannte erleichtert. Eine Vorliebe für Reisen und Gesellschaftsleben. Man verfolgt ungewöhnliche und/oder reformerische Ziele und entwickelt neue Wertvorstellungen.

Bei ungünstiger Prägung treten Nachteile durch falsche oder unzuverlässige Freunde auf; zweifelhafte Beziehungen kann man nicht ohne weiteres als solche erkennen; der eigene Ehrgeiz bleibt teilweise unerfüllt.

Jupiter im 12. Haus

Steht für soziale Wohltätigkeit, für den unsichtbaren «Schutzengel». Ungünstige Zeiten halten nicht lange an, bevor sich die Situation wieder zum besseren wendet. Selbst Feinde werden später zu Freunden. Man vermag erfolgreich hinter der Bühne zu wirken; man ist im Privatbereich eher glücklich als in der großen Öffentlichkeit. Diese Jupiterstellung fördert Interesse an Meditation und der Erkenntnis von ewigen Wahrheiten jenseits des Denkens und Fühlens – aber auch das bevorzugt in der privaten Stille statt auf dem Jahrmarkt; bisweilen Anlagen zur medialen Zukunftsschau.

Bei ungünstiger Prägung beeinträchtigt Eile, die gar nicht geboten wäre, die sonst möglichen Erfolgschancen. Vor allen Genußgiften bzw. Rauschmitteln und Drogen sollten sich Menschen mit dieser Jupiterstellung besonders gut hüten. Selbst bei ungünstigen Jupiteraspekten kann man mit der Hilfe von Freunden rechnen.

Jupiter in Aspekten zu anderen Planeten

Während sich beim Planeten Saturn ein schwieriger Aspekt dadurch zeigt, daß an irgendetwas ein Mangel herrscht, etwas zu wenig ist, daß ein Verlust eintritt, gilt beim Jupiter, daß sich Probleme, falls sie vorhanden sind, eher durch ein Zuviel einstellen, durch einen Überfluß, der nicht richtig beherrscht, genutzt oder integriert werden kann.

♃ Jupiter/Sonne: ☉ Entfaltung und Vitalität

Kombination von Jupiter/Sonne allgemein

Zu den Themen, die durch diesen Aspekt Bedeutung gewinnen, zählen Erfolg, Erfüllung, Glück, Gesundheit, Freude, optimistische Ausstrahlung, Anerkennung, Wahrheit, Ehrlichkeit, natürliches Selbstvertrauen.

Energieaspekt Konjunktion Jupiter/Sonne

Ein starker Geist voll schöpferischer Kraft, Anlagen zu besonderer Leistungsfähigkeit; stark und kraftvoll, aber nicht aggressiv. Im Horoskop einer Frau «Glück» durch einen (den?) Mann, im Horoskop eines Mannes auf ruhige Weise energisch und begünstigt.

Förderungsaspekte Trigon/Sextil Jupiter/Sonne

Günstig für Erfolg, Glück, Anerkennung und Gesundheit im Leben. Förderung der höheren Qualitäten des Menschen sowie durch männliche Personen; das Auftreten in der Umwelt erweckt Vertrauen. Gesellschaftlicher Ehrgeiz und gesundes Streben nach Besitz. Ein günstiger Aspekt für das Einvernehmen mit geistig interessierten und versierten Menschen (Religion, Philosophie, Meditation), mit Personen aus dem Bereich des Rechts sowie mit Höhergestellten generell.

Manche Astrologen halten diesen Aspekt zwischen Jupiter und Sonne für noch günstiger als die Konjunktion!

Herausforderungsaspekte Opposition/Quadrat Jupiter/Sonne

Konflikte wollen gelöst werden, wenn folgende polare Neigungen des Menschen gleichberechtigt nach Verwirklichung drängen: Liebe und Freiheit, Leidenschaftlichkeit und Vernunft, Führungswille und Bequemlichkeit. Bisweilen Hang zu Stolz, Anmaßung, Anerkennungssucht und Rechthaberei; eventuell auch leichtsinnig oder verschwenderisch.

♃ Jupiter/Mond: ☾ Wachstum und Gefühl

Kombination von Jupiter/Mond allgemein

Glücksgefühle, die Entfaltung des Gemüts und der seelischen Aspekte des Lebens, Religiosität, Sehnsucht nach Geborgenheit, Güte, Mitgefühl und echtes Verständnis für andere sowie Beliebtheit oder gar Prominenz spielen bei dieser Konstellation eine Rolle.

Energieaspekt Konjunktion Jupiter/Mond

Ein sympathisches Wesen verbindet sich mit einer optimistischen Lebenssicht. Gute Gesundheit, aber mit Neigung zum Übergewicht – Jupiter entfaltet eben alles, (leider) auch den Körper. Sozialer Altruismus und persönliche Hilfsbereitschaft kennzeichnen diesen Aspekt ebenso wie Freude an Geselligkeit und Vergnügungen. Reinhold Ebertin nennt auch «Geschäftstüchtigkeit».

Förderungsaspekte Trigon/Sextil Jupiter/Mond

Unbewußte Strömungen und nach außen gerichtete Entfaltungsenergien sind im Einklang. Das Gefühl beeinflußt das Handeln. Freigiebigkeit, Beliebtheit, gesellschaftliche Anerkennung und dadurch auch finanzielle Vorteile. Oft erntet man mit dieser Konstellation die guten karmischen Früchte guter früherer Taten. Unterstützung durch Frauen und die häusliche Umgebung.

Herausforderungsaspekte Opposition/Quadrat Jupiter/Mond

Konflikte wollen gelöst werden, wenn folgende polare Neigungen des Menschen gleichberechtigt nach Verwirklichung drängen: Sicherheit und Freiheit, Intimität und Freiheit, Furcht und Tapferkeit, Heimatbedürfnis und Fernweh. Mitunter Hang zu Gleichgültigkeit, Ungerechtigkeit, Nachlässigkeit, ungerechtfertigtes Mißtrauen, Streit über Weltanschauungen oder Unentschiedenheit in Fragen von Lebenswerten.

♃ Jupiter/Merkur: ☿ Zweck und Sinn

Kombination von Jupiter/Merkur allgemein

Weitgespannte Kommunikation und lebendiger Wissensdurst, gesunder Menschenverstand, Fähigkeit, Wissen zu assimilieren und in sinnvoller Weise zu ordnen sowie darzustellen.

Energieaspekt Konjunktion mit Jupiter/Merkur

Reichtum an Ideen und Gedanken, zielbewußte Orientierung, Sinn für Ethik, Recht und Spiritualität, Gutmütigkeit oder sogar Barmherzigkeit. Einsatz der Verstandeskräfte für eine gute Sache. Kann indes auch auf fast unmerkliche Weise eigensinnig bis stur sein.

Förderungsaspekte Trigon/Sextil mit Jupiter/Merkur

Gute Beobachtungsgabe, überdurchschnittlich intelligent; aufbauender, nicht schneidender Intellekt, tiefgründiger Verstand, Wahrheitsliebe. Begabung und Erfolge, wo Reisen eine Rolle spielen, in kaufmännischen Berufen oder im Bereich von Literatur und Kunst. Eine geistige Lebenseinstellung, philosophisch oder spirituell, ist das Fundament für echtes Vertrauen in die positiven Kräfte des Lebens und guten Ausgang von Ereignissen auch in schwierigen Situationen.

Herausforderungsaspekte Opposition/Quadrat Jupiter/Merkur

Konflikte wollen gelöst werden, wenn folgende polare Neigungen des Menschen gleichberechtigt nach Verwirklichung drängen: Idealismus und Realismus, Weisheit und Wissen, Moral und Zweckmäßigkeit, Theorie und Praxis. Bei einer eher unbewußten Lebensführung auch Leichtfertigkeit, Unzuverlässigkeit, Hang zu Ungenauigkeit oder Übertreibungen (auch in Fragen der Wahrheit) sowie Taktlosigkeit oder eitle Arroganz. Man beobachtet hier ab und zu auch fixe Anschauungen, die nicht unbedingt richtig sein müssen, einen Mangel an gesundem Menschenverstand und die Schwierigkeit, auch einmal «nein» zu sagen.

♃ Jupiter/Venus: ♀ Genuß und Maß

Kombination von Jupiter/Venus allgemein

Liebesglück, Herzlichkeit, künstlerisches Wesen, ausgeprägter Sinn für Schönheit. Einen Menschen mit dieser Kombination bezeichnet jemanden, der Glück im Leben hat (falls im 2. Haus, auch in Form reicher finanzieller Segnungen). Erinnern wir uns an dieser Stelle daran, daß nach dem Gesetz von Ursache und Wirkung der Grund für das Glück in diesem Leben zuvor in anderen Lebensformen gelegt wurde. Nach der Darstellung der alten Astrologie bedeutet die Konstellation von Jupiter und Venus die Verbindung des «großen Glücks» mit dem «kleinen Glück».

Der Ansicht der Amerikanerin Lynne Burmyn und manch anderer moderner, psychologisierender Astrologen, daß die Jupiter/Venus-Kombination generell, also auch bei den fördernden Aspekten, «zu viel (von allem und jedem)» und «Übertreibung» bedeutet, kann ich mich übrigens überhaupt nicht anschließen. Wann sollte es auf unserer Erde und in unserer Zeit zumal «zuviel» Liebe geben? Sei es die persönliche, intime und sinnliche Liebe zwischen zwei Menschen, sei es das Mitgefühl für andere Menschen oder sei es die überpersönliche Liebe zu unserem wahren Selbst und dessen schöpferischer Quelle, Gott – gibt es da je ein «Zuviel?»

Energieaspekt Konjunktion mit Jupiter/Venus

Glück im Leben und in der Liebe, glückliche persönliche Beziehungen und Verbindungen, Fähigkeit, rasch Beliebtheit zu erlangen, harmonischer Ordnungssinn, ausgeprägte Ästhetik, Hang zum Luxus und zu anspruchsvollen Einstellungen und Verhaltensweisen. In der astrologischen Tradition gilt diese Konjunktion als einer der glücklichsten Aspekte überhaupt. Wenn Sie ihn also für sich in diesem Leben manifestiert haben, sage ich Ihnen nur *Herzlichen Glückwunsch*!

Förderungsaspekte Trigon/Sextil mit Jupiter/Venus

Bei dieser Konstellation finden wir eine ähnliche Qualität wie bei der Konjunktion, allerdings fördert dieser Aspekt noch mehr das Geben und Teilen. Man erlangt leicht Sympathien und schenkt sie auch an andere; durch das eigene fröhliche Wesen gewinnt man schnell Freunde. Günstig für Geldangelegenheiten, weil der gelebte Optimismus andere Menschen beflügelt und attraktiv, also anziehend wirkt – auch auf Erfolg. Aktives Seelenleben und bewußte Suche nach höheren Wahrheiten; auch gute «Erfolge» in der Meditation.

Herausforderungsaspekte Opposition/Quadrat mit Jupiter/Venus

Konflikte wollen gelöst werden, wenn folgende polare Neigungen des Menschen gleichberechtigt nach Verwirklichung drängen: Quantität und Qualität, direkte Offenheit und taktvolle Zurückhaltung, geistige Interessen und sinnliche Neigungen, Haben und Teilen. Starallüren, Eitelkeit, ein triebhafter Appetit oder eine sexuelle Unersättlichkeit, Neigung zur Verschwendung, Vergnügungssucht, aufgesetzte Freundlichkeit oder Angebertum können sich möglicherweise bei weniger entwickelten Menschen unangenehm offenbaren.

♃ Jupiter/Mars: ♂ Ertrag und Leistung

Kombination von Jupiter/Mars allgemein

Mut, Ehre, wirkungsvolle Schaffenskraft, Tüchtigkeit, glückliche Entscheidungen, erfolgreiche Unternehmungen; laut Reinhold Ebertin auch Verlobung, Heirat, Geburten.

Energieaspekt Konjunktion Jupiter/Mars

Unabhängigkeit, Mut, Ehrgefühl (bis Stolz), Erfolgsorientierung bei großem Einsatz, Einsatz für Ideale, schnelle und gute Entscheidungen, Zielstrebigkeit, Ehrgeiz, Tatendrang und Entschlossenheit werden durch diesen Aspekt symbolisiert.

Förderungsaspekte Trigon/Sextil Jupiter/Mars

Persönliche Wünsche und Bedürfnisse anderer Menschen sowie ethische Erwägungen werden miteinander ausgeglichen. Eine aufrichtige und zielbewußte Handlungsweise verbindet sich mit einem offenen und moralisch verantwortlichen Charakter. Zusagen werden eingehalten. Vorteile durch Reisen und reformerische sowie religiöse Interessen gehören zu diesem Aspekt ebenso wie Sportlichkeit und körperliche Widerstandsfähigkeit.

Herausforderungsaspekte Opposition/Quadrat Jupiter/Mars

Konflikte wollen gelöst werden, wenn folgende polare Neigungen des Menschen gleichberechtigt nach Verwirklichung drängen: Gegenwart und Zukunft, Eigenwillen und Verständnis für andere, Trieb und Moral. Voreiligkeit, rechthaberischer Durchsetzungsdrang, Auflehnung gegen Autoritäten und/oder Gesetze und Vorschriften bzw. Ordnungen sowie Taktlosigkeit zählen zu den eher negativen Eigenschaften, die sich bei unbewußten Menschen unter diesem Aspekt stärker zeigen können.

♃ Jupiter/Jupiter: ♃ Entfaltung und Wachstum

Aspekt nur im Partnervergleich und bei Transiten möglich.

Kombination von Jupiter/Jupiter allgemein

Gegenseitiges Verständnis und Hilfe bei der persönlichen Entfaltung; gemeinsamer Erfolg; Einklang in geistigen, religiösen bzw. spirituellen Fragen des Lebens.

Energieaspekt Konjunktion Jupiter/Jupiter

Man zieht an einem Strang bzw. geht in dieselbe Richtung im Leben. Gemeinsame und geteilte Freude an weiten Reisen, Abenteuern, der Entdeckung neuer äußerer und innerer Horizonte, auch im spirituellen Bereich.

Förderungsaspekte Trigon/Sextil Jupiter/Jupiter

Die Zusammenarbeit bzw. das Zusammenleben ist erfreulich, harmonisch und glücklich. Projekte gehen leicht von der Hand, man genießt Ansehen im eigenen Kreis. Vielleicht ein Hang zur Nachlässigkeit, weil alles schon so schön und geregelt und «automatisch» erfolgreich aussieht.

Herausforderungsaspekte Opposition/Quadrat Jupiter/Jupiter

Konflikte wollen gelöst werden, wenn folgende polare Neigungen des Menschen gleichberechtigt nach Verwirklichung drängen: Großzügigkeit und Besitzansprüche, Streben nach Quantität und Wertbewußtsein. Tendenz zur Bequemlichkeit, Beharren auf fixen Ideen oder weltanschaulichen Überzeugungen.

♃ Jupiter/Saturn: ♄ Mit Geduld zum Erfolg

Kombination von Jupiter/Saturn allgemein

Geduld, Zielbewußtsein, Sorgfalt, Rechtschaffenheit, Selbstvertrauen, eine Verbindung zwischen dem Prinzip der Entwicklung durch Entfaltung bzw. Expansion (Jupiter) und dem Prinzip der Entwicklung durch Zusammenziehung bzw. Kontraktion oder Konzentration (Saturn). Es handelt sich hier um zwei Planetenkräfte, die in eine deutlich unterschiedliche oder sogar entgegengesetzte Richtung drängen. Um so mehr kommt es darauf an zu verstehen, daß grundsätzlich alle Kräfte in allen Menschen angelegt sind und es darum geht, wie sie integriert oder verdrängt oder ausgelebt oder irgendwie anders entwickelt und erfahren werden.

Energieaspekt Konjunktion Jupiter/Saturn

Bei bewußter Lebensführung eine entscheidende Hilfe, um hochgesteckte Ziele mit Ausdauer zu erreichen sowie die bei den allgemeinen Bemerkungen genannten Qualitäten. I. Hickey spricht sogar davon, daß diese Konjunktion ein Zeichen dafür sei, daß der Mensch in diesem Leben ohne viel altes Karma einen «neuen Start» machen kann. Andere Astrologen, so R. Ebertin, sehen in dieser Konstellation zuerst ein negatives Signal, nämlich für «Unzufriedenheit mit sich selbst und anderen, leicht reizbar sein». Ich kann in diesem Fall weder Hickey noch Ebertin zustimmen. Nur wirklich weise oder gar «erleuchtete» Menschen sind mehr oder weniger «karmafrei». Und die Jupiter/Saturn-Konjunktion symbolisiert für mich eher einen kritisch-anspruchsvollen Geist, der aber durchaus genügend Mitgefühl besitzt, um im Umgang nicht scharf oder verletzend zu sein. Letzthin liegt das Urteil darüber aber bei Ihnen selbst und Ihren eigenen Lebenserfahrungen.

Förderungsaspekte Trigon/Sextil Jupiter/Saturn

Man hält an einmal gefaßten Plänen gern fest und bleibt beharrlich an ihrer Verwirklichung; Zuverlässigkeit, gesunder Menschenverstand, eine praktische Seite des Charakters, auch Besitzstreben, aber oft mit geistigem Hintergrund. Erfolg stellt sich durch Leistung ein, oder: Man bekommt zwar nichts geschenkt, aber erhält doch die Chance, sich viel zu erarbeiten. Nach innen gerichtete und nach außen drängende Kräfte im Menschen wirken im Einklang miteinander.

Herausforderungsaspekte Opposition/Quadrat Jupiter/Saturn

Konflikte wollen gelöst werden, wenn folgende polare Neigungen des Menschen gleichberechtigt nach Verwirklichung drängen: Entfaltung und Rückzug, Träume und Wirklichkeit, Freiheit und Sicherheit, echte Moral und äußeres Gesetz, gelebte Mystik und theologisches Dogma, Bildung und Erfahrung, fremde Ferne und vertraute Heimat. Dies sind wie immer nur einige wenige beispielhafte und typische Begriffspaare, die sich aus den Eigenqualitäten der Planeten ergeben. Unentschlossenheit, seelische Zerrissenheit, ein auch materiell eher unbeständiges Leben wären Konsequenzen, wenn man die gegenläufigen Kräfte nicht zu integrieren imstande wäre.

♃ Jupiter/Uranus: ⛢ Glück und Überraschung

Kombination von Jupiter/Uranus allgemein

Glückliche «Zufälle», plötzliche gewinnbringende oder sonstwie ertragreiche Ideen, überraschende Wendungen im Leben; Optimismus, Unabhängigkeit, Originalität, Fortschritt, allgemeiner Veränderungswille bzw. Drang zur Verbesserung.

Energieaspekt Konjunktion Jupiter/Uranus

Streben nach Wissen und Weisheit; eine gute Verbindung zwischen Entfaltungsdrang und Intuition; Ablehnung orthodoxer Überzeugungen oder traditioneller Werte, statt dessen freie und unabhängige neue Wertbestimmungen; manchmal missionarischer Eifer; Aufgeschlossenheit und intuitiv richtiges Erfassen neuer Situationen, organisatorischer Weitblick.

Förderungsaspekte Trigon/Sextil Jupiter/Uranus

Aufgeschlossenheit, ungewöhnliche Gelegenheiten und eine große, oft unverhoffte Unterstützung durch plötzliche glückhafte Umstände im Leben; man führt ein Leben voll von stets neuen Ereignissen und ungewöhnlichen Begebenheiten. Vom weltlich-materiellen Standpunkt ist dies meist ein sehr günstiger Aspekt.

Herausforderungsaspekte Opposition/Quadrat Jupiter/Uranus

Konflikte wollen gelöst werden, wenn folgende polare Neigungen des Menschen gleichberechtigt nach Verwirklichung drängen: Überzeugungen und praktische Erwägungen, Begeisterung und Vertretung von Theorien, schöpferische Kräfte, die nach Ausdruck suchen, und Unberechenbarkeit. Möglicherweise hat man das Gefühl, die besten Gelegenheiten oft zu verpassen. Starke Willenskraft und energischer Freiheitswille verführen bisweilen dazu, vorschnelle Entscheidungen zu treffen oder voreilige Urteile zu fällen. Mit dieser Konstellation kann man indes für andere Menschen, die sich in kalte Dogmen verrannt haben oder in toten Traditionen steckengeblieben sind, eine große Hilfe sein, indem man ungewollt, durch das eigene ungewöhnliche So-Sein, ihre «Panzerungen» zerbricht. Allerdings gerät man dadurch unter Umständen in weltanschauliche Konflikte.

♃ Jupiter/Neptun: ♆ Entfaltung und Seele

Kombination von Jupiter/Neptun allgemein

Man geht idealistischen Neigungen nach; Glaube, Moral und Spiritualität, Esoterik oder Mystik spielen eine wichtige Rolle. Man überschreitet Grenzen und hegt hohe Erwartungen; schöpferische Kräfte, die aus unbewußten oder überbewußten Quellen gespeist werden.

Energieaspekt Konjunktion Jupiter/Neptun

Idealismus, Mystik, Bemühung um höchste Werte und «Heiligung» (= Ganzwerdung), kreative Imagination, Träume, Sinn für Kunst; verfeinerte Erotik bzw. sensible Sinnlichkeit. Eventuell auch Scheinheiligkeit oder Phantastereien.

Förderungsaspekte Trigon/Sextil Jupiter/Neptun

Ähnlich wie die Konjunktion, aber noch harmonischer und ohne negative Seite. Fürsorglichkeit, Großzügigkeit, Empfänglichkeit, Offenheit – dies führt zu inneren und äußerlichen Vorteilen. Möglicherweise gute mediale Anlagen.

Herausforderungsaspekte Opposition/Quadrat Jupiter/Neptun

Konflikte wollen gelöst werden, wenn folgende polare Neigungen des Menschen gleichberechtigt nach Verwirklichung drängen: Möglichkeiten und Wünsche, Gesetze und Visionen, Wahrheit und Mitgefühl. Eventuell auch Verluste durch Spekulationen oder Verführungen, Haltlosigkeit; Ent-Täuschungen; selbstverursachte Skandale.

♃ Jupiter/Pluto: ♇ Sinn und Macht

Kombination von Jupiter/Pluto allgemein

Die glückbringende Kraft der Entfaltung und des Lebenssinns verbindet sich mit der machtvollen Stärke der totalen Persönlichkeitswandlung, des Durchsetzungswillens und der Beeinflussung des Individuums durch kollektive Lebensbedingungen. Hier kommt es also sehr darauf an, inwieweit der Mensch, für den wir astrologische Aussagen treffen wollen, noch eher unbewußt ist und den Kollektiveinflüssen unterliegt oder bewußt entwickelt ist und deshalb auch Wandlungsprozesse annehmen kann, die für das Ego eher schmerzlich sind. Thema dieser Planetenverbindung ist auch der religiös oder spirituell fundierte Umgang mit Geburt und Tod und Wiedergeburt sowie mit Karma und Jenseits und mit Gefühlen von Schuld und Sühne. Weil Pluto sehr langsam läuft, sind Jupiter/Pluto-Aspekte grundsätzlich Konstellationen, die ganze Generationen erfassen. (Das gilt bekanntlich in gewissem Maß auch für die anderen langsam laufenden Planeten.)

Energieaspekt Konjunktion Jupiter/Pluto

Überdurchschnittliche Anziehungskraft, auch für materiellen Besitz; Führungsqualitäten, Machtstreben und Machtentfaltung; mitunter ein Schuß Fanatismus. Organisierung von Massenbewegungen oder auch Ausbeutung von Menschen(massen).

Bevor ich diese Sätze zum Energieaspekt Jupiter/Pluto in den Computer tippen konnte, fiel dieser aus, weil ein «Experte» noch irgend etwas ganz Besonderes mit einbauen wollte und des Guten zuviel tat. Auch das könnte eine Metapher für die Konjunktion dieser Planeten sein: unbedingt das Schönste, Beste und Größte erreichen wollen, koste es, was es wolle. Daß man dann Rückschläge hinnehmen muß, versteht sich von selbst.

Förderungsaspekte Trigon/Sextil Jupiter/Pluto

Geistige Interessen verbinden sich günstig mit einem Drang nach Wissen und der Kraft, auch über längere Zeit hinaus an einer Sache «dran zu bleiben». Diese Konstellation «verleiht» enorme Kräfte, sich für eine als richtig erkannte Sache einzusetzen. Der Sinn für kollektive gesellschaftliche, politische, wirtschaftliche, kulturelle und spirituelle Veränderungen ist stark entwickelt. Dabei weiß man die eigene Unabhängigkeit vom Massengeschmack und den Massenanliegen wohl zu wahren.

Herausforderungsaspekte Opposition/Quadrat Jupiter/Pluto

Konflikte wollen gelöst werden, wenn folgende polare Neigungen des Menschen gleichberechtigt nach Verwirklichung drängen: geistiger Sinn und Kollektivwerte, Zukunft und Vergangenheit, Freiheit und Bindung, Offenheit und Geheimhaltung. Man neigt wohl etwas zu Übertreibungen oder zu Abenteurertum und muß deshalb mit selbstverschuldeten Angriffen, Verlusten oder Niederlagen rechnen.

♃ Jupiter/Mondknotenachse: ☊ Spiritualität und Schicksal

Kombination von Jupiter/Mondknotenachse allgemein

Entfaltung der karmischen Aufgaben, gute Beziehungen zur Umwelt, ein besonderes Gespür für Botschaften des Schicksals oder überpersönliche, transzendente Energien im Leben.

Konjunktion Jupiter/aufsteigender Mondknoten

Man vermag persönliche Beziehungen zu pflegen und gute Verbindungen einzugehen. Glück in geschäftlichen Partnerschaften. Feingefühl, Entgegenkommen und Anpassungsfähigkeit. Im esoterischen Sinne zeigt die Konjunktion von Jupiter mit dem nördlichen oder aufsteigenden Mondknoten an, daß der betreffende Mensch bereit ist, seine neuen karmischen Aufgaben für dieses Leben anzunehmen und zu erfüllen (zum Vergleich siehe auch die nächste Kurzdeutung).

Konjunktion Jupiter/absteigender Mondknoten

Man ist überwiegend damit beschäftigt, den eigenen Vorteil zu wahren (weil man sonst vielleicht die Sorge hegt, daß das Schicksal einen zu kurz kommen ließe), und gerät dadurch in Konflikte mit der sozialen Gemeinschaft. Im esoterischen Sinne zeigt diese Jupiterstellung an, daß man noch sehr beschäftigt ist, altes Karma aus vergangenen Inkarnationen aufzuarbeiten. Man kann Altes noch nicht loslassen, sondern meint, irgendwie Recht bekommen oder behalten zu müssen.

Trigon/Sextil Jupiter/Mondknotenachse

Gemeinsame berufliche und finanzielle Erfolge, wohltuende Freundschaften, gemeinsame philosophische oder spirituelle Interessen, Freude an Reisen, Kameradschaftlichkeit.

Quadrat Jupiter/Mondknotenachse

E. G. Paris meint, daß generell Konflikte und Entfremdungen durch diese Jupiterposition symbolisiert würden. Ich sehe in dieser Konstellation eher die Herausforderung, daß man die Entfaltungswünsche der Persönlichkeit und die Notwendigkeit, die Aufgaben des Schicksals (oder des Karmas) zu lösen, in einen sinnvollen Einklang bringt. Die Persönlichkeit möchte eines, das Leben etwas anderes. Glück im Leben kann auch darin bestehen, daß man beides «unter einen Hut» bringt. In der Praxis bedeutet das natürlich, daß man sein Ego dazu einlädt, das begehrenswert und wunderbar zu finden, was das Leben gerade bietet – und nicht das, was der Nachbar hat oder man früher einmal erlebt hat, oder was man erst in zehn Jahren wird erfahren können. (Die Mondknoten sind exakt gegenüber, deshalb ist die Konjunktion mit dem einen gleichzeitig die Opposition zum anderen.)

♃ Jupiter/AC-DC-Achse: AC/DC

Erfüllung und persönliche Beziehungen

Kombination von Jupiter/AC-DC allgemein

Private Neigungen stehen im Vordergrund. Diesen Menschen ist es wichtig, ihre Rolle im Leben zu finden. Manchmal probieren sie erst einmal eine ganze Reihe von «Masken» aus, bevor sie mehr zu sich selbst gelangen.

Konjunktion Jupiter/AC

Sympathisches und gewinnendes Auftreten, Vertrauen in sich selbst und günstige Fügungen des Lebens. Großzügigkeit, Einfluß auf die Umwelt ausüben, höhere Werte im Leben verwirklichen wollen. Bei weniger bewußten Menschen auch Geltungsbedürfnis und Dünkel. Auf jeden Fall ist dies eine besonders günstige «Glückskonstellation».

Trigon/Sextil Jupiter/AC-DC

Erfolg und Anerkennung, Beliebtheit, vorteilhafte Verbindungen, persönliche und berufliche Protektion.

Ebenfalls ein sehr günstiger Aspekt. Oft ist mit dieser Konstellation auch ein Förderungsaspekt zur Achse MC-IC, also Beruf und Heim, gegeben.

Quadrat Jupiter/AC-DC

Herausforderung, ganz konstruktiv das Verhältnis zwischen Ich und Du zu prüfen und zu harmonisieren; Auseinandersetzungen über Wertvorstellungen und ethische Fragen. Dieses Quadrat fällt oft mit einer Konjunktion zur MC-IC-Achse zusammen. «Spannungen» zur AC-DC-Achse, zur Achse Ich-Du, wären demnach fördernd entweder für die Stellung in der Öffentlichkeit (MC) oder die Entfaltung in der eigenen räumlichen oder seelischen Heimat.

Konjunktion Jupiter/DC

Der Jupiter am symbolischen «Du-Punkt» weist auf Glück, Freude und Erfolg durch die persönliche Partnerschaft hin. Das eigene Wesen kann sich durch die nahe Beziehung zu einem anderen Menschen besonders gut entfalten. Mitunter Idealisierung des Partners oder Projektionen. (Opposition Jupiter/Aszendent ist dasselbe wie Konjunktion Jupiter/Deszendent. Das Quadrat von Jupiter zu Deszendent entspricht der Konjunktion von Jupiter zu MC. Trigon/Sextil von Jupiter zu Deszendent entspricht Trigon/Sextil von Jupiter zu Aszendent.)

♃ Jupiter-MC-IC-Achse: MC/IC

Erfüllung und öffentlicher Erfolg

Kombination von Jupiter/MC-IC allgemein

Erfolg in Beruf und Karriere oder glückliche Entfaltung der eigenen Wurzeln, Erfolgsmenschen oder Lebenskünstler; ein tiefes Empfinden von Zufriedenheit.

Konjunktion Jupiter/MC

Mit Optimismus werden erstrebenswerte Positionen im Beruf erreicht; man liebt seine berufliche Tätigkeit und strebt nach Höherem darin.

Trigon/Sextil Jupiter/MC-IC

Ähnlich wie die allgemeine Beschreibung und die Konjunktion, aber noch «runder», harmonischer, integrierter. Sinn nicht nur für echte Werte, sondern auch für das Gute in anderen Menschen, Seelenkontakt zu bewußten Seelen.

Quadrat Jupiter/MC-IC

Gesellschaftliche bzw. berufliche Ziele und Notwendigkeiten werden gern zugunsten der privaten Entfaltung etwas vernachlässigt. Eine Aufgabe bestünde darin, daß man sowohl seinen persönlichen Bedürfnissen nachgeht als gleichzeitig auch die Chancen und Herausforderungen der sozialen und beruflichen Seite des Lebens annimmt. Dieser Aspekt fällt oft mit einer Konjunktion zur AC-DC-Achse zusammen; dann siehe dort.

Konjunktion Jupiter/IC

Das Glück liegt eher im eigenen Heim oder in der geistigen Heimat. Lebensfreude und seelische Erfüllung stellen sich meist später, in der zweiten Lebenshälfte ein. Man fühlt sich traditionellen Werten verbunden und möchte die eigene Lebensweisheit gern an andere Menschen weitergeben. (Die Opposition von Jupiter zu MC entspricht der Konjunktion mit IC. Das Quadrat von Jupiter zu IC entspricht dem Quadrat von Jupiter zu MC. Trigon/Sextil von Jupiter zu IC entspricht Trigon/Sextil von Jupiter zu MC.)

♄ Der Prüfungsplanet Saturn

Die Kraft der Konzentration und Grenzsetzung

Saturn versinnbildlicht die Grenzen, die uns durch innere und äußere Gesetze und durch materielle Bedingungen gesetzt sind. Damit bringt er immer dann «Prüfungen», wenn wir an diese Grenzen stoßen. Er bietet zugleich aber eine Chance, die leider oft genug gar nicht als solche erkannt wird: durch das Erleben oder gar die Konfrontation mit Grenzen werden wir aufgefordert, uns auf das Wesentliche zu konzentrieren, die Basis dessen, was verfügbar ist, zu vertiefen und zu sichern. Die Chance des Saturn liegt in der Überwindung der Begrenzung, indem man Grenzen als integralen Teil des Lebensplans annimmt und auf dieser Einsicht eine konstruktive Lebensführung aufbaut.

Ich selbst bin mit einem stark gestellten Saturn «gesegnet», er steht dicht am Aszendenten, am Ich-Punkt. Ich habe also durchaus mein gerüttelt Maß an Saturn-Prüfungen, -Hemmungen und -Grenzsetzungen erfahren dürfen; gleichzeitig damit aber auch die Aufforderung, Werte im Inneren zu finden und zu stärken, konzentriert zu arbeiten und keine unrealistischen Erwartungen zu hegen. Allerdings symbolisiert das Trigon zum Jupiter im Schützen zum Saturn im Löwen für mich das Geschenk einer optimistischen Lebenseinstellung auch inmitten von vermeintlichen Problemen und zumindest die Bereitschaft, die Energie auf Lösungen zu konzentrieren, nicht auf Problemvertiefung. Zwischen Optimismus und Realismus besteht für mich ein Einklang.

Saturnische Herausforderungen sind kein Unglück, sondern eine Chance, sie zu überwinden und daran menschlich zu wachsen.

«*Warum solltest du dich über die Dunkelheit beklagen, o Darshan? Entzünde statt dessen das Licht deines Herzens.*»

Dieses Wort des verstorbenen Dichters, Mystikers und Meditationsmeisters Darshan Singh könnte man als eine Metapher für den Saturn verstehen.

Möge Ihnen die Beschäftigung mit Saturn und mit der Astrologie viel Licht offenbaren. Astrologie ist im besten Sinne ja eine Himmelskunde, die nach der Bedeutung des Lebens fragt, sie ist echte Lebenshilfe.

Das Saturn-Symbol

Das Zeichen für den Saturn ist eine Art Spiegelbild zu dem des Jupiters. Beim Saturn steht im Zentrum auch das irdische Kreuz, nun stellt die Mondsichel aber einen abnehmenden Mond dar, der dem Kreuz von Materie und Form untersteht. Die Mondsichel als Symbol der Psyche ist rechts unterhalb dieses Kreuzes gestellt. Damit geht ein «Sieg des Materiellen über das Seelische» einher, so der Astrologe Ernst-Günther Paris.

Bernd A. Mertz beschreibt die Mondsichel unter dem Materiekreuz beim Saturnsymbol entgegengesetzt, nämlich als zunehmenden Mond. Er spricht folgerichtig davon, daß «beständige Entfaltung nur aus der Tiefe kommen kann. Deswegen ist der Halbkreis (die Mondsichel) im Sinn des zunehmenden Mondes angeordnet. So wird Erfahrenes immer wieder gefiltert und konzentriert, ehe sich die Saturnkraft entfaltend offenbart.» (Aus *Das Horoskop: Seine Deutung und Bedeutung.*)

Ich nehme eine mittlere Position ein: Weder halte ich den Saturn für das Symbol eines «Siegs des Materiellen über das Seelische», noch sehe ich Entfaltungskräfte als ein besonderes Merkmal gerade dieses astrologischen Symbols an. Für mich gilt das allgemein übliche astrologische Zeichen für den Saturn eher als ein Hinweis darauf, daß jede Form zwar materielle Bedingungen für den Menschen schafft, jedoch ihren Ursprung im seelisch-geistigen Bereich besitzt.

Saturn in Mythologie und Literatur

Ähnlich wie Mars (der «kleine Übeltäter») war Saturn keineswegs von Anbeginn an als der «große Übeltäter» verschrien, sondern stand vielmehr als ein altüberlieferter Gott der Landwirtschaft im antiken Rom in hohen Ehren. Saturn wurde später mit dem griechischen Gott Chronos identifiziert, der nach seiner Entthronung durch Zeus (= Jupiter), dem neuen Herrscher des Universums, nach Italien floh. (Herrschten die griechischen Götter etwa nur in Griechenland? Und wurde Griechenland ohne Chronos gar zeitlos? Erwarten Sie von antiker Göttermythologie bitte keine Logik.)

Saturn galt den Römern also zunächst als Gott der Zivilisation, die auf den reichen Ernten einer erfolgreichen Landbewirtschaftung aufgebaut war. Der unter seiner Hoheit geschaffene allgemeine Wohlstand war derart groß, daß seine Epoche sogar als das «Goldene Zeitalter» bekannt wurde.

Als «Nachfolger» des griechischen Gottes Chronos wurde Saturn zum Beherrscher der Zeit und damit der Vergänglichkeit und Relativität alles Irdischen. Hier steht er übrigens in bezug zur indischen «Übergöttin» Kali. *Kali* bzw. auch *Kal* besitzt mehrfache Bedeutungen, vor allem aber Zeit, Relativität, Tod und Zerstörung aller Formen. Kali ist in Indien die Herrscherin über Brahma (den aufbauenden Gott), Vishnu (den erhaltenden Gott) und Shiva (den auflösenden Gott). Sie regiert mittels der von ihr benutzten Maya, der Täuschung, alle Menschen, die sich von der Formenwelt geistig gefangennehmen lassen und sich nicht über die Formenwelt erheben (siehe auch Hinweis auf Meditationsmethode im Anhang, um über die Körperform hinauszugelangen).

Wir lernen damit die zwei Aspekte Saturns kennen: Einerseits schafft und bewahrt er Formen, und das ist für unser Körperleben ja sehr nützlich – ohne eine reiche Ernte könnten wir unser Körperleben nicht aufrechterhalten und würden verhungern. Damit wäre ein Zweck unseres Lebens, nämlich mehr über uns selbst zu erfahren, vorzeitig vereitelt.

Andererseits birgt diese Konzentration auf sichere Strukturen und ihre Bewahrung aber auch die Gefahr in sich, daß wir uns der Formenwelt zu stark verhaften. Dann werden wir tatsächlich eines Tages innerlich und/oder äußerlich zerbrochen, weil bekanntlich keine Form ewig währt.

Die Botschaft des Saturn lautet demnach: Baue und bewahre sichere Strukturen, soweit sie not-wendend (!) sind. Laß aber innerlich los und bleibe immer dazu bereit, diese Welt als das zu erkennen, was sie wirklich ist: ein zeitlich sehr begrenzter Aufenthaltsort, den wir eines Tages verlassen, ohne irgend etwas anderes mitzunehmen als das, was wir uns immateriell, seelisch-spirituell, auf der Ebene des nichtstofflichen Bewußtseins erarbeitet haben.

Vermutlich kennen Sie auch den Mythos vom Saturn, der seine Kinder verschlingt. Gaia, die Erde, und Uranus, der Himmel, waren gleich an Größe und schufen zusammen das Universum, die Götter und die Menschen. Ihre erste göttliche Rasse waren die Titanen; einer davon war Chronos. Chronos (und Saturn ist ja sein römischer «Nachfolger») kastrierte seinen Vater Uranus, warf dessen Genitalien ins Meer (alles übrigens auf Vorschlag bzw. Geheiß seiner Mutter!) und wurde aufgrund der folgenden Impotenz des Uranus der neue Herrscher der Dynastie. Er brachte mit seiner Schwester und Frau Rhea sechs Göttinnen und Götter hervor, Vesta, Ceres, Juno, Pluto, Neptun und Jupiter. Gaia, seine Mutter Erde, prophezeite ihm, daß ein Kind ihn vom Thron der Weltherrschaft verstoßen werde. Also verschlang er seine Kinder sofort nach ihrer Geburt. Mit einem Trick brachte ihn seine Frau Rhea dazu, beim sechsten und letzten Kind, Jupiter, statt des Neugeborenen einen Stein zu verschlucken. Jupiter wuchs heran, konnte Saturn überlisten, veranlaßte ihn dazu, seine Geschwister wieder lebendig hervorzuwürgen, entmachtete ihn und führte seine Geschwister in einen zehnjährigen Krieg gegen die Titanen. Nach ihrem Sieg losten sie unter sich die Herrschaftsbereiche aus, und Jupiter gewann den Himmel, Neptun das Meer und Pluto die Unterwelt.

Chronos floh nach Italien und wurde zu Saturn, so ein Mythos. Aber auch von dort verschwand Saturn eines Tages, und so begannen die Römer, zu seinen Ehren und in Erinnerung an die guten Zeiten unter ihm im ersten Schneemonat die sogenannten *Saturnalien* abzuhalten. Dieses alte römische Fest dauerte sieben Tage und begann am 17. Dezember. Es wuchs sich immer mehr zu einem ausgelassenen karnevalsahnlichen Treiben aus, bei dem sexuelle und soziale Tabus nicht mehr galten – immerhin wurden Sklaven während dieser Tage nicht mehr als solche behandelt und durften sich ebenso benehmen wie ihre Herren.

Die «christliche» Kirche bemächtigte sich dieser «heidnischen» Feiertage und münzte sie zu «Weihnachten» und damit zur Geburt der «neuen Ordnung» um. Vor allem im Mittelalter bemühte sich die Kirche sehr darum, noch mehr Kontrolle über das «unordentliche» Fest zu gewinnen. So wird verständlich, warum Saturn, der ursprünglich doch wie ein gütiger Meister eines irdischen Füllhorns und danach immerhin noch wie der Schutzpatron eines hedonistischen Festes wirkte, gerade deshalb allmählich zum «Bösewicht» wurde. Ausgelassene Lebensfreude konnte nach dem mittelalterlichen Welt- und Menschenbild der vermeintlich christlich bestimmten und beherrschten Welt ja nur von Übel sein.

Saturn hat als Herrscher der Zeit allerdings auch ohne Zutun der Kirche seinen Platz als Prüfer und Grenzsetzer. Und als der um seine Herrschaft bangende traditionelle Obergott, der auch vor brutaler Gewalt nicht zurückschreckt, um sie zu erhalten, trägt er natürlich auch durchaus negative Züge. Wir sollten seine positiven jedoch nicht übersehen!

Aus den vielfachen Erwähnungen Saturns in der Literatur habe ich Ihnen zwei Beispiele herausgesucht, die charakteristisch dafür sind, welchen Archetypus Saturn in unserer Kultur symbolisch vertritt:

> «*Tief in der schattigen Trauer eines Tals,*
> *Weit gesunken vom frischen Atem des Morgens,*
> *Weit vom feurigen Mittag und von des Abends einem Stern*
> *Saß der grauhaarige Saturn, still wie ein Stein.*»

Den Saturn als einen solchen stummen Fels beschrieb nicht nur der englische Dichter John Keats, von dem das Zitat oben stammt, sondern auch der deutsche Poet Friedrich Hölderlin:

> «*Des Herzens Woge schäumte nicht so schön empor und würde Geist, wenn nicht der alte stumme Fels, das Schicksal, ihr entgegenstände.*»

Hölderlin ließ Hyperion diese Worte sprechen. Der Fels ist hier Saturn, der bekanntlich als «Regent» des Sternzeichens Steinbock gilt und auch nach diesem Bild etwas mit Felsen zu tun hat.

Saturn im Sonnensystem

Saturn, der sechste Planet von der Sonne aus gesehen, ist der zweitgrößte unseres Systems. Sein Durchmesser beträgt 119 000 Kilometer, ohne seine weißen Ringe. Inzwischen wissen wir, daß auch Jupiter, Uranus und Neptun mehr oder weniger sichtbare «Ringsysteme» besitzen. Das des Saturns aber ist am auffallendsten. Es wurde spätestens vom italienischen Astronomen Galileo Galilei anfang des 17. Jahrhunderts mittels der von ihm entwickelten noch recht primitiven Fernrohre entdeckt – vermutlich aber schon vor ihm, zum Beispiel von ägyptischen und indischen Astronomen. Wissenschaftler gehen davon aus, daß Eis teilweise die Oberfläche des Saturns und vor allem des Ringsystems bedeckt, und erklären so die relativ gut sichtbare Reflexion des Sonnenlichts.

Saturn erhält nur 0,01 Prozent der Sonnenstrahlung verglichen mit der Erde. Übrigens strahlt der Saturn aber zwei- bis dreimal mehr Hitze ab, als er von der Sonne aufnimmt!

Trotz seiner 95mal größeren Masse als die der Erde, ist er ein sehr «leichter» Planet, mit der geringsten Materiedichte aller Planeten. Saturn hat eine geringere Dichte als Wasser – ein Stück Saturn würde hier auf der Erde im Wasser schwimmen.

Astrophysiker schließen aus der geringen Dichte dieses Planeten, daß seine Atmosphäre sehr tief (oder hoch, wie man will) sei und sein Kern sehr klein!

Saturn verfügt über ein verhältnismäßig großes magnetisches Feld mit einer hohen Anziehungskraft, das sowohl geladene Partikel der Sonnenwinde «einfängt» als auch für die Ringbildung von Kometenteilen und Gesteinsbrocken verantwortlich sein dürfte. Saturn zieht auf der sonnenabgewandten Seite einen «Magnetfeldschwanz» hinter sich her, ähnlich wie die typischen Plasma-Kometenschweife.

Diese astrophysikalischen Fakten lassen kurioserweise durchaus Raum für die traditionellen mythologischen Deutungen: Der Saturn steht astrologisch für Konzentration, und in der Tat zieht sein starkes Magnetfeld vieles aus dem Raum zu sich. Er steht auch für den verborgenen Kern von Dingen, und sein eigener Kern liegt ebenfalls tief im Inneren unter weiten Schichten einer Gasatmosphäre. Saturn symbolisiert in der Astrologie auch Ordnung, und der Planet Saturn hat tatsächlich die eigene Ordnung eines Ringsystems um sich herum geschaffen. Schließlich galt der Saturn als der Gegenspieler der Sonne – und er strahlt wirklich aufgrund chemisch-physikalischer Prozesse selbst mehr Wärme aus als er von der Sonne empfängt.

Unwillkürlich kommt mir der alte Spruch in den Sinn *Wie oben, so unten*! Wenn es eine universale Ordnung in der Schöpfung gibt – und alles deutet ja darauf hin, wenn man sich einmal mit wahrhaft geistigen Lehren wie Sant Mat, Reinkarnation und Karmalehre befaßt hat –, dann ist es selbstverständlich, daß wir bei jeder Bemühung um Erkenntnis, sei es physikalische oder spirituelle, immer wieder auf dieselben Ordnungsprinzipien des Universums stoßen. Und in diesem Sinne ist auch die Astrologie Abbild des Prinzips einer grundlegenden Ordnung im Makrokosmos wie im Mikrokosmos.

Astrologische Deutungen zu Saturn

«Ich nenne Saturn den Planeten der Freiheit weil Selbstdisziplin die Notwendigkeit der äußeren Kontrolle ersetzt. Wenn wir persönliche Verantwortung für unsere Handlungen übernehmen, die Rechte anderer respektieren und uns innerhalb der vorgeschriebenen Parameter der gesellschaftlichen Ordnung bewegen, sind wir völlig frei, unsere Möglichkeiten ohne Eingriffe, Zwang oder Beschränkung zu entfalten.» Soweit ein Zitat der amerikanischen Astrologin Gina Ceaglio zum Saturn (siehe Anhang).

Und obwohl nicht direkt auf den Saturn gemünzt, paßt auch ein Wort des Schweizer Psychologen Carl Gustav Jung hierher: «Der freie Wille ist die Fähigkeit, das gern zu tun, was man (ohnehin) tun muß.»

Saturn muß also nicht der «altböse Feind» sein, der «Übeltäter», der seine Kinder auffressende Gott Chronos, der Herrscher der Zeit und des Zeitlichen und damit natürlich auch des Todes. Er muß dann nicht diese überlieferte und eher negative Symbolfigur darstellen, wenn wir die irdisch-körperlichen sowie zeitlich-relativen Formen und Grenzen unseres Daseins als naturgegeben akzeptieren und die materielle Ordnung unserer Existenz respektieren.

Wenn wir beginnen, Hindernisse und Hemmungen als Prüfungen und Herausforderungen anzusehen, Strukturen und Ideale auf ihre Brauchbarkeit hin zu untersuchen, wenn wir Widerstände als Ausdruck unserer Begrenztheit betrachten und damit schöpferisch umgehen, wenn wir die Erwähnung unserer Zeitlichkeit nicht als Todesdrohung auffassen, sondern als willkommene Er-Innerung daran, einen Teil unserer Energie und Zeit auf die Erkenntnis des überzeitlichen seelischen Seins, des formlosen und ewigen Selbst einzusetzen, dann wird Saturn in der Tat zum großen Befreier!

Stärken

Nun zur traditionellen Bedeutung dieses wichtigen Kraftsymbols. Der Planet Saturn ist betont im Erdzeichen Steinbock und im 10. Haus. Er steht vor allem für Sicherheit, Stabilität, Festigung, Struktur, Pflichtgefühl, Leistungsbereitschaft, Kontraktion, Konzentrationsfähigkeit, Ernst, Nachdenklichkeit, Vorsicht, Bedächtigkeit, Umsicht, Überlegung, Beharrlichkeit, Verantwortung, Begrenzung, Sparsamkeit. Er kann im Horoskop eine Vaterfigur symbolisieren oder ein (eher strenges) Idealbild. Mit der Ansicht, daß Saturn auch «die Mutter» repräsentiere, steht ein Schweizer Astrologe, der dies einmal vorgeschlagen hatte, ziemlich «saturnisch isoliert» da. (Ein bekannter deutscher Astrologe meinte dazu scherzhaft: «Kein Wunder, daß bei Schweizern auch Saturn als Symbol der Mutter gelten kann.») Saturn versinnbildlicht in der Astrologie generell auch das Alter.

Probleme

Falls er geschwächt ist oder der betreffende Mensch noch eher unbewußt lebt, so weist Saturn auch auf Sturheit, Engstirnigkeit, Intoleranz, Geiz, Härte, Grausamkeit, Schmerzen oder Kummer, Ängste, Kontrollzwang, Verschlossenheit, Unbeweglichkeit, Trägheit, Beschränkungen und Widerstände hin – modern ausgedrückt, auf «Energieblockaden».

Hemmung und Begrenzung sind mit Sicherheit die Saturnmerkmale, die wir alle zunächst am deutlichsten spüren. In der Jugend zeigt sich die symbolische Kraft dieses Planeten häufig als Behinderung. Seine «guten» Seiten zeigt der Saturn oft erst in der zweiten Lebenshälfte, nachdem man hinreichend Erfahrung gewonnen hat, um die Fährnisse des Lebens geduldig und sinnvoll zu bewältigen.

Psychologie

Psychologisch angewandt im Sinne der von mir so bezeichneten «positiven Astrologie» (analog zum «positiven Denken», also der Problemlösung statt der Problemvertiefung), zeigt die Stellung des Planeten Saturn in den Zeichen und Häusern und in Aspektverbindungen mit anderen Planeten an, in welchem Lebensbereich, wo und wie wir Selbsterkenntnis gewinnen, Reife erlangen und zu Weisheit aufgrund von eigener Lebenserfahrung kommen können und wo es sinnvoll ist, uns verbindlich einzusetzen und Verpflichtungen einzugehen, um unseren Lebensplan zu erfüllen.

Saturn steht astrologisch für die Kraft der Formgebung der persönlichen Identität, für Energiebündelung und für den Prozeß der Differenzierung. Man könnte sagen, daß der

Saturn auch der letzte große Prüfstein für den lang andauernden Prozeß der Individualisierung der Persönlichkeit und ihrer Absicherung auf der privaten und der gesellschaftlichen Ebene darstellt.

Einer der führenden Astrologen im deutschsprachigen Raum, der Schweizer J. Claude Weiss, macht in seinem Buch *Horoskopanalyse* (siehe Anhang) zurecht darauf aufmerksam, daß Saturn auch die «Gewissensfunktion» verkörpert. Und er führt weiter aus, daß der Saturn die «Erkenntnis (vermittelt), daß Freiheit nur innerhalb der kosmischen Gesetze möglich ist.» Schließlich weist er daraufhin, daß die Zeichen- und Häuserstellung des Saturns uns Aufschluß darüber gibt, in welchem Bereich des Lebens wir noch Ängste meistern müssen.

Wenn Sie nachsehen, in welchem Zeichen oder Haus und mit welchem anderen Planeten sich Saturn in einem wichtigen Aspekt befindet, so sollten Sie überlegen, was Ihnen das über verborgene oder eingestandene Ängste sagt – und worin die Chancen zur Überwindung bzw. Auflösung liegen.

Esoterik

Der Saturn ist der «Hüter der Schwelle» zum Jenseits und damit ein Bote der Zeitlichkeit und ein Gefährte des Körpertodes. Der Körper verfällt bekanntlich nach dem Fortgang der Seele in eine Starre. Starrheit ist eines der Attribute des Saturns. Er wird oft auch als das wichtigste Planetensymbol für Schicksal und Karma angesehen.

Gesundheit

Im Bereich der Gesundheit gelten als typische Entsprechungen für den Saturn der Knochenbau, das Skelett, die Haut, Zähne, Gelenke sowie bisweilen auch das Gehör. Demnach entsprechen hierauf bezogene Gesundheitsleiden einem irgendwie schlecht gestellten oder «angegriffenen» Saturn. Saturn symbolisiert auch chronische Krankheiten, Rheuma, Arterienverkalkung, Gicht und Steinbildungen.

Beruf

Im gesellschaftlichen Bereich zählen schwere körperliche Arbeit und überdurchschnittliche Arbeitsausdauer sowie Eremiten und Asketen zu typischen Saturnentsprechungen.

Saturn in den zwölf Zeichen des Tierkreises

♄ Saturn im Widder: ♈ Beherrschter Trieb

Charakter: Selbstbeschränkung, Zurückhaltung und Vorsicht sowie gleichzeitig die Fähigkeit zum konzentrierten Einsatz der Willens, Körper- und Triebkräfte kennzeichnen das Potential dieser Saturnposition im Widder. Im Horoskop einer Frau u.U. Hinweis auf eine zu Beginn des Lebens übermächtig erscheinende Vaterfigur.

Aufgabe: Man wird vom Leben aufgefordert zu lernen, wie man die zurückhaltenden, vertiefenden und begrenzenden Kräfte des Saturns mit den drangvollen, vorwärtstreibenden und mutig-enthusiastischen Energien des Widders so in Einklang bringt, daß man nicht hin und her schwankt oder sich blockiert fühlt.

Stärken: Ehrgeiz, Ausdauer und Bescheidenheit sowie Selbstbeherrschung gehören zu den Stärken eines entwickelten, bewußt lebenden Menschen mit Saturn im Widder. Man kann die Prüfungen des Lebens bestehen, indem man die «jungen» aufstrebenden Kräfte des marsbetonten Widders mit den abwägenden und abgeklärten Erfahrungen des Saturns sinnvoll verbindet.

Schwächen: Eine Tendenz zur Herrschsucht, Eigensinn bis hin zu Trotzreaktionen sowie blockierte (nicht beherrschte, das ist ein Unterschied!) Gefühle und Libidoenergien kennzeichnen gerade in jüngeren Jahren typische Probleme dieser Saturnstellung.

♄ Saturn im Stier: ♉ Gesicherte Form

Charakter: Menschen mit Saturn im Stier gehen gern sehr methodisch vor, haushalten mit ihren Energien und setzen sie bedacht und beharrlich ein (was sich für andere durchaus auch als Schwerfälligkeit bemerkbar machen könnte). Sie streben nach Aufbau bzw. Bewahrung von Besitz, den sie vor allem in der zweiten Lebenshälfte auch erlangen werden.

Aufgabe: Saturn im Stier prüft den Menschen, ob und inwieweit er bereit und fähig ist, mit den schöpferischen Kräften des Lebens nicht nur zum eigenen Wohle umzugehen, sondern sie mit anderen zu teilen. Das bezieht sich auf Werte und Ideale genauso wie auf Geld und Besitz und auch auf die Liebe. Die Aufgabe besteht darin, Energien zwar zu erhalten, aber sie auch fließen zu lassen, damit sie nicht stagnieren und dann ihre Kraft verlieren.

Stärken: Standhaftigkeit, Geduld und Sparsamkeit gelten als besonders sichtbare Stärken eines Menschen mit dieser Saturnstellung. Weiter gehört die Fähigkeit, langsam, aber sicher Werte zu schaffen und zu erhalten, ebenso zu den Vorzügen von Saturn im Stier.

Schwächen: Falls sich die Sparsamkeit auch auf den Venuseinfluß des Stiers, also auf die Liebe bezieht, so würde dies als Schwäche vermerkt werden müssen. Weitere mögliche

Schwachpunkte sind eine übertrieben materialistische Einstellung zum Leben bis hin zum Geiz oder Neid sowie eine verhärtete konservative Haltung; eventuell auch ausgeprägte Eifersucht.

♄ Saturn in den Zwillingen: ♊ Konzentrierter Geist

Charakter: Lerneifer, konsequentes und tiefgründiges Denken auch über Sinnfragen bestimmen die geistige Haltung dieser Menschen. Intellektuelle Fähigkeiten und mentale Stabilität sowie sichere, unvoreingenommene Urteilskraft zeichnen sie weiter aus.

Aufgabe: Die Herausforderung von Saturn in Zwillinge besteht darin, Vertrauen in das Leben zu fassen und optimistische, positive und konstruktive Gesichtspunkte zum Mittelpunkt der eigenen geistigen Einstellung im Leben zu machen.

Stärken: Gründlichkeit, Gewissenhaftigkeit, beherrschte Rede, wacher Geist, Fähigkeit zum wissenschaftlichen Denken und zu Erfindungen zählen zu den Stärken. Diese Saturnposition wird in der traditionellen Astrologie als insgesamt günstig betrachtet.

Schwächen: Mitunter bringt Saturn auch Schüchternheit oder Unbeholfenheit, vor allem im sprachlichen Ausdruck und zumal bei Kindern und Jugendlichen. Auch ein Mangel an Anpassung oder dogmatische Urteile werden bei einer schwierigen Saturnaspektierung beobachtet. Mit Verwandten gibt es Probleme bzw. der Kontakt zu ihnen wird, weil unerfreulich, nicht gepflegt.

♄ Saturn im Krebs: ♋ Vertiefte seelische Empfindungen

Charakter: Empfindsames und gleichzeitig beherrschtes Gefühlsleben, das von außen manchmal wie ein Schutzpanzer wirken kann. Dabei lieben sie ihr emotionale und materielle Unabhängigkeit. Herkunft oder frühe Familienverhältnisse sind oft bescheiden. Bei entsprechender Entwicklung auch mediale Fähigkeiten.

Aufgabe: Menschen mit dieser Saturnstellung werden geprüft, ob sie Mitgefühl nicht nur empfinden, sondern auch konkret zeigen können und ob sie bereit sind, praktische Verantwortung für ihren engeren sozialen Bereich zu übernehmen, ohne sich dabei von Selbstmitleid oder Mißtrauen gegenüber anderen behindern zu lassen. Außerdem sollte man sich beizeiten auf eine sinnvolle Erfüllung des Alters einrichten, falls man dann allein lebt.

Stärken: Klugheit, auch Cleverness; ehrgeiziges Bestreben, sich emotionale Sicherheit durch materielle Absicherung zu schaffen; bei einem bewußten Menschen auch die Fähigkeit, anderen Personen in Partnerschaft, Familie oder Beruf emotionale Sicherheit zu geben!

Schwächen: Überempfindlichkeit, nicht unbedingt aufgrund von Ichsucht, sondern meist wegen früheren Gefühlsverletzungen, oft durch einen Elternteil; Unzufriedenheit mit der gegebenen Situation.

♄ Saturn im Löwen: ♌ Geordneter Wille

Charakter: Eine enorme Lebenskraft, ein starker Wille zum schöpferischen Ausdruck und ein kritisch-forschender Geist «erschlagen» leicht zartere Gemüter unter den Mitmenschen. Saturn im Löwen zeigt mitunter auch (emotionale) Reserviertheit und Vorsicht im Umgang mit anderen an.

Aufgabe: Saturn prüft in diesem Zeichen, ob wir schon wirkliche Demut und eine wahrhaft liebevolle Einstellung zu anderen Menschen entwickelt haben oder noch in einem verhärtetem Ego stecken. Die Aufgabe besteht also in der Entwicklung des Herzzentrums im psychologischen und esoterischen Sinne, in der Öffnung für das in anderen Menschen, was unser Mitgefühl und unsere Hilfe verdient.

Stärken: Unkompliziertheit, Schlichtheit und Abneigung gegen gesellschaftliche Formalitäten, Zuverlässigkeit und Treue gehören zu den Stärken. Ebenfalls Diplomatie, Entschlossenheit und Durchsetzungskraft sowie der Drang nach Höherem (gesellschaftlich und in bezug auf Werte). Der Wille wird bei günstiger Saturnaspektierung sinnvoll und wirksam eingesetzt.

Schwächen: Partner und Familie werden das fehlende Interesse an gesellschaftlichen Vergnügungen oft als einen Mangel empfinden. Zu den Schwächen zählen bei dieser Saturnstellung häufig ein übertriebenes Autoritätsdenken, ein starker Drang zur Machtausübung und ein unbegründeter Stolz. Ernst-Günther Paris spricht auch von einem «gedämpften Triebleben». Dabei muß offenbleiben, ob das eine Schwäche oder eine Stärke sein würde.

♄ Saturn in Jungfrau: ♍ Beharrliches Nützlichkeitsstreben

Charakter: Interessen für Wissenschaft, Forschung und überhaupt Studien aller Art; Zurückhaltung und Verschwiegenheit; Ernst bis hin zur Melancholie stellen einige typische (natürlich bei weitem nicht die einzigen!) Merkmale dar. Bernd A. Mertz nennt auch «Nüchternheit, Vorsicht, Warten können».

Aufgabe: Der Mensch wird in seinem Leben von Saturn immer wieder aufgefordert zu prüfen, was wichtig und was unwichtig ist, also die Unterscheidungskraft zu entwickeln. Er wird lernen müssen, an andere Menschen keine unzumutbaren Anforderungen zu stellen oder sie nur nach seinen eigenen, vielleicht eher pedantischen Vorstellungen zu beurteilen.

Stärken: Korrektheit, Klugheit und die Fähigkeit zur Analyse von Ursachen und Hintergründen sowie Sorgfalt, Gründlichkeit, ein gut entwickelter Ordnungssinn und Verantwortungsbereitschaft sind ausgesprochene Stärken des Saturnpotentials im Tierkreisabschnitt Jungfrau.

Schwächen: Menschen mit dieser Saturnstellung ärgern oder sorgen sich leicht um Unwichtiges und bleiben im Detail stecken; sie geben einer Neigung zu Nörgelei und Kritiksucht sowie zur Pedanterie nach. Darüber hinaus fühlen sie sich unverstanden und fallen deshalb, sozusagen als Schutz- und Reaktionsmechanismus, in ihre Schwächen zurück.

♄ Saturn in der Waage: ♎ Gesetzmäßiger Ausgleich

Charakter: Das Gefühlsleben wird von der Vernunft geleitet, gegen die man sich aber immer wieder, vor allem in der Jugend, auflehnt. In Ehe und intimer Partnerschaft muß und kann ein Mangel an natürlicher Freundschaft (im Gegensatz zur durchaus vorhandenen Sinnlichkeit und Treue) durch bewußte Liebe ausgeglichen werden. Saturn in diesem Tierkreiszeichen, das wie kein anderes für die Du-Beziehung steht, bedeutet, daß sich Ernst und Grenzsetzungen dieses Planeten direkt auf die Einstellung zum Thema Partnerschaft auswirken.

Aufgabe: Aus Konkurrenzdenken sollte Kooperationsbestreben werden, aus seelischer Verhaftung an zeitlich begrenzte Werte sollte man sich lösen und zur Verinnerlichung von Werten gelangen, die von Dauer sind.

Stärken: Pflichtgefühl, Fleiß und Zuverlässigkeit zeichnen diese Saturnstellung aus. Geduld und Standvermögen, ein gerechtes Urteil und diplomatisch taktvolles Verhalten können hinzukommen sowie ein tiefes Verständnis für Kunst und echte Wertschätzung der kleinen Annehmlichkeiten des Lebens, die man gern als «Luxus» bezeichnet.

Schwächen: Unzufriedenheit mit beschränkten materiellen Möglichkeiten und Hemmungen im Gemeinschaftsleben sind mögliche negative Entsprechungen zu Saturn in Waage.

♄ Saturn im Skorpion: ♏ Kontrollierte Leidenschaft

Charakter: Voll emotionaler Intensität schwanken diese Menschen häufig zwischen «himmelhochjauchzend» und «zu Tode betrübt», zwischen tiefer Liebe und abgrundtiefer Ablehnung. Man erlebt Wandlungen im Leben durchdringender als andere. Saturn im Skorpion hat auch mit dem Todestrieb zu tun und fördert die bewußte Auseinandersetzung mit dem Zyklus von Werden und Sterben und Auferstehen; zudem verheißt diese Saturnposition mediale Anlagen.

Aufgabe: Saturn prüft im Skorpion, ob wir unsere Leidenschaften (sowohl sexuelle wie materielle und auch psychologische Triebe) so weit beherrschen, daß wir ihrer bewußt sind, ihnen ihren natürlichen Raum belassen und sie als einen legitimen Teil des Lebensspiels erfahren – ohne sie mit Gewalt zu unterdrücken oder uns Hals über Kopf in ihnen zu verlieren.

Stärken: Hartnäckigkeit, Geschicklichkeit, Ausdauer, Ehrgeiz, Scharfsinn, Ernsthaftigkeit und Härte gegen sich selbst zählen zu den Vorzügen, die Saturn an dieser Stelle im Tierkreis symbolisiert.

Schwächen: Unnötige Problematisierung von Ereignissen oder Situationen, Unnachgiebigkeit, Rachsucht sowie Geheimniskrämerei gehören zu den Belastungen, die unser «Planet der Prüfungen» darstellt, wenn er im Skorpion steht.

♄ Saturn im Schützen: ♐ Konzentriertes Zielbewußtsein

Charakter: Philosophische Interessen, Religiosität, menschenfreundliche Gesinnung und humanitäre Einsatzbereitschaft; Neigung zu längeren Auslandsaufenthalten. Reinhold Ebertin nennt auch Askese. Die expansiven und optimistischen Tendenzen und Themen des jupiterregierten Zeichens Schütze verbinden sich mit dem saturnischen Wesen der gründlichen Überlegung und vorsichtigen Absicherung.

Aufgabe: Saturn fragt bei dieser Position, ob die angestrebten Ziele von Dauer sind oder nur zeitlich beschränkt und ob man bereit ist, sich ganz und konzentriert dafür einzusetzen, also es mit vollem Ernst meint oder nicht.

Stärken: Gerechtigkeitssinn, Ehrlichkeit, Bereitschaft, mit weniger privilegierten Menschen zusammenzuarbeiten – deshalb u.a. als Lehrer gut geeignet; Forscherdrang. Menschen mit dieser Saturnstellung werden Ungerechtigkeiten nicht stillschweigend hinnehmen, sondern sich furchtlos und öffentlich dagegen aussprechen.

Schwächen: Eine Veranlagung zu Zweifeln; bei schlechter Saturnaspektierung auch die Neigung, Dinge fanatisch zu verfolgen, die man besser lassen sollte.

♄ Saturn im Steinbock: ♑ Traditionsbestimmte Sicherheit

Charakter: Ein starkes Selbstbewußtsein, meist aus dem erfolgreichen Bestehen von Prüfungen im bisherigen Leben stammend, kennzeichnet diese Saturnstellung in besonderem Maße. Dazu gesellt sich ein Sinn für das Praktische und das Reale, das Konkrete und das Solide. Gelegentlich beobachtet man eine Neigung zur (unfreiwilligen) Einsamkeit oder zum (bewußten) Rückzug aus dem Getriebe der Welt. Diese Zeichenstellung gilt auch als «karmische Clearing-Stelle», also als Hinweis darauf, daß in diesem Leben viel altes Karma gelöst bzw. «abbezahlt» wird.

Aufgabe: Wie setzen wir unsere Kraft, ja, unsere Macht ein? Saturn in seinem «eigenen» Zeichen Steinbock bringt die Aufgabe mit sich, umsichtig und klug, beherrscht und zugleich offen sich auf die Energien und Gesetze des Lebens und des eigenen Schicksals einzustellen, anstatt zu versuchen, persönliche Kräfte anzuhäufen und Macht zu selbstsüchtigen Zwecken auszuüben.

Stärken: Konzentrationsfähigkeit, Willensstärke, hoher Arbeitseinsatz, Zuverlässigkeit, Sicherheit im Handeln, Sparsamkeit, Ausdauer und zwar bedächtiges, aber beharrliches Vorgehen gehören zu den Stärken. Menschen mit dieser Saturnstellung behalten leichter einen kühlen Kopf und bleiben klarsichtiger in bezug auf Besitz und Geld als andere. Bei bewußten und entwickelten Menschen die Fähigkeit und Bereitschaft, sich in den Dienst einer höheren Sache zu stellen und dafür mit Stärke und getragen von Verantwortlichkeit zu arbeiten.

Schwächen: Eigensinnige Ansichten, einseitige Einstellungen und Handlungsweisen sowie egozentrisches Gebaren würden sich bei unbewußt lebenden Menschen als Mängel zeigen. Dazu ein Hang zu Geiz, Dogmatik, Starrsinn und zum Festhalten an falschen bzw. nicht mehr gültigen Werten.

♄ Saturn im Wassermann: ♒ Beharrliches Reformstreben

Charakter: Ehrgeizige Pläne, die auf idealistischen Gedanken beruhen und in harter, praktischer Arbeit umgesetzt werden, charakterisieren die Handlungsweise vieler Menschen mit Saturn in Wassermann. Dazu kommen eine soziale Einstellung und gesellschaftliche Reformbestrebungen sowie oft ungewöhnliche und unkonventionelle, vielleicht sogar schockierende Ideen und Vorhaben.

Aufgabe: Wird der Mensch seine Verantwortlichkeit für seinen Teil im Leben der Gemeinschaft einsehen und Verantwortung auch dann übernehmen, wenn das eine scheinbare Einschränkung der individuellen Freiheit bedeuten sollte? Akzeptieren wir unsere Aufgabe, einen Ausgleich zu finden zwischen dem Bedürfnis nach privatem Freiraum und Unabhängigkeit einerseits und den Notwendigkeiten des Lebens andererseits, die uns herausfordern, unseren Teil zum Wohle des Ganzen ganz konkret und praktisch zu erbringen?

Stärken: Intelligenz, Zuverlässigkeit als Partner, mit einem starken und gerechten Geist gesegnet, unabhängig und vorurteilslos sowie wissenschaftlich interessiert.

Ausgeprägte Konzentrations- und Meditationsfähigkeit; oft auch gute Intuition für spirituelle Zusammenhänge.

Schwächen: Falls der Saturn in ungünstigen Aspekten zu anderen Planeten steht, oder falls in der Kindheit oder in der Jugend Liebe und Verständnis fehlten, so stellen wir häufig emotionale Kühle, Lieblosigkeit und fixe Ideen oder überspannte Erwartungen als Mängel dieser Saturnposition fest.

♄ Saturn in den Fischen: ♓ Grenzüberschreitende Auflösung

Charakter: Hier finden wir Ernsthaftigkeit der Gefühle und eine echte Verbindung zu religiösen Traditionen. Daneben existiert eine Neigung, alles im Leben sehr (zu?) persönlich zu nehmen. Offenheit für die Transzendenz des Lebens, für die Wirklichkeiten jenseits von Körperform und Erdenzeit.

Aufgabe: Bereit sein, Grenzen selbst aufzulösen bzw. sie sich nach dem Willen der großen und umfassenden Schöpferkraft auflösen zu lassen. Die Vergangenheit sollte man die Vergangenheit sein lassen und keine phantastischen Zukunftsträume hegen, sondern statt dessen den Blick auf die realen Chancen der Gegenwart richten.

Stärken: Bescheidenheit, aufopfernde Arbeit und Wirken auch ohne öffentlichen Beifall; Fähigkeit zum wahren Mitgefühl und Verständnis für das Schicksal anderer Menschen; starke Vorstellungskraft, die zum Beispiel schriftstellerische Ambitionen begünstigen kann.

Schwächen: Neigung zu Vereinsamung und Mangel an Vertrauen, Selbstzweifel und manchmal sogar Ängstlichkeit (die aus dem Unterbewußten stammt) sind Schwächen, die Saturn in Fische mit sich bringen kann. Zwar nicht als Mangel, aber meist als negativ empfunden wird die oft mühevolle, zähe Arbeit im Verborgenen, die keine rechte Anerkennung von außen findet.

Saturn in den zwölf Häusern der Lebensbereiche

Saturn im 1. Haus

Kindheit und Jugend, manchmal auch noch die ersten Erwachsenenjahre, sind schwierig und verlangen viele Entbehrungen ab. Man fühlt sich in jungen Jahren nicht geliebt. Aufstieg und Erfolg wird erst durch harte und kontinuierliche Arbeit möglich. Ausdauer, Sorgfalt, Ernst, Pflichtgefühl und Selbstbeherrschung bestimmen das Auftreten gegenüber der Umwelt.

Falls geschwächt oder bei unbewußter Lebensführung leidet man unter einem unglücklichen Seelenleben oder wirkt auf andere mißtrauisch und egozentrisch.

Saturn im 2. Haus

Erwerb von Besitz durch Erbe oder methodische Arbeit und Sparsamkeit; Gewinne durch Geschäfte mit Immobilien bzw. Land oder Antiquitäten (Saturn = Alter!).

Falls geschwächt oder bei unbewußter Lebensführung bringt schwere Arbeit nur wenig Einkommen; man erfährt Verluste, verhält sich geizig oder fühlt sich subjektiv arm bzw. hat Angst vor Armut.

Saturn im 3. Haus

Ein tiefschürfender Geist, der sich gut konzentrieren kann und einen wachen Sinn für Gerechtigkeit besitzt. Geduldig und methodisch denkend. Pflichterfüllung im Alltag. Oft fühlt man sich seinen Verwandten gegenüber irgendwie fremd.

Falls geschwächt oder bei unbewußter Lebensführung muß man mit Hindernissen und Verzögerungen bei Reisen rechnen; Neigung zur Melancholie.

Saturn im 4. Haus

Bringt unter Umständen Gewinne durch Grund und Boden oder Haus. Starke Ausrichtung auf Familie, Herkunft, Tradition und Heimat. Zurückgezogenheit und Bindung an einen Ort. Man wird oft glücklicher, wenn man nicht mehr an seinem Geburtsort bleibt. B. A. Mertz nennt auch «Altersvorsorge».

Falls geschwächt oder bei unbewußter Lebensführung gibt es häufig Schwierigkeiten im Elternhaus oder im eigenen Heim. Trotz vermeintlicher Unabhängigkeit Angst davor, sich örtlich zu verändern.

Saturn im 5. Haus

Führungsqualitäten, Machtansprüche und Karriereambitionen werden auf nicht immer auf den ersten Blick sichtbare, aber doch erfolgversprechende Weise beharrlich und geduldig durchgesetzt. Gutes Organisationstalent. Insgesamt eher vorsichtig-konservativer Umgang mit den zu Gebote stehenden Möglichkeiten. Standhaftigkeit und (Nibelungen-?)Treue.

Falls geschwächt oder bei unbewußter Lebensführung beobachtet man Hemmungen oder Widerstände im Liebesleben und im schöpferischen Selbstausdruck. Entweder keine eigenen Kinder oder Probleme mit Kindern.

Saturn im 6. Haus

Ausdauer bei der Pflichterfüllung, Arbeit im Dienst für andere Menschen. Praktisch eingestellt, mit einem kritischen Blick für Details. Die Motivation zur Arbeit ist wichtiger als die Arbeit selbst.

Falls geschwächt oder bei unbewußter Lebensführung muß besonders auf gesundheitliche Schwierigkeiten geachtet werden. Es kommt zu Enttäuschungen in der Arbeit, weil die eigenen Maßstäbe von anderen nicht geteilt werden.

Saturn im 7. Haus

Ehe oder Partnerschaft haben vor allem mit dem Wunsch nach psychologischer Sicherheit und gegenseitigen verläßlichen Verpflichtungen zu tun. Häufig scheitert die erste, früh geschlossene Ehe, weil man noch zu unreif war, oder es kommt erst zu einer späten Eheschließung.

Falls geschwächt oder bei unbewußter Lebensführung hat der betreffende Mensch sich persönlich in Beziehungen wirklich einzubringen. Er ist sehr sensibel, versteckt seine

Gefühle aber oder kennt sie (noch) nicht. Auch für Geschäftspartnerschaften wäre das eher problematisch.

Saturn im 8. Haus

Entschlossenheit und gut entwickelte Durchsetzungskräfte kennzeichnen diese Saturnstellung. Saturn im 8. Haus ist nach Paris ein Indiz für «starke Lebensenergie» und «dadurch meist höheres Alter». Auf jeden Fall spielt die ernsthafte Auseinandersetzung mit der Vergänglichkeit eine Rolle.

Falls geschwächt oder bei unbewußter Lebensführung müssen finanzielle Probleme mit privatem oder geschäftlichem Partner geklärt werden. Mitunter auch Angst vor Sexualität und vor der Beschäftigung mit dem Tod.

Saturn im 9. Haus

Vertiefung der spirituellen Orientierung, Ernsthaftigkeit in religiösen Dingen, geistig ausgerichtete Berufe, Horizonterweiterung durch Auslandsreisen oder -aufenthalte, die wohl geplant sind und einem bestimmten Zweck dienen.

Falls geschwächt oder bei unbewußter Lebensführung sollte man sich vor gefahrvollen Unternehmungen im Ausland hüten oder sich zumindest auf Widerstände einstellen; mitunter auch Probleme durch Prozesse. Bisweilen Intoleranz oder Gleichgültigkeit in bezug auf höhere Werte und Religion.

Saturn im 10. Haus

Berufliche Erfolge durch Fleiß und Beharrlichkeit; naturgemäß meist erst in der zweiten Lebenshälfte. Hilfen durch ältere Menschen, vor allem ältere Männer. Geduldiger Fleiß, Ehrgeiz und Selbständigkeit sind gut ausgebildet.

Falls geschwächt oder bei unbewußter Lebensführung kann es leicht zur Überbeanspruchung der Kräfte oder zu einer falschen Einschätzung seiner selbst und einem stolzen Ego kommen und dadurch dann zu einem Sturz aus den Höhen, in die man sich bis dahin hochgearbeitet hatte.

Saturn im 11. Haus

Zahlreiche Freunde, aber nur wenige wirkliche, mit denen man sich vertrauensvoll austauscht. Humanitäre Einstellung und ein soziales Gewissen. Der Saturn hemmt hier zwar die Verwirklichung von Wünschen und Idealen, verhindert aber nicht grundsätzlich, daß man seine Ziele erreicht.

Falls geschwächt oder bei unbewußter Lebensführung Verluste oder Enttäuschungen durch falsche Freunde und unrealistische Hoffnungen und Ideale.

Saturn im 12. Haus

Saturn wird oft als «Übeltäter» gebrandmarkt und auch das 12. Haus ist meist als negativ verschrien. Um so erfreulicher, was Ernst-Günther Paris in seinem Buch *Der Schlüssel zum Horoskop*, Bd. I. schreibt: «Einsamkeitsliebe. Sieg über Feinde und Widerstand gegen alles Ungemach.» Und Bernd A. Mertz bemerkt in seinem Buch *Grundlagen der klassischen Astrologie* (siehe Anhang): «Askese, Vereinsamung, Kraft aus dem Wissen von Schicksal und Karma». Ich zitiere beides deshalb ausführlich und wörtlich, damit man nicht glauben möge, ich hätte mir solch positive Aussagen zu Saturn im 12. Haus, getragen von einer Woge der Begeisterung über meine «positive Astrologie», einfach ausgedacht, damit sie ins Konzept passen. Also: alle die Saturn im 12. Haus haben, können aufatmen. (Ich bin selbst betroffen: in meinem Horoskop steht er im Löwen im 12. Haus, allerdings knapp vier Grad über dem Aszendenten, so daß ein Konjunktionsaspekt zwischen Saturn und Aszendent auch zu beachten ist.)

Falls geschwächt oder bei unbewußter Lebensführung kann der dann unbewußte Wunsch nach Rückzug aus dem Leben in die Vereinsamung führen oder der Saturn steht symbolisch für Anfeindungen und langwierige Auseinandersetzungen bzw. ernste Sorgen.

Saturn in Aspekten zu anderen Planeten

♄ Saturn/Sonne: ☉ Grenzen und Selbstentfaltung

Kombination von Saturn/Sonne allgemein

Autorität, Ehrfurcht, Leistung, Kompetenz, Kontrolle.

Energieaspekt Konjunktion von Saturn/Sonne

Persönliche Behinderung oder Kraftverstärkung; Bescheidenheit, Einfachheit und Ausdauer oder Hemmungen und geschwächte Vitalität.

Förderungsaspekte Trigon/Sextil von Saturn/Sonne

Selbstbehauptung, kluges Anlegen und Verwalten von Reserven, Managerqualitäten, Entschiedenheit im Auftreten verbunden mit Taktgefühl.

Herausforderungsaspekte Opposition/Quadrat von Saturn/Sonne

Konflikte durch Schwanken zwischen Demut und Arroganz, Unterlegenheitsgefühle und Überlegenheitsgebaren; Selbstzweifel, übertriebene Vorsicht oder festgefahrene Gewohnheiten.

♄ Saturn/Mond: ☾ Wirklichkeit und Sehnsucht

Kombination von Saturn/Mond allgemein

Es geht um die Themen Familie und Abhängigkeiten, um Elternschaft und Selbstentwicklung, Sicherheit und Vertrauen, Empfindsamkeit und Schutzbedürfnisse.

Energieaspekt Konjunktion von Saturn/Mond

Gedanken an die Pflichterfüllung und Gefühls-Sehnsüchte prallen aufeinander und müssen in Einklang gebracht werden.

Förderungsaspekte Trigon/Sextil von Saturn/Mond

Eine praktische und genügsame Wesensart verbindet sich mit Ausgeglichenheit und Verantwortungsgefühl. Unterstützt finanzielle Vorhaben, wenn diese real sind.

Herausforderungsaspekte Opposition/Quadrat von Saturn/Mond

Probleme mit Frauen (oder der eigenen Weiblichkeit?). Gehemmte Gefühle bewirken Energieblockaden, Unzufriedenheit und behindern die Entfaltung des Ehrgeizes.

♄ Saturn/Merkur: ☿ Erfahrung und Verstand

Kombination von Saturn/Merkur allgemein

Sachliche, gründliche und klare Kommunikation, Managerqualitäten und zweckgerichtete Leistung; Gedächtnis.

Energieaspekt Konjunktion Saturn/Merkur

Sachlichkeit und Fähigkeit, Probleme nicht nur zu erkennen, sondern auch konkret zu lösen; tiefgründiges Denken.

Förderungsaspekte Trigon/Sextil Saturn/Merkur

Verantwortlich benutzter Verstand, Aufmerksamkeit, Organisationstalent. Man sammelt Erfahrungen und weiß sie auch praktisch anzuwenden und daraus zu profitieren.

Herausforderungsaspekte Opposition/Quadrat Saturn/Merkur

Konflikte können entstehen zwischen der Tendenz des Saturns zur Gründlichkeit und der des Merkurs zur Schnelligkeit, zwischen Beharrung und Beweglichkeit sowie zwischen Verpflichtungsbereitschaft und Oberflächlichkeit. Kleinlichkeit im Denken und Handeln und Widerstände in der Jugend können dazukommen.

♄ Saturn/Venus: ♀ Ernsthaftigkeit und Sinnesreiz

Kombination von Saturn/Venus allgemein

Themen sind bei dieser Planetenaspektierung der eigene Beliebtheitsgrad, das Selbstwertgefühl, allgemein Erfolg und dessen Dauer, die äußere Erscheinung; im Horoskop einer Frau auch das Verhältnis zum Vater (sonst Sonne/Venus-Thema), im Horoskop eines Mannes auch der Umgang mit der weiblichen Libido (sonst Mond/Venus-Thema).

Energieaspekt Konjunktion Saturn/Venus

Reserviertheit, pflichtbewußte Einstellung zum Leben, Setzen und Anerkennen von Grenzen; Mann-Frau-Beziehung wie im Absatz oben erwähnt; tiefe wahre oder gehemmte bzw. heimliche Liebe, je nach weiteren Aspekten.

Förderungsaspekte Trigon/Sextil Saturn/Venus

Verbindungen bei größerem Altersunterschied, gezügelte Erotik, Aufrichtigkeit und Zuverlässigkeit in der Liebe; materielle Einstellungen.

Herausforderungsaspekte Opposition/Quadrat Saturn/Venus

Prüderie oder «sexueller Geiz», Spannungen zwischen Liebe und Pflichten, Vergnügen und Aufgaben, Beziehungen und Arbeit. Unbefriedigte Liebe, Eifersucht.

♄ Saturn/Mars: ♂ Widerstand und Energie

Kombination von Saturn/Mars allgemein

Gehemmte oder konzentrierte Lebenskraft sowie Herausforderung zur Überwindung von Widerständen; Energiezunahme parallel zur Meisterung von Problemen.

Energieaspekt Konjunktion Saturn/Mars

Macht, Autorität, Beherrschung, Pflicht, Schuldgefühle, Strafe, Anstrengung, Tradition, Ehrfurcht; (älterer) Mann oder Vater. Entschlossenheit, Widerstände zu überwinden, oder tiefsitzende Wut.

Förderungsaspekte Trigon/Sextil Saturn/Mars

Persönliche Wünsche können harmonisch auf Verantwortlichkeiten abgestimmt werden; gesicherte Strukturen, die jedoch genügend Entwicklungs- und Spielraum lassen.

Herausforderungsaspekte Opposition/Quadrat Saturn/Mars

Konflikte zwischen Ego und Umwelt, zwischen Individuum und Gesellschaft, zwischen Impulsivität und Vorsicht.

♄ Saturn/Jupiter: ♃ Konzentration und Enthusiasmus

Kombination von Saturn/Jupiter allgemein

Geduld, Zielbewußtsein, Sorgfalt, Rechtschaffenheit, Selbstvertrauen, eine Verbindung zwischen dem Prinzip der Entwicklung durch Entfaltung bzw. Expansion (Jupiter) und dem Prinzip der Entwicklung durch Zusammenziehung bzw. Kontraktion oder Konzentration (Saturn).

Energieaspekt Konjunktion Saturn/Jupiter

Bei bewußter Lebensführung eine entscheidende Hilfe, um hochgesteckte Ziele mit Ausdauer zu erreichen, sowie die bei den allgemeinen Bemerkungen genannten Qualitäten. Wirtschaftliche Überlegungen spielen eine große Rolle. I. M. Hickey spricht sogar davon, daß diese Konjunktion ein Zeichen dafür sei, daß der Mensch in diesem Leben ohne viel altes Karma einen «neuen Start» machen kann. Andere Astrologen, so R. Ebertin, sehen in dieser Konstellation zuallererst ein negatives Signal, nämlich für «Unzufriedenheit mit sich selbst und anderen, leicht reizbar sein». Ich kann weder Hickey noch Ebertin zustimmen. Nur wirklich weise oder gar «erleuchtete» Menschen sind mehr oder weniger «karmafrei». Und eine Saturn/Jupiter-Konjunktion symbolisiert für mich eher einen kritisch-anspruchsvollen Geist, der aber durchaus genügend Mitgefühl besitzt, um im Umgang nicht unbedingt scharf oder verletzend sein zu müssen.

Förderungsaspekte Trigon/Sextil Saturn/Jupiter

Man hält an einmal gefaßten Plänen gern fest und arbeitet beharrlich an ihrer Verwirklichung; Zuverlässigkeit, gesunder Menschenverstand, eine praktische Seite des Charakters, auch Besitzstreben, aber oft mit geistigem Hintergrund. Erfolg stellt sich durch Leistung ein, oder: Man bekommt zwar nichts geschenkt, aber erhält doch die Chance, sich viel zu erarbeiten. Nach innen gerichtete und nach außen drängende Kräfte im Menschen wirken im Einklang miteinander.

Herausforderungsaspekte Opposition/Quadrat Saturn/Jupiter

Konflikte wollen gelöst werden, wenn folgende polare Neigungen des Menschen gleichberechtigt nach Verwirklichung drängen: Entfaltung und Rückzug, Träume und Wirklichkeit, Freiheit und Sicherheit, echte Moral und äußeres Gesetz, gelebte Mystik und theologisches Dogma, Bildung und Erfahrung, fremde Ferne und vertraute Heimat. Dies sind wie immer nur einige wenige beispielhafte und typische Begriffspaare, die sich aus den Eigenqualitäten der Planeten ergeben. Unentschlossenheit, seelische Zerrissenheit, ein auch materiell eher unbeständiges Leben wären Konsequenzen, wenn man die gegenläufigen Kräfte nicht zu integrieren imstande wäre.

♄ Saturn/Saturn: ♄ Prüfung und Vertiefung

Dieser Aspekt ist nur im Transit- und im Partnerschaftshoroskop möglich.

Kombination von Saturn/Saturn allgemein

Ähnliche Schwächen und Ängste sowie gleichgerichteter Ehrgeiz.

Energieaspekt Konjunktion Saturn/Saturn

Man bestärkt sich gegenseitig in seinen Werten, Urteilen und Gewohnheiten – oder man erlebt sich als den großen Widersacher und Prüfstein par excellence.

Förderungsaspekte Trigon/Sextil Saturn/Saturn

Gegenseitiges Verständnis und Unterstützung für Arbeitsweisen und Ziele, für zweckgerichtetes Nützlichkeitsdenken, Intensität und Leistungsbereitschaft.

Herausforderungsaspekte Opposition/Quadrat Saturn/Saturn

Gegenseitige Energieblockaden, meist unbewußt und womöglich im guten Glauben, für den anderen doch nur das Beste zu wollen; sich unverstanden fühlen. Eine Vorbemerkung zu den Aspekten zwischen Saturn und Uranus, Neptun und Pluto: Hier handelt es sich um «Langsamläufer», deren Aspekte für ganze Jahrgänge gültig sind und damit eher kollektiv als individuell wirken. Nur wenn einer der «Schnelläufer» wie Mond, Merkur oder Venus beteiligt sind, also einer der persönlichen Planeten, können wir von einem mehr individuellen Schicksal sprechen.

♄ Saturn/Uranus: ♅ Tradition und Revolution

Kombination von Saturn/Uranus allgemein

Tradition und Veränderung, Ordnung und Chaos, Autorität und Autonomie sind wichtige Themen dieser Planetenverbindung.

Energieaspekt Konjunktion Saturn/Uranus

Kraftvolle Entschlossenheit und Ehrgeiz, aber vielleicht auch Gefühlskälte und gesundheitliche Belastungen. Trennungen, Spannungen, Härte.

Förderungsaspekte Trigon/Sextil Saturn/Uranus

Erfolg auch in problematischen Lebensphasen, konzentrierter Einsatz für selbstlose Ziele.

Herausforderungsaspekte Opposition/Quadrat Saturn/Uranus

Konflikte zwischen Berechenbarkeit und Unberechenbarkeit, zwischen Aufbau und Zerstörung, Stabilität und Unsicherheit, Altem und Neuem, Tradition und Fortschritt etc. Exzentrik auf der privaten, schicksalsverändernde Eingriffe in das Leben auf der gesellschaftlichen Ebene.

♄ Saturn/Neptun: ♆ Wirklichkeit und Phantasie

Kombination von Saturn/Neptun allgemein

Opfer(bereitschaft), religiöser Halt, Missionsdrang, Suche oder Sucht nach Vollkommenheit.

Energieaspekt Konjunktion Saturn/Neptun

Aufopferung, Grenzen, Disziplin; mediale Anlagen.

Förderungsaspekte Trigon/Sextil Saturn/Neptun

Inspiration, mediale Anlagen; Arbeit und Streben richtet sich auch nach höheren Werten aus.

Herausforderungsaspekte Opposition/Quadrat Saturn/Neptun

Zwiespalt der Gefühle und Konflikte zwischen Geboten und Träumen, Realismus und Phantasie, Objektivität und Subjektivität, Konkretem und Transzendentem.

♄ Saturn/Pluto: ♇ Verantwortung und Macht

Kombination von Saturn/Pluto allgemein

Enorme Arbeitsbelastungen, Ansprüche oder Herausforderungen; Vorsicht vor Grausamkeit oder einem Abgleiten in eine überwiegend negative Lebenshaltung.

Energieaspekt Konjunktion Saturn/Pluto

Man erlebt sich als Mit-Träger eines kollektiven Schicksals; das Verhältnis zwischen Sexualität und Macht spielt eine wichtige Rolle; Machtansprüche.

Förderungsaspekte Trigon/Sextil Saturn/Pluto

Realistische Einschätzung der Konsequenzen von Handlungen; positiver innerer Bezug zu Jenseitsfragen und Stirb- und Werdeprozessen; Bereitschaft zur seelischen Transformation; Konzentrationsfähigkeit.

Herausforderungsaspekte Opposition/Quadrat Saturn/Pluto

Probleme ergeben sich aus dem Zwiespalt zwischen dem Wunsch nach Selbstbestimmung und dem größeren Schicksal oder Karma, zwischen äußerer Autorität und innerer Überzeugung, zwischen (Angst vor dem) Tod und (Gewißheit über) Unsterblichkeit.

♄ Saturn/Mondknotenachse: ☊ Zeitlichkeit und Schicksal

Energieaspekt Konjunktion Saturn/aufsteigender Mondknoten

Bereitschaft, sich mit neuen Herausforderungen auseinanderzusetzen, Einsicht in die eigene Urheberschaft für das eigene Lebensschicksal; die Verantwortung für früher selbst verursachtes Karma wird nüchtern angenommen. Aufgeschlossenheit für neue Kontakte, die man auch als «Mittel zum Zweck» betrachtet.

Energieaspekt Konjunktion Saturn/absteigender Mondknoten

(Unfreiwillige?) Trennung von Tradition, Werten und auch Menschen bzw. Gruppen oder unbefriedigende bzw. gehemmte Kontakte; Unverständnis bzw. Widerstand gegen Übernahme der persönlichen Verantwortung für alte karmische «Schulden».

Förderungsaspekte Trigon/Sextil Mondknotenachse mit Saturn

Ähnlich wie Konjunktion Saturn/aufsteigender Mondknoten, aber noch «einfacher»: Der eigene Lebensweg wird wie selbstverständlich ohne innere Widerstände akzeptiert, alte «Schulden» können wie nebenher abgezahlt werden. Einfache Kontakte zu anderen Menschen und Gruppen.

Herausforderunsgaspekte Quadrate Saturn/Mondknotenachse

Ähnlich wie Konjunktion Saturn/absteigender Mondknoten, nur noch etwas komplizierter: man hadert gern mit dem Schicksal, fühlt sich besonders schlecht versorgt und mag sich mit dem Gedanken, daß das eigene Schicksal womöglich «handgestrickt» ist, noch gar nicht recht anfreunden.

♄ Saturn/AC-DC-Achse: AC/DC

Form und Persönlichkeit

Kombination von Saturn/AC-DC allgemein

Thema ist hier, ob die grenzsetzende Kraft des Saturns die Ich-Entfaltung und die Beziehung zum Du vertieft oder blockiert.

Energieaspekt Konjunktion Saturn/AC

Frühreif – man fühlt sich in der Jugend älter, als man ist, und wird mit den Jahren relativ jünger. Schwierige Geburt, für Mutter und/oder Kind; die Seele wollte vielleicht gar nicht so recht auf der Erde inkarnieren. Neigung zur Egozentrik bei weniger bewußten Menschen.

Förderungsaspekte Trigon/Sextil Saturn/AC-DC

Hier fördert der Saturn sowohl das Streben nach Selbstverwirklichung im Leben als auch die Offenheit für echte Du-Beziehungen und gibt beidem Ernst und Kontinuität.

Herausforderungsaspekte Quadrate Saturn/AC-DC

Sowohl die schöpferische Ich-Entfaltung als auch die Pflege der intimen Du-Beziehung sind oft gestört; gesellschaftliche Konventionen und (ältere) Machtpersonen (Eltern, Vorgesetzte) behindern eine freie Entwicklung. Fällt oft mit der MC-IC-Achse zusammen.

Energieaspekt Konjunktion Saturn/DC

Häufig gehemmte Partnerschaft; das Du wird als Grenze erlebt; Partnerglück oft erst in der zweiten Lebenshälfte. Man beobachtet viele Trennungen einer ersten Ehe. (Opposition Saturn/Aszendent ist dasselbe wie Konjunktion Saturn/Deszendent. Das Quadrat von Saturn zu Deszendent entspricht dem Saturn von Mars zu MC. Trigon/Sextil von Saturn zu Deszendent entspricht Trigon/Sextil von Saturn zu Aszendent.)

♄ Saturn/MC-IC-Achse: MC/IC Form und Erfolg

Kombination von Saturn/MC-IC allgemein

Thema ist, ob der Saturn das Streben nach beruflichem Erfolg und persönlicher Lebenssicherheit geduldig fördert oder durch Starrheit hemmt.

Energieaspekt Konjunktion Saturn/MC

Beruflicher Erfolg durch zähe Arbeit, meist später im Leben; langwierige Widerstände bzw. durch Stolz verursachte Probleme.

Förderungsaspekte Trigon/Sextil Saturn/MC-IC

Gesunder Ehrgeiz und planvoller Einsatz der Kräfte verbinden sich mit einem guten Urteil über reale Erfolgschancen; Einklang zwischen Beruf und Heim.

Herausforderungsaspekte Quadrate Saturn/MC-IC

Eventuell Mangel an Zielstrebigkeit in bezug auf Beruf; Mutlosigkeit oder Minderwertigkeitsgefühle.

Energieaspekt Konjunktion Saturn/IC

Tiefe Verwurzelung in Heimat und Heim; oft Beschränkungen im Familienleben in der Jugend oder Auseinandersetzungen innerhalb der Familie.

♅ Der Veränderungsplanet Uranus

Die Kraft des Neuen und der Intuition

Uranus, das kreative Chaos

«Der Kosmos ist ein chaotischer Wahnsinn von Wellenstrukturen, von denen einige auf der Erde zum Orchester eines organisierten Lebenssystems zusammengetreten sind. Die Harmonie zwischen beiden kann nur mittels einer Partitur gelesen werden, und von allen Möglichkeiten, die uns derzeit offenstehen, scheint die Astrologie (trotz ihrer verrückten Ursprünge und ihrer teilweise noch verrückteren Anhänger) die beste Interpretation anzubieten.»

– Lyall Watson, Wissenschaftler (zitiert nach *Astrologische Weisheiten*, herausgegeben von Bernd A. Mertz).

Uranus, der Planet der plötzlichen und unerwarteten Veränderung, das Symbol der Neugier und des Neuen, des Freiheitswillens und der Revolution, des höheren Intellekts und der Intuition, könnte durchaus auch als Sinnbild für das kreative kosmische Chaos und für die «Verrücktheiten» der Astrologie dienen. In diesem Buch über Uranus soll darum beschrieben werden, wie Uranus Charakterzüge und Schicksal, Lebensweg und Entwicklungsperioden astrologisch bestimmt.

Uranus gehört mit Neptun und Pluto zu den sogenannten Langsamläufern. Manche Astrologen meinen, daß diesen Planeten nur generationsbedingte, gesellschaftliche oder überpersönliche Entsprechungen zugeordnet werden sollten. Ich teile diese Ansicht nicht. Vielmehr finde ich durch Erfahrung bestätigt, daß auch diese drei Langsamläufer sehr persönliche «Wirkungen» zeitigen: vor allem durch die Hausposition und aufgrund von Aspekten zu den schnelleren Lichtern und Planeten, also zu Sonne, Mond, Merkur, Venus und Mars.

Darüber hinaus zeigen die drei «transsaturnischen» Planeten (deren Umlaufbahn um die Sonne außerhalb der Umlaufbahn des Saturns liegt) längerfristige, aber einschneidende Zeitzyklen und Lebensrhythmen an. Ich gehe darauf im Abschnitt «Astrologische Deutungen zum Uranus» ausführlicher ein. Uranus gilt als «höhere Oktave» des Merkur, Neptun als höhere Oktave der Venus und Pluto schließlich als höhere Oktave des Mars.

Uranus in der Mythologie

Uranus gilt als einer der frühesten Hauptgötter und als Personifizierung des Himmels. Eros befruchtete Gaia, die Mutter Erde – so der griechische Schriftsteller Hesiod –, und dies brachte Uranus, den Himmel, sowie das Meer und die Berge hervor. Uranus war Sohn und wurde gleichzeitig Liebhaber von Gaia und zum Vater unter anderem der zwölf Titanen und der drei Zyklopen. Uranus war über die äußere Gestalt mancher von ihm gezeugten Sprößlinge so entsetzt, daß er sie in die Tiefen der Erde verbannte. Das erboste Gaia derart, daß sie auf Rache sann und die Titanen gegen ihren eigenen Vater aufwiegelte. Deren Anführer Chronos (Saturn) entmannte Uranus mit einer Handsichel (nach manchen Berichten tötete er ihn auch) und wurde sein Nachfolger als Herrscher des Universums. Die Titanen führten dann unter Chronos' Führung einen Krieg gegen Zeus und die Olympier, den sie verloren. Der antike Autor Vergil beschreibt die andauernden Qualen der Titanen in der Unterwelt, in die sie aufgrund ihrer Sünden gegen die Götter (offensichtlich erneut) verbannt wurden.

Nach Hesiods Berichten zur Abstammung der griechischen Götter entsprang die «schaumgeborene» Liebesgöttin Aphrodite dem Zusammentreffen von Uranus' Geschlechtsteilen mit dem Meer, in das sie fielen.

Das aus der Wunde auf die Erde niederfallende Blut brachte die Furien hervor, die Rachegöttinnen. Sie wurden später auch als Erinnyen und Eumeniden bezeichnet. Ihre Aufgabe bestand darin, unentdeckte und ungesühnte Verbrechen zu bestrafen.

Die drei Zyklopen fertigten die blitzenden Donnerkeile für Zeus, den Dreizack für Poseidon und die Tarnkappe für Hades, die ihm Unsichtbarkeit verlieh.

Mnemosine, eine Tochter von Uranus und Gaia, galt als Göttin der Erinnerung und des Gedächtnisses. Sie schlief neun Nächte lang mit dem Göttervater Zeus (siehe auch Heyne Planetenbuch über Jupiter) und gebar die neun Musen.

Mit Uranus verbinden sich mythologisch also außerordentliche und dramatische Ereignisse. Wir werden diese Seiten des Uranus auch in seiner symbolisch-astrologischen Deutung wiederfinden.

Uranus in der Wissenschaft

Uranus ist der siebte Planet von der Sonne aus gezählt (die Reihe beginnt bekanntlich mit Merkur, Venus, Erde, Mars, Jupiter, Saturn, dann kommt Uranus, schließlich Neptun und Pluto). In der Neuzeit ist er vom Engländer Sir William Herschel am 13. März 1781 (wieder)entdeckt worden. Herschel beobachetete in seinem Fernrohr eine verschwommene blau-grüne Scheibe am nächtlichen Firmament und erkannte, daß es sich dabei um einen höchst ungewöhnlichen Himmelskörper handeln mußte. Zeitweise wurde dieser Planet nach seinem Entdecker «Herschel» genannt, inzwischen hat sich jedoch die Bezeichnung «Uranus» weltweit durchgesetzt. Der Name geht auf das griechische Wort für «Himmel» zurück.

Ein Umlauf des Uranus um die Sonne dauert geringfügig länger als 84 Jahre. Die Umlaufbahn verläuft in über drei Milliarden Kilometern Entfernung von der Sonne. Die Masse des Uranus ist fast 15mal größer als die der Erde.

Astrologische Deutungen zum Uranus:

Die vielen Gesichter des Uranus

In diesem Abschnitt möchte ich Ihnen einige wesentliche Facetten dieses immer interessanten, oft aber auch widersprüchlichen oder sogar irritierenden astrologischen Symbols näherbringen. In meinem eigenen Horoskop steht der Uranus übrigens relativ am höchsten, an der Spitze des 11. Hauses in sehr naher Konjunktion zu Mond und Venus, am Ende des Zeichens Zwillinge.

Traditonell «regiert» Uranus das Tierkreiszeichen Wassermann, ein Luftzeichen. Er steht im Zeichen Skorpion «erhöht», wird im Zeichen Löwe «erniedrigt» und befindet sich im Zeichen Stier im «Fall». Damit soll ausgesagt werden, daß dieser Planet in Wassermann und Skorpion stärker steht als in Löwe und Stier und deshalb seine Qualitäten deutlicher zum Ausdruck bringen kann. Da sich der Uranus rund sieben Jahre in jedem Zeichen aufhält, beziehen sich solche allgemeinen Aussagen auf ganze Jahrgänge. Entsprechend dieser Zuordnung von Uranus zu den Zeichen sollte man annehmen, daß er auch in den 11. und 8. Häusern stärker steht, in den 5. und 2. Häusern dagegen schwächer.

Uranustemperament und Uranusprinzipien

Wenn Uranus in Ihrem Horoskop ein zentrale Rolle spielt, so werden manche der nachstehenden Charakterzüge für Sie kennzeichnend sein. Wenn Sie unsicher über eine Zuordnung sind, fragen Sie am besten Partner oder Partnerin, Familienmitglieder, Freunde oder Arbeitskollegen. Die können uns manchmal besser einschätzen als wir uns selbst.

Eine «zentrale Rolle» bedeutet in diesem Zusammenhang, daß der Planet Uranus

- am Aszendenten oder am MC steht
- sich in Konjunktion oder Opposition zu Sonne oder Mond befindet
- der höchstgestellte Planet im Horoskop ist
- in seinem eigenen Zeichen Wassermann steht und/oder im 11. Haus.

Prinzipien und Qualitäten

Uranus steht für höhere Vernunft, höheren Intellekt, Intuition, Erneuerung, Reformbestrebungen, Unabhängigkeitsdrang, Freiheitswillen, Eigenwilligkeit, Revolution, Umsturz, Originalität, Exzentrik, Extreme, plötzliche und unerwartete Veränderungen, Blitz bzw. Schock, Elektrizität, Aura, Geheimwissenschaften, Esoterik, Wassermannzeitalter.

Die Uranusqualität ist luftig, aktiv, austauschbereit, ideell, elektrisch, explosiv, magisch-okkult. Ein Uranus-«Typ» durchschaut die Motive von Menschen. Die Fähigkeit zum Hellsehen gehört ebenfalls zum Uranus.

Charaktermerkmale

Bewußtere Uranus-«Typen» sind geistreich, talentiert, schöpferisch, originell, sensibel, intuitiv, energisch, willensstark, ausdauernd, großzügig, veränderungsliebend, schnell entschlossen, aufgeschlossen für Neues, eigenartig.

Weniger bewußte Menschen mit einem starken Uranus sind oft nervös, reizbar, überspannt, launisch, schwärmerisch, utopisch, romantisch-sentimental, unordentlich, anmaßend, widerspenstig, rebellisch, eigenbrötlerisch. Vehlow schreibt: «Hierher gehört auch der Typ des närrischen Erfinders, der das Perpetuum mobile sucht!»

Temperament

Das Uranustemperament ist cholerisch-sanguinisch. Manly P. Hall schreibt in seinem englischen Büchlein *Astrological Keywords*, daß das Uranustemperament «impulsiv und extrem exzentrisch» sei. Der Horoskopinhaber geht «nicht nach seinem eigenen Geist, sondern wird ständig von der Vorsehung bewegt; oft wird er zu einem Fatalisten, der fühlt, daß sein Schicksal jenseits seiner eigenen Kontrolle» liege.

Berufe

Die folgende Aufstellung über typische Uranusberufe dient mehr der Erkenntnis der Uranusprinzipien als etwa einer statistisch gesicherten Aussage über tatsächlich beobachtete «Uranusberufe». Hierher gehören also Naturwissenschaftler, Erfinder, Elektrotechniker und Elektroniker, Fernseh- und Radioberufe, Archäologen, Antiquitätenhändler, Sozialreformer, Revolutionäre (falls das ein «Beruf» ist), Freidenker, Metaphysiker, Esoteriker, Hellseher, Astrologen, Künstler, welche mit neuen Ausdrucksformen experimentieren.

Gesundheit

Uranus ist astrologisch gesehen immer dann bei Gesundheitsbeschwerden beteiligt, wenn es sich um plötzliche, überraschende und heftige Krankheitsgeschehen sowie um Beschwerden im Zusammenhang mit dem Nervensystem handelt. Dazu gehören Unfälle aller Art, Verkehrsunglücke, Verletzungen durch Explosionen, Feuer und Elektrizität, aber auch Neuralgien, krampfartige und/oder nervöse Beschwerden, unter Umständen Migräne, die meisten Nervenleiden. Der Uranus hat auch mit der Hypophyse (der Hirnanhangdrüse), dem Rückenmark und dem pulsierenden Atem zu tun.

Schicksale

Ein stark gestellter Uranus weist auf ein ungewöhnliches Leben hin, das stark bewegt oder gar unruhig ist und oft überraschende und sich schnell vollziehende Veränderungen und Wendungen mit sich bringt. Plötzliche «Glücksfälle» sind genauso vertreten wie Aufregungen und unerwartete «Katastrophen». Man gewinnt rasch und unvorhersehbar Freunde oder Ansehen oder Reichtum – und kann sie ebenso schnell und abrupt wieder verlieren oder verlassen. Uranus-Typen sind oft Pioniere (oder betrachten sich zumindest als solche). Sie hegen Ideen und unternehmen Vorhaben, die aus dem Rahmen fallen und die sich mit Idealen verbinden.

Positive Entsprechungen zu einem harmonischen und starken Uranus sind zum Beispiel Erfolge durch Erfindungen und Entdeckungen, im Bereich der Luft- und Raumfahrt sowie der Computer und der elektronischen Massenmedien. Auch die geistige Förderung durch Freunde, Ruhm und Anerkennung durch die Erforschung neuer Wissensgebiete, durch Reisen, Studien und den Einsatz für die soziale Gemeinschaft gehören zu den Erfolgschancen der «Uraniker». Schließlich fallen Glücksspielgewinne und plötzliche Glücksfälle aller Art hierunter.

Ein ebenfalls stark, aber disharmonisch gestellter Uranus zeigt eine gewisse Neigung an, in Unfälle, Unglücke, chaotische Umstände oder Katastrophen irgendwie «verwickelt» bzw. davon betroffen zu sein. Das bezieht sich sowohl auf gesundheitliche als vor allem auch auf private, partnerschaftliche und berufliche Themen und Beziehungen. Unerwartete Trennungen, plötzliche Änderungen der Existenzgrundlagen und ähnliches gehören zum Lebensalltag des Horoskopinhabers.

Grundsätzlich gibt es einen Uranus«einfluß» immer dann, wenn es dramatisch zugeht, sei es, daß in einer heftigen Debatte die Fetzen fliegen, sei es, daß die Milch plötzlich überkocht, ein Wasserrohr bricht, daß Sie unerwartete Begegnungen mit ungewöhnlichen Menschen oder einen plötzlichen Abschied erleben. Wenn in Ihrem Leben jeden Augenblick etwas Neues passieren kann, wenn laufend Unruhe herrscht, wenn sich aus vermeintlich geringsten Anlässen einschneidende Wendungen in Ihrem Geschick ergeben, wenn Sie leicht impulsiv begeisterungsfähig sind, das Originelle lieben und etwas anderes als den Durchschnitt suchen, dann spielt Uranus eine wesentliche Rolle.

Uranus symbolisiert im Horoskop den Schlüssel zu Unabhängigkeit und Freiheit und je nach Häuser- und Zeichenposition und Aspektierung Ihren Weg zur Entwicklung Ihrer Intuition und zur Wahrnehmung höherer geistiger Dimensionen. Darauf gehe ich in den Abschnitten über Uranus in Zeichen, Häusern und Aspekten ein.

Orte

Elektrische und elektronische Anlagen (Radio- und Fernsehsender, Funktürme, Elektrizitätswerke, Blitzableiter und so fort), Luft- und Raumfahrtstationen, Versuchslaboratorien, aber auch Erdbebenzonen und aktive Vulkangebiete.

Farben, Edelsteine, Metalle

Indigoblau, Violett, Aquamarinblau, Bronzefarben, silbrig-irisierend; Aquamarin, Bergkristall, Bernstein, Topas, Zirkon (Vehlow nennt u.a. noch Bimsstein und Milchquarz); Platin.

Als Wochentag kann Uranus dem Mittwoch zugeordnet werden, da er die «höhere Oktave» des Merkurs darstellt, der in den romanischen Sprachen diesem Tag seinen Namen geliehen hat («mercoledì» etc.). Vehlow nennt die Zahlen 5 und 10 als Uranuszahlen sowie die Himmelsrichtung Nordwest.

Uranus in den zwölf Zeichen des Tierkreises

Erinnern wir uns daran, daß der Langsamläufer Uranus etwa sieben Jahre in jedem Zeichen verweilt und damit eine Bedeutung für sieben Jahrgänge besitzt. Historisch interessierte Leser ermuntere ich dazu, die Position des Uranus in den Zeichen als Indiz spezifischer gesellschaftspolitischer Entwicklungen gedanklich mitzuverfolgen.

♅ Uranus im Zeichen Widder ♈

Zum Beispiel – ohne Berücksichtigung kurzzeitiger «Rückläufigkeit» – von April 1927 bis Mai 1934.

Kernsatz: «Ich bringe das Neue voran!»

Stärken: Hohe Impulsivität, plötzliche Energieentfaltung, Pioniergeist, schnelle Wahrnehmungs- und Auffassungsgabe, erfinderisches Denken, Ehrgeiz.

Schwächen: Rücksichtslosigkeit, Fanatismus, blinder Eifer, Schwärmertum, Rastlosigkeit.

Gesundheit: Gefahr von Kopfverletzungen, Verbrennungen, Unglücken bei gefährlichen Hobbys, elektrischen Schlägen.

Lebensaufgabe: Öffnung für individuell erlebbare höhere Werte, persönlicher Einsatz für eine humanitäre und humanistische Ausrichtung der Gesellschaft.

Politik: In Deutschland begann sich in dieser Zeit eine neue Kraft, die Freiheit und Unabhängigkeit versprach, mit Macht zu regen und aus dem Bodensatz der sozialen Probleme ans Tageslicht der Gesellschaft zu drängen. Mit der sogenannten Machtergreifung (legal, weil die Nazimehrheit durch Bürgerstimmen gewählt und der Machtwechsel parlamentarisch durchgeführt wurde) erreichte *Uranus im Widder* seinen zunächst verheißungsvollen, schließlich jedoch traurigen Höhepunkt.

♅ Uranus im Zeichen Stier ♉

Zum Beispiel von Mai 1934 bis August 1941.

Kernsatz: «Ich gebe Idealen Substanz!»

Stärken: Findigkeit im Geschäftsleben und beim Gelderwerb, Durchsetzungskraft und Hartnäckigkeit; leidenschaftliche Beziehungen, die oft jäh einsetzen und ebenso abrupt enden können.

Schwächen: Unbedachter Eigensinn, der die notwendigen materiellen, wirtschaftlichen, finanziellen und strukturellen Grundlagen von Körper und Verstand, von Einzelmenschen und Gesellschaft gefährdet; Spekulation; unnötige Aufgabe von Werten (die USA gaben, so die Astrologin I. M. Hickey, während Uranus im Stier war, den Goldstandard auf und mußten mit der schlimmsten Rezession ihrer Geschichte kämpfen).

Gesundheit: Übermäßige Gewichtszunahme oder extremer Gewichtsverlust, Muskelbeschwerden, Kräfteauszehrung durch nervöse Zustände.

Lebensaufgabe: Sie müssen lernen, wahre Werte von scheinbaren zu unterscheiden und ein Gleichgewicht zwischen notwendigen materiellen Sicherheiten und inspirierenden geistigen Idealen zu finden.

Politik: In dieser Zeit konnten – wiederum auf Deutschland bezogen – mit Uranus im Stier die Versprechungen und Vorhaben des Wiederaufbaus Deutschlands nach der Zurückweisung der Reparationsforderungen des Versailler Vertrags weitgehend an Struktur und Festigkeit gewinnen. Auch die Anfangserfolge im beginnenden Zweiten Weltkrieg schienen – eben bis 1941 – das noch zu bestätigen.

♅ Uranus im Zeichen Zwillinge ♊

Zum Beispiel von August 1941 bis August 1948.

Kernsatz: «Ich tausche mich aus, um Neues zu entdecken!»

Stärken: Intuition, Redner- und Überzeugungsgabe, originelle Gedanken, ungewöhnliche Vorgehensweisen; wissenschaftliches, künstlerisches oder metaphysisches Denken; gute Auffassung und Reaktion, Organisationstalent. *Schwächen:* Ruhelosigkeit, Nervosität, Sprunghaftigkeit, Zersplitterung, unruhiges Wesen; plötzliche, auf andere mitunter recht brüsk wirkende Verhaltensweisen.

Gesundheit: Neigung zur Nervenschwäche oder leichten Überreizung, Belastung des Lymphsystems und der Atemorgane, vor allem der Bronchien.

Lebensaufgabe: Sie können wesentlich dazu beitragen, daß es auf diesem Planeten zwischen Menschen aller Religionen, Altersgruppen, Volkszugehörigkeiten und so fort eine wirklich offene Kommunikation gibt, die Ideale und Reformen zu verwirklichen sucht und sich nicht in Beliebigkeit oder Grundsatzlosigkeit verliert.

Politik: 1941 bahnte sich der Umschwung an. Hitler-Deutschland griff die Sowjetunion an, eröffnete damit eine neue Front. Der japanische Angriff auf Pearl Harbor veranlaßte die USA, auf der Seite der Alliierten gegen Deutschland und Japan in den Krieg einzutreten. Ein neues Denken setzt ein: der Krieg wird zum Weltkrieg. Jetzt ging es darum, dem üblen Geist des Nazitums, der Weltherrschaft beanspruchte, einen neuen Geist der Demokratie und Menschenwürde entgegenzusetzen. Bekanntlich stehen die USA unter dem Zeichen Zwillinge. In den Nürnberger Prozessen wurde die Unmenschlichkeit des Hitler-Regimes endgültig entlarvt und zumindest teilweise zur Rechenschaft gezogen.

♅ Uranus im Zeichen Krebs ♋

Zum Beispiel von August 1948 bis August 1955.

Kernsatz: «Ich fühle mich der Ganzheit der Schöpfung verbunden!«

Stärken: Herzensgüte, mediale Neigungen, Sehnsucht in die Ferne bzw. häufiger Orts- und Wohnungswechsel; intuitive Einstellung auf die Bedürfnisse größerer Gemeinschaften. Lösung von Eltern und/oder Heimat.

Schwächen: Wechselbäder der Gefühle, Auflehnung gegen Tradition und Sitte; Verbindungen mit eigenartigen bzw. eigenwilligen Menschen, die oft zu Ent-täuschungen führen.

Gesundheit: Vernachlässigung des Flüssigkeitshaushalts (es wird oft zu wenig Wasser getrunken); bei Frauen unter Umständen unerwartete Unterleibskomplikationen, wenn Mars und Mond zum Uranus «schlecht» gestellt sind.

Lebensaufgabe: Sie werden herausgefordert, eine individuelle Balance zu finden zwischen ihren Bedürfnissen nach emotionaler Sicherheit und Ihren Ahnungen nichtmaterieller Bewußtseinsebenen und Ihren Entwicklungsaufgaben in diesen Dimensionen.

Politik: Der Nachkriegszeit mit der Währungsreform folgten nun Jahre des geduldigen Wiederaufbaus, an dem Frauen mehr als je zuvor (wenig beachteten, noch weniger vergüteten) Anteil hatten. Die geteilte Nation zog sich in häusliche Biederkeit zurück und arbeitete daran, der kleineren Familie ein neues, beständigeres Fundament zu sichern. Die Grundlagen für das spätere Wirtschaftswunder werden jetzt gelegt.

♅ Uranus im Zeichen Löwe ♌

Zum Beispiel von August 1955 bis August 1962.

Kernsatz: «Ich will das Neue schöpferisch gestalten!»

Stärken: Lebenslust und Lebenskraft, Freiheitsliebe und Unabhängigkeitssinn, Entschlossenheit, Mut zum Handeln, Unternehmungs- und Abenteuerlust; erotische Leidenschaft und überraschende, unerwartete romantische Passionen und Nöte. Diese Menschen bedürfen der besonderen (Eigen-)Disziplin.

Schwächen: Spekulationstrieb, Neigung zur Verschwendung und Zügellosigkeit; «Wundergläubigkeit» oder Selbstüberschätzung, daß das «Glück» im rechten Augenblick noch alle jeweiligen Schwierigkeiten irgendwie plötzlich und auf unerklärliche Weise lösen wird.

Gesundheit: Tendenz zu plötzlicher Herzschwäche, eventuell auch Neigung zu Verbrennungen, Rücken- und Rückenmarksbeschwerden.

Lebensaufgabe: Sie können durch Ihre eigenen schöpferischen Tätigkeiten anderen Menschen Impulse vermitteln, wie auch diese ihr Leben kreativ gestalten können.

Politik: In diese Uranusepoche fällt der markante und glanzvolle Aufstieg der USA und die Verbreitung ihres «American Way of Life» mit Wohlstand, basierend auf Selbstvertrauen sowie wirtschaftlicher und militärischer Stärke. Auch (lebensgefährliches) Imponiergehabe wie im Streit zwischen Kennedy und Chruschtschow um die Stationierung von Atomwaffen auf Cuba, Idealisierungen wie die des jungen neuen Präsidenten John F. Kennedy und sogar sein gewaltsamer Tod auf dem Höhepunkt seines Glanzes kennzeichnen Aspekte von Uranus im Löwen.

♅ Uranus im Zeichen Jungfrau ♍

Zum Beispiel von August 1962 bis Oktober 1968.

Kernsatz: «Ich analysiere die tatsächlichen Lebensbedingungen und ziehe daraus Schlüsse auf die notwendigen Reformen!»

Stärken: Scharfsinniger Verstand, gute Beobachtungsgabe, eigenwillige Arbeitsmethoden, wissenschaftliche Einfühlungsgabe; Fähigkeiten als Heiler, Erzieher neuen Stils, Erfinder, New-Age-Wissenschaftler; ausgefallene Berufe.

Schwächen: Übertriebene Kritiklust, Unfähigkeit zur Zusammenarbeit im Team oder in untergeordneter Stellung.

Gesundheit: Großes Interesse an Gesundheit und Bewahrung der natürlichen Lebensgrundlagen. Neigung zur passiven oder sogar aktiven Beschäftigung mit Naturheilweisen und alternativen Heilkräften.

Lebensaufgabe: Die ganz alltäglichen Interessen der «kleinen Leute», der vielen unscheinbaren einzelnen Menschen, die erst zusammen unsere Gesellschaften und unser Leben auf dieser Erde ausmachen, müssen in den Mittelpunkt der praktischen Reformbestrebungen zur Verbesserung der Lebensumstände auf unserem bedrohten Planeten gestellt werden.

Politik: Analyse und Kritik der Gesellschaftssysteme bereiten den Boden für den Vietnamkrieg einerseits und die fast weltweite Studentenrevolte gegen die inzwischen verkrustenden Herrschaftsstrukturen andererseits. Bewegungen von Bürgerrechtlern gegen rassische und geschlechtsbezogene Diskriminierungen gewinnen Zuspruch.

♅ Uranus im Zeichen Waage ♎

Zum Beispiel von Oktober 1968 bis September 1975.

Laut Isabel M. Hickey ist der Uranus der «esoterische Regent» des Zeichens Waage.

Kernsatz: «Ich entfalte neue Formen von Harmonie, Ästhetik und Schönheit!»

Stärken: Gespür für neue und gerechtere Gesetze und Gesellschaftsformen, Einfühlungsvermögen für neue und dabei harmonische Kunst – wir können von diesen Jahrgängen entscheidende Impulse für eine Renaissance spiritueller Kunst erwarten! –; schöpferisches Denken und künstlerische Gestaltungskraft.

Schwächen: Mangel an Anpassung, Rivalität in der Partnerschaft, geringe nervliche Belastbarkeit, daher Reizbarkeit.

Gesundheit: Gesundheitsbeschwerden durch nervliche Belastungen, die sich als Folge von Störungen im harmonischen Ablauf des Lebens ergeben.

Lebensaufgabe: Entwicklung neuer Formen der Partnerschaft, die nicht mehr von den «alten Spielen» der Geschlechter, von Machtpositionen, von Pascha- und Püppchen-Allüren bestimmt sind – und die nicht mehr durch überholte dogmatische Moralansichten in Kirche und Staat reglementiert werden. Liebe ist wichtiger als Papiere.

Politik: Im Namen vermeintlicher Gerechtigkeit beginnt sich ein unheilvoller Reigen von Gewalt: Kriege in Vietnam und Kambodscha, Terrorakte von Repräsentanten unterdrückter Minderheiten (zum Beispiel Palästinenser) sowie von selbsternannten Revolutionären («RAF»). Währenddessen geht der weltweite Wirtschaftsaufschwung der demokratischen Staaten fast explosionsartig weiter – der Westen «genießt». Gleichzeitig bereitet eine neue, uranische Pop-Musik den unaufhaltsamen Wandel der kulturellen Werte vor.

♅ Uranus im Zeichen Skorpion ♏

Zum Beispiel von September 1975 bis November 1981.

Kernsatz: «Ich kämpfe engagiert für einen Durchbruch ins Wassermannzeitalter!»

Stärken: Energisches, furchtloses Wesen, das Schicksal wird offen angenommen, Willenskraft und Zähigkeit bei der Verwirklichung der eigenen Ziele, gute Reaktionsfähigkeit; ungetrübtes Erfassen von Motiven und Schwächen anderer Menschen.

Schwächen: Rücksichtslosigkeit mit Gefahren für sich und andere, manchmal aggressive und brüske Reaktionen; Selbsttäuschung über eigene Antriebe.

Gesundheit: Unter Umständen Unterleibsbeschwerden, wie unerwartete Krämpfe; Notwendigkeit, Kraftreserven, die unzweifelhaft bei dieser Uranusposition in besonderem Maße vorhanden sind, nicht zu überschätzen und völlig auszubrennen, sondern rechtzeitig wieder «aufzutanken».

Lebensaufgabe: Die Transformation von der Freiheit und Selbstbestimmung auf der Ebene von Körper, Sinnlichkeit und Materie zur geistig-spirituellen Selbstverwirklichung auf der Ebene der bewußten Seele, die den Körpertod überwindet. (Siehe auch Hinweis auf die *Innere Astrologie* am Schluß des Buchs.)

Politik: Uranus im Skorpion weist auf leidenschaftliche Auflehnung gegen überkommene Anschauungen und auf ganz eigenwillige Formen der Selbstverwirklichung hin. In diese Zeit fällt die Hinwendung vieler junger Menschen im Westen zu praktischen Formen der Religionen des Ostens, sei es Buddhismus, Yoga, Meditation oder verschiedene Guruwege. Allerdings entstanden in dieser Zeit der Suche nach einer neuen

Identität und der vermeintlichen Befreiung von sittlichen Normen auch die Anfänge der Aids-Epidemie.

⛢ Uranus im Zeichen Schütze ♐

Zum Beispiel von November 1981 bis Februar 1988.

Kernsatz: «Ich suche nach neuen Aufgaben und nach Sinn!»

Stärken: Weitgesteckte Zeile voller humanitärer Ansprüche, freie und selbstbestimmte Weltanschauungen, Interesse an religiösen Reformen, Pioniergeist, Wunsch nach Befreiung von überlieferten und zugleich erstarrten hohlen Formen und Strukturen.

Schwächen: Ruhelosigkeit, Fanatismus, Welterlösungsphantasien, Verbohrtheit.

Gesundheit: Unter Umständen Neigung zu Sportverletzungen oder Unfällen, wenn der Abenteuergeist mit Ihnen durchgeht.

Lebensaufgabe: Moral, Gerechtigkeit, Philosophie, echte Religion und humanistische Lebensziele spielen eine wesentliche Rolle auf dem Lebensweg dieser Menschen. Sie sollten diese Herausforderungen voller Mitmenschlichkeit annehmen.

Politik: Der Umweltschutz wurde zu einem globalen Thema, die Zukunft der Erde als Ganzheit. Immer mehr Menschen verließen ihre Heimatländer, um im oft weit entfernten Ausland ihr Glück zu suchen. Die Weltraumfahrt machte ebensogroße Fortschritte, wie die Zahl der angeblichen UFO-Sichtungen zunahm, mysteriöse Kornkreise entdeckt wurden und das Interesse an metaphysischen Welterklärungen wuchs.

⛢ Uranus im Zeichen Steinbock ♑

Zum Beispiel von Februar 1988 bis Marz 1995.

Kernsatz: «Ich rüttle an den Grundfesten toter Formen, bis diese in sich zusammenfallen!»

Stärken: Gespür für Macht und Autorität, konzentrierte Lebenskraft, ungewöhnliche Lebensziele, darin Ehrgeiz, plötzliche Berufswechsel, technisch-konstruktive und mathematische Begabungen.

Schwächen: Solche Menschen schwanken oft, ob sie ein Mindestmaß an alter Ordnung aufrechterhalten und sich daran festhalten sollen, oder ob sie den Sprung in das zumindest zeitweise Chaos einer Welt oder eines Lebens ohne klare Ordnung wagen sollen; Unbeugsamkeit, verkrampfte Konzentration auf bestimmte Pläne, Opfer starker öffentlicher Kritik.

Gesundheit: Neigung zu Knochenbrüchen oder Hautverletzungen, Anfälligkeit für Magengeschwüre und Verdauungsprobleme.

Lebensaufgabe: Öffnen Sie sich für Inspiration und Intuition aus höheren Sphären, um zu erfassen, welche neue Ordnung an die Stelle der gerade gestürzten treten kann und soll.

Politik: Der heftige Uranus im Saturn-Zeichen Steinbock, das auch tote Strukturen und starre Traditionen symbolisiert, rüttelt an den Grundfesten der Gesellschaften, politisch und sozial. Die ausgezehrten und nur noch auf militärischer Macht beruhenden Ostblockregimes mußten ihren Geist aufgeben – weil der kommunistisch-idealistische Ursprungsgedanke längst verlorengegangen war. Gesellschaftliche Probleme zwischen Arm und Reich sowie «Einheimischen» und «Ausländern» potenzieren sich. Wir stehen womöglich vor dem Beginn einer ersten echten «Weltkultur».

♅ Uranus im Zeichen Wassermann ♒

Zum Beispiel von März 1995 bis nach der Jahrtausendwende. Auch deshalb spricht man vom anbrechenden «Wassermann-Zeitalter», das neue Ideale anstrebt! Im Zeichen Wassermann «regiert» der Uranus.

Kernsatz: «Ich finde meinen ganz eigenen Weg!»

Stärken: Fähigkeit zur Arbeit im Team oder für die Gemeinschaft, Organisationstalent, fortschrittliches Denken, vielseitige Interessen und Ziele, Erfindergabe, gutes Gedächtnis, Menschenkenntnis und psychologische Einfühlung, wissenschaftlich-intellektuelle Bewußtheit.

Schwächen: Rebellische Auflehnung gegen jede Ordnung, Widerspenstigkeit, mangelnde Anpassung.

Gesundheit: Neigung zu Kreislaufproblemen, wenn sich diese Horoskopinhaber nicht genügend körperliche Bewegung verschaffen.

Lebensaufgabe: Verständnis und Mitgefühl entwickeln für solche Menschen, die nicht intellektuell-geistig orientiert sind, sondern mehr emotional-seelisch leben.

Politik: Noch dürfen wir darauf hoffen, daß die besten Qualitäten des Uranus im Wassermann zur Geltung kommen könnten: Aufbruch zu neuen Ufern, begeisterter Einsatz für Ideale, Gemeinsinn und Humanismus, auch und gerade für Andersdenkende, für Menschen anderer Sprache, Religion und Hautfarbe. Haben wir die Lektionen der Geschichte endlich gelernt?

♅ Uranus im Zeichen Fische ♓

Zum Beispiel von Januar 1920 bis April 1927.

Kernsatz: «Ich glaube an das Höchste im Menschen!»

Stärken: Offenheit für Kräfte aus den un- oder unterbewußten Schichten der Persönlichkeit, plötzliche Eingebungen oder Visionen, reges Traumerleben, metaphysische Interessen, Medialität, stark entwickeltes Mitgefühl für andere Menschen.

Schwächen: Unverstandensein, Geheimniskrämerei, unrealistische Phantasien, merkwürdige Ideale; Anfälligkeit für Drogen aller Art.

Gesundheit: Übersensibilität führt leicht zu physischen und emotionalen Belastungen des Nervensystems.

Lebensaufgabe: Die Sehnsucht nach Befreiung von den Zwängen dieses Erdenlebens sollte einerseits akzeptiert und in konkrete Bahnen (zum Beispiel Meditation mit dem inneren Licht und Ton) gelenkt werden, andererseits sollte man jedoch auch die von der Schöpfung so vorgesehenen Notwendigkeiten eines stabilen und harmonischen Erdenlebens beachten und auch dem Körper sein Recht zukommen lassen.

Politik: Deutschland suchte eine neue Freiheit (nach dem verlorenen Krieg und dem Versailler Vertrag) in den Illusionen der «goldenen Zwanziger». Die Zeit war von stetiger Unruhe gekennzeichnet, in der Gesellschaft gärte es, Gewaltakte waren an der Tagesordnung. Der Drang der Menschen nach wirtschaftlicher und politischer Unabhängigkeit in einer Zeit des allgemeinen Chaos wurde in die Kanäle der Verführer von rechts und links gelenkt.

Uranus in den zwölf Häusern der Lebensbereiche

Uranus im 1. Haus

Plötzliche Entwicklungssprünge gehen einher mit ungewöhnlichen Erfahrungen und einem originellen, bisweilen auch eigenwilligen Charakter. Stark ausgeprägte Individualität und deutlicher Unabhängigkeitswille. Eigene Ansichten und Arbeitsweisen, unerwartete, vielleicht auch exzentrische Reaktionen auf plötzliche Impulse von innen oder außen. Unruhe, selbst verschuldete Isolierung, Neigung zu Extremen und unstetes, rasch wechselndes Gefühls- und Gedankenleben, wenn sich Uranus in einem Spannungsaspekt zu einem der persönlichen Planeten befindet. Auf jeden Fall ein «Häuptling» und kein «Indianer» (falls keine gegensätzliche Kompensation vorliegt), ein Mensch, der geniale Einfälle hat und Reformideen hegt, ein Nonkonformist, der anderen neue Wege zeigt, und eine Person, für die eine Ethik des Geistes wichtiger ist als eine traditionelle Moral. Ernst-Günther Paris spricht auch von «Weitsicht» (in *Der Schlüssel zum Horoskop*, Urania Verlag). Schwankendes Selbstbild.

Uranus im 2. Haus

Menschen mit dieser Uranusposition erleben vermutlich häufige Aufs und Abs in ihren Einkommens- und Vermögensverhältnissen. Finanzieller Nutzen kann man durch Antiquitäten, Kunst, Erfindungen, Patente und technische Produkte erlangen. Eigene Methoden, um zu Geld zu kommen und sich unabhängige Verdienstquellen zu schaffen. Vorsicht vor spekulativen Verhaltensweisen, vor allem, wenn der Uranus «angegriffen» wird (Opposition oder Quadrat zu Sonne, Mond, Merkur oder Mars). Ausgeprägte Phantasie und Vorstellungskraft – daher auch unerwartete Gewinne durch geistige Arbeit oder eigenartige Objekte möglich (laut Paris). Sehnsucht nach finanzieller Unabhängigkeit kann so stark werden, daß dies als genügender Antrieb zu geschäftlichem Erfolg dient. Eigenwillige Anschauungen über Werte allgemein und materielle Werte im besonderen.

Uranus im 3. Haus

Viele Veränderungen in der näheren Umgebung und im Alltagsleben in jungen Jahren. Daraus erwächst unter Umständen eine innere Auflehnung, die zur äußeren Rebellion gegen etablierte Umgangsformen und so fort wird und den Horoskopinhaber in Konflikte mit seiner Umwelt stürzt. Für Wissenschaftler und Forscher allgemein gilt dies als eine günstige Uranusposition. Sie bringt einerseits geistige Wachheit und Sinn für komplizierte Zusammenhänge mit sich, andererseits aber auch eine deutliche mentale Ruhelosigkeit und manchmal eine schwache Konzentrationsgabe. Neigung zu zahlreichen Reisen, die spontan beschlossen und angetreten werden, allgemein viele Ortswechsel. Mitunter Spannungen unter Geschwistern und in der Verwandtschaft. Solche Menschen fühlen sich oft in ihrer jeweiligen Umgebung nicht wirklich zu Hause. Mit der Gabe zur Kommunikation sollte man bedacht umgehen, um Menschen zusammenzuführen und nicht, um sie damit (unbewußt?) vor den Kopf zu stoßen.

Uranus im 4. Haus

Ein abwechslungsreiches Leben, das aufgrund der häufigen und/oder einschneidenden Ortswechsel zum Gefühl der Heimatlosigkeit führen kann. Charakterverhärtungen oder eingeschliffene Verhaltensmuster werden durch «äußere» überraschende und heftig wirkende Ereignisse «gebrochen». Erstaunlich oft eine frühe Trennung von der Mutter oder vom Elternhaus. In den späteren Lebensjahren Interesse an psychologischen, metaphysischen und spirituellen Wissensgebieten. Bemerkenswerte Erfahrungen ab der zweiten Lebenshälfte, die zur Entwicklung der intuitiven Gaben und zur Verinnerlichung beitragen. Vielleicht werden solche Geschehnisse auch zu einer gewissen Vereinsamung führen. Instinktive Ablehnung gegen alles, was den Menschen zu sehr an seine geistigen und körperlichen Wurzeln binden würde, also gegen Heimat und Heim, Familie und Tradition. Oder – als Kompensation – das genaue Gegenteil. Auf jeden Fall aber wird diese Neigung immer wieder zu Ent-Täuschungen führen, bis der Horoskopinhaber erkennt, daß sich persönliche Freiheit und zumindest Bindungungsfähigkeit zu und Führung durch überpersönliche, spirituelle Kräfte nicht ausschließen.

Uranus im 5. Haus

Originelle schöpferische Ideen und Fähigkeiten, ungewöhnliche Liebesbeziehungen, plötzliche romantische Begegnungen, exzentrische oder heimliche Liebeserlebnisse. Die eigenen Kinder sind sehr unabhängig und besitzen ein ausgeprägt eigenwilliges Gemüt. Sinn für spekulative Verhaltensweisen und Investitionen. Neigung zur dramatischen Inszenierung der eigenen Persönlichkeit – deshalb sollten die Energien sowohl bei einem selbst wie bei Kindern früh in bewußte und rechte Bahnen gelenkt werden, um einer Tendenz zur Selbstentfaltung, die für andere zerstörerisch wirkt, von vornherein entgegenzuwirken. Bei Spannungsaspekten zum Uranus immer wieder Enttäuschungen in den Liebesbeziehungen, Probleme mit den Kindern oder Verluste durch unbedachte Spekulationen. Man sollte darauf achten, daß der Wunsch nach Ausdruck der eigenen Einzigartigkeit auch den Menschen in der näheren Umgebung genügend Freiraum läßt, damit auch sie sich frei entfalten können.

Uranus im 6. Haus

Diese Menschen können sich nur schwer in irgendeine Arbeitsroutine hineinfinden. Sie sind in der Lage, sich energisch einzusetzen und innovative Impulse zu geben, sollten aber an einer Stelle oder in einer Funktion arbeiten, die ihnen viel Spielraum zur inhaltlichen und äußeren Beweglichkeit gibt. Oft treiben sich Menschen mit dieser Uranusposition zu so enormen Leistungen an, daß sie ihre Kräfte unbemerkt erschöpfen und plötzlich eine Art Vakuum spüren. Häufig unerwartete Ereignisse im Zusammenhang mit Mitarbeitern oder Untergebenen, auf die es schnell zu reagieren gilt; bisweilen Ungeduld im Umgang mit Mitarbeitern, was zu unnötigen Spannungen führt. Bei Spannungsaspekten schwankende Gesundheit, nervliche Überlastung und ungewöhnliche Gesundheitsbeschwerden. Im Rahmen der Zeitenwende vielleicht auch eine Chance, neuartige Heilmittel und Therapiemethoden zu finden und anzuwenden. Ungewöhnliche Arbeitsverhältnisse, aber auch die Herausforderung, die Pflicht zur Teamarbeit mit dem Drang zur Unabhängigkeit «unter einen Hut» zu bringen.

Uranus im 7. Haus

Außergewöhnliche Partnerschaften, sowohl privat wie beruflich; man zieht Partner/innen an, die irgendwie «anders» sind als andere, die selbständig sein wollen, die viel Neues und Aufregendes, aber auch viel Wirbel und Unruhe mit sich bringen. Impulsiv bzw. schnell geschlossene Verbindungen; unter Umständen auch plötzliche Trennung durch Scheidung oder Tod. Oft zahlreiche Ortswechsel wegen der Partnerschaft. In der – persönlichen oder geschäftlichen – Partnerschaft gibt es wenig Alltägliches. Bei Spannungsaspekten zum Uranus übereilte Verbindungen, Entfremdungen und Trennungen, auch persönliche Angriffe durch Kritik oder Opposition, bisweilen gar nicht an einem selbst, sondern gegenüber dem Partner. Paris spricht von «treuer Ehehälfte» und «romantischer Liebe (als) Lebensprinzip». Starke Wirkung des Partners für Selbstwertgefühl und Selbstbild. So stimulierend ungewöhnliche Partnerschaften sind, so sehr bedürfen sie in den meisten Fällen einer gewissen beiderseitigen Ordnung und Disziplin in der Beziehung, um die Partnerschaft auf einer stabilen Basis auch im Alltag leben zu können. Sonst begeistert zwar die eigentümliche Faszination des anderen, aber man findet keinen rechten, realistischen Boden unter den Füßen.

Uranus im 8. Haus

Starke mediale Neigungen und Gaben, Interesse für Grenzgebiete des Lebens und Bereiche jenseits des Körpertods. Reiches Traumleben. Plötzliche Erbschaften sind ebenso möglich wie unerwartete Todesfälle in Familie oder Bekanntschaft, die einen selbst unmittelbar berühren. Fähigkeit zum intuitiven Verständnis und zur Hilfe voller heilsamen Mitgefühls bei menschlichen Problemen anderer; weniger Klarheit bei eigenen Herausforderungen. Vor allem, wenn Mars in Konjunktion, Quadrat oder Opposition steht, sollte man sich vor voreiligen Entscheidungen in beruflichen oder geschäftlichen Angelegenheiten besonders hüten und eine Tendenz zu hitzigen Temperamentsausbrüchen und vorschnellen Zornesreaktionen bewußt vermeiden lernen – sonst Unfallneigung oder unerwartete Verluste. Bei gut gestelltem Uranus tiefe Begegnungen und erregende Erfüllung auf der sexuell-erotischen Ebene, bei durch Spannungsaspekte angegriffenem Uranus intensive, aber eher bizarre oder energievergeudende Sexualität.

Uranus im 9. Haus

Weitblickendes, philosophisch oder humanitär motiviertes Denken, das darauf angelegt ist, alte Grenzen zu überschreiten und neue Dimensionen zu eröffnen. Besondere Reisen und günstige Ereignisse im Ausland – eventuell auch Heirat eines ausländischen Partners –, oder in «geistigen Reisen», also in der Meditation oder im Zuge der Anwendung bestimmter höherer Bewußtseinstechniken. Überraschende Einsichten und unerwartete Förderung durch Ortswechsel. Hickey schreibt dieser Uranusposition auch «Erfolg im Verlagswesen, Lehrerberuf oder in Auslandsangelegenheiten» zu. Paris spricht sogar von «prophetischen Gaben». Religiöses «Rebellentum» oder zumindest sehr unorthodoxe Anschauungen. Falls der Uranus durch schwierige Aspekte «angegriffen» wird, so muß man mit Hindernissen bei Auslandsreisen, problematischen Rechtsangelegenheiten und einer materialistisch geprägten Gemütsverfassung rechnen.

Uranus im 10. Haus

Gut entwickelte Vorstellungskraft, starker Drang nach beruflicher Unabhängigkeit, originelle Denkweisen und Arbeitsmethoden. Plötzliche Veränderungen im Arbeits- oder Gesellschaftsleben, Berufswechsel – oft selbst verursacht, weil man auf der stetigen Suche nach dem «richtigen» Beruf ist. Auf und Ab des «Lebensglücks», ungewöhnliche Tätigkeiten. Nonkonformistische Anschauungen und Verhaltensweisen, oft von idealistischen Motiven geprägt. Unbewußte Menschen mit dieser Uranusstellung im 10. Haus meinen gern, daß ein direktes, rücksichtsloses Vorgehen auf die eigenen Ziele am ehesten zum Erfolg führt. Dabei geraten dann soziale Verantwortlichkeiten unter die Räder, zusätzlich eckt man viel zu oft an. All das vermittelt zwar vielleicht das Gefühl persönlicher Unabhängigkeit, endet aber meist in Enttäuschungen und Verlusten. Bewußter lebende Menschen mit dieser Uranusstellung werden ihre ungewöhnlichen Interessen und Talente zwar auch zur Geltung bringen und spontanen Eingebungen zu Reaktionen oder Aktivitäten folgen, ihr Tun jedoch in größere Zusammenhänge stellen, so daß einer Gemeinschaft gedient wird. Das hat Erfolg.

Uranus im 11. Haus

Unvorhersehbare impulsive Kursänderungen in bezug auf Pläne und Ziele, Kommunikation mit anderen und eigene Tätigkeiten. Hilfen durch Freunde, die teils ungewöhnlich exzentrisch, zum anderen Teil aber durch und durch konservativ sind. Bei ungünstiger Uranusaspektierung üble Nachrede und Hemmnisse durch vermeintliche Freunde. Aufregende oder abenteuerliche Liebesbeziehungen, zumal nach einer 1. Ehe; Partnerschaften werden häufig recht unüberlegt aufgenommen. Beziehungen ergeben sich auf überraschende Weise und schnell, sie können aber ebenso rasch und unerwartet wieder enden. Starke Empfindungen von Sympathie und Antipathie, die allerdings sehr schwankend sein können. Diese Uranusposition verleiht die Gabe, andere Menschen in deren individueller Persönlichkeit zu erkennen und zu fördern, so daß sich diese mit ihrer Einzigartigkeit schöpferisch ausdrücken und darstellen können.

Uranus im 12. Haus

Unbändiger Freiheitswille, aber oft äußere Bindungen, die ein Gefühl des Gefangenseins auslösen. Mit dem hier angelegten Sinn für Spiritualität sollte es den Horoskopinhabern möglich sein, ihre Unabhängigkeit auf der Ebene der Seele zu erleben, dort, wo allein die wahre Freiheit herrscht, weil hier die Beschränkungen des dreidimensionalen Körperlebens nicht mehr gelten. Vertrauen Sie den Eingebungen aus höheren Bewußtseinsebenen. Nutzen Sie dieses Leben als wunderbare «karmische» Chance, die Wahrheit hinter allen relativen Formen zu erkennen. Allgemein kann man Menschen mit Uranus im 12. Haus raten, sich vor unbewußten «Programmen» zu hüten, die einen in unnötigen und unrealen Gegensatz bringen zum Leben, so wie es ist. Vielmehr geht es darum, die Begrenzungen des irdischen Lebens anzunehmen und die Kraft dafür einzusetzen, die unbegrenzte Welt der Seele zu erforschen (siehe auch Hinweis auf die *Innere Astrologie* am Ende des Buchs). Für Wissenschaftler und Forscher aller Bereiche, auch in der Esoterik und Astrologie, die hinter den Kulissen wirken, ist diese Uranausstellung förderlich.

Uranus in Aspektbeziehungen zu den anderen Planeten

♅ Uranus/Sonne: ☉ Schöpferkraft und Schicksalswandel

Kombination Uranus/Sonne allgemein

Risikobereitschaft zur Veränderung, Individualität und Auflehnung, Unpersönlichkeit, Exzentrik. Starke Sonne/Uranus-Aspekte bezeichnen meist Menschen mit revolutionären oder zumindest sehr ungewöhnlichen Ideen, die in irgendeinem Sinne ihrer Zeit voraus bzw. fortschrittlich sind. Allerdings bringt ihr Leben, gleich aus welchen Gründen, immer viel Aufregung mit sich. Reinhold Ebertin nennt in seinem Buch *Kombination der Gestirneinflüsse* (Ebertin Verlag Freiburg) speziell auch Herzneurose und Herzinfarkt!

Grundsätzlich sind Sonne/Uranus-Aspekte Vorboten zu plötzlichen Wenden im Leben. Oft spielen weite Reisen eine Rolle.

Energieaspekt Konjunktion Uranus/Sonne

Ungewöhnliche Persönlichkeit mit unabhängigen, umwälzenden und meist ungewohnten Ideen. In der Umwelt findet das oft keine Zustimmung, vielmehr deutliche Ablehnung oder Widerspruch. Ernst-Günter Paris spricht auch von «plötzlichen, romantischen Bindungen, die oftmals eine jähe Trennung erfahren» (*Der Schlüssel zum Horoskop*, Bd. I, Urania Verlag, Neuhausen 1977). Bei Sonne/Uranus-Konjunktion, -Opposition und -Quadrat muß allgemein mit überraschenden Begegnungen mit männlichen Personen und eben genauso raschen Abschieden gerechnet werden.

Förderungsaspekte Trigon/Sextil Uranus/Sonne

Originalität, Beweglichkeit, Reformstreben, Weitblick, Selbstvertrauen, auch wenn man keinen öffentlichen Zuspruch findet, Einflußnahme auf Umwelt ist auch aus einer «Außenseiterposition» möglich; Freiheitsliebe.

Herausforderungsaspekte Opposition/Quadrat Uranus/Sonne

Konflikte können entstehen zwischen den Bedürfnissen nach Liebe einerseits und Freiheit andererseits, zwischen Führungsanspruch und Gleichheitsprinzipien, zwischen einem Hang zur dramatischen Inszenierung der emotionalen Persönlichkeit und intellektueller Gelassenheit. Ungeduld, Zersplitterung von Energien und Eigenwilligkeiten sind ein weiteres Merkmal.

♅ Uranus/Mond: ☾ Gefühl und Veränderung

Kombination von Uranus/Mond allgemein

Im Vordergrund wird eine ungewöhnliche Kombination von Sensibilität für Emotionen anderer Menschen und eine gut entwickelte Intuition und lebendige Ausdrucksfähigkeit stehen. Dazu kommen Themen wie Freundschaften allgemein, das Gleichgewicht zwischen Gemeinschaftsbindung und Bewahrung der individuellen Unabhängigkeit. Eine bestimmte emotionale Unbeständigkeit oder «Anfälligkeit».

Energieaspekt Konjunktion Uranus/Mond

Individualismus bis hin zur Sonderlichkeit, ge- oder überspanntes Gefühlsleben; die Gabe, interessante Menschen, vor allem Frauen, anzuziehen und entweder sie zu fördern oder durch sie gefördert zu werden. Überraschende Begegnungen und auch wieder rasche Trennungen, vor allem mit bzw. von Frauen.

Förderungsaspekte Trigon/Sextil Uranus/Mond

Emotionen und Intellekt arbeiten gut zusammen, geistige Beweglichkeit und seelische Erregbarkeit. Interesse bis hin zur Neugier für Neues. Zeitweise Verbindungen mit ungewöhnlichen Frauen. Häufige äußerliche Umstellungen wie Ortswechsel, Reisen und allgemein Rastlosigkeit. Aufgeschlossenheit für seelische Grenzgebiete.

Herausforderungsaspekte Opposition/Quadrat Uranus/Mond

Reizbarkeit, Widerstände gegen vermeintlich dauerhafte Bindungen, vor allem zu Frauen, plötzliche Gefühlsschwankungen oder unerwartete Veränderungen. Konflikte, die als Lernaufgabe gelöst werden sollten, sind u. a. Spannungen zwischen dem Wunsch nach Nähe und der Sehnsucht nach Freiheit, zwischen Familie und Freunden, kürzlicher Vergangenheit und naher Zukunft sowie zwischen dem Gefühl, persönlich etwas Besonderes zu sein, und dem gleichzeitigen Streben nach humanistischer Gleichheit.

⛢ Uranus/Merkur: ☿ Intelligenz und Wendung

Kombination von Uranus/Merkur allgemein

Verstand und Intuition, Systeme und Differenzierungen, Prinzipien und Ausnahmen; plötzliche Einfälle, überraschende Geschäftsangebote und Chancen; originelles Denken und witzige Rede; Scharfsinnigkeit.

Energieaspekt Konjunktion Uranus/Merkur

Sie verfügen über einen guten Intellekt – entwickeln Sie ihn bitte auch! In Ihrer Ab- oder Zuneigung sind Sie eher extrem. Es liegt Ihnen viel daran, schöpferische Leistungen zu vollbringen. Dabei sind Sie redegewandt und können so auf andere Menschen Einfluß ausüben. Sie haben die Anlage, plötzliche Ideen aufzugreifen und rational zu verwirklichen. (Siehe auch Trigon/Sextil.)

Förderungsaspekte Trigon/Sextil Uranus/Merkur

Sie haben das Talent, sich rasch auf Neues einzustellen; Sie sind im Denken und Handeln beweglich und wissen sich unerwartet bietende Chancen zu nutzen. Sie verfügen über einen «Erfindergeist» und pflegen ein nicht-alltägliches Gedankenleben. Sie lieben ausgefallene Reisen. (Siehe auch Konjunktion.)

Herausforderungsaspekte Opposition/Quadrat Uranus/Merkur

Konflikte entstehen zwischen Ansprüchen an Gründlichkeit und eigenwillige Neuerungsbestrebungen, zwischen fundiertem Wissen und momentaner Inspiration, zwischen Tradition und neuartigen, originellen Entwicklungen. Auch Mühe, mit dem Verstand auf plötzliche oder unerwartete Veränderungen von Außen angemessen zu reagieren; Nachteile durch Übereilung, Zersplitterung oder Eigenwilligkeit. Lösung der Konflikte ist durch intellektuelle Disziplin möglich.

♅ Uranus/Venus: ♀ Liebe und Originalität

Kombination von Uranus/Venus allgemein

Gleichberechtigung, Reform von Partnerschaftsformen, Liebeserregung, plötzliche Veränderungen in Partnerschaften, ungewöhnliche Verbindung von Intuition und sinnlichem Empfinden; eigenwillige Neigungen; viele Freunde.

Energieaspekt Konjunktion Uranus/Venus

Starke Gefühlsspannungen, exzentrische Liebesäußerungen, schnelle Verliebtheit, schnelle Trennungen; Beliebtheit; intuitives Einfühlungsvermögen, besonders in weibliche Anliegen. Künstlerische Anlagen und schöpferische Gestaltungsgaben, besonders in Musik und im Hinblick auf Rhythmus. Unabhängigkeitsdrang in Liebe und Kunst.

Förderungsaspekte Trigon/Sextil Uranus/Venus

Originelles Wesen mit ausgeprägter sinnlicher Anziehungskraft; ausgefallene Liebesbeziehungen, romantische Neigungen; oft frühe Eheschließung. Vielfältige Äußerungen der Liebesgefühle von Sentimentalität bis hin zur Extravaganz; wählerisch in Liebe und Kunst.

Herausforderungsaspekte Opposition/Quadrat Uranus/Venus

Unbeständigkeit der Gefühle, Empfindlichkeit in Liebesdingen, Untreue bzw. ausschweifende Sexualität; Verdrängung oder Unterdrückung von Gefühlen und Wünschen, wodurch Enttäuschungen entstehen. Sinn für Musik, Tanz und Literatur.

♅ Uranus/Mars: ♂ Ansporn und Überraschung

Kombination von Uranus/Mars allgemein

Plötzliche Energieausbrüche, Eigenwilligkeit, ungewöhnliche Leistungen.

Energieaspekt Konjunktion Uranus/Mars

Freiheitstrieb, Originalität(sucht?), energische Suche nach der eigenen Identität; Trennung von männlichen Personen.

Förderungsaspekte Trigon/Sextil Uranus/Mars

Aktion und Intellekt verbinden sich günstig, Selbstwertgefühl und Anerkennung der Gleichheit aller Menschen, Reforminteresse.

Herausforderungsaspekte Opposition/Quadrat Uranus/Mars

Konflikte zwischen Individuum und Gruppe, zwischen Führungsanspruch und Fähigkeit zu folgen, zwischen Intensität und Unpersönlichkeit.

♅ Uranus/Jupiter: ♃ Glück und Überraschung

Kombination von Uranus/Jupiter allgemein:

Glückliche «Zufälle», plötzliche gewinnbringende oder sonstwie ertragreiche Ideen, überraschende Wendungen im Leben; Optimismus, Unabhängigkeit, Originalität, Fortschritt, allgemeiner Veränderungswille bzw. Drang zur Verbesserung.

Energieaspekt Konjunktion Uranus/Jupiter

Streben nach Wissen und Weisheit; eine gute Verbindung zwischen Entfaltungsdrang und Intuition; Ablehnung orthodoxer Überzeugungen oder traditioneller Werte, statt dessen freie und unabhängige neue Wertbestimmungen; manchmal missionarischer Eifer; Aufgeschlossenheit und intuitiv richtiges Erfassen neuer Situationen, organisatorischer Weitblick.

Förderungsaspekte Trigon/Sextil Uranus/Jupiter

Aufgeschlossenheit, ungewöhnliche Gelegenheiten und eine große, oft unverhoffte Unterstützung durch plötzliche glückhafte Umstände im Leben; man führt ein Leben voll von stets neuen Ereignissen und ungewöhnlichen Begebenheiten. Vom weltlich-materiellen Standpunkt ist dies meist ein sehr günstiger Aspekt.

Herausforderungsaspekte Opposition/Quadrat Uranus/Jupiter

Konflikte wollen gelöst werden, wenn folgende polare Neigungen des Menschen gleichberechtigt nach Verwirklichung drängen: Überzeugungen und praktische Erwägungen, Begeisterung und Vertretung von Theorien, schöpferische Kräfte, die nach Ausdruck suchen, und Unberechenbarkeit. Möglicherweise hat man das Gefühl, die besten Gelegenheiten oft zu verpassen. Starke Willenskraft und energischer Freiheitswille verführen bisweilen dazu, vorschnelle Entscheidungen zu treffen oder voreilige Urteile zu fällen. Mit dieser Konstellation kann man indes für andere Menschen, die sich in kalte Dogmen verrannt haben oder in toten Traditionen steckengeblieben sind, eine große Hilfe sein, indem man ungewollt, durch das eigene ungewöhnliche «So-Sein», ihre «Panzerungen» zerbricht. Allerdings gerät man dadurch unter Umständen in weltanschauliche Konflikte.

Eine Vorbemerkung zu den Aspekten zwischen Uranus zu Saturn, Neptun und Pluto: hier geht es um «Langsamläufer», deren Aspekte für ganze Jahrgänge gültig sind.

♅ Uranus/Saturn: ♄ Tradition und Revolution

Kombination von Uranus/Saturn allgemein

Tradition und Veränderung, Ordnung und Chaos, Autorität und Autonomie sind wichtige Themen dieser Planetenverbindung.

Energieaspekt Konjunktion Uranus/Saturn

Kraftvolle Entschlossenheit und Ehrgeiz, aber eventuell auch Gefühlskälte und gesundheitliche Belastungen. Trennungen, Spannungen, Härte.

Förderungsaspekte Trigon/Sextil Uranus/Saturn

Erfolg auch in problematischen Lebensphasen, konzentrierter Einsatz für selbstlose Ziele.

Herausforderungsaspekte Opposition/Quadrat Uranus/Saturn

Konflikte zwischen Berechenbarkeit und Unberechenbarkeit, zwischen Aufbau und Zerstörung, Stabilität und Unsicherheit, Altem und Neuem, Tradition und Fortschritt etc. Exzentrik auf der privaten Ebene, schicksalsverändernde Eingriffe in das Leben auf der gesellschaftlichen Ebene.

♅ Uranus-Uranus: ♅ Die Befreiung des «Ichs»

Kombination von Uranus/Uranus allgemein

Dieser Aspekt ergibt sich selbstverständlich nur im Vergleich zwischen zwei Horoskopen, zum Beispiel bei Partnerschaftshoroskopen oder Transitvergleichen.

Stichworte sind heftige Gefühlsausbrüche, plötzliche Schicksalswendung, unerwartete Begegnung, überraschende Trennung.

Energieaspekt Konjunktion Uranus/Uranus

Chance zum Durchbruch zu einem neuen Verständnis von wahrer Unabhängigkeit; unter Umständen auch gespanntes Energiepotential.

Förderungsaspekte Trigon/Sextil Uranus/Uranus

Verständnis für und Förderung von Freiheitsdrang und Eigenarten; wortloses, intuitives Verstehen.

Herausforderungsaspekte Opposition/Quadrat Uranus/Uranus

Spannungen durch entgegengesetzte oder stark von einander abweichende Prozesse der Selbstentfaltung und Unabhängigkeit.

♅ Uranus-Neptun: ♆ Unabhängigkeit und Verschmelzung

Kombination von Uranus/Neptun allgemein

Während ein Schlüsselwort zum Uranus «Lösung des Ichs» lautet, heißt das entsprechende Stichwort zum Neptun «Lösung vom Ich». Wir haben es also mit zwei gegenläufigen Prinzipien zu tun. In ihrer Kombination führen sie bei weniger bewußt lebenden

Menschen oft zu emotionaler und mentaler Unklarheit, bei bewußten Menschen können sie zur intuitiven und persönlichen Verwirklichung von hohen Idealen beitragen.

Energieaspekt Konjunktion Uranus/Neptun

Die betroffenen Jahrgänge werden sich vermutlich als «innerlich aufgewühlt» empfinden. Sie spüren den Drang zur befreiten und neuen Definition ihrer Persönlichkeit und ahnen zumindest gleichzeitig, daß das Leben sie auf überpersönliche Weise anspricht und «ruft», das Ich in eine größere, spirituelle Einheit einfließen zu lassen.

Förderungsaspekte Trigon/Sextil Uranus/Neptun

Mitarbeit in einer Gemeinschaft und notwendiger Ausgleich im Alleinsein können gut miteinander verbunden werden. Wissen kann zu Weisheit werden, äußere Erregung zu innerer Stille. Eingebungen, Auslandskontakte und Fernreisen, Öffnung für Religion und Esoterik.

Herausforderungsaspekte Uranus/Neptun

Konflikte zwischen Logik und Intuition, persönlichen Wünschen und spirituellen Zielen, Auflehnung und Anpassung, Teilhabe und Opfer. Seelische Reizbarkeit, Illusionen, geschwächte Vitalität.

♅ Uranus-Pluto: ♇
Plötzlicher Umbruch und grundlegende Transformation

Kombination von Uranus/Pluto allgemein

Selbstbewußtsein und Durchsetzungskraft, Sturz des Alten und Aufbau des Neuen, Individuum und Kollektiv. Persönliche Interpretationen sind vor allem dann möglich, wenn es sich um Uranus-Pluto-Aspekte an der AC-DC- oder MC-IC-Achse handelt oder im Aspekt zu Sonne, Mond, Merkur, Venus und Mars.

Energieaspekt Konjunktion Uranus/Pluto

Durchbruch in Wissenschaft und Medizin, Revolution in Heilweisen und metaphysischen Konzepten, soziale Revolution und – hoffentlich – Öffnung für höhere, spirituelle Werte, oder umfassende Vermassung und Industrialisierung der Menschen. Waghalsigkeit.

Förderungsaspekte Trigon/Sextil Uranus/Pluto

Widerstandskraft und Fähigkeit, auch schwierige Herausforderungen anzunehmen, schöpferische Selbstbehauptung, Gestaltungskraft; auch die positiven Merkmale, die bei der Konjunktion genannt wurden.

Herausforderungsaspekte Opposition/Quadrat Uranus/Pluto

Unbeherrschtheit, Ungeduld, Gewalttätigkeit, Umsturz, Unglücksfälle, Unfälle, Starrsinn, Zersplitterung; aber auch die positiven Merkmale, die bei der Konjunktion genannt wurden.

♅ Uranus/Mondknoten: ☊ Freiheitswille und Schicksal

Kombination von Uranus/Mondknoten allgemein

Unerwartete Schicksalswendungen, neue karmische Aufgaben, intuitiver Fortschritt auf dem Lebensweg.

Energieaspekt Konjunktion Uranus/aufsteigender Mondknoten

Plötzliche Veränderungen im Leben bringen Sie auf Ihrem Weg zur Selbstverwirklichung unerwartet und entscheidend weiter voran. Begegnungen und Trennungen «aus heiterem Himmel» laden Sie herzlichst (wenn auch für Sie meist unfreiwillig) dazu ein, genauer zu prüfen, welche Menschen Sie anziehen wollen und welche lieber nicht (mehr). Sie setzen sich intensiv und gern für Reformen und Ideale ein.

Energieaspekt Konjunktion Uranus/absteigender Mondknoten

Altes Karma, von dem Sie glaubten, es längst los zu sein, macht sich immer wieder in neuen Formen bemerkbar und trifft Sie meist ziemlich unvorbereitet. So geraten Sie schnell außer Atem beim Versuch, alles doch noch irgendwie in den Griff zu bekommen. Wie wäre es, wenn Sie weniger Wert auf «Freiheit» und mehr Wert auf Beständigkeit legen sowie mögliche spätere Folgen heutiger Entscheidungen ruhiger bedenken würden?

Förderungsaspekte Trigone/Sextile Uranus/Mondknotenachse

Das Schicksal schiebt Ihnen hin und wieder ein Glückslos zu in Form einer unerwarteten positiven Wendung. Sie haben die Fähigkeit, sich auf Ihre intuitiven Kräfte einlassen zu können und ihnen zu vertrauen – und so auch unkonventionellen Ideen oder Methoden zum Durchbruch zu verhelfen. Weiter so!

Herausforderungsaspekte Quadrate Uranus/Mondknotenachse

Nein, Sie sind nicht der/die einzige auf der Welt, denen auf dem Weg zum Bahnhof oder zum Flughafen der Autoreifen platzt oder der Bus vor der Nase wegfährt, weil er ausnahmsweise zwei Minuten zu früh dran ist. Wollen Sie wirklich ein geruhsameres Leben führen, oder ziehen Sie nicht die derzeitige Hektik vor, weil Ihnen das Leben sonst langweilig oder fast wie tot vorkäme?

⛢ Uranus-AC/DC-Achse AC/DC

Energieaspekt Konjunktion Uranus-AC

Originelle und eigenwillige Persönlichkeit, leicht erregbar, starker Freiheitswille, unabhängige und auch überhastete Entscheidungen; unter Umständen Kräftevergeudung.

Energieaspekt Konjunktion Uranus-DC

Überraschende Begegnungen mit Partnern, Trennung vom oder Tod des ersten (Ehe-)Partners; außergewöhnliche Partnerschaften; das Selbstbild ist schwankend und wird stark von Einflüssen durch Partner bestimmt.

Förderungsaspekte Trigon/Sextil Uranus-AC/DC
(ein Sextil zu einem Punkt ist ein Trigon zum anderen)

Schnelle Reaktionsfähigkeit hilft, aus unerwarteten Zwischenfällen oder sich unvermittelt bietenden Chancen das Beste zu machen. Neigung zu Veränderungen, zum Wechsel, zur unabhängigen Gestaltung des Schicksals.

Herausforderungsaspekte Uranus-AC/DC
(ein Quadrat zu einem Punkt ist auch ein Quadrat zum anderen)

Unbeständigkeit, plötzliche Ereignisse und aufregende Erlebnisse sorgen immer wieder für beträchtliche Unruhe; Vorsicht vor Unfällen, lieber einmal etwas vorsichtiger sein und weniger wagen bzw. kürzertreten; Unbeständigkeit.

⛢ Uranus-MC/IC-Achse MC/IC

Energieaspekt Konjunktion Uranus-MC

Unerwartete Veränderungen im Berufsleben und im sozialen Stand; überraschende Begegnungen mit Menschen, die für das Fortkommen von Bedeutung sind; Reibereien mit beruflich wichtigen Persönlichkeiten, weil Eigenwille und Freiheitsdrang wichtiger genommen werden als mögliche Vorteile bei Geld und Prestige, wenn man sich mehr anpaßt; ungewöhnliche Ziele im Leben.

Energieaspekt Konjunktion Uranus-IC

Früher Abschied von Eltern und/oder Heimat; ständiger Wohnungs- und/oder Ortswechsel; gespanntes Verhältnis zu «Heimat» als festem Bezugspunkt; ungewöhnliche Einfühlung in Schichten des Unterbewußtseins und des Unbewußten.

Förderungsaspekte Trigon/Sextil Uranus-MC/IC

Durchsetzungskraft, angestrebte und geplante Veränderungen können erreicht werden, Originalität in Zielen und Handlungsweisen, energische Organisation.

Herausforderungsaspekte Opposition/Quadrat Uranus-MC/IC

Seelische Spannungen aufgrund plötzlicher Schicksalswendungen, Voreiligkeit, ungewollte Unzuverlässigkeit, überstürzte Entscheidungen und Handlungen.

♆ Der Verschmelzungsplanet Neptun

Die Kraft der Einfühlung und Vision

Neptun in der Wissenschaft

Neptun ist der achte Planet, vom Zentrum unseres Sonnensystems aus gerechnet. Seine mittlere Entfernung auf seiner elliptischen Bahn rund um die Sonne beträgt knapp viereinhalb Milliarden Kilometer. Ein Neptunumlauf einmal rund um die Sonne dauert 164,8 Jahre. Neptuns Äquator mißt 49500 Kilometer Länge, seine Dichte ist 17mal höher als die der Erde, seine Atmosphäre besteht aus Wasserstoff, Helium, Methan und Ammonium. Neptun besitzt acht «Satelliten» bzw. Monde und ein Ringsystem mit drei Hauptringen. Einer der Monde, «Triton», kreist «rückwärts» um Neptun und beherbergt mehrere aktive Geysire, die Stickstoff-Eis und -Gas emporsprühen. Der Planet Neptun wurde 1846 vom deutschen Astronomen Johann Galle entdeckt, nachdem aufgrund von Unregelmäßigkeiten in der Umlaufbahn des zuvor entdeckten Planeten Uranus mindestens zwei Astronomen vorhersagten, daß es jenseits von Uranus einen weiteren Planeten geben müsse.

Der Name Neptun, nach dem römischen Gott der Meere, der als Bruder Jupiters galt, stammt nicht von Astrologen, sondern von Astronomen. Zur Namensfindung aus astrologischer Sicht schreibt Bernd A. Mertz u.a., daß der Name «jedoch insofern bedeutungsvoll [sei], als daß hier die Reihenfolge des Göttergeschlechts unterbrochen wurde. Wir wissen, Saturn-Chronos war der Vater von Jupiter Zeus, und der Vater von Saturn war Uranus, der der Sage nach aus dem Chaos geboren wurde. Aus welchem Chaos? Aus dem Himmelsmeer, wo Neptun herrschte? So erwies sich auch der Name Neptuns als richtig…» (Zitat aus «Das Grundwissen der Astrologie», Seite 163, erschienen im Ariston Verlag Genf-München).

Neptun in der Mythologie

Der römische Gott Neptun entsprach dem griechischen Gott Poseidon. Daher beziehen sich die mythologischen Entsprechungen des Neptun eigentlich auf Poseidon. Dieser war nicht nur der Gott der Meere und der (Süßwasser-)Gewässer, sondern als «Ennosigaios» auch der Gott der Erdbeben. In dieser Rolle wird er mit von ihm geschaffenen Pferden in Verbindung gebracht, die mit donnerndem Hufschlag die Erde erbeben lassen. Seine Funktion als Gott der Meere stand jedoch, vor allem in der Epoche der griechischen Klassik, im Vordergrund. Wie so oft, sind auch die Geschichten um diesen Gott vielgestaltig und widersprüchlich. Eine Legende erzählt davon, daß er mit anderen Göttern von Saturn-Chronos zunächst verschlungen und später von Zeus wieder aus Saturn-Chronos' Eingeweiden befreit worden sei. Eine andere Sage berichtet, daß die Göttermutter Rhea Neptun vor Chronos rettete, indem sie diesen ein Fohlen an seiner Statt verschlingen ließ. Eine dritte Erzählung weiß, daß Neptun von den Telchinen auf Rhodos aufgezogen worden sei, die ihn vor Chronos schützten. Telchinen waren fischschwänzige Dämonen, die ersten Bewohner der Insel Rhodos. Sie galten als Begründer der Bildhauerkunst, die Rhodos später berühmt machte, sowie als Beherrscher der Wetter, die sie durch Zauberei zu erzeugen und beeinflussen wußten.

Der Name *Poseidon* bedeutet möglicherweise «Gatte der Erde», worauf auch ein Beiname Poseidons, nämlich *Phytalmios*, der Fruchtbare, hinweist.

Die drei Brüder Zeus, Hades und Poseidon (oder Jupiter, Pluto und Neptun) teilten das Universum unter sich auf. Poseidon bekam Erde und Meer, Zeus regierte den Himmel und Hades die Unterwelt. Neptun erhob sich zum Beherrscher der alten Meeresgottheiten Nereus, Proteus und Phocus. Er kämpfte mit anderen Göttern um Gebiete Griechenlands, die vermeintlich ihm besonders gehörten. Mit Helios stritt er um Korinth, verlor und erhielt statt dessen den korinthischen Isthmus. Als die Flußgötter von Argos der Göttin Hera diese Region zusprachen, ließ er aus Rache die Flüsse dort austrocknen. Eine Liebesverbindung mit Amymone ließ ihn seinen Fluch abmildern und er ihr zuliebe eine neue Quelle schaffen. Poseidon unterhielt – wie in der griechischen Götterwelt normalerweise üblich – vielfältige Liebesbeziehungen.

Seine Frau war Amphitrite, die ihm Triton gebar. Als Poseidon der Nymphe Scylla den Hof machte, verwünschte Amphitrite sie in ein Ungeheuer. Scylla und Charybdis waren bekanntlich die Ungeheuer an der Seestraße von Messina, die Seeleute ins Unglück stürzten.

Poseidon verband sich auch mit Medusa, die ihm u.a. das geflügelte Pferd Pegasus gebar, und mit Demeter, die daraufhin ebenfalls ein Pferd gebar, Arion. Wie oben kurz gesagt, gehörten Pferde mit zum mythischen Inbild des Neptun-Poseidon. Das Menschen-Mädchen Canis wurde vom Gott Poseidon verführt und durfte sich danach, der Göttersitte gemäß, einen Wunsch erfüllen lassen. Sie wünsche sich, zu einem Mann zu werden, damit ihr dieses (Miß-)Geschick nicht noch einmal widerfahre. Poseidon verliebte sich auch in Pelops, einen besonders ansehnlichen jungen Mann, dem die Götter eine Elfenbeinschulter gegeben hatten (nachdem sein Vater Tantalus ihn den Göttern als Fleischsuppe serviert hatte, um deren Allwissenheit zu prüfen; Demeter aß tatsächlich ein Stück seiner Schulter, danach wurde Pelops wieder «zusammengesetzt», eben mit einer neuen Schulter). Der wiederum fand Gefallen an einer jungen weiblichen Schönheit, die zu erringen Poseidon ihm seine Unterstützung lieh. Poseidon hatte also schon immer sehr viel mit Liebe in all ihren lichten und auch eigenartigen Schattierungen zu tun. Allerdings kann man das fast von der gesamten griechischen Götterwelt sagen.

Poseidon war auf der Seite der Griechen in Troja, Odysseus persönlich jedoch feindselig gesonnen, da dieser seinem (des Poseidon) Sohn Polyphemus das Augenlicht raubte.

Die astrologische Deutung des Planeten Neptun nimmt nur wenig konkreten Bezug auf diesen mythologischen Hintergrund.

Neptun in der astrologischen Deutung

Der Planet Neptun symbolisiert in der Astrologie die Kraft der Einfühlung, der Phantasie, der Vorstellungen, der Meditation und der Mystik, der Transzendenz schlechthin. Mit Uranus bildet er ein Paar, ähnlich wie Jupiter und Saturn. Ein Jupiter-Kernsatz lautet «Ich entwickle mich durch Expansion und Aufnahme», das entsprechende Saturn-Wort heißt «Ich entwickle mich durch Konzentration und Aufgabe». Beim Uranus/Neptun-Paar sind Schlüsselgedanken: «Ich befreie das Ich von Begrenzungen» und «Ich löse meine Ich-Grenzen auf». Während Uranus voller Spannung aktiv agiert, läßt sich Neptun entspannt und eher reagierend auf Situationen ein. Daß mit den Bemerkungen zu den Paaren Jupiter/Saturn und Uranus/Neptun keinerlei Wertung verbunden ist, versteht sich von selbst. Für die Meditation ist neptunisch-gelöste Entspannung vom Ego hilfreich; wenn in einer schwierigen Situation blitzschnell geholfen werden muß, ist die uranische Reaktionsfähigkeit gefordert. Wir brauchen im Leben alle Komponenten menschlicher Verhaltensweisen, jede zu ihrer Zeit und am richtigen Ort.

Neptun ist die höhere Oktave des Planeten Venus, beide sind miteinander «verwandt». Gleiches gilt übrigens für Merkur-Uranus und Mars-Pluto. Venus stellt astrologisch die Sehnsucht nach Liebe, Liebesfähigkeit, Sinn für Schönheit und Harmonie, Ästhetik und das Bedürfnis nach Ausgleich dar. Neptun repräsentiert den Wunsch nach Auflösung von Begrenzungen – des Ichs, der Gesellschaft, des Körperlebens –; die Sehnsucht nach Liebe wird zum Wunsch nach Verschmelzung, nach totalem Aufgehen im Ideal. Uranus bringt ein erstes intuitives Aufblitzen kosmischer Zusammenhänge, Neptun lädt zum direkten Erleben und zur unmittelbaren Teilhabe an den verborgenen Kräften der Schöpfung ein. Neptun symbolisiert das kosmische Bewußtsein der allumfassenden Einheit, der *unio mystica*, der mystischen Vereinigung zwischen Einzelbewußtsein und Schöpfergeist. Damit verkörpert Neptun auch Versenkung in Phantasien und Traumgeschehen, in Kontemplation und Meditation, ins Bewußtsein der Seele und ihre außerkörperliche, «jenseitige» Wirklichkeit. Die Kehrseite dieser verheißungsvollen Medaille sind Illusionen, Wolkenkuckucksheime, Weltfremdheit und Weltflucht, künstlich und trügerisch stimulierte sinnliche und außersinnliche Erfahrungen durch Alkohol, Drogen oder gewisse körperliche und mentale Praktiken.

Während Uranus für plötzliche und unerwartete gewaltige Kraftentladungen steht, wie zum Beispiel Blitze, symbolisiert Neptun langsame, allmähliche Entwicklungen, die zwar letztlich genauso «mächtig» sind, aber durch ihr unmerkliches Herannahen anfangs überhaupt nicht richtig wahrgenommen werden. Ein gutes Beispiel, auch aus dem Reich der Natur, ist die sehr langsame, aber stetige Flut der Meere. Wer sich nicht mit den Gezeiten auskennt und sich trotz nahender Flut zu weit ins flache Watt hinauswagt, wird leicht vom fast unscheinbaren Anstieg der Flut überrascht und findet sich mit einem Mal inmitten einer «Wasserwüste», aus der es kein einfaches Entrinnen mehr gibt.

Kommen wir nun zu einer mehr tabellarischen Übersicht der astrologischen Entsprechungen des Neptun.

Neptunprinzipien und -qualitäten

Aufhebung von Raum und Zeit, Auflösung der Ich-Grenzen, Aufopferung, Menschen- und Gottesliebe, Unklarheiten, Illusionen, Täuschungen, nebelhaftes Chaos, Hellfühligkeit jeder Art, Medialität, Spiritualität; jedoch auch Intrigen, Geheimgesellschaften, rätselhaftes Verschwinden von Menschen oder Gegenständen, und, laut Manly Palmer Hall, «Rufschädigung durch Frauen».

Neptun gilt als passiv, weiblich, wäßrig, kühl, magnetisch, ideell gestimmt, sensibel, sensitiv, inspiriert, indifferent. Neptun hat in reiner Form ein phlegmatisch-melancholisches Temperament und eine lymphatisch-sanguinische Konstitution.

Neptunisch gefärbte Berufe

Psychologen und Psychiater, Heilberufe, Medien, Künstler, Musiker, kirchliche Berufe, Weltverbesserer (falls das ein Beruf ist), Vertreter humanitärer Anliegen und Institutionen; laut Vehlow auch Berufe, die mit alkoholischen «Wassern» zu tun haben, sowie Menschen, die mit Betäubungsmitteln aller Art umgehen.

Typische Neptunorte

Meere, Inseln, unterirdische Gewässer, Moore und Sumpfgebiete; Kraftorte und Tempel; Orte bzw. Gebäude, die der Meditation (im negativen Fall auch der Magie) dienen; Heilorte.

Edelsteine, Metall, Farbe

Bergkristall, Chalcedon, Mondstein, Zitrin, Opal, alle irisierenden Steine; Aluminium; Silberblau.

Tiere und Pflanzen

Muscheln, Tintenfische, Chamäleon, Schnabeltier, Waran, Paradiesvogel, Giraffe, Wal; u.a. Pflanzen, die Rauschzustände oder visionäre Ekstasen bewirken, zum Beispiel Peyote und Haschisch.

Sonstige Entsprechungen

Als Wochentag der Freitag (der ja sonst auch der Venustag ist); die Zahlen 6 und 11; der süßliche und betäubende sowie der scharfbittere Geschmack.

Symbolik

Je nach Darstellung kommt im graphischen Zeichen für den Neptun mehr der mythische Dreizack des Poseidon zur Geltung oder die Mondsichel und das Kreuz. Die nach oben offene, liegende Mondsichel repräsentiert die Bereitschaft, etwas aus höheren Dimensionen zu empfangen; das Kreuz stellt die Bedingtheit des Menschen durch Raum und Zeit, die Verkörperung des Geistigen dar.

Charakter und Schicksal

Ein bewußt lebender Mensch mit einem stark gestellten Neptun im Horoskop wird die Neptunkraft anders erleben als ein weniger entwickelter Mensch. «Stark gestellt» ist der langsamlaufende Planet Neptun dann, wenn er in Konjunktion, Opposition oder Quadrat zu einem oder mehreren der folgenden Faktoren steht: Sonne, Mond, Merkur, Venus, Aszendent, Deszendent, Medium coeli und/oder Imum coeli. Unter Umständen kann man auch den Trigon- und den Sextilaspekt dazuzählen.

Ein harmonischer Neptuncharakter zeichnet sich aus durch Einfühlungsvermögen, Vorstellungskraft, Inspiration, künstlerische Neigungen, guten Geschmack, Hilfsbereitschaft, Großzügigkeit, Hingabefähigkeit für Menschen in Not und echte Ideale, spirituelle Öffnung, Fähigkeit, nach «innen» zu hören, und Wertschätzung von Meditation. Ein faszinierendes Wesen und sowohl romantische als auch prophetische Züge gehören ebenfalls hierher.

Ein disharmonischer Neptuncharakter ist oft unpraktisch, launisch, überempfindlich, schwärmerisch, pessimistisch, beeinflußbar, scheinheilig, chaotisch; er neigt zu Heimlichkeiten und Täuschungen.

Ein freundlicher Neptuneinfluß macht sich im Lebensschicksal u.a. als Glück durch einfühlsames Aufnehmen von Möglichkeiten bemerkbar, als künstlerisches Talent, das sensiblen Ausdruck findet und beim Publikum ankommt, als Sinn für transzendente Dimensionen des Seins. Trotz scheinbar schwankender Bedingungen sichere Existenz, weil man sich auf den Fluß des Lebens einzulassen versteht.

Schwierige Neptuneinflüsse äußern sich u.a. als Irreführung des Denkens und Fühlens, Melancholie bis hin zu Selbstmordgedanken, verführerische Leidenschaften, welche die Lebenskraft vergeuden, Süchte aller Art, Anfälligkeit für Vergiftungen oder «mediale Ängste». Man wird dann leicht zu Opfern von Schwindlern oder gerät Scharlatanen in die Hände; womöglich läßt man sich selbst zu unguten Taten verleiten. Die Existenz leidet unter Zweifeln und oft unter nicht recht greifbaren «Angriffen».

Gemeinsam ist Menschen, die stark vom Neptun beeinflußt werden, daß sie sich häufig in ungewöhnlichen, eigenartigen und häufig undurchschaubaren Situationen befinden. Ob sie mit einer Art «sechsten Sinn» dennoch ihren Weg finden oder sich verführen und täuschen lassen, hängt von der Aspektierung des Neptun in ihrem Horoskop ab. Der Neptun soll auch bei Initiationsvorgängen und seelischer Entfaltung beteiligt sein.

Gesundheit

Zirbeldrüse (Epiphyse), Sonnengeflecht (Solarplexus), Großhirn, Augen, Füße und Zehen gehören zu den körperlichen Entsprechungen des Neptun. Typische «Neptun-Krankheiten» sind seelische Beschwerden und Angstzustände (Depression, Psychosen) und Vergiftungen aller Art (auch durch Nebenwirkungen von Medikamenten, zum Beispiel Schlafmitteln, oder durch Drogen) sowie jene Krankheiten, die nicht oder falsch diagnostiziert und therapiert werden, bei denen also das Element der Täuschung eine

Rolle spielt; weiterhin zählen Komazustände, Somnambulismus und psychische Besetzungen («Besessenheit») zu Neptunkrankheiten.

Ein Gegenmittel gegen Depression und Melancholie ist übrigens Dankbarkeit! Fast jeder von uns hat allen Anlaß, für die körperlichen, seelischen und geistigen Gaben und Möglichkeiten, die uns geschenkt worden sind, zutiefst dankbar zu sein.

Politik

Verführung der Massen; Illusionen durch politische, ideologische oder religiöse Beschwörungen; Suchtepidemien wie Aids (mit Pluto-Färbung), aber auch Verwirrung durch Überflutung mit Bildern und «Informationen», Gefühlsmustern und Denkschablonen durch die Massenmedien, insbesondere durch Film und Fernsehen (!) (ich bin selbst auch Fernsehjournalist und weiß das aus erster Hand); Verschwörungen; Geldinflation und Betrug des Stimmvolkes durch korrupte Politiker; im negativen Sinn Verirrungen der sogenannten modernen Kunst mit ihrer nahezu totalen Sinnentleerung (*Verlust der Mitte*), im positiven Sinn humanitäre und spirituelle Impulse für die Kunst; Ethikskandale innerhalb großer gesellschaftlicher Gruppen wie Kirchen, Industrie und Gewerkschaften (sexuelle Verirrungen von Priestern, unmoralische Umweltverschmutzung aus Profitgier, eigensüchtige Bereicherung von Funktionären). Menschenliebe und gesellschaftliche Ideale als Triebfeder politischer Tätigkeit gehören zu den positiven Seiten des Neptun auf diesem Feld.

Vehlow nennt auch die Emanzipationsbewegung der Frauen als neptunische Entsprechung. Persönlich stimme ich dem nicht zu; vielmehr scheinen zumindest im gesellschaftlich wirksamen (und sicherlich im militanten) Feminismus eher Mars und Jupiter beteiligt zu sein. Allerdings ist natürlich klar, daß man Emanzipation und Feminismus nicht einfach gleichsetzen darf.

Führende Astrologen zur Deutung von Neptun

«Neptuns Leitgedanke ist Opfer – die Verpflichtung, sich selbst zu geben. In dem Bereich des Horoskops, in dem er [Neptun] steht, ist Aufopferung des Eigeninteresses notwendig. Dies ist der Bereich, in dem du in der Vergangenheit von anderen genommen hast. Jetzt muß der Ausgleich durch Geben, nicht durch Bekommen, wiederhergestellt werden… Neptuns innere Natur ist Freiheit und Freude. Der [auf falsche Weise] einwärts gerichtete Wille [Uranus] verbraucht sich selbst im Eigennutz. Bereitschaft des Willens ist die Sehnsucht und Bemühung, zu sehen, daß andere Freude und Freiheit erlangen. Der Meister des Fische-Zeitalters [Jesus Christus] sagte: ‹Ich komme, auf daß eure Freude voll werde›… Neptun wirkt durch Überzeugung, niemals durch Druck. Er [Neptun] wird der kosmische Sankt Nikolaus genannt. Es gibt ein verstecktes Geheimnis im Opfer. Je mehr du von dir selbst gibst, desto mehr hast du zu geben. ‹Suchet erst nach dem Reich Gottes und ALLES andere wird euch dazugegeben› ist heute so wahr wie vor zweitausend Jahren. Die kosmischen Gesetze verändern sich nie.» Soweit ein Zitat aus Isabel M.

Hickeys Buch *Astrology – A Cosmic Science* (CRCS Publications, Sebastopol, CA, USA, 1992).

Johannes Vehlow, einer der Altmeister der Astrologie in Deutschland, hat sich in seinem mehrbändigen *Lehrkursus der wissenschaftlichen Geburts-Astrologie* (Bd. III Sporn Verlag, Zeulrenroda, 2. Aufl. 1940; alle Bände leider vergriffen) auch ausführlich mit Neptun auseinandergesetzt. Er schreibt aus der Sicht der damaligen Bewußtseinsentwicklung u.a., daß die Zahl jener Menschen gering sei, «die geistig, seelisch und körperlich normal auf Neptun reagieren können. Wir lernen diesen Planeten daher meist nur von seiner disharmonischen Seite kennen; – er ist deshalb vorläufig als Übeltäter zu bewerten. Betrachtet man Neptun im Sinne der Einflußtheorie, so ist er der Planet des Chaos, des Verworrenen, Unklaren und Nebelhaften. Unter seiner Herrschaft entstehen politische, weltanschauliche Denkrichtungen. Das Chaotische des Neptuns äußert sich aber mehr im Fühlen als im Denken, denn Neptun ist die höhere Oktave der Venus... Menschen mit einem dominierenden, aber angegriffenen Neptun unterliegen leicht Irrtümern, leiden unter eigenartigen seelischen Stimmungen... Die seelischen Beängstigungen können sich soweit steigern, daß sie zu Lebensüberdruß und Selbstmord führen... Alle Selbstmörder haben in ihrem Horoskop einen stark gestellten schlechten Neptun!... Auf dem Gebiet der Kunst schaffen niedere Neptuniker im Verein mit Uranikern die exzentrischsten und verworrensten Richtungen... Aus all den Verirrungen wird sich aber mit der Zeit, wenn Neptun in höheren und reineren Formen zur Geltung kommt, eine sehr hohe und reine Kunst entwickeln. Eine Verfeinerung auf künstlerischen Gebieten wird stattfinden, und auch das Liebesleben durfte dann hohere Formen annehmen. Die ethischen Höherentwicklungsbestrebungen, die Nächstenliebe und die wahre Religiosität dürften dann zunehmen. Auch ist damit zu rechnen, daß hochentwickelte Neptuniker der Menschheit später bessere Verbindungen mit den höheren und reineren jenseitigen Wesenheiten vermitteln, denn sie besitzen die so notwendige Gottes- und Nächstenliebe (die universelle Menschenliebe), die Inspiration, das Hellhören und Hellfühlen sowie die heilmagnetische Kraft...»

Karma Welch nennt in ihrem Beitrag zum Buch *Planets – The Astrological Tools* (Planeten – Die astrologischen Werkzeuge, derzeit nicht auf deutsch verfügbar, Llewellyn, MN, USA, 1989) folgende Schlüsselworte zum Neptun:

Inspiration – Ideale – Vorstellungskraft – Hingabe – Magie – Mythen – Musik – Kunst – Mission – glaubendes Vertrauen – Hoffnung – Mildtätigkeit – Wunder – Traum – Gnade.

Sie schreibt weiter u.a.: «Neptuns Stärke ist schweigsam... Die Wahrheit ist, daß die Kraft des Neptun Berge versetzen kann durch Meditation, Gebet und Glaube, daß spirituelle Energie eine Flutwelle des höheren Bewußtseins erzeugen kann... Eine ‹Laß los, laß Gott› [‹Let go, let God›]-Einstellung ist die beste Weise, Neptunenergie im Horoskop zu nutzen. Warte ab und sieh zu, lebe nur einen Tag auf einmal, vertraue und bewahre den Glauben. Während des Fische-Zeitalters war es lebensnotwendig, Glaube und

Vertrauen zu bewahren, wenn man Fragen der Religion und nach den Mysterien von Leben und Tod nicht beantworten konnte. Da jetzt das Wassermann-Zeitalter beginnt, wenden die Menschen unabhängige, individualistische Mittel an, um Antworten auf diese Fragen zu suchen. Sie erkennen, daß Neptun der Planet des spirituellen Lichts ist und die Verheißung dessen, was sein wird.»

Die amerikanischen Astrologinnen Spiller und McCoy sprechen von Neptun als dem «Schlüssel zur emotionalen Ekstase» und meinen u.a., daß Neptun im Horoskop «Illusionen entfernt und die Wahrheit enthüllt», «selbstschädigende und konfuse Muster anzeigt, wo die Erwartungen am höchsten und die Enttäuschungen am intensivsten sind», und «den Lebensbereich bezeichnet, welcher die Stärke, Gelassenheit und Ekstase eines göttlichen Kontaktes bietet und eine Vision und Vertrauen in das Wirken des Universums.» (Nach *Spiritual Astrology*, Simon & Schuster, New York 1988.)

Als eine Zusammenfassung eignet sich die klare Darstellung des Archeytps, den Neptun repräsentiert, wie Bernd A. Mertz ihn in seinem Grundlagenwerk *Das Grundwissen der Astrologie* (siehe Literaturhinweise) vorlegt. Dort beschreibt er u.a. die Sonne in den zwölf Zeichen und gibt zur Sonne im Zeichen Fische folgende Übersicht, die gleichzeitig typische Neptuneigenschaften «in Reinkultur» bezeichnet:

Herrschender Archeytp	*Neptun*
Persönlichkeit	Hingebungsmensch
Antrieb	Glaubensgemeinschaft
Sehnsuchtstraum	Einsamkeit überwinden
Impuls	Telepathische Bilder
Einsatz	Aufgebende Hingabe
Anschauung	Caritas
Gestaltung der Ordnung	Welteingebettetsein
Religion	Auferstehung
Tugend	Totaler Verzicht
Gefahr	Selbstmitleid
Fehler	Süchtigkeit
Hauptgesundheitsproblem	Standfestigkeit, Füße
Charakter	Priester, Beichtvater
Berufstendenz	Arzt, Telepath, Bettler
Endziel	Aufgehen im All
Machtprinzip	Göttliches Recht

Neptun in den zwölf Zeichen des Tierkreises

Der Planet Neptun bleibt etwa 14 Jahre in einem einzigen Tierkreiszeichen. Seine Zeichenposition ist deshalb vor allem für viele Jahrgänge, ja für etwa eine halbe Generation zu deuten. Wir können von historischen Aufgaben dieser Jahrgänge ausgehen. Rufen wir uns zwei Aussagen aus den Zitaten weiter oben in Erinnerung:

Neptun zeigt demnach an, wo die größten Erwartungen und die größten Enttäuschungen sind, und Neptun weist darauf hin, wo durch ein Geben in diesem Leben ein karmischer Ausgleich zu früherem Fehlverhalten stattfinden könnte und sollte.

♆ Neptun im Zeichen Widder ♈ (1861 – 1874)

Intensiv empfundene Eingebungen und missionarischer Einsatz um Verwirklichung. Selbstlosigkeit, soziale Ideen, Fernweh, Überempfindlichkeit, auch fanatische Überzeugungen. Eine inspirierte Generation in «Aufbruchstimmung», die Möglichkeiten vorfand, auch weitreichendste Ideen und Pläne in die Tat umzusetzen. Der Aufbau großer Vermögen im Zuge der weltweiten Industrialisierung (zum Beispiel im Rahmen der Ausbeutung von Ölquellen – 1862 gründete John Davison Rockefeller eine Erdölraffinerie und legte den Grundstein zu einem sagenhaften Reichtum – und der Intensivierung der weltweiten Handelsverflechtungen) fiel Menschen zu, die unter dieser Konstellation agierten oder geboren wurden. Henry Ford, der Autos zum individuellen Massenverkehrsmittel machte, wurde 1863 geboren. Das Element der Täuschung anderer, der «Konkurrenten», spielte beim Aufbau der Großindustrien natürlich eine oft entscheidende Rolle. Übrigens wurden auch der aus Österreich stammende Initiator der Antroposophie, Rudolf Steiner, in diesem Zeitraum geboren, nämlich 1861, und der Friedenskämpfer Mahatma Gandhi. In ihm könnte man die Ideale von Neptun im Widder vielleicht am typischsten erkennen: unbedingter und energischer Einsatz für ein hohes Ideal, das aber nicht auf zerstörerische, sondern auf humanitäre, friedliebende Art!

♆ Neptun im Zeichen Stier ♉ (1874 – 1887)

Stimmungsgelenkte Menschen mit ästhetisch-künstlerischen Neigungen und einem Hang zum materiellen Komfort. Menschen, für die konkrete Überprüfbarkeit und statistische Auswertungen eine Rolle spielten. Merkwürdigerweise – vielleicht als «Ausgleich» dazu – fand die Beschäftigung mit psychischen und medialen Phänomenen in dieser Generation großen Anklang. C. G. Jung und Edgar Cayce wurden in dieser Zeit geboren. Die deutschen Astrologen Ebertin und Paris sprachen beide von einem «Hang zu Genußgiften» und «eigenartigen» Finanzgebaren bzw. Erwerbsquellen.

♆ Neptun im Zeichen Zwillinge ♊ (1887 – 1901)

Diesen Jahrgängen schreibt man eine reiche Phantasie, Naturliebe, literarische Neigungen, mystische Bestrebungen, aber auch Unentschlossenheit oder geistige Verworrenheit zu. Schnelle und gute Auffassungsgabe, empfindsame Intuition, unter Umständen sogar telepathische Gaben, feinsinnige Überzeugungs- und Überredungskraft. Die amerikanischen Astrologinnen Hickey und Lofthus sprechen von «mentaler Sensibilität», starken Familienbanden und Verzicht auf Ausbildung, um gleich für die Familie zu arbeiten. Der Schriftsteller Ernest Hemingway, der Schauspieler Charles Chaplin und der von okkulten Wahnideen getriebene Adolf Hitler wurden in dieser Zeit geboren.

♆ Neptun im Zeichen Krebs ♋ (1901 – 1915)

Beeinflußbares Gemüt, instinktive Verhaltensweisen, Offenheit für emotionale Impulse und für Appelle ans Gefühl. Überempfindlichkeit und seelische Enttäuschungen, die womöglich durch übertriebene Genüsse jeglicher Art überspielt oder verdrängt werden sollen. Während der überwiegenden Zeit dieser Neptunstellung herrschte in Europa Frieden, bis 1914 der Erste Weltkrieg von Menschen und Gruppen begonnen wurde, die damit – wie die weitere Geschichte unseres Jahrhunderts und der Zweite Weltkrieg zeigen sollten – die Heimat der Nationen und Völker, das gemeinsame «Haus», in ihrer Verblendung durch vermeintlich hehre Ziele aufs Spiel setzten. Neptun im Krebs steht «erhöht», er weist auf echtes Mitgefühl und Bereitschaft zum Dienst für andere hin. Das deutsche Kaiserreich zog «ins Feld», weil es sich verpflichtet fühlte, einem «Hilferuf» der österreichisch-ungarischen Doppelmonarchie nach dem Mord am Thronfolger in Sarajevo zu folgen. Daß dahinter ganz andere Interessen standen – nämlich imperialistische Machtpolitik der damaligen Großmächte Großbritannien, Rußland, Frankreich und Deutschland –, weiß man zwar heute allgemein, das wurde der Bevölkerung damals aber neptunisch anders dargestellt. Dag Hammarskjöld, der idealistische Generalsekretär der Vereinten Nationen, der sich mit ganzer Kraft für einen dauerhaften Frieden im Rahmen einer Weltfamilie einsetzte und in Katanga im Kongo auf einer Mission vermutlich ermordet wurde, wurde unter Neptun im Krebs geboren.

♆ Neptun im Zeichen Löwe ♌ (1915 – 1929)

Begeisterung, Unternehmungslust, Leidenschaften, Kunst und Schaupielerei, aber auch Selbsttäuschung und Verführbarkeit sind Merkmale dieser Neptunstellung. Diese Generation erlebt(e) in besonderer Weise die Chance, die eigenen kreativen Ideale in die äußere Wirklichkeit zu tragen. Der Aufschwung einer ganzen «Filmkultur» fiel sowohl zunächst in die zweite Hälfte dieses historischen Zeitabschnitts als auch Menschen zu, die in diesen Jahren geboren wurden. In Deutschland wurden viele Menschen geboren, welche die offenkundige materielle Not einerseits und den Glanz der Verheißungen von Propagandisten der unterschiedlichsten Couleurs erlebten. Viele von ihnen ließen sich dazu verleiten, im Nationalsozialismus und seinen gesellschaftlichen «Idealen» eine echte Mission zu sehen, eine neue und bessere Welt aufzubauen. Der strahlende Nimbus von «Führer» und «Vaterland», das zu neuen Ehren kommen sollte, vermittelte ihnen ebenfalls eine neue Identität. Die trügerische Zwiespältigkeit einer Neptun-Löwe-Herrlichkeit wurde ihnen zumeist nicht deutlich – erst, als das bittere Ende mit Judenverfolgung, Konzentrationslagern, Weltkrieg und bedingungsloser Kapitulation kam. Das Eigeninteresse muß in universalen Bedürfnissen aufgelöst werden. Schauspielerinnen, die damals geboren wurden, sind zum Beispiel Shirley Temple und Judy Garland. Zwei herausragende Missionare, die den positiven Neptun-Löwe-Aspekt verkörpern, sind bzw. waren der weltweit wirkende Evangelist Billy Graham und der Bürgerrechtler Martin Luther King.

♆ Neptun im Zeichen Jungfrau ♍ (1919 – 1943)

Einfühlungsgabe und Interesse bzw. Fähigkeiten für die Heilkunde, fruchtbare Verbindung zwischen Verstand und Eingebungen, sensible Planung, aber auch eigenartige oder konfuse Formen der Zusammenarbeit. «Seelenmedizin», Psychotherapie und die Erkenntnis psychosomatischer Zusammenhänge gehören zu dieser Konstellation.

In den Jahren dieser Neptunstellung erhielt die Gewerkschaftsidee neuen Aufschwung und die «kleinen Leute» bekamen mehr Stimmkraft. «Dienen und leiden», oder, wie ein dem deutscher Kaiser Friedrich III. zugeschriebener Ausdruck lautet, «Lerne leiden ohne zu klagen», könnte auch als Motto einer Facette von Neptun im Zeichen Jungfrau gelten. In den späteren Jahren dieser Jahrgänge wurde der Keim zur jungfraugemäßen Analyse und Kritik, diesmal aber am Establishment, gelegt, die vor allem von den folgenden Menschen ausgelebt wurde.

♆ Neptun im Zeichen Waage ♎ (1943 – 1957)

Das ist die Generation eines neuen Lebensgefühls und einer Suche nach Erfüllung von Idealen, die sich in der Popmusik, der Hippiekultur, der «freien» Liebe und der sexuellen Revolution (*Make love, not war!* war ein bekanntes Motto dieser Menschen), der Wendung zu östlichen Religionen, im Engagement für humanitäre Ziele, aber auch in den Studentenrevolten und «politisch» motivierten Terrorakten ausdrückte. Verfeinerte Sinnlichkeit, Gleichgültigkeit oder Auflehnung gegenüber der öffentlichen Meinung und ein eigenwilliger Realitätssinn (bzw. Mangel an Wirklichkeitsbezug, so Kritiker) sind weitere Merkmale dieser Neptunposition. Sehnsucht nach idealen Verbindungen, die Suche nach vermeintlichen «soul mates», Seelenpartnern, sowie eine erstaunliche disziplinierte Beharrlichkeit im Verfolgen bestimmter Interessen zählen ebenfalls zu den Kennzeichen dieser Generation.

♆ Neptun im Zeichen Skorpion ♏ (1957 – 1970)

«Nullbock» und «No Future» sind Schlüsselworte für Neptun im Zeichen Skorpion. Die Bemühungen um eine Idealisierung der Welt von Neptun-Waage schien politisch nicht von Erfolg gekrönt zu sein, mit Ausnahme der Entstehung von gesellschaftlichen Außenbereichen, von sogenannten Subkulturen. So ist die gegenläufige Entwicklung, die Flucht aus jeglicher Verantwortung – sogar die schöpferische Anteilnahme am eigenen Schicksal wird aus dumpfer Enttäuschung und Trotz bewußt vernachläßigt – vielleicht zum Teil zu erklären. Medikamente, Drogen, Tabak und Alkohol spielen eine wesentliche Rolle. Überdurchschnittlich viele Aids-Opfer entstammen dieser Jahrgängen. Neptun in diesem Zeichen mahnt, sich bewußt zu entscheiden, ob man einen Weg der höheren Transformation der Persönlichkeit beschreitet oder ob man sich aus Lethargie oder Hoffnungslosigkeit in eine Phase der persönlichen Rückentwicklung sinken läßt. In diese Jahre fällt auch die bahnbrechende Erforschung des Weltraums, die eine Aufbruchstimmung besonderer Art schuf und Hoffnung auf eine neue Sicht der Erde als planetarische Einheit machte. Wir müssen darauf achten, daß dieser Anstoß nicht im rein materialistischen und materiellen Nutzdenken stecken bleibt, sondern daß die spirituelle Komponente wieder deutlicher wird. Bekanntlich ist das Zeichen Skorpion ein Doppelzeichen: der Skorpion mit seinem giftigen Stachel am Boden und der unsterbliche Phönix, der sich aus der Asche der Transformation in die Höhen der geistigen Himmel erhebt. Damit ist mit Neptun in diesem Zeichen vorgegeben, daß eine «Erlösung» durch eine wahrhafte Heilung an Körper, Geist und Seele und die gar nicht so alchimistische Transformation der dumpfen Ich-Diktate zur edlen Seelenherrschaft möglich ist. Ein Weg dorthin ist die *Innere Astrologie.*

♆ Neptun im Zeichen Schütze ♐ (1970 – 1985)

Geistige Beweglichkeit, eine neue Nachdenklichkeit, eine neue Bereitschaft, Verantwortung zu sehen und zu übernehmen, Optimismus in bezug auf die Zukunft, gleichzeitig ein markanter Freiheitswille, Wunsch nach höherer Erkenntnis und wahrer Re-ligio (= Rückverbindung, ohne dogmatische Fesseln), spirituelle Weitsicht bis hin zu Visionen sind Merkmale dieser Neptunposition. Der grundlegende Wandel von Werten weltweit wird jetzt vorbereitet.

♆ Neptun im Zeichen Steinbock ♑ (1985 – 2000)

Neptun ist der astrologischen Tradition gemäß im Zeichen Steinbock im Fall, also «schlecht» gestellt. Das heißt aber nicht, daß die Neptunkräfte hier schwächer wären – im Gegenteil! Was der Uranus im Steinbock an alten, überholten Strukturen und dogmatisierten, nicht mehr lebendigen Traditionen machtvoll erschüttert, löst Neptun genauso wirksam und fast unmerklich «von innen» her auf. Die Fundamente kollektiver und individueller Erstarrung und nicht mehr haltbare Eigensüchte werden gleichermaßen unterhöhlt und fortgeschwemmt, wenn sie in sich zusammengebrochen sind. Die innere Auszehrung des Ostblocks, die Bemühungen um eine neue Ordnung im Nahen Osten zwischen Israelis und Palästinensern, das Ende der Minderheitsherrschaft in Südafrika, der Beginn der ersten ernsthaften Friedensgespräche über Nordirland sind Beispiele dafür, wie schmerzhaft und gleichzeitig notwendig der idealistische und zugleich «illusionäre» Neptun im Saturnzeichen Steinbock jene Formen in Frage stellt, die gewandelt werden müssen. Viele Seelen, die bereit sind, der Menschheitsentwicklung in Bildung und Erziehung, als ethisch fundierte Wirtschaftsführer, verantwortungsbewußte Heiler und spirituelle Menschheitslehrer zu dienen, werden jetzt geboren, um das Wassermannzeitalter nach seinen letzten heftigen und die Welt durch innere und äußere Kriege und Katastrophen erschütternden Geburtswehen endgültig zu etablieren.

♆ Neptun im Zeichen Wassermann ♒ (2000 – 2015)

Suche nach seelischen Verbindungen, tiefes Einfühlungsvermögen und intuitive Menschenkenntnis kennzeichnen diese Menschen und diese Zeit. Es geht um die Formulierung neuer hoher Ziele und Ideale, um persönliche Bereitschaft zur Wandlung und um die Erfüllung allgemeinmenschlicher Wünsche und Hoffnungen.

♆ Neptun im Zeichen Fische ♓ (2015 – 2030)

Sowohl Ebertin wie Paris deuten Neptun im Zeichen Fische eher negativ, nämlich u. a. so: «Pessimismus, Hang zu Genußgiften, krankhafte Neigungen» bzw. «Träumerisches, auch haltloses Wesen… Hang zu Genußgiften… Beeinflußbarkeit». Neptun regiert das Zeichen Fische, steht hier also «gut» und «stark». Ob wir eher die unklaren, verwirrenden und verführerischen Seiten dieses astrologischen Symbols ausleben oder uns mehr an seine ideellen, sensitiven und erhebenden Energien halten, liegt an uns selbst. Ich meine, daß diese Zeit – die ich in meinem dritten Lebensdrittel zu erleben hoffe – eine Vertiefung mystischer Inspiration, eine Ausweitung höherer Bewußtseinszustände und eine Manifestation mitfühlender, lichtvoller Lebensprinzipien in der physischen Welt bringen kann.

Neptun in den zwölf Häusern der Lebensbereiche

Neptun im 1. Haus: Die Suche nach sich selbst

Seelische Empfindsamkeit, Intuition, mediale Gaben und Erfahrungen, künstlerische Neigungen, lebendige Phantasie bis hin zu Visionen, Interesse an esoterischen Phänomenen. Bei schwierigen Aspekten auch stark schwankender Charakter, melancholische Anwandlungen, Verführbarkeit, Labilität gegenüber Genußgiften. Bis solche Menschen eine klare spirituelle Orientierung finden, erfahren sie ihr Leben häufig als irgendwie chaotisch, sie fühlen sich in Entscheidungssituationen konfus und wissen oft nicht recht, ob sie mehr ihrem Gefühl vertrauen oder sich daran halten sollen, was «man» macht.

Neptun im 2. Haus: Welche Werte sind es wert?

Sensible Einfühlungsgabe und idealistische – oder zu weltfremde! – Einstellungen zur Stofflichkeit und zu materiellen Werten. Starke Vorstellungskraft und – fremden Augen oft verborgene – Fähigkeit, materielle, künstlerische und seelische Werte, Talente und Gaben zu erkennen und zu nutzen. Bereitschaft, viel zu geben. Leichtigkeit in Geld und Besitz; das ist entweder Ausdruck einer echten Unbeschwertheit, weil diesen Menschen Geld immer wieder auf eigenartige Weise zufließt, oder weil sie im Umgang damit von ihrem Wesen her (allzu) leichtfertig sind. Großzügigkeit oder Heimlichkeiten im Finanzgebaren gehen damit einher, eventuell auch Gewinne und Verluste, die kommen und gehen wie die Gezeiten des Meeres – langsam, anfangs unmerklich, dann aber um so machtvoller. Bei schlechter Prägung falsche Vorstellungen von Besitz und Verluste durch Schwindeleien. Neptun löst auf – man sollte sich daher nicht auf materielle Werte und Fähigkeiten als Lebensfundament verlassen, sondern jene Qualitäten finden und entwickeln, die alles überdauern.

Neptun im 3. Haus: Die Notwendigkeit eines klaren Geistes

Kreative Ideen und fruchtbarer Erfindergeist, vielleicht sogar philosophisch, wenn auch mitunter wenig praktisch. Künstlerische Prägung mit Talent zur Schriftstellerei und Malerei. Besonders in den ersten frühen Lebensabschnitten (Selbst-)Täuschungen im Zusammenhang mit Geschwistern, Verwandten und der näheren Umgebung, vielleicht auch Verluste durch sie. Eine Herausforderung, vor allem, wenn der Neptun ungünstig aspektiert sein sollte, besteht darin, sich besonders um klares Denken, Förderung der Gedächtniskraft und bewußte Eindeutigkeit und Geradlinigkeit in der Kommunikation mit anderen zu bemühen.

Neptun im 4. Haus: Sehnsucht nach der wahren Heimat

Erbanlagen, (Grund-)Besitz oder andere Werte, die aus der Familie mitgegeben wurden – einschließlich «Familienkarma». Haus, Heim und Heimat werden gern idealisiert, und daraus kann Unzufriedenheit darüber erwachsen, daß diese Ideale jetzt nicht (mehr?) erreicht werden. Tendenz zur Häuslichkeit oder Verbindung zu tiefen Schichten des

Bewußtseins, zu Mythen; bei ungünstiger Neptunaspektierung auch unbestimmte Ängste – die Mutter spielt eine dubiose Rolle. Das Thema «Leben als Opfer» ist von Bedeutung; diese Menschen befinden sich fast immer auf der Suche nach ihrer «eigentlichen» Heimat – sie müssen lernen, daß diese wahre Heimat eine rein seelisch-spirituelle Dimension, kein materieller Ort ist. In den späten Abschnitten leben diese Menschen oft zurückgezogen – aus finanziellen Gründen oder weil sie das für ihren Seelenfrieden brauchen.

Neptun im 5. Haus: Die Lust am kreativem Selbstausdruck

Laszive, suggestive Sinnlichkeit und eigenwillige Liebschaften oder leichte Verführbarkeit, und zwar abenteuerliche, meist aber enttäuschende Leidenschaften. Interesse für okkulte oder esoterische Kunst und Musik, für einen künstlerischen Ausdruck, der nicht bei Ästhetik steckenbleibt, sondern nach Darstellung höherer Wahrheiten strebt. Kinder spielen eine unklare Rolle für diese Horoskopinhaber. Man sehnt sich einerseits nach ihrer unschuldigen Energie und hegt gleichzeitig Befürchtungen ob ihrer Unkontrollierbarkeit.

Nach Isabel M. Hickey ist das 5. Haus übrigens das Haus des «esoterischen Karmas» und zeigt die Ausrichtung des Willens – gut oder schlecht – in vergangenen Leben. Daraus ergäbe sich für Neptun im 5. Haus, daß die heimlichen Wünsche im vergangenen Leben auf Kunst, Kreativität, Kinder und romantische Affären ausgerichtet gewesen wären, die sowohl die Sehnsucht nach Idealen als auch das Verlangen nach Verschmelzung in einer größeren, überpersönlichen Einheit hätten erfüllen sollen. Ob Neptun in diesem Fall Verwirklichung dieser Ideale oder Illusionen und Enttäuschungen anzeigt, hängt von der Bewußtseinsentwicklung des einzelnen ab und steht nicht im Horoskop!

Neptun im 6. Haus: Die Suche nach Sinn im Alltag

Sensible, bisweilen auch empfindliche Menschen, deren Herausforderung darin besteht, ihren Platz im Alltag, im Beruf, im Haushalt, im Dienst und in der Zusammenarbeit mit anderen zu finden. Mit Kollegen oder Untergebenen bestehen oft Unklarheiten über die Art und Weise des Miteinanders – weil der Horoskopinhaber selbst falsche Vorstellungen oder zu «rosige» Ansichten hat, oder weil er von manchen Mitarbeitern getäuscht wird. Diese Menschen sollten sich selbst die emotionalen Probleme um sie herum mental und rational so klar und nüchtern wie nur möglich vorlegen und sie mit möglichst großer innerer Distanz analysieren. Erst dann sollten sie ihr Herz und Gefühl sprechen lassen. Laut Hickey soll es schwer sein, Krankheiten diagnostizieren zu können, wenn Neptun im 6. Haus steht. Empfänglich für natürliche Heilweisen und «alternative» medizinische Therapien.

Neptun im 7. Haus: Der Traum von der idealen Partnerschaft

Ungewöhnliche Verbindungen, Liebe zu Menschen, die selbst (noch) gebunden sind, Opferbereitschaft für persönliche oder berufliche Beziehungen. Innige Seelenverwandtschaft, aber oft unklare Kommunikation über reale Absichten und Pläne, woraus dann falsche Projektionen und reale Schwierigkeiten erwachsen. Wenn man nicht aufpaßt, gerät man unter Umständen leicht in eine «Opferrolle» hinein und wird zum Spielball von Heimlichkeiten und unredlichen Vorhaben von Partnern.

Bei problematischer Aspektierung des Neptun Verzögerung der ersten Ehe und/oder unmerkliche, aber unaufhaltsame Trennung bzw. Scheidung.

Neptun im 8. Haus: Das Geheimnis des «Stirb und Werde»

Reiches Traumleben und tief empfundenes Interesse an transzendenten Themen, an Jenseitsfragen, an übersinnlichen Phänomenen, Berichten vom Leben nach dem Leben und ungewöhnlichen Therapien. Diese Menschen tragen die Fähigkeit in sich, die verborgenen oder verdrängten Seiten des Seelenlebens der Menschen zu erkennen und vielleicht sogar zu heilen. Sie sollten ihre Kräfte dafür einsetzen, daß andere Menschen Werte und Talente in sich entdecken und nutzen, von denen sie meist nicht viel wußten. Von Privat- oder Geschäftspartnern ist in materieller Hinsicht wenig zu erwarten. Ernst-Günter Paris spricht von einem «friedlichen Ende».

Neptun im 9. Haus: Auf der Suche nach einer «Weltformel des Sinns»

Man sucht Motive hinter Handlungen, Gedanken hinter der Rede, man sucht das Verborgene, was sich in der Zukunft als neue Gegenwart und Wirklichkeit entfalten wird. Hang zur Mystik, zu spirituellen Visionen und allgemein zu höheren Bewußtseinsebenen. Diese Menschen möchten das Leben am liebsten in einer einzigen, idealen «Formel» erklären können. Ihre Aufgabe liegt darin, die Spreu vom Weizen trennen zu lernen und echte Weisheit zu kultivieren. Bei schwierigen Neptunaspekten Hang zum religiösen Wahn und/oder Verluste durch Rechtsstreit oder bei Auslandsreisen.

Neptun im 10. Haus: Verbindung von Idealen und Erfolg

Ungewöhnliche Berufswahl und Karriere; geschickte Einfühlung in Chancen zum Aufstieg und Erfolg und einfühlsame Verhaltensweisen, die den Erfolg sichern. Dabei Impetus, Ideale im Beruf bzw. im öffentlichen Wirken ebenfalls und gleichberechtigt zur Geltung zu bringen. Oft erhalten diese Menschen nicht die gesellschaftliche Anerkennung, die ihrem Wirken zustünde. Am besten ist diese Neptunstellung im 10. Haus – so zahlreiche Astrologen – für eine verdienstvolle Arbeit in einer humanitären Organisation, im Bereich des Gesundheitswesens oder im Bereich der Kunst. Der Vater ist keine große Hilfe. Bei Spannungsaspekten zum Neptun unter Umständen nebulöse Berufsideen, Mangel an Konzentration und Beharrlichkeit sowie rasche Entmutigung, wenn Hindernisse auftauchen.

Neptun im 11. Haus: Die Verheißung echter Freundschaft

Man zieht «neptunische» Freunde an, die faszinierend und voller Geheimnisse, ungewöhnlich und schillernd sind. Man verbindet hohe Ideale, bisweilen auch Träumereien mit ihnen und muß sich deshalb vor Ent-Täuschungen besonders hüten.

Humanitäre Werte und intuitiv richtige Zukunftsideen; häufig muß die Kraft, sie praktisch zu verwirklichen, erst noch entwickelt werden.

Neptun im 12. Haus: Sehnsucht nach Erleuchtung

Vor allem in den frühen Abschnitten des Lebens fühlen sich diese Menschen oft mißverstanden und im Ausdruck ihrer Sensibilität eingeengt. Selbstgewählte oder erzwungene Einsamkeit sind für diese Neptunstellung ebenfalls typisch.

Paris schreibt u.a.: «Gewinn durch eigenartige Geschäfte, die mitunter auch geheim gehalten werden müssen.» (*Der Schlüssel zum Horoskop*, Urania Verlag, Neuhausen 1977) Starkes Mitgefühl bis hin zum Mitleid – das macht ein spirituelles Weltbild notwendig, um sich nicht ausnutzen zu lassen, sondern erkennen zu können, welche Hilfe «karmisch» wirklich notwendig ist und wo man sich nur in eine Opferrolle begeben würde. Die tiefste Seelenmotivation ist die Hoffnung auf Erlösung und Erleuchtung, die Sehnsucht nach Auflösung des kleinen, leidgeprüften Ichs im strahlenden Licht der einen ewigen Schöpferkraft.

Neptun in Aspekten zu anderen Planeten

♆ Neptun/Sonne: ☉ Ichauflösung und Lebenskraft

Kombination von Neptun/Sonne

Kreativität, Anpassungsfähigkeit, Empfindsamkeit, Beeinflußbarkeit, Mitgefühl (oder Mitleid) und Aufopferung, Offenheit für Mystik und Magie (damit eventuell auch eine Tendenz zur Verführbarkeit), Illusionen, Opferbereitschaft, (Aus-)Flucht. Geistige Chancen stehen im Vordergrund der Selbstentfaltung. Die Annahme, daß wir bei einer Sonne/Neptun-Kombination generell von «Schwächlichkeit» und «Krankheit» ausgehen müssen (so R. Ebertin), finde ich bislang ebensowenig bestätigt wie die Aussage, daß bei dieser Planetenkombination immer auch «Gefühlsverwirrung» herrsche (so Paris).

Energieaspekt Konjunktion Neptun/Sonne

Gesteigerte Sensibilität und Inspiration; empfindsames Verständnis für seelische Belange; einfühlsame Kreativität.

Menschen mit diesem Aspekt im Geburtshoroskop sind häufigeren Stimmungsschwankungen unterworfen als viele andere und sind in ihrem Selbstwertgefühl von diesen Stimmungen auch stärker abhängig. Eventuell Vater- oder Mannprobleme durch tragische Gefühlsbeziehungen, die etwas mit der Sehnsucht nach Verschmelzung einerseits und physischer oder emotionaler Auflösungstendenzen andererseits zu tun haben.

Förderungsaspekte Trigon/Sextil Neptun/Sonne

Hier wird die Gabe zur Einfühlung in andere Menschen und zur Empfänglichkeit für Eindrücke allgemein angezeigt. Menschen mit diesem Planetenaspekt können eine reiche Phantasie, ihre lebendige Intuition und ein künstlerisches Gespür schöpferisch nutzen. Offenheit für Esoterik, Verinnerlichung und Spiritualität, manchmal auch mediale Fähigkeiten. Paris spricht auch von einer Neigung zu weiten Reisen.

Herausforderungsaspekte Opposition/Quadrat Neptun/Sonne

Subtile gegenseitige Abhängigkeiten mit anderen Menschen, also das, was die Amerikaner «Co-Dependency» nennen; Täter-Opfer-Syndrom, Märtyrerneigungen, Tendenz zur (Selbst-)Täuschung. Konflikte ergeben sich aus dem Widerstreit zwischen Idealismus und Skepsis sowie zwischen Anforderungen aus der irdischen Wirklichkeit und zeitweiser Wolkenkuckucksheimmentalität. Die Pläne mögen vielfältig und großartig sein, oft fehlt es aber an Beharrlichkeit und Konzentration zu ihrer Durchführung. Klassische Deutungen sprechen auch von Genußgiften und Suchtgefahren (Alkohol, halluzinogene Drogen).

♆ Neptun/Mond: ☾ Inspiration und Seele

Kombination von Neptun/Mond allgemein

Es geht um Sensibilität und Medialität, um Ideale und Ziele, um das Gefühl, auf einer Mission zu sein. Man möchte gern «dazugehören» und am liebsten ganz mit seiner Sache, mit dem Partner, einem Ideal oder seiner Tätigkeit eins werden.

Energieaspekt Konjunktion Neptun/Mond

Wollen Sie sichtbar sein oder unsichtbar? Sie neigen einmal stärker dazu, allein zu sein, sehnen sich ein anderes Mal aber danach, von anderen Menschen angenommen und verstanden zu werden. Sie sind auf jeden Fall auf der Suche nach ihrer wahren Identität. Glauben Sie an Ihre seelische Inspiration, und bemühen Sie sich, ihr eine realistische Form des äußeren Ausdrucks zu geben. Jede kreative Tätigkeit zum Beispiel wird Sie «erden» und dennoch Ihren Träumen genug Raum lassen.

Förderungsaspekte Trigon/Sextil Neptun/Mond

Künstlerische Gaben, sensibles Wesen, Feinfühligkeit, reiche Phantasie und deutliche Träume, starke Wünsche, Medialität und die Gabe zur inneren Schau kennzeichnen diesen Aspekt. Nehmen Sie auch das mit dazu, was ich unter Konjunktion angeführt habe.

Herausforderungsaspekte Opposition/Quadrat Neptun/Mond

Spannungen tauchen auf, wenn sich abgehobene Wunschträume, die für diese Aspekte typisch sind, an den Realitäten des Alltags reiben. Einerseits möchte man festhalten, andererseits nachgeben. Mitgefühl und Mitleid vermischen sich leicht, so daß das Urteil getrübt wird. Beeinflußbarkeit, Schicksalskrisen, Haltlosigkeit und daraus resultierende Suchtgefahren sind weitere Facetten. Die Chance dieses Aspekts besteht darin, eine hohe seelische Sensibilität in einer angemessenen und stabilen Weise konstruktiv, nicht verträumt zu nutzen!

♆ Neptun/Merkur: ☿ Vision und Intelligenz

Kombination von Neptun/Merkur allgemein

Themen dieser Planetenkombination sind Vervollkommnung, Rechtfertigung, Imagination, Phantasie, Spiritualität und Offenbarung; manchmal auch Gesundheit. Für Geldgeschäfte eher von fragwürdigem Nutzen; am besten noch im Bereich von Kunst, Theater, Literatur oder Esoterik.

Energieaspekt Konjunktion Neptun/Merkur

In Ihnen ist intuitives Einfühlungsvermögen und tiefgründiges Denken; Sie erfassen Zusammenhänge; manchmal Medialität. Unter Umständen muß man mit Unklarheiten und (Selbst-)Täuschungen rechnen. Vorsicht vor einer unkontrollierten Öffnung für mediale und/oder astrale Einflüsse. Bisweilen scheint die Gedankenkraft irgendwie «zerflossen». (Siehe auch Förderungsaspekte und Herausforderungsaspekte, die teilweise sogar für die Konjunktion gelten.)

Förderungsaspekte Trigon/Sextil Neptun/Merkur

Ein poetischer, beflügelter und schöpferischer Geist, der sich hier Ausdruck sucht. Offenheit für Mystik, Meditation und Esoterik, aber auch Traumforschung und Tiefenpsychologie. Sie sind das, was man einen «realistischen Idealisten» nennen könnte. Sie sind fähig, Eingebungen und Offenbarungen anderen Menschen mitzuteilen. Oft haben Sie eine Vorahnung für zukünftige Ereignisse; Sie suchen nach geistigen Verbindungen, häufig in der geographischen oder kulturell-religiösen Ferne.

Herausforderungsaspekte Opposition/Quadrat Neptun/Merkur

Konflikte entstehen zwischen dem Verstand und unbewußten bzw. überbewußten Dimensionen des Seins, zwischen Informationen und Intuitionen, zwischen Ordnung und Chaos, zwischen praktischen Alltagserwägungen und idealistischen Wünschen und Träumen. Sie müssen – oder dürfen! – lernen, daß Realität und Phantasie sich nicht ausschließen, sondern zusammen etwas Neues kreieren können.

♆ Neptun/Venus: ♀ Inspiration und Liebe

Kombination von Neptun/Venus allgemein

Erotische Phantasien, leichte Erregbarkeit, Illusionen bzw. Projektionen in der Beurteilung von Werten in Liebe und Kunst; ausgeprägtes Harmoniestreben, Opferbereitschaft; mediale Empfänglichkeit, sensitive Liebe.

Energieaspekt Konjunktion Neptun/Venus

Verfeinertes Interesse an allen Formen von Kunst, Hang zu eigener künstlerischer Gestaltung, idealisierende bis schwärmerische Einstellung zur Liebe, Neigung zur Verbindung von Mystik und Spiritualität mit Liebe und Kunst; psychosomatische Empfindlichkeit für Stimmungsschwankungen und/oder starke Gefühle.

Förderungsaspekte Trigon/Sextil Neptun/Venus

Sehnsucht nach wahrer Liebe, Empfänglichkeit für alles Gute, Schöne und Wahre; guter Geschmack, fein entwickelter Sinn für Kunst und Ästhetik, sinnliche Erregbarkeit, künstlerische Phantasie.

Herausforderungsaspekte Opposition/Quadrat Neptun/Venus

Ernüchterung und Enttäuschungen im Liebesleben, Geschmacksverirrungen, Unbeständigkeit im beruflichen Tun, mitunter Unsicherheit in den Gefühlen oder leichte Verführbarkeit; erotische Verirrungen.

♆ Neptun/Mars: ♂ Phantasie und Trieb

Kombination von Neptun/Mars allgemein

Eingebungen, phantasievolle Pläne, Hilfe zur rechten Zeit.

Energieaspekt Konjunktion Neptun/Mars

Tatkraft, die aus dem Unbewußten gespeist wird; Träume wahrmachen wollen; schwankende Orientierung im Leben; moralischer Mut; sensitive Libido.

Förderungsaspekte Trigon/Sextil Neptun/Mars

Ausgleich von individuellen und kollektiven Bedürfnissen sowie von Selbstdarstellungsdrang und Anpassungsbereitschaft; außenbezogene Direktheit und gleichzeitig innen erlebte Transzendenz.

Herausforderungsaspekte Opposition/Quadrat Neptun/Mars

Konflikt zwischen Eigensucht und Opferbereitschaft, zwischen Anerkennungsdrang und Zurückgezogenheit, zwischen dem Schwert und der Feder, zwischen Jetzt und dem Zeitlosen.

♆ Neptun/Jupiter: ♃ Seele und Entfaltung

Kombination von Neptun/Jupiter allgemein

Man geht idealistischen Neigungen nach; Glaube, Moral und Spiritualität, Esoterik oder Mystik spielen eine wichtige Rolle. Man überschreitet Grenzen und hegt hohe Erwartungen; schöpferische Kräfte, die aus unbewußten oder überbewußten Quellen gespeist werden.

Energieaspekt Konjunktion Neptun/Jupiter

Idealismus, Mystik, Bemühung um höchste Werte und «Heiligung» (= Ganzwerdung), kreative Imagination, Träume, Sinn für Kunst; verfeinerte Erotik bzw. sensible Sinnlichkeit. Eventuell auch Scheinheiligkeit oder Phantastereien.

Förderungsaspekte Trigon/Sextil Neptun/Jupiter

Ähnlich wie die Konjunktion, aber noch harmonischer und ohne eher negative Seite. Fürsorglichkeit, Großzügigkeit, Empfänglichkeit, Offenheit – dies führt zu inneren und äußerlichen Vorteilen. Möglicherweise gute mediale Anlagen.

Herausforderungsaspekte Opposition/Quadrat Neptun/Jupiter

Konflikte wollen gelöst werden, wenn folgende polare Neigungen des Menschen gleichberechtigt nach Verwirklichung drängen: Möglichkeiten und Wünsche, Gesetze und Visionen, Wahrheit und Mitgefühl. Eventuell auch Verluste durch Spekulationen oder Verführungen, Haltlosigkeit; Ent-Täuschungen; selbstverursachte Skandale.

♆ Neptun/Saturn: ♄ Phantasie und Wirklichkeit

Kombination von Neptun/Saturn allgemein

Opfer(bereitschaft), religiöser Halt, Missionsdrang, Suche oder Sucht nach Vollkommenheit.

Energieaspekt Konjunktion Neptun/Saturn

Aufopferung, Grenzen, Disziplin; mediale Anlagen.

Förderungsaspekte Trigon/Sextil Neptun/Saturn

Inspiration, mediale Anlagen; Arbeit und Streben richtet sich auch nach höheren Werten aus.

Herausforderungsaspekte Opposition/Quadrat Neptun/Saturn

Zwiespalt der Gefühle und Konflikte zwischen Geboten und Träumen, Realismus und Phantasie, Objektivität und Subjektivität, Konkretem und Transzendentem.

♆ Neptun/Uranus: ♅ Kosmisches Bewußtsein und Unabhängigkeit

Kombination von Neptun/Uranus allgemein

Während ein Schlüsselwort zum Uranus «Lösung des Ichs» lautet, heißt das entsprechende Stichwort zum Neptun «Lösung vom Ich». Wir haben es also mit zwei gegenläufigen Prinzipien zu tun. In ihrer Kombination führen sie bei weniger bewußt lebenden Menschen oft zu emotionaler und mentaler Unklarheit, bei bewußten Menschen können sie zur intuitiven und persönlichen Verwirklichung von hohen Idealen beitragen.

Energieaspekt Konjunktion Neptun/Uranus

Die betroffenen Jahrgänge werden sich vermutlich als «innerlich aufgewühlt» empfinden. Sie spüren den Drang zur befreiten und neuen Definition ihrer Persönlichkeit und ahnen zumindest gleichzeitig, daß das Leben sie auf überpersönliche Weise anspricht und «ruft», das Ich in eine größere, spirituelle Einheit einfließen zu lassen.

Förderungsaspekte Trigon/Sextil Neptun/Uranus

Mittun in einer Gemeinschaft und notwendiger Ausgleich im Alleinsein können gut miteinander verbunden werden. Wissen kann zu Weisheit werden, äußere Erregung zu innerer Stille. Eingebungen, Auslandskontakte und Fernreisen, Öffnung für Religion und Esoterik.

Herausforderungsaspekte Neptun/Uranus

Konflikte zwischen Logik und Intuition, persönlichen Wünschen und spirituellen Zielen, Auflehnung und Anpassung, Teilhabe und Opfer. Seelische Reizbarkeit, Illusionen, geschwächte Vitalität.

♆ Neptun/Neptun: ♆ Traum und Mystik

Aspekte zwischen Neptun und Neptun tauchen nur beim Vergleich von Horoskopen auf, zum Beispiel beim Partnerschaftsvergleich, sowie bei Transiten. Da der Neptun sehr langsam läuft und sich etwa 14 Jahre in jedem Tierkreiszeichen aufhält, gibt es bei einer durchschnittlichen Lebensdauer als Transite meist nur Sextil, Quadrat und Trigon, seltener die Opposition und gar nicht die Konjunktion.

♆ Neptun/Pluto: ♇
Sehnsucht nach Einheit und tiefgreifende Transformation

Zwischen Neptun und Pluto gibt es in Geburtshoroskopen unseres Jahrhunderts als wichtigeren Aspekt nur das Sextil. Aufgrund der besonderen Umlaufbahn und Umlaufcharakteristik des Pluto im Verhältnis zum Neptun ergab und ergibt sich dieses Sextil mehrere Male über lange Zeiträume hinweg. Dieser Aspekt betrifft daher vor allem das «Karma der Welt». Beide Planeten sind am Rande unseres Sonnensystems und bilden damit eine Art Übergang oder Brücke zum Kosmos. «Die Menschheit muß die Gelegenheit nutzen, um universelle Liebe (Neptun) kraftvoll auszudrücken und das ungeheure plutonische Potential voll und schöpferisch zu nutzen, das die Wissenschaft zur Verfügung gestellt hat.» Das schreiben die Astrologen Sakoian und Acker in *The Astrologer's Handbook.*

♆ Neptun/Mondknoten ☊

Kombination von Neptun/Mondknoten allgemein

Vorahnungen über Ereignisse im Leben, Sehnsucht nach Auflösung von Karma, Einfühlung in Schicksale anderer.

Energieaspekt Konjunktion Neptun/aufsteigender Mondknoten

Sie verstehen es, Brücken zu schlagen zwischen hohen spirituellen Ebenen und der Aufnahme- und Verständnisfähigkeit der Durchschnittsmenschen. Sie sind von Mitgefühl für eine leidende und/oder unwissende Menschheit erfüllt und hegen umfassende humanitäre Ideale. Diese können Sie auch verwirklichen, wenn Sie sich nicht von «karmischem Umweltschmutz» überschütten lassen. Ab und zu müssen Sie auch zeitweise «zumachen»!

Energieaspekt Konjunktion Neptun/absteigender Mondknoten

Sie neigen dazu, sich in rosarot gefärbten Schwärmereien und Idealisierungen des Lebens zu verlieren – sicher mit den besten Absichten und voller guter Menschheitswünsche. Sie werden allerdings auf Ihrem Weg zur Auflösung von Karma und zur wahren Freiheit der Seele rascher weiterkommen, wenn Sie Realismus und Urteilsfähigkeit ihren legitimen Raum geben.

Förderungsaspekte Trigone/Sextile Neptun/Mondknotenachse

Sie verbinden Offenheit und Inspiration aus höheren geistigen Dimensionen mit der Gabe, Ihre Einsichten auch konstruktiv in den Alltag einzubringen. Sie können Interessen für Meditation, Mystik und Metaphysik entwickeln, ohne deshalb gleich in Wolkenkuckucksheime umzuziehen.

Herausforderungsaspekte Quadrate Neptun/Mondknotenachse

Blockierte Bewußtseinsenergien, vor allem ein erschwerter Zugang zu Schichten des Überbewußtseins, der Inspiration und der Phantasie, lassen Sie leicht unzufrieden mit sich und der Welt werden. Der Ausweg ist dann aber nicht in esoterische Spökenkiekerei oder gar bei Genußgiften zu finden, sondern nur in einer Bewußtseinsklärung. Dabei sollten Sie auch Ihren Intellekt benutzen – das ist nicht gegen die Spielregeln des Lebens und nimmt zudem nichts von der angestrebten Seelentiefe fort.

♆ Neptun-AC/DC-Achse AC/DC

Energieaspekt Konjunktion Neptun-Aszendent (gleichzeitig eine Opposition zum Deszendenten)

Diese Menschen sind sensibel und sensitiv, sie besitzen mediale Talente, sind anpassungsfähig bis zur Selbstverleugnung, oft aber auch unentschlossen, leicht beeinflußbar und undeutlich im Ausdruck ihrer Persönlichkeit. Nicht selten empfinden sich diese Menschen als Opfer der Umstände, denen sie sich aus ihnen unklaren Gründen nicht gewachsen fühlen.

Energieaspekt Konjunktion Neptun-Deszendent (gleichzeitig eine Opposition zum Aszendenten)

Man sucht nach etwas in privaten und beruflichen Partnerschaften, ohne recht zu wissen, wonach genau. Solche Menschen sind stark darauf ausgerichtet, von Partnern angenommen zu werden; das kann bis zur (Selbst-)Täuschung und Abhängigkeit gehen. Die Partner, mit denen man Verbindungen unterhält, sprechen eine verborgene Seite an. Dies ist ein «Opfer-Aspekt» insofern, als man dazu neigt, sich von herausragenden Leitbildern vereinnahmen zu lassen und das eigene Leben übermäßig auf solche Außensteuerungen einzurichten.

Förderungsaspekte Trigone/Sextile Neptun-AC/DC-Achse

Sensible Harmonie zwischen eigenen Idealen und höheren Zielen, die vom Partner angesprochen werden. Reiche Phantasie und vielseitiger künstlerischer und musischer Ausdruck sowie Sinn für Ästhetik. Angenehm im Umgang, Inspiration für andere, offen für seelisches Mitgefühl, von Herzen kommende Hilfeleistungen.

Herausforderungsaspekte Quadrate Neptun-AC/DC-Achse

Gefühlsverwirrung oder mentale Konfusion darüber, wie man eigene Bedürfnisse und Partnerwünsche sinnvoll und für einen selbst befriedigend in Ausgleich bringen kann. Oft sogar Unklarheit darüber, worin die eigenen und die Partnerwünsche überhaupt bestehen. Daraus kann jedoch die Kraft der Erfahrung erwachsen, gerade was persönliche und partnerschaftliche Ziele, Ideale und Projektionen angeht, zwar weiterhin empfindsam zu bleiben, aber auf mehr Klärung zu achten.

♆ Neptun-MC/IC-Achse MC/IC

Energieaspekt Konjunktion Neptun-Medium coeli (gleichzeitig eine Opposition zum Imum coeli)

Hochgesteckte Ziele, idealistische soziale und geschäftliche Visionen und Absichten, Sensibilität und fast mediale Einstimmung auf Erfolg. Unter Umständen Illusionen über berufliche und gesellschaftliche Aufgaben und Verantwortlichkeiten.

Energieaspekt Konjunktion Neptun-Imum coeli (gleichzeitig eine Opposition zum Medium coeli)

Energiezufluß aus den seelischen Quellen des Unbewußten, tiefe innere Gewißheit über die Verbindung alles Lebens, gefühlvolles Familienbewußtsein. In der zweiten Lebenshälfte Neigung zur Verinnerlichung. Unter Umständen (Selbst-)Zweifel und unbestimmte Ängste in bezug auf das äußere und/oder innere Heim bzw. Heimat.

Förderungsaspekte Trigone/Sextile Neptun-MC/IC-Achse

Harmonisches Gleichgewicht zwischen der Suche nach Verwirklichung von Idealen in der äußeren Welt und der Hinwendung an eigenes inneres spirituelles Erleben. Sehnsüchte der Seele und Einsicht in die auch irdisch-körperlichen Bedürfnisse des Lebens befruchten sich gegenseitig. Damit können diese Menschen auch anderen als Vorbild einer «positiven Mystik» dienen.

Herausforderungsaspekte Quadrate Neptun-MC/IC-Achse

Ungewißheit oder Unentschiedenheit über den Vorrang äußerer oder innerer, gesellschaftlicher oder familiärer, sozialer oder spiritueller Ideale und Lebensweisen. Gefahr der Stagnation. Wenn erkannt wird, daß das Leben sowohl das eine wie das andere, sowohl die körperlich-mentale als auch die seelisch-spirituelle Entwicklung dringend benötigt, kann aus der Spannung eine Kraft zur Verwirklichung des «Sowohl-als-Auch» erwachsen. Manche Kurzinterpretationen in dem sonst sehr lesenswerten Nachschlagewerk *Kombi-*

nation der Gestirneinflüsse von Reinhold Ebertin über Neptunverbindungen mit der AC/DC-Achse und der MC/IC-Achse kann ich übrigens nicht bestätigen. Dort ist in diesem Zusammenhang u. a. die Rede von «Mangel an Durchsetzungskraft» und «Unsicherheit, Mangel an Ichbewußtsein». Unsere Zeit hat meines Erachtens nach eine Neubewertung der sogenannten Übeltäter und der transpersonalen Planeten nötig und möglich gemacht. Wir dürfen heutzutage davon ausgehen, daß mehr Menschen bewußter leben und eine Neptunbesetzung nicht «alles Übel dieser Welt» auslöst, sondern vielmehr neue Dimensionen des Bewußtseins öffnet. Darin ist die Frage nach den althergebrachten Rollenspielen von «Durchsetzungskraft» und «Ichbewußtsein» von untergeordneter Bedeutung. Es kommt mehr auf die Anteilnahme am Leben auf diesem Planeten als einer Ganzheit an, die einen Sinn verfolgt und von uns allen Einfühlung in die Einheit der Schöpfung fordert.

♇ Der Machtplanet Pluto

Die Kraft der Transformation und Magie

Eine Annäherung an den «schwierigsten» Planeten im Horoskop

Wahre Worte sind nicht schön.
Schöne Worte sind nicht wahr...
Das Tao, das man zeigen kann,
ist nicht das ewige Tao.
Tao Te King, Vers 81

Pluto ist meist der schwierigste Planet im Horoskop. Schwierig zu deuten, noch schwieriger zu leben. Pluto ist vor allem ein Symbol unergründlicher und manchmal unerbittlicher Mächte. Er steht für die Macht des Todes über die irdische Form und gilt deshalb als Herrscher des Tierkreiszeichens Skorpion. Pluto repräsentiert gleichzeitig die schöpferische Kraft, die in jeder kleinsten Zelle, in jedem Atom verborgen ist – damit symbolisiert er einen Aspekt der Magie unserer Schöpfung. Pluto stellt astrologisch die Macht der Masse dar, des Kollektivs – das den einzelnen, der nicht bewußt lebt und handelt, mitreißen kann, nach oben oder nach unten.

Der Planet Pluto wurde zur gleichen Zeit am Sternenhimmel gefunden, 1930, als die potentiell sowohl segensreichen als auch schreckenerregenden Wirkungen des Elements Plutonium in den ersten Atomforschungslaboratorien entdeckt wurden. Die Erforschung dieses bislang äußersten Planeten am Rande unseres Sonnensystems fällt in eine Epoche, in der die unsichtbaren und unscheinbaren, aber dennoch gewaltigen Energien, die in den Atomkernen schlummern, zum Guten und zum Schlechten entfesselt werden.

Die Atomforschung versucht, durch Kernspaltung enorme, in den Atomkernen verborgene Energien freizusetzen und nutzbar zu machen. Ein Hauptproblem besteht darin, wie man eine einmal in Gang gebrachte Kettenreaktion so beherrscht, daß sie kontrollierbar bleibt und nicht einfach mit ungeheurer Zerstörungskraft «durchbrennt». Die Energieprozesse auf unserer Sonne sind übrigens, wie man weiß, nicht Kernspaltungsvorgänge, sondern Kernfusionen, also Verschmelzungen von kleinsten «Atombausteinen»; dabei entstehen ebenfalls unglaubliche Energien.

In der aktuellen gesellschaftlichen Diskussion lautet eine Meinung, daß die Kernspaltung zum Nutzen der Menschen diene und kontrollierbar sei. Die andere Meinung bezweifelt das und geht davon aus, daß Kernspaltung und vor allem ihre Spätfolgen unbeherrschbar seien. Sie befürchtet, daß uns die Anwendung der Kernspaltung in die Rolle des Zauberlehrlings versetzt, der das magische Wort nicht kennt, um den von ihm entfesselten bedrohlichen Kräften Einhalt zu gebieten.

Eine ähnlich geteilte Auffassung besteht auch gegenüber dem astrologischen Pluto. Manche Astrologen sehen in diesem kleinen, weit entfernten Planeten das Symbol von eher negativen oder zumindest riskanten Energien, die für das Kollektiv überwiegend als «schlecht» zu interpretieren seien: Sie betrachten Pluto als traditionellen «Übeltäter» wie Mars oder Saturn. Andere Astrologen sind der Ansicht, daß Pluto nur für ganze Generationen gedeutet werden sollte und für Individuen im Regelfall nur sehr geringe Bedeutung habe, weil der einzelne Mensch noch nicht genug entwickelt sei, um die hohen Plutoenergien wahrzunehmen. Ich persönlich schließe mich weder der einen noch der anderen Meinung an, sondern gehe nach meinen begrenzten Erfahrungen davon aus, daß Pluto vor allem nach seiner Häuserstellung und nach seinen Aspekten im Geburtshoroskop und nach den Transiten zu Sonne, Mond, Merkur, Venus und eventuell Mars sowie zu Aszendent und MC sehr wohl ganz individuell «wirkt» und wahrgenommen wird. (Jetzt in der Mitte des Jahres 1995 pendelt der Transit-Pluto rund um den Übergang zwischen Skorpion und Schütze und damit über meinen IC, im Quadrat zum Aszendenten und zum Deszendenten. Dementsprechend turbulent und hart geht es in meinem Leben in bezug auf Heim und Heimat, Familie und Du-Bezug auch zu.)

Pluto ist astronomisch betrachtet die «Brücke zum Universum», denn er ist der äußerste Planet unseres Sonnensystems. Danach fängt wirklich das große Unbekannte an. Bekanntlich überschneiden sich die Bahnen von Neptun und Pluto gelegentlich, so daß bisweilen der Planet Neptun weiter von der Sonne entfernt ist als der Planet Pluto. Das legt astrologisch-esoterisch die Frage nahe, ob zeitweise Neptun die Brücke ins Universum darstellt. Von 1979 bis 1999 ist Neptun diese Brücke über unser Sonnensystem hinaus. Könnte dies das Sinnbild einer Chance für uns sein, in dieser Zeit durch die bewußte Öffnung für Inspiration und höhere Ideale (= Neptun) den notwendigen Quantensprung in der Entwicklung der Menschheit zu vollziehen, ohne daß die plutonischen Mächte ihre gewaltigen und auch zerstörerischen Kräfte freisetzen? Denken wir nur daran, daß trotz schmerzlicher Kämpfe und «kleinerer» Kriege der große Umbruch im ehemaligen kommunistischen Reich in diesen Jahren ohne allzugroßes Blutvergießen und ohne den befürchteten Dritten Weltkrieg vonstatten gegangen ist. Könnte es weiterhin sein, daß – falls wir die Chance zur sanften Transformation nicht wahrnehmen, die Neptun (einschließlich der Gefahr der illusionären Träumerei) uns bietet – die vom Pluto symbolisierten Kräfte wieder stärker zur Geltung kommen?

Mir scheint nicht nur die Zeitgleichheit der Entdeckung des Plutos und der Kernspaltung zumindest symbolisch bedeutsam. Auch die politische Entwicklung jener Jahre und Jahrzehnte legt interessante Entsprechungen nahe. Die Spaltung eines «anonymen» Atomkerns setzt zwar bereits erstaunlich viel Energie frei, erst die Kettenreaktion weiterer Spaltungsprozesse in unzähligen anderen, kleinen Atomkernen läßt den gesamten Vorgang jedoch mächtig genug werden, um ein Kernkraftwerk zu betreiben und Hunderttausenden Strom zu liefern oder um eine Atombombe zu zünden, die ebenfalls Hunderttausenden den Tod bringt. Erst die Gleichschaltung vieler Hunderttausender und Millionen anonymer «kleiner» Menschen (kennen die jüngeren Leser diesen Begriff noch? Falls nicht: durch eine Kombination von psychologisch geschickt gewählten Propagandaparolen, verdeckte und offene Bedrohung für Leib und Leben bei Nonkonformismus und Verheißung eines Mindestmaßes an materieller Sicherheit wurde der Geist von Millionen Menschen so gespalten bzw. beeinflußt, daß angepaßte Verhaltensweisen nach dem Willen diktatorischer Führer zur teils freiwilligen, teils erzwungenen Wirklichkeit wurden), erst die Gleichschaltung also im deutschen Nationalsozialismus und im russischen Kommunismus verschaffte diesen Systemen die Macht der Beherrschung, Unterdrückung, Ausbeutung, Liquidierung und so fort, durch die sie zu Weltmächten wurden. Die Macht des Kollektivs, wenn es richtig «gezündet» und gesteuert wurde, erhob zum ersten Male deutlich sein Haupt. Und diese Macht der Masse können wir, weniger dramatisch, auch in zwei weiteren gesellschaftlichen Entwicklungen ablesen. Die Vertretung der «kleinen Leute» durch Gewerkschaften wurde in den Industrieländern weltweit ein wichtiger gesellschaftspolitischer Machtfaktor. Der einzelne Mensch tritt dabei zwar nicht aus seiner Anonymität heraus, aber seine Kraft, gebündelt mit den Kräften von Millionen anderer, wird zu einer höchst wirksamen Energie.

Dahinter steht ein weiteres Phänomen: das der Industrialisierung des Lebens. Unser Tagesablauf, die Arbeit, die wir zum Broterwerb und/oder aus Freude am schöpferischen Tun verrichten, unsere Umgebung mit Häusern, Wohnungen, Straßen, die Werte und Ideale in unserem Leben, aus denen sich unsere Wünsche und Bestrebungen ableiten, einfach fast unser ganzes Leben ist inzwischen nach den Vorgaben der industriellen Massenproduktion und des weltweiten Massenkonsums durchorganisiert.

Damit spielen die Wirtschaftsinteressen weltweit tätiger Industrieunternehmen, die angestrebte «Durchrationalisierung» unseres Schulwesens, ein hektischer Lebensrhythmus, die Technisierung der Arbeit, die Entfremdung von persönlich gestalteter Arbeit, die Wegwerf-«Kultur» einerseits und die zunehmende Verarmung aufgrund der Bevölkerungsexplosion andererseits eine wesentlichere Rolle als menschenwürdige Lebensformen.

Das führte und führt weiter zum Verlust von humanitären, geistigen und religiösen Werten, zur zunehmenden vermeintlichen oder tatsächlichen Sinnlosigkeit des Lebens, zu Fluchtversuchen in Drogen, Alkohol, «Fremden»-Haß oder blanken Materialismus.

Hier ist der Pluto nach meiner Auffassung Bote einer höchst problematischen Entwicklung, die wir schleunigst wieder in eine vernunftige Bahn lenken müssen, um nicht vollends von ihr verschlungen zu werden. Nicht umsonst steht hinter Pluto auch Hades, der Gott des Totenreichs und der Unterwelt.

Pluto ist Macht durch Energieballung, Verwandlung durch Auflösung, Versuchung durch Magie – Pluto ist eines der Symbole des ewigen Stirb und Werde, das wir nur dann überwinden können, wenn wir uns aus dem Kreislauf lösen, wenn wir unser Horoskop überwinden. (Siehe dazu auch die Hinweise auf die *Innere Astrologie* im letzten Abschnitt.) Pluto ist der Weg zwischen Scylla und Charybdis, den nur ein Odysseus unbeschadet gehen kann. Zum modernen Odysseus sollen und können wir alle werden, wenn wir Ziel und Maß, Mut und Kraft, Sinn und Werte, Einsatz und Seelenführung miteinander verbinden. Dann können wir einen unabhängigen Weg der spirituellen Selbsterfahrung zwischen den Verlockungen des Materialismus und den Zwängen des materiellen Lebensunterhalts finden, zwischen der Reizüberflutung durch die bunten Bilderwelten der Unterhaltungsindustrie und den sinnentleerten gesellschaftspolitischen Auseinandersetzungen um Pfründe und vermeintlichen Ruhm.

Pluto in der Mythologie

Pluto ist ein Beiname von Hades; der griechische Wortstamm weist auf Reichtum hin. Ein Plutokrat ist ein Mensch, der durch seinen Reichtum politische Macht ausübt, eine Plutokratie ist eine Herrschaft des Geldes, eine Staatsform also, in der Besitz politische Macht garantiert. Damit sind zwei wichtige Aspekte des astrologischen Symbols Pluto angesprochen, von denen einer vielleicht überrascht: Macht und Geld. Auf die Deutung des Pluto als Geldfaktor gehe ich später noch ein.

Worin die Motivation für Astronomen bestand, dem neuentdeckten Planeten den Namen Pluto zu geben, den lateinischen Namen eines römisch-griechischen Gottes, der als Gott der Unterwelt gilt, ist heute nicht mehr nachzuvollziehen. Sein griechischer Hauptname lautet Hades. Hades bedeutet wörtlich das bzw. der Unsichtbare oder Ungesehene. Der Begriff Hades gilt sowohl für die Unterwelt als Ort als auch für dessen Herrscher. Der Gott Hades verfügte über einen Helm, der ihm Unsichtbarkeit verlieh.

Hades-Pluto war neben Zeus-Jupiter und Poseidon-Neptun einer der drei Söhne des Chronos-Saturn, der dem Schicksal entkam, von diesem «Gott der Zeit» – der ein «Goldenes Zeitalter» regierte – verschlungen zu werden. Bei der Aufteilung der Welt nach der Überwindung des Chronos wurde Hades die Unterwelt zugeteilt. Außer in Elea gab es keinen öffentlichen Kult des Hades, im Unterschied zu anderen wichtigen Göttern, die zahlreiche Kultstätten hatten. Der Raub der Persephone, Tochter des Zeus und der Demeter, durch Hades, während die schöne Göttertochter Blumen in den Feldern von Enna auf Sizilien sammelte, ist der wichtigste Mythos, der sich um den Gott Pluto-Hades rankt. Mutter Demeter ließ nach Persephone suchen, Vater Zeus schickte den Götterboten Hermes in die Unterwelt. Dieser mußte feststellen, daß Persephone einige Granatapfelsamen gegessen hatte. Für jeden Kern mußte sie einen Monat in der Unterwelt verbringen, also nach einiger Zeit auf der Erde wieder in die Tiefen darunter zurückkehren. Deshalb verband man ihre Anwesenheit oben mit den fruchtbaren Wachstumsmonaten, ihre Abwesenheit jedoch mit dem kargen Winter.

Die mythische Darstellung des Pluto-Hades zeichnet diesen als erbarmungslos, streng und rigoros sowie besitzergreifend und manipulativ. Er veranlaßte Persephone durch einen Trick, die Granatapfelkerne zu essen. Allerdings war Pluto-Hades nie eine Entsprechung zum Satan oder «Teufel» der jüdisch-christlich-islamischen Religionswelt, der von sich aus die Menschen versuchte und quälte und sich gegen die Herrschaft Gottes auflehnte. Vielmehr war Pluto-Hades der Wächter des Totenreiches und handelte gerecht, wenn auch unerbittlich. Vielleicht ist ein Vergleich zur Dreieinigkeit der hinduistischen Götterwelt am ehesten angemessen. Dort gibt es Brahma, den Schöpfergott, Vishnu, den

Erhaltergott, und Shiva, den Zerstörer- oder Auflösergott. Gerade Shiva vollzieht Karma nach dem ehernen Gesetz von Ursache und Wirkung. Auch Pluto-Hades ist in diesem Sinne gerecht: er führt einfach die ihm im Rahmen des Ganzen zugewiesenen Aufgaben aus.

(Unter anderen verwandte Quellen: *Greek Mythology – An Encyclopedia of Myth and Legend*, Richard Stoneman, Aquarian Press, London 1991; *Encyclopedia of Death*, R. u. B. Kastenbaum, Avon Books, New York 1993).

Pluto in der Wissenschaft

Aus der Wissenschaftsliteratur geht nicht unumstritten hervor, wer den Planeten Pluto als erster entdeckt hat. War es der Astronom Percival Lowell, der an seinem Privatobservatorium in Flagstaff in Arizona die Suche nach einem weiteren Planeten begann, aufgrund seiner mathematischen Berechnungen, daß es einen solchen geben müsse. Laurel Lowell, seine Tochter, schreibt, daß Pluto am 21. Januar 1930 entdeckt worden sei. Astronomische Handbücher dagegen verzeichnen, daß ein junger Assistent am Lowell-Privatobservatorium, Clyde W. Tombaugh, dort, sicherlich angespornt durch die Berechnungen Lowells, am 18. Februar 1930 Pluto nachweislich als erster gesehen habe.

Pluto ist mit einem Durchmesser von geschätzt 2400 bis 3800 Kilometer ein kleiner Planet, etwa halb so groß wie die Erde. Vermutlich besitzt er einen Kern aus Fels und Silikaten und eine dünne Methan-Atmosphäre. Er wird von einem Satelliten umkreist, der 1978 entdeckt und Charon genannt wurde. Dieser Satellit ist vermutlich ein Drittel so groß wie Pluto.

Pluto befindet sich auf seiner Umlaufbahn im Mittel rund 5,9 Milliarden Kilometer von der Sonne entfernt. Die Ebene seiner Umlaufbahn ist stark exzentrisch gegenüber den Ellipsenbahnen der anderen Planeten um die Sonne. Das führt dazu, daß die Plutobahn zeitweise näher innerhalb der Neptunbahn liegt und Pluto in dieser Zeit näher an der Sonne ist als Neptun. Das ist zwischen 1979 und 1999 der Fall.

Pluto braucht 248,4 Jahre für einen Umlauf um die Sonne. Das heißt, daß er rund zwanzig Jahre in jedem der zwölf astrologischen Tierkreiszeichen verweilt. (Unter anderem verwandte Quelle für astronomische Angaben: Columbia Encyclopedia, Columbia University Press, 1989/91).

Pluto in der Astrologie

Es gibt mehrere Plutosymbole. Man findet zum Beispiel ein P, aus dem ein L herauswächst – dieses Zeichen entstand, weil es sowohl die beiden Anfangsbuchstaben des Planeten als die Initialen des Entdeckers Percival Lowell bezeichnet. Der deutsche Astrologe Bernd A. Mertz schreibt dazu: «Am archetypischsten scheint mir das Zeichen, das aus zwei Halbkreisen besteht, einem größeren und einem kleineren, wobei der kleinere den größeren von oben oval abschließt, dabei aber gleichzeitig in dem größeren Zeichen einliegt. Hier wird also deutlich das von oben Empfangene abgedeckt und das nach unten Suchende abgefangen. Es wird etwas verschlossen. Was? Zwei Halbkreise sagen es: Das Wachsen kann – bewahrt und konzentriert – ungeahnte Kraft geben, die allerdings bei passender Gelegenheit explodieren könnte... Pluto symbolisiert zusammengeballte Machtdurchsetzung und Masse.» (Seite 37, *Das Horoskop – Seine Deutung und Bedeutung*, Bernd A. Mertz, Ebertin Verlag, Freiburg/Brsg.)

Arthur Schult macht darauf aufmerksam, daß das Zeichen für Pluto einer ägyptischen Urglyphe gleiche, die mehrfach im ägyptischen Totenbuch vorkomme. Er schreibt weiter: «Diese Urglyphe stellt die Sonne in der Mondenschale dar. In diesem Symbol fährt gleichsam Osiris, die Sonne der Toten, auf der Mondenbarke über die Wasser der Geistwelt... Pluto stellt die Oktave zu Mars dar. Wenn Mars der Planet der Energie und irdischen Willenskraft ist, so ist der Pluto kosmisch-magische Willenskraft. Wie Uranus der Planet der Initiation, Neptun der Planet der Mystik, so ist Pluto der Planet der Magie... Auf der geistigen Ebene führt Pluto zur Vereinigung von Mond und Sonne, von niederem und höherem Ich, in magisch-göttlicher Kraft- und Willensbezeugung. Der geistige Aspekt des Pluto als erhöhter, sublimierter, skorpionischer Mars ist höchst potenzierte, schöpferische Willenskraft, wie sie der Magier, Yogin, der Adept besitzt.» (Seite 175f, *Astrosophie*, Band 1, Arthur Schult, 4. Aufl. Turm Verlag, Bietigheim 1986.)

Die Psychologin und Astrologin Liz Greene gibt in ihrem Buch *Die Astrologie des Schicksals* (Astrology of Fate) im Kapitel «Schicksal und Pluto» unter anderem folgende, nachdenkenswerte Gedankenanstöße: «Wir Astrologen verwenden auch Euphemismen (Beschönigungen), ...[wie] ‹Transformation› ... Das ist aber unglücklicherweise die Art von Begriff, die wir benutzen, wenn die Bedeutung eines Planeten vage oder rein intellektuell ist, oder wenn die [künftige] Erfahrung, welche im Horoskop ihre Schatten vorauswirft, für den Klienten Krisis und Leiden verheißt... Mit Pluto zu arbeiten ist besonders schwierig, es sei denn, daß man einiges Vertrauen in das Schicksal hegt... Ich habe niemals irgend etwas Aufmunterndes oder Lustiges bei den Transiten und Progressionen von Pluto gefunden, gleich, wie psychologisch wissend der Klient ist... Oft findet eine große Freisetzung von Energie statt, welche die Bewegungen des Plutos begleitet: Dinge, die lange schlummerten oder früh im Leben starben, werden wiederbelebt und brechen hervor.» (Seite 36f, *Astrology of Fate*, Liz Greene, Weiser Verlag, York Beach, Maine, USA, 1984)

Welche Begriffe und Entsprechungen gehören nun also zu diesem vielschichtigen und schwierigen Planeten? Ich stelle Ihnen erst einmal eine Reihe von Deutungsmöglichkeiten vor, bevor wir zu möglichen Interpretationen des Pluto nach seiner Häuserstellung, seiner Zeichenposition und seinen Aspekten zu anderen Planeten kommen.

Typische Plutoqualitäten

Machtvoll, extrem, regenerationsfähig, elektromagnetisch, energisch; Neuformulierung von Werten und Idealen, Wiedergeburt, (notfalls gewaltsame) Erneuerung; Katastrophen, Untergrundaktivitäten, Eruptionen, Revolution; Prozesse, in denen Anfang und Ende verkörpert ist, Offenbarungen, Aufdeckung, Elimination, Tiefenarbeit bzw. Tiefenwirkungen, Wiedervereinigung; Kräfte des Unterbewußtseins und des Unbewußten,

Magie, Überwindung des Körperbewußtseins (?), Transformation, Metamorphose, Erleuchtung, überpersönliche Bewußtseinskräfte – also solche, die sich dem Einfluß des kleinen Ego entziehen.

Manchmal rechnen Astrologen die Begriffe «Schuld» und «Angst» zu diesem Planeten. Daraus entsteht dann leicht ein Fatalismus und eine rundherum negative Einschätzung in der vermeintlich tiefschürfenden psychologischen Plutodeutung. Ich schließe mich solchen Interpretationen nicht an.

Pluto gilt übrigens als die höhere Oktave von Mars, so wie Uranus die Oktave von Merkur und Neptun jene von Venus darstellt.

Plutonische Berufe

Menschen, die eine irgendwie magische Massenwirkung besitzen, wie Politiker, Filmstars, Fernsehpriester, anarchistische Aufwiegler; weiter Menschen, die besonders revolutionäre und/oder gefährliche Berufe ausüben, wie Raumfahrer, Tiefseetaucher, Entdecker; selbstverständlich Atomforscher und -techniker und andere Menschen, die mit radioaktivem Material umgehen; Heiler, die hypnotisieren oder mit anderen «unsichtbaren» und suggestiven Methoden arbeiten; nach Vehlow ebenso Höhlenforscher, Archäologen, Paläontologen, Ingenieure, die an der Überwindung der Schwerkraft arbeiten; aber auch Magier und sogar Weltlehrer.

Plutonische Orte

Atomkraftwerke, Kernwaffenarsenale, Uranminen, Höhlen generell, unterirdische Gewässer, Geysire, Krater, Vulkane, Pyramiden, (verschüttete) Gräber, Katakomben, Labyrinthe, versunkene Erdteile (Atlantis?), bislang unerforschte Landstriche.

Plutoentsprechungen zu Steinen, Metallen und Farben

Versteinerungen, vielleicht Blutstein; Stahl nach Bernd A. Mertz, nach Johannes Vehlow auch tief im Erdinnern lagernde Metalle, an die man bislang nicht herankam; Ultraviolett und nach Vehlow andere, unsichtbare Farben (demnach auch Infrarot?).

Pluto und Gesundheit

Manche Astrologen meinen, daß Pluto der Zirbeldrüse bzw. Epiphyse entspricht. Johannes Vehlow schreibt Pluto Einfluß auf die Chakras zu, auf die feinstofflichen Kraftzentren des Menschen. Ernst-Günther Paris spricht wie Reinhold Ebertin von der Entsprechung zu den physischen Regenerationskräften. Ebertin erwähnt darüber hinaus noch chronische Krankheiten und Kollektivbewußtsein (falls es das überhaupt gibt). Da sich fast alle Astrologen einig sind, daß Pluto das Zeichen Skorpion beherrscht, können wir auch von einer Entsprechung dieses Planeten zu den Sexualorganen ausgehen.

Pluto: Charakter und Schicksal

Glaube und Arbeit an und mit höheren Fügungen und unsichtbaren Mächten sind typisch plutonische Züge, ohne Kompromißbereitschaft wird total auf das Ziel zugegangen, mit Sinn für den ganz großen Wurf und gleichzeitig Aufmerksamkeit fürs Detail. Vehlow spricht davon, daß ein Plutoniker «Heiliger und Teufel in einer Person sein» könne und nennt als Beispiel den russischen Mönch und Zarenberater Rasputin.

Furchtlos, mitreißend und schöpferisch, erfüllt von wirklich erhebenden und weitgreifenden Ideen und Idealen – das ist eine Seite des positiv und bewußt lebenden «Plutonikers», also eines Menschen, in dessen Horoskop der Pluto eine herausragende Rolle spielt. Ein solcher Mensch wird sich immer wieder selbst überwinden, Gemüt und Trieb beherrschen, höchsten Einsatz zeigen und sich scheinbar mühelos auch nach größten Anstrengungen regenerieren. Sonne-Pluto-Aspekte wie Sextil, Trigon und eventuell auch Trigon sind Hinweise (nicht Beweise) auf diese Fähigkeiten. Die Neugestaltung von Lebenssphären, die durchgreifende Verbesserung von Lebensumständen, auch vor allem für andere Menschen, sind diesem Typus ein Herzensanliegen. Er hat einen «sechsten Sinn» für Dinge, die mit Wünschen und Bedürfnissen größerer Gruppen, Kollektive und Menschenmassen zu tun haben.

Machtwille, rücksichtslose Offenheit, Einfühlung in Massenbewußtsein, skrupellose Gewaltmaßnahmen gegenüber Menschenmassen, fanatischer Bekenntniseifer, Hang zur «unterirdischen» und «überirdischen» Manipulation – auch das sind eher zwiespältige Seiten des deutlich ausgeprägten Plutotyps.

Zu den eindeutig negativen Aspekten des Plutocharakters gehören Züge wie Jähzorn, Eifersucht, tyrannisches Verhalten, unersättliche Forderungen, Haß, dogmatischer Fanatismus und so fort.

Ein stark gestellter Pluto kann auch auf Täter-Opfer-Syndrome deuten, also auf Verkettungen mit anderen Menschen, in denen der eine als Täter agiert und der andere das Opfer ist. Dabei muß auch ein starker und gut aspektierter Pluto im Horoskop keineswegs den «Täter» kennzeichnen, sondern kann – bei entsprechender Mentalität – eine Opferhaltung des Horoskopinhabers signalisieren.

Ernst-Günter Paris schreibt ganz neutral: «Seine [Plutos] Wirkungen sind weitgreifend. Sie haben manchmal gigantische Ausmaße. An bedeutsamer Stelle im Horoskop verursacht er tiefgreifenden Schicksalswandel und zeitigt Ergebnisse ganz ungewöhnlicher Art.» (S. 158, *Der Schlüssel zum Horoskop*, Ernst-Günter Paris, Urania Verlag, Neuhausen 1977.)

Pluto und Geld

Der Planet Pluto ist, wie oben erwähnt, nicht nur die zwiespältige Gestalt des Herrschers der Unterwelt, er stellt nicht nur die symbolische Brücke hinaus in den Kosmos außerhalb unseres Sonnensystems dar, er ist nicht nur die Macht der Masse, Pluto hat, was vielfach übersehen wird, auch etwas mit Geld und Masse zu tun. Die schon genannten Begriffe plutokratisch und Plutokratie weisen darauf hin.

Folgende Häuserpositionen dieses Planeten aktivieren den Geldaspekt des Pluto: Pluto im 1. Haus (Durchsetzungskraft), im 2. Haus (Erwerbstrieb), im 4. Haus (Grundbesitz), im 5. Haus (Spekulative Geschäfte), im 8. Haus (Erbschaften), im 10. Haus (Karriere und Anerkennung) und im 12. Haus (Unabhängigkeit von Geld). Als günstig sind diese Hauspositionen für den Pluto dann anzusehen, wenn Trigone und/oder Sextile vor allem zu Merkur, dann zu Sonne und Venus, unter Umständen auch zum Jupiter bestehen. Konjunktionen zu diesen Planeten sind ambivalent, können also sowohl günstig wie ungünstig wirken. Quadrate und Oppositionen sowie Halbquadrate sind im Regelfall eher problematisch. Ein stark gestellter Pluto muß die Herausforderung bewältigen, seine Kräfte gezielt und beherrscht zu nutzen, mit Rücksichtnahme auf die Bedürfnisse und Reaktionen anderer Menschen und kontrolliert hinsichtlich seines Energieeinsatzes. Ungünstig für Geldangelegenheiten wirkt die Kraft dieses astrologischen Symbols dann, wenn der Horoskopinhaber seinen Pluto unbewußt lebt, sich also explosiven Ausbrüchen hingibt, sich von Kollektivzwängen oder Moden leiten läßt, und so fort.

Der oben zitierte Astrologe Paris meint zu diesem Thema: «Bei guter Stellung kann er unerwarteten Reichtum bringen. Er erweist sich als wahrer Planet der Plutokratie. Schlecht gestellt im Horoskop kann er den vollständigen Ruin bewirken.»

Mehr zu Pluto in Häusern und in Aspekten zu anderen Planeten finden Sie in den entsprechenden Kapiteln weiter hinten.

Pluto und Magie

Warum spricht man im Zusammenhang mit Pluto auch von Magie? Weil Pluto astrologisch-symbolisch betrachtet über einen Zugang zu verborgenen Dimensionen, zu geheimen Wünschen, zu versteckten Gedanken, zu noch nicht offenbarten Zielen, zu verdrängten Motivationen, zu innersten Kräften verfügt. Seine Zuordnung zum Tierkreiszeichen Skorpion legt dasselbe Thema nahe. Bekanntlich wird dieses Zeichen sowohl vom gefährlichen Skorpion dargestellt, der am Boden herumkraucht, als auch vom inspirierenden Vogel Phönix, der sich aus der Asche des Todes seiner Skorpionnatur in die Höhen des idealen Geistes aufzuschwingen imstande ist. Diese Metamorphose, diese Transmutation vom Skorpion zum Phönix, ist selbstverständlich ein höchst magischer Vorgang. Scheinbar aus dem Nichts der Asche entsteht Neues.

Auch auf der Ebene des Bezugs zur Regenerationskraft und in den Entsprechungen zur Sexualkraft – und damit zur Zeugungs- und Schöpfungskraft – drücken sich magische Prozesse aus. Das Wunder der Schöpfung läßt sich gar nicht rational beschreiben oder nachvollziehen. Es ist und bleibt ein Mysterium, an dem wir im Zeugungsakt als Instrument oder Werkzeug der großen einen Kraft teilhaben dürfen. Als höhere Oktave des Mars hat auch der Planet Pluto mit Sexualität und Libido zu tun, vor allem mit einer machtvoll gelebten Erotik oder mit ihrem Gegenteil, einer prüde-dogmatischen Verdrängung oder Unterdrückung von Sexualität. Beiden Einstellungen liegt die Erfahrung zugrunde, daß die Verbindung von Trieb und Macht Energien einer bald verführerischen, bald zwanghaften und immer irgendwie womöglich unkontrollierbaren Magie freisetzt.

Ebenso stellt die Beeinflussung von großen Menschenmengen eine Art Magie dar. Einzelne charismatische Personen fühlen sich in das Wünschen und Wollen einer größeren Gruppe oder gar der Mehrheit eines Volkes ein und verleihen den un- und unterbewußten Impulsen, die in ihnen gären, Stimme und Gehör. Wir erleben diese Magie bei manchen Politikern, aber auch bei religiösen Führern.

Schließlich sind die Entdeckung der ungeheuren Energien, die in den allerkleinsten Bausteinen dieser Welt verborgen sind, und die «Handhabung» dieser Kräfte ebenfalls Magie – wenn auch naturwissenschaftlich organisierte Magie.

Mit dem Aufflammen des sogenannten New Age hat zu schlechter Letzt auch die okkulte Magie als ein Ausdruck plutonischer Kräfte eine unselige Wiederbelebung erfahren. Unselig nach meiner Meinung deshalb, weil die wenigsten Menschen, die damit hantieren, bereits bewußtseinsmäßig in der Lage wären und/oder sich ethisch so rein entwickelt hätten, um übersinnliche Kräfte nicht zu mißbrauchen – aus Unkenntnis, aus Schwärmerei oder aus schwarzmagischen Absichten.

Ob der Pluto in einem Horoskop auch auf solche Gefahren deutet oder nicht, hängt ganz von den individuellen Konstellationen ab.

Wie kann man mit Pluto positiv umgehen?

Die Plutoposition in Zeichen und Haus sowie seine Aspekte zu anderen Planeten kennzeichnen Chancen und Gefahren, denen wir uns immer dann gegenübersehen, wenn wir uns auf einem Scheideweg oder an einem Wendepunkt in unserem Leben befinden. Mehr als alles andere bestimmt die Entwicklung unseres Bewußtseins, unsere Bewußtheit darüber, daß wir Geist und Seele sind und einen Körper nur zeitweise haben, wie wir mit den von Pluto symbolisierten Einflüssen sinnvoll umgehen. «Schwierige» Plutoaspekte und -transite konfrontieren uns meist mit unseren eigenen, persönlichen Unzulänglichkeiten, mit festgefahrenen Verhaltensmustern, mit Problemen der Anpassung an Massentrends oder der Herausforderung, Mut zum Nonkonformismus zu zeigen. Oft sind es regelrechte «Stirb-und-Werde»-Vorgänge, die sich wie ein «kleiner Tod» anfühlen. Wie können wir mit solchen Energien «positiv» umgehen? Indem wir erkennen und in der täglichen Lebensführung verwirklichen, daß wir Körper und Gefühle und Gedanken zwar *haben*, wir uns aber nicht auf ewig mit ihnen identifizieren müssen. Wir *sind* Geist, Bewußtsein, Seele, göttlicher Funke… wie immer Sie wollen. Solche Erkenntnisse erwachsen aus Liebe, Opfer und Meditation – um einen Buchtitel von Bernd A. Mertz zu variieren, der *Liebe-Opfer-Magie* heißt (ein empfehlenswertes Buch über esoterische Astrologie, erschienen in der Edition Astrodata).

Eine spirituelle Bewußtseinshaltung ist meiner Erfahrung nach die beste Hilfe, um nicht nur mit Plutokräften, sondern mit allen Anforderungen des Lebens kreativ, konstruktiv, gelassen und heiter umgehen zu können. Dazu gehört die Einsicht in das Gesetz von Ursache und Wirkung, das sogenannte karmische Gesetz. Karma ist keineswegs nur eine indische oder östliche Angelegenheit. Wir finden Einsicht in Zusammenhänge zwischen Ursache und Wirkung sowohl in unseren modernen westlichen Naturwissenschaften als auch in der jüdisch-christlichen Bibel. Dort heißt es bekanntlich, «Auge und Auge, Zahn um Zahn», «... der da heimsuchet der Väter Missetaten bis ins dritte und vierte Glied» und «Was du säest, wirst du ernten». Wir werden jedoch auch ermutigt, ebenfalls nach dem Gesetz von Ursache und Wirkung: «Wer bittet, dem wird gegeben, wer suchet, der findet, wer anklopfet, dem wird aufgetan!»

Wie also kann man mit Pluto positiv umgehen? Indem wir uns auf seine Einladung (oder seinen «Zwang») einlassen, über unseren irdischen Gesichts- und Lebenskreis hinauszublicken in eine jenseitige Wahrheit des geistigen Lichts und Lebens. Pluto ist nun einmal der bislang «letzte» Planet unseres Sonnensystems und besitzt damit eine Brükkenfunktion. Angst vor dem Unbekannten dort «draußen» bzw. dort «drinnen», auf höheren Bewußtseinsebenen, wird uns nicht helfen. Wir müssen uns unserer Zeitlichkeit, Begrenztheit und physischen Sterblichkeit stellen. Ein Bibelautor wußte von der Notwendigkeit einer zweiten, einer geistigen Geburt, nachdem die erste Geburt aus dem Fleische bereits bei unserem körperlichen Eintritt in dieses Erdenleben erfolgt ist. Pluto steht für die zweite Geburt, die spirituelle Wiedergeburt. Dies bedeutet die Überwindung des Dunkels, sie ist unser Aufbruch ins Licht.

Wir können den Gefahren der unbewußten und unwillentlichen Verkettung mit den magischen Seiten des Plutos aus dem Wege gehen, wenn wir unser Ego «opfern», auf die Ausübung übersinnlicher Kräfte verzichten und Gott in unser persönliches Leben bitten!

Pluto im Horoskop ist einerseits *Symbol für* einen *ungehobenen Schatz*, der in den Tiefen unseres wahren Seins ruht und andererseits für ein *Potential*, das in falschen Händen Unheil anrichten könnte. Dieser Schatz vermag in uns ungeahnte Kräfte mobilisieren, die uns weit über die Begrenzungen der irdischen Form hinaustragen. Mehr dazu im Schlußkapitel über die Innere Astrologie.

Pluto in den Tierkreiszeichen

Pluto braucht rund 248 Jahre, bis er einen Lauf rund um die Sonne vollendet hat. Demnach bleibt dieser Planet durchschnittlich etwa 20 Jahre in einem Zeichen – in Wirklichkeit in einigen Zeichen viel länger, in anderen viel kürzer. Über Pluto in den Zeichen liegen wenige moderne Erfahrungen vor, da er einerseits erst 1930 (wieder?)entdeckt wurde, und andererseits dieser Planet eben fast eine Generation lang in einem Zeichen verweilt. Die folgenden Deutungen sind Annäherungen, keineswegs gesicherte Erkenntnisse, vor allem für die Zeichen Schütze bis Fische.

♇ Pluto im Zeichen Widder ♈

Pioniergeist und Tatkraft, die einen gesellschaftlich bedeutsamen Entwicklungssprung möglich machen. Eine Zeit, in der die sogenannte industrielle Revolution sich mit aller Macht Bahn brach.

♇ Pluto im Zeichen Stier ♉

Große Vermögen wurden gemacht, der Lebensstandard allgemein erhöhte sich, die Kluft zwischen Reich und Arm wurde jedoch immer größer, die ersten Arbeiterbewegungen organisierten sich, das heißt, kollektive Anstrengungen einer Masse begannen eine Rolle zu spielen.

♇ Pluto im Zeichen Zwillinge ♊ (1882 – 1912)

Erfindungen, Kommunikation und Reisen sowie Berichte über zuvor unzugänglich geglaubte Gebiete der Erde bestimmten diese Epoche. Das Auto, das Flugzeug, das Telefon und der Schallplattenspieler wurden erfunden. Die Presse begann öffentlichkeitswirksame Kritik an alten Strukturen zu üben.

♇ Pluto im Zeichen Krebs ♋ (1912 – 1938)

In diese Ära fällt der I. Weltkrieg und die weltweiten Wirtschaftskrisen danach. Menschen, die in dieser Zeit lebten, erfuhren Umbrüche, die ihre Familie tiefgreifend veränderten: Väter oder Brüder fielen im Krieg, Heimkehrer fanden keine Arbeit, Scheidungen nahmen erstmals merklich zu, die Bewegung zur Gleichberechtigung der Frauen gewann an Schwung. Für Menschen, die in Europa in diesen Jahren geboren wurden, sollten Familie und Heim, geographische Heimat und geistige Führung eine besonders herausragende Rolle spielen: Unter dem Banner eines Heimat- und Familiengefühls, das heute als falscher Nationalismus erkannt wird, sollten sie zu Leidtragenden und Akteuren des II. Weltkriegs und seiner totalen Umwälzungen werden. Menschen mit Pluto im Krebs haben eigentümliche Bindungen an Familie und Tradition, sie suchen nach Sicherheit.

♇ Pluto im Zeichen Löwe ♌ (1938 – 1957)

Einerseits war dies die Zeit großer Diktatoren wie Hitler und Stalin, andererseits eine Epoche, in der europäische Throne fielen und Königshäuser aufhörten zu existieren. Die ersten Atombomben wurden gezündet, die Vereinten Nationen wurden gegründet. Eine Zeit des Aufstiegs und Falls von Weltreichen: Die USA und die Sowjetunion wurden zu den dominanten politischen Kräften auf diesem Erdball. Die Unterhaltunsgindustrie made in America brachte mit Hollywood und dem neuen Medium Fernsehen eine (Schein?)Blüte der Kreativität. Menschen mit Pluto im Löwen besitzen großes Selbstvertrauen in ihre eigenen Ideen, die sie teils auch recht rücksichtslos durchzusetzen versuchen. Man denke nur an die Protagonisten der sogenannten Studentenbewegung und ihre radikalen Verhaltensweisen.

♇ Pluto im Zeichen Jungfrau ♍ (1957 bis 1972)

Wissenschaftliche Analysen und angewandte Technologien, Beginn des Computerzeitalters und durchschlagende Erfolge in der Raumfahrt, die Überzeugung, daß (fast) alles machbar sei – das sind einige Aspekte dieser Jahre. Gleichzeitig nahm die pharmazeutische Industrie einen ungeahnten Aufschwung, weil Pillen für alles und jeden wie verrückt konsumiert wurden – Schlaf- und Schmerztabletten, Beruhigungspillen und so fort. Dagegen entwickelte sich eine «Subkultur» der alternativen Heilmittel einerseits und der psychodelischen Drogen andererseits. Menschen mit Pluto im Zeichen Jungfrau besitzen oft einen ausgeprägten Wissensdrang, sie wollen Dinge wirklich ergründen. Dabei sind sie kritisch und sind weniger opferbereit als die Jahrgänge vor ihnen.

♇ Pluto im Zeichen Waage ♎ (1972 – 1984)

Was die «goldenen Zwanziger» am Anfang des Jahrhunderts schienen – eine fruchtbare Zeit der künstlerischen Kreativität und der fröhlich-sorglosen Lebensfreude (auch, um zu verdrängen, was an Problemen im Untergrund gärte) –, das könnte auch die Zeit zwischen 1972 bis 1984 sein. Weltweiter Wirtschaftsaufschwung im Westen, häufig auf Kosten der Länder der Dritten Welt, eine Plutokratie der reichen Staaten und der «Multis», opulenter Lebensgenuß mit «immer größer, immer höher, immer teurer». Im Ostblock ein Sich-Einrichten mit den Machtverhältnissen, eine vergleichsweise ebenfalls angenehme scheinbare Stabilisierung des Lebensstandards. Diese Zeit war die Ära des ungebremsten Konsums. Daß der Konsum zu Lasten armer Länder und der ausgebeuteten Natur ging, hatten wir geflissentlich übersehen. Menschen, die unter Pluto in der Waage geboren wurden, müssen sich mit der Frage auseinandersetzen, welche Freuden es wert sind, ausgelebt zu werden.

♇ Pluto im Zeichen Skorpion ♏ (1984 – 1996)

Wir alle haben es selbst miterlebt und sind weiterhin Zeuge, daß unsere jetzige Zeit einige der größten gesellschaftspolitischen Umwälzungen mit sich bringt, die dieses Jahrhundert je gesehen hat. Der Zusammenbruch des sogenannten kommunistischen Blocks, der tatsächlich die Pluto-Skorpion-Prägung des Stirb-und-Werde trägt. Eine gesamte alte Ordnung zerbricht, etwas Neues muß unter Geburtswehen wie der Phönix aus der Asche erst noch entstehen. Pluto im Skorpion prüft uns «auf Herz und Nieren»: Was ist wertvoll, sinnvoll und lebensfähig – und was nicht? Wird unser Wirtschaftssystem «halten», oder werden wir alle noch den großen Zusammenbruch der künstlich aufgeblähten Finanzmärkte mit ihren Papierwerten erleben? «Hält» uns die Umwelt noch aus, oder wird uns das Ökosystem Erde mit einigen heftigen und unerwarteten Reaktionen wieder auf ein menschliches Maß des Lebens reduzieren? Und Pluto im Skorpion bezieht sich auch auf alles, was mit Sexualität zu tun hat: Werden wir die Aids-Epidemie beherrschen und begrenzen können oder nicht?

Menschen, die in diesen Jahren geboren werden, haben die karmische Aufgabe mit auf ihren Lebensweg bekommen, bisher verborgene und unerforschte Gebiete des menschlichen Geistes zu entdecken.

♇ Pluto im Zeichen Schütze ♐ (1995 – 2010)

Wir können damit rechnen, daß wir einen Vorstoß in höhere spirituelle Dimensionen miterleben. Ein neuer Enthusiasmus und geistige Freiheit spielen eine wichtige Rolle. Pläne und Ideen zur Jahrtausendwende, Hoffnungen auf eine «neue Zeit», Überwindung von Grenzen und Trennung zwischen «Einheimischen» und «Fremden» – das könnten positive Aspekte dieser Plutoposition sein. Religiöser Fanatismus und falsch verstandene Freiheitssucht wären Kehrseiten dieser Medaille.

♇ Pluto im Zeichen Steinbock ♑

Kommt mit dieser Plutostellung im Zeichen Steinbock die wahrhaft weltweite Umgestaltung, vielleicht als Folge eines III. Weltkriegs, der aufgrund von Zusammenstößen verschiedener religiöser Traditionen und Dogmen ausgelöst wird? Sicher steht Pluto im Steinbock symbolisch für einen Umsturz bestehender Strukturen. Vielleicht werden in diesen Jahren auch die negativen mittelfristigen Folgen der Atomwirtschaft für Mensch und Umwelt erst wirklich deutlich zutage treten.

♇ Pluto im Zeichen Wassermann ♒

Sollte jetzt das *Wassermannzeitalter*, die Epoche der bewußten, humanitären und spirituellen Organisation des Gesellschaftslebens mit voller Kraft einsetzen? Sollte die Menschheit jetzt gelernt haben, mit Macht richtig umzugehen?

♇ Pluto im Zeichen Fische ♓

Verheißung eines goldenen Zeitalters der Inspiration und Meditation, der spirituell orientierten Magie und der Mystik?

Pluto in den zwölf Häusern der Lebensbereiche

Die Plutostellung in den Häusern ist für den einzelnen wichtiger als die Plutoposition in den Tierkreiszeichen. Die Häuserstellung der Planeten hängt bekanntlich von der genauen Geburtszeit ab, welche den Aszendenten und damit die Spitze des 1. Hauses bestimmt. Sie haben es im Kapitel über die Häuser gelesen: es gibt verschiedene Methoden, die Häuser zu berechnen. Zumindest für den Astrologieanfänger empfehle ich, mit gleich großen Häusern zu arbeiten, also mit dem *äqualen System*. Und wenn ein Planet, hier der Pluto, ziemlich am Ende eines Hauses steht, prüfen Sie bitte auch, ob er nicht bereits entsprechend der Bedeutung des nächsten Hauses interpretiert werden sollte. Wer seinen Aszendenten nicht kennt, kann ihn ungefähr anhand der weiter hinten abgedruckten Tabelle ablesen. Oder Sie können sich eine Ausrechnung eines Astrodienstes schicken lassen – ein Bestellformular zum Heraustrennen ist am Ende des Buchs abgedruckt.

Pluto im 1. Haus

Sie sind eine starke Persönlichkeit voller Tatendrang, Sie wollen das Kommando in Ihrem Leben haben. Gerade in jüngeren Jahren erfahren Sie jedoch viele Widerstände in Ihrem Drang, sich zu verwirklichen. Möglicherweise fühlen Sie sich paradoxerweise oft sogar ohnmächtig, verborgenen, fremden oder höheren Mächten «ausgeliefert». Ihr Thema ist und bleibt jedoch, wie Sie sich selbst behaupten, wie Sie Ihren Mann oder Ihre Frau stehen, wie Sie selbständig und unabhängig Ihr Leben gestalten. Sie sollten sich davor hüten, Ihre Energie in Machtspielen zu vergeuden oder mit aller Macht und rücksichtslos Ihre Interessen zu verfolgen.

Vermutlich erleben Sie immer wieder ganz tiefgreifende Prüfungen oder Veränderungen in Ihrem Leben, die gewissermaßen schicksalhafte Züge tragen. Oder Sie spüren in gewissen Abständen die innere Notwendigkeit, etwas grundlegend in Ihrem Leben zu ändern und zu wechseln – den Beruf, den Partner, die Wohnung, die religiöse Überzeugung, oder etwas kleiner, ihre Frisur, die Kleidung, die Ernährungsweise.

Pluto im 2. Haus

Ihre Urteilskraft wird im Regelfall gut entwickelt sein, Sie verfügen über genug Geduld und Beharrlichkeit, um zum Ziel zu gelangen. In diesem Haus wird die Macht, die Geld und Besitz verleihen, zu einem entscheidenden Thema für die Persönlichkeitsentwicklung. Außergewöhnlicher Erwerbssinn, ungewöhnliche Methoden, Werte zu erlangen, erfolgreiche Spekulationen, Reichtum schlechthin faszinieren und inspirieren Sie. Bei günstiger Aspektierung werden Sie es verstehen, das für sich selbst zu erreichen – oder aber innerlich darüber hinaus zu wachsen und es loszulassen. Bei ungünstiger Aspektierung kann das Thema Geld und Besitz zu einer fixen Idee werden, die Sie ständig umtreibt, ohne daß Sie «soviel» erhalten, wie Ihnen Ihrer Meinung nach zusteht. Spätestens dann wäre es empfehlenswert, sich mit der Karmalehre näher zu beschäftigen. Auf jeden Fall empfindet Pluto im 2. Haus das Bedürfnis, Angelegenheiten von Geld und Besitz selbst zu bestimmen und zu kontrollieren.

In einem höheren Sinne geht es um Werte, Talente und Gaben, die ein Mensch besitzt und/oder erwirbt, die eine bestimmte Macht verleihen. Das kann ein künstlerisches Talent sein, mit dem Sie Menschen bezaubern oder ein Gespür für Werte, die Sie anderen vermitteln können. Es kann Ihr Herz auf wunderbare Weise öffnen, wenn Sie Gaben und Werte, die Ihnen vom Schöpfer zur Verfügung und «Verwaltung» verliehen wurden, mit anderen freimütig und großherzig teilen.

Pluto im 3. Haus

Was Sie von sich geben, findet Resonanz. Wenn Sie sprechen, kann man Sie selten überhören. Oder ist Ihr Naturtalent, laut und deutlich zu kommunizieren, durch Schicksalsschläge unterdrückt oder verschüttet worden? Sie sind vielseitig interessiert, oft sogar originell. Sie besitzen die Gabe, Situationen und Menschen richtig einzuschätzen, verborgene Energien und Absichten auszuspüren. Sie können sich gut konzentrieren.

Sie suchen ernsthaft nach Sinn für Ihr Leben und für Leben überhaupt. Geben Sie sich nicht mit oberflächlichen Antworten zufrieden oder mit solchen, die sich nur an den Verstand richten. Sie dürfen und sollten gleichzeitig Ihre Seelenkräfte weiterentwickeln, indem Sie sich auch für solche Bereiche öffnen, die nicht rational erklärbar sind. Wenn Sie sich künstlerisch und/oder kommunikativ und kreativ ausdrücken, werden Ihnen noch mehr Zusammenhänge bewußt. Der Vorgang des Selbstausdrucks wirkt in sich bereits klärend.

Falls Sie zu allzu großen Würfen und unrealisierbaren Plänen neigen oder immer wieder feststellen, daß sich Ihre Energien in zu vielen Interessen und Projekten verlieren, sollten Sie prüfen, was im Leben für Sie wirklich eine Priorität besitzt. Die richtigen Prioritäten finden Sie dann, wenn Sie Ihren Geist für höhere, spirituelle Inspirationen öffnen!

Pluto im 4. Haus

Sie verfügen über eine reiche Vorstellungskraft und intuitive Fähigkeiten. Sie tragen das Potential in sich, ihre wahre, spirituelle Heimat in Dimensionen jenseits der Materie zu erforschen. Dabei sollten Sie sich vor den Versuchungen magischer Kräfte in Acht nehmen.

Sie sehnen sich nach einer liebevollen und gesicherten Atmosphäre in Heim und/oder Familie, die allerdings Ihren Freiraum nicht einschränken darf. Sie gehen Ihren einmal eingeschlagenen Weg, ohne «gegen» andere zu sein oder sie gar zu «unterdrücken», aber auch ohne andere groß zu fragen.

Zumindest am Anfang des Lebens haben Sie Ihre Eltern, vermutlich vor allem die Mutter, als besonders dominant empfunden oder gar Machtkämpfe ausgefochten. Manchmal weist der Pluto in diesem Haus auch auf irgendwie gewaltsame Umbrüche im Familienleben hin.

Sie stehen innerlich oft unter Spannung, was sich erst in der zweiten Hälfte des Lebens oder am Lebensabend legen mag. Das führt Sie dazu, über die Grenzen des Geburtsorts und/oder der Tradition hinauszugehen und sich für neue, auch innere, geistige Bereiche zu öffnen.

Pluto im 5. Haus

Sie verfügen über ungewöhnliche Talente und ein einzigartiges schöpferisches Potential sowie über einen gut entwickelten Sinn für Sinnesfreuden. Der Astrologe Paris spricht in *Der Schlüssel zum Horoskop* von «starker Sinnlichkeit» und «leidenschaftlicher Erotik» sowie «vielen Liebesabenteuern» und der «Neigung zum Wechsel des Objektes», also vom Wechsel von Menschen und Zielen, die das Interesse finden. Die Astrologin Lofthus schreibt zu dieser Plutostellung wörtlich: «Ein Bedürfnis, kreativ zu sein und sexuelle Wünsche zu transformieren. Diese Energie kann in schöpferische Kanäle umgeleitet werden wie Malerei, Tanz, Yoga und so fort. Falls Sex vorherrschend ist, leidet der Horoskopinhaber emotional, mental und physisch.» (Seite 111f, *A Spiritual Approach To Astrology*, Myrna Lofthus, CRCS Publications, Sebastopol, CA, USA 1983.)

In der Beziehung zu Kindern spielen Machtkämpfe eine Rolle; Autorität wird unter Beweis gestellt oder angezweifelt. Wenn solche Fragen auftauchen, sollten Sie sie nicht verdrängen, sondern sich ganz offen einer Klärung stellen. Mitunter bedeutet diese Plutostellung auch «Angst vor Kindern», also das Gefühl, daß Kinder einem selbst «Macht rauben» könnten. Das Thema Kinder ist Karma aus früheren Zeiten, das in diesem Leben verantwortlich angenommen und aufgelöst werden sollte.

Vor Spiel und Spekulation jeglicher Art ist bei Pluto im 5. Haus besonders zu warnen, so sehr der damit verbundene Nervenkitzel und die Aussicht auf die ganz großen Erfolge locken mögen.

Pluto im 6. Haus

Gabe, mit anderen Menschen in einem Team oder als Kollektiv gut zusammenzuarbeiten, solange Sie sich selbst dabei nicht unterjocht fühlen. Ausdauer, Pflichtgefühl, gute Regenerationskraft, große Kraftreserven sind weitere typische Vorzüge von Pluto im 6. Haus. Vorsicht indes vor extremer Verausgabung und Überschätzung der eigenen Energien.

Sie verfügen über heilerische Fähigkeiten, vor allem dann, wenn Sie mit Ihren Händen arbeiten, zum Beispiel Massage oder Heilgymnastik, Feldenkrais und ähnliches. Sie besitzen auch ein gutes Gespür für richtige Ernährung und die Vorzüge von Lebensmitteln, die Heilwirkungen haben. Eine Kehrseite wäre Hypochondertum, der sprichwörtliche «eingebildete Kranke». Auf jeden Fall spielen Gesundheitsfragen für Sie eine wichtige Rolle.

Sie verstehen es, wirklich zu dienen und sich für eine als gut erkannte Sache energisch einzusetzen. Sie sollten darauf achten, sich nicht nervlich überzustrapazieren und sich nicht durch Machtkämpfe am Arbeitsplatz von Ihrem Weg abbringen zu lassen. Versuchen Sie, berufliche Probleme zu verstehen und offen zu besprechen, ohne sich zu verletzender Kritik hinreißen zu lassen, so berechtigt sie auch sein mag. Sie haben alle Möglichkeiten, Großes zu leisten, wenn Sie auch den Alltag als Bewährungsprobe ansehen.

Pluto im 7. Haus

Sie ziehen ungewöhnliche Partner an und werden von außergewöhnlichen Menschen fasziniert – in der privaten Partnerschaft und der Ehe wie im Berufsleben. Diese Menschen sind starke Persönlichkeiten mit einer überdurschnittlichen Ausstrahlung. Für weniger bewußt lebende Menschen können sich aus solchen Verbindungen, wenn sie wirklich eng sind, «Opfer-Täter-Beziehungen» ergeben, in denen Macht und Kontrolle treibende Kräfte der Dynamik einer Partnerschaft sind. Man sehnt sich nach einem «starken» Partner und beklagt sich dann darüber, daß er/sie zu dominant sei.

Myrna Lofthus meint, daß Menschen mit Pluto im 7. Haus die Fähigkeit haben, alle Seiten einer Angelegenheit objektiv zu sehen, was sie zu guten Vermittlern mache. Es sei aber schwierig für sie, enge emotionale Beziehungen aufzubauen. Ernst-Günter Paris spricht von harmonischer Ehe und gutem geistigem Verstehen sowie «schicksalhaften Partnerschaften».

Diese Plutostellung bedeutet nach meiner Meinung, daß engere Beziehungen immer sehr intensiv erlebt werden und beide Beteiligten diese Intensität oft nicht gleich gut finden. Hingabefähigkeit und Treue liegen dicht neben Eifersucht und Manipulationsstreben.

Um das positive Potential zu nutzen, sollten Sie so oft wie möglich über tatsächliche oder eingebildete Machtansprüche und Erwartungshaltungen, über dominante Verhaltensmuster und mögliche emotionale Verletzungen offen miteinander sprechen. Nur dann lassen sich Tatsachen von Projektionen trennen, nur dann können beide Partner ihr Recht auf Eigenständigkeit in Partnerschaft leben.

Pluto im 8. Haus

Mut und Stärke, ein ausgeprägter Sinn für Werte (einschließlich finanzieller!), ein wacher und kritischer Geist und gute Intuition verbinden sich bei Pluto im 8. Haus zu einer großen Kraft. Sie sind geeignet, mit Mitteln, Ressourcen, «Rohstoffen», Finanzanlagen oder anderen Werten in überlegter Weise umzugehen. Sie können aus der Verwaltung «fremder» Werte eigene Macht schöpfen. Das gilt im höchsten Sinne natürlich dann, wenn Sie aus der Erfahrung von schicksalhaften Stirb-und-Werde-Prozessen eine unmittelbare Verbindung mit der höchsten schöpferischen Kraft gefunden haben.

Macht und Magie der Sexualität spielen ebenfalls ein bedeutsame Rolle. Sie fühlen einen starken Drang zur tiefen und intimen Erfahrung der Verbindung mit einem anderen Menschen, spüren gleichzeitig jedoch auch die Risiken, die verborgene Machtthemen dabei mit sich bringen könnten.

Interesse an Metaphysik und den Dimensionen des Übersinnlichen, mitunter mediale Gaben, Faszination durch alles Geheimnisvolle – je nach Bewußtseinsentwicklung auf der okkulten Ebene oder echte Suche nach den letzten, spirituellen Urgründen des Seins. Auch heilerische Gaben, besonders durch psychologische Einfühlung und echtes Mitgefühl für die Nöte und Leiden anderer Menschen, befähigen Sie, Ihrem Leben durch verständnisvolle Hilfe Sinn zu geben.

Pluto im 9. Haus

Reiselust, Sehnsucht nach Ausweitung des Horizonts und Streben nach «mehr», Orientierung ins Ausland. Die amerikanische Industriellentochter und Filmschauspielerin Grace Kelly hatte ihren Pluto im 9. Haus und wurde Regentin eines fernen Landes.

Streben nach höheren Erkenntnissen und religiöser Öffnung für geistige Wahrheiten, gute Intuition. Die im Text zum 5. Haus bereits erwähnte Myrna Lofthus spricht sogar von Veranlagung zur Hellsichtigkeit.

Idealismus, Wissensdurst und das aktive bis ehrgeizige Bemühen um ein Fortkommen, auch wenn es bedeutet, daß man in fremde Länder oder in unbekannte geistige Bereiche aufbrechen und sich dort bewähren muß. Manchmal ist es für Menschen mit dieser Plutostellung besonders schwierig, «Lehrling» auf einem Gebiet zu sein und die Autorität eines/einer Meisters/Meisterin zumindest zeitweise anzuerkennen.

Abenteuerlust, Scheinheiligkeit oder philosophischer Zynismus wären Kehrseiten eines ungünstig aspektierten Pluto.

Pluto im 10. Haus

Sie wirken auf die meisten Menschen kraftvoll bis übermächtig, selbstbewußt bis geltungsbedürftig – wenn Ihr Pluto nicht aus bestimmten Gründen «ins Exil» verbannt worden sein sollte (zum Beispiel als Reaktion auf eine solche Persönlichkeit in Ihrer Jugend, die Sie abgelehnt haben, weil Sie sich unterdrückt fühlten, und deren Auftreten Sie nun um jeden Preis nicht «imitieren» wollen).

Die Selbstverwirklichung durch Erfolg in der Öffentlichkeit, durch berufliche Karriere, soziale Anerkennung, gesellschaftliche Ehrung und ähnliche Bestätigungen besitzt für Sie einen hohen Stellenwert. Sie spüren, daß Sie sich immer wieder beweisen und behaupten müssen, und Sie haben auch «das Zeug» dazu! Manche Menschen mit dieser Plutostellung müssen aufpassen, nicht als rücksichtslos eingeordnet zu werden.

Sie erfahren in der Außenwelt – meist, aber nicht immer, im Beruf (bei Frauen oft zum Beispiel in der Familie und/oder Partnerschaft!) – die Auswirkungen von Machtwillkür und Anfeindungen (meist von höhergestellten Personen) und mehr als eine totale, mitunter «explosive» Umwälzung von Werten und Strukturen beziehungsweise schmerzhafte Verluste, die Sie allerdings wieder «aufholen» können.

Wenn Sie einerseits die Tugend der Diplomatie pflegen, und andererseits für Ihre guten Rechte auch klar, aber nicht aggressiv eintreten, dann sollten Sie Ihr Potential am besten nutzen können.

Pluto im 11. Haus

Sie opfern häufig (und gern?) Ihre Zeit, Ihre Aufmerksamkeit, Zuwendung, Liebe, Energie und Arbeitskraft für tatsächlich oder vermeintlich höhere Aufgaben, aus sozialer Verantwortung oder ideeller Verpflichtung heraus. Es liegt Ihnen viel an echter Freundschaft, und Sie sind bereit, dafür viel zu geben. Ab und an sollten Sie prüfen, ob Sie ungewollt eine Opferrolle übernehmen, die Sie eigentlich gar nicht mehr spielen wollen – oder ob Sie als Kompensation von anderen viel zuviel erwarten, mehr, als diese anderen geben können. Dann kommt es dazu, daß Sie sich durch «Freunde» schwer enttäuscht sehen. Solche Freunde kommen in Ihr Leben hinein und kehren Ihnen bald wieder den Rücken.

Sie sollten besonders bedacht und sensibel kommunizieren, um nicht mißverstanden zu werden. Vielleicht meinen Sie, daß man Ihnen doch nicht genau zuhört – darin irren Sie sich aber oft. Was Sie sagen, wird genau registriert, und auch deshalb tragen Sie besondere Verantwortung dafür. Sie sollten Ihre Ausdrucksfähigkeit bewußt schulen und weder etwas in Ihre Kommunikation hineinprojizieren lassen noch das selbst mit Aussagen aus der Umwelt tun.

In Gruppen, vor allem in solchen, die sich humanitären, reformerischen oder spirituellen Zielen widmen, können Sie eine gewichtige Rolle übernehmen; vermutlich scheuen Sie, zumindest im ersten Drittel oder in der ersten Hälfte Ihres Lebens davor aber eher zurück. Sie wollen nicht gern im Rampenlicht stehen. Man wird Ihren Einsatz jedoch sehr zu schätzen wissen, und Sie erhalten dadurch die Gelegenheit, etwas von den Ihnen gegebenen Energien und Überzeugungen zu verwirklichen sowie etwas für die Weiterentwicklung einer größeren Gruppe von Menschen zu leisten.

Pluto im 12. Haus

Die schlichte Bemerkung «Auch bei günstiger Stellung ungünstige Wirkung» des von mir sonst geachteten Astrologen Paris halte ich für oberflächlich und überholt. Darin schwingt die alte Meinung mit, daß das 12. Haus grundsätzlich ungünstig sei. Das ist es natürlich nicht – es ist genausoviel und genausowenig «wert» wie jedes andere Haus auch. Wie es keine guten und schlechten Zeichen gibt, so gibt es auch keine guten oder schlechten Häuser und Planeten. Pluto im 12. Haus zeigt an, daß all das, was Pluto symbolisiert, nun am sinnvollsten im Sinne des 12. Hauses eingesetzt werden sollte.

Hier ergibt sich die Herausforderung und Chance, tief in die Schichten des Gemüts und der Psyche einzudringen, Einfühlung und Verständnis für die Art und Weise zu entwickeln, wie Menschen fühlen und denken und warum sie so handeln, wie sie es tun. Pluto im 12. Haus verleiht die Gabe, Menschen als Ganzes zu erfassen, Verhaltensmuster einzelner und vieler zu durchschauen, verborgene Motivationen nahezu osmotisch aufzunehmen und daraus entsprechende Erkenntnisse zu gewinnen. Sie wirken gern hinter den Kulissen.

Es gibt bei dieser Plutostellung die Gefahr, daß man «geheimes» Wissen, auch übersinnliche, esoterische Einblicke, zu Zwecken der subtilen Manipulation anderer Menschen mißbraucht. Eine Lernaufgabe besonders dieser Plutostellung ist deshalb Demut.

Die vornehmste Aufgabe des Pluto im 12. Haus besteht darin, zunächst selbst die notwendige Transformation vom Ego zum Selbst, von der Begrenztheit der Persönlichkeit zur Unbegrenztheit der Seele zu vollziehen. Danach sollen und können Sie anderen Menschen mit aller Kraft, aber ohne jeden Zwang helfen, ebenfalls den Weg aus der Endlichkeit in die Unendlichkeit, aus der Materie in den Geist zu gehen. Dann wird die ungeheure Macht des Pluto zum allerhöchsten Ziel des Menschen, zu seiner Bestimmung genutzt: zur Selbstverwirklichung!

Pluto in Aspekten zu anderen Planeten

♇ Pluto/Sonne: ☉ Transformation und Persönlichkeit

Kombination von Pluto/Sonne allgemein

Durchsetzungskraft, Machtstreben, Kollektiveinflüsse (zum Beispiel politische Massenbewegungen und Modeströmungen), Macht und Magie, intensiver Einsatz von Energien, ungewöhnliche Herausforderungen, Krise und Transformation, Leben und «Tod».

Energieaspekt Konjunktion Pluto/Sonne

Die traditionelle Astrologie bewertet diesen Aspekt fast immer pauschal als negativ. Wir finden dann Begriffe wie Herrschsucht und Nachteile dadurch, Unfalltendenz,

Krankheit, Lebensgefahr und dergleichen mehr. Meiner begrenzten Erfahrung nach gelten vielmehr folgende Schlüsselworte: ein enormes Reservoir an Lebenskräften, das Außenstehenden oft unerschöpflich scheint, überdurchschnittlicher intensiver und anhaltender Einsatz von Persönlichkeitsenergien (zum Guten oder zum Schlechten), der immanente Wille zur grundlegenden Wandlung, um die Tiefen des Seins auszuloten, auch wenn das letztlich eine Art der Selbstaufgabe, des «Todes» erfordert.

Die Hausposition gibt wichtigen Aufschluß darüber, in welchem Lebensbereich sich diese ungewöhnliche Kräfteballung auswirken wird. In einem insgesamt förderlich aspektierten Geburtsbild gelten auch die nachstehend genannten Hinweise. Bei weniger bewußt lebenden Menschen kommen für die Konjunktion Pluto/Sonne auch die Bemerkungen zur Geltung, die Sie unter den herausfordernden Aspekten finden.

Förderungsaspekte Trigon/Sextil Pluto/Sonne

Ein gut entwickeltes Selbstbewußtsein paart sich mit Entschlossenheit und Tatkraft. Sie können Führungsansprüche durchsetzen; damit geht ein erheblicher Einfluß auf die Umwelt einher. Dabei kommen körperliche und/oder geistige Energien zum Einsatz. Vitale Triebkraft (Pluto ist die «höhere Oktave» des Planeten Mars).

Herausforderungsaspekte Opposition/Quadrat Pluto/Sonne

Hang zur fanatischen Identifikation mit bestimmten Zielen und/oder Gruppen, Begeisterung und intensiver Einsatz für eine Sache oder einen Menschen, ohne mögliche Folgen zu bedenken; Überheblichkeit bzw. Selbstüberschätzung. Konflikte entstehen durch die gleichzeitig wirksamen Gegensätze von Stolz und Scham, offenem Selbstausdruck und versteckten Bestrebungen, Verachtung und Demut.

♇ Pluto/Mond: ☾ Macht und Traum

Kombination von Pluto/Mond allgemein

Das Geben und Nehmen im Bereich der Gefühle spielt die wichtigste Rolle bei dieser Planetenkombination. Mit großer Intensität liebt oder verleugnet man (sich selbst und andere), projiziert oder leidet man, hält fest oder läßt los.

Energieaspekt Konjunktion Pluto/Mond

Emotionen zeigen oder verstecken, sie annehmen oder verdrängen – Sie schwanken oft zwischen extremen Empfindungen und wissen dann nicht, wie Sie sich verhalten sollen. Manchmal ist Ihnen vielleicht noch nicht einmal klar, was Sie eigentlich wirklich fühlen. Sie träumen von totalen Gefühlen und fürchten sich gleichzeitig vor der Macht dieser Gefühle. Nehmen Sie Kontakt auf mit Ihrem «höheren Selbst» bzw. mit Ihrer Seele, zum Beispiel durch Meditation, und lassen Sie sich von einer höheren Ebene aus führen (aber nicht verführen).

Förderungsaspekte Trigon/Sextil Pluto/Mond

Enorme Zielstrebigkeit in der Verfolgung und Erreichung von Gefühlszielen und emotionalen Ansprüchen; intensives Gefühlsleben, auch im Bereich Sexualität und Erotik. Manchmal auch Sentimentalität.

Herausforderungsaspekte Opposition/Quadrat Pluto/Mond

Geht es Ihnen mehr um Macht oder mehr darum, eine schützende Geborgenheit nicht nur zu erleben, sondern auch selbst mit zu gestalten? Soll das Heim nur neu dekoriert werden, oder müssen Sie ein neues Haus bauen, entweder äußerlich oder innerlich, entweder materiell oder emotional? Sie müssen sich einer tiefgreifenden Selbstprüfung unterziehen und dürfen sich nicht von starken eigenen oder fremden Gefühlsaffekten darin beirren lassen, Ihren eigenen Weg zu suchen und zu finden. Auch Eifersucht und verletzte Eitelkeit sowie heftige Gefühlsausbrüche, die man kontrollieren sollte, um nicht sich selbst oder anderen zu schaden.

♇ Pluto/Merkur: ☿ Macht und Intelligenz

Kombination von Pluto/Merkur allgemein

Gedankenkontrolle; missionarischer Eifer für eine Sache; Vertrauen und Geheimnisse; Benutzung von Wissen und Überredungskraft; Verstand und Transformation; Geld und Macht.

Energieaspekt Konjunktion Pluto/Merkur

Sie können andere durch Reden oder Schreiben beeinflussen, weil Sie genau und tiefgründig wahrnehmen, was vorgeht und vor allem, warum es geschieht. Sie haben einen fast detektivischen Spürsinn. Ihre hochentwickelte Wachheit führt unter Umständen zu einer nervlichen Belastung. Gönnen Sie sich und Ihrem Verstand Pausen und ab und zu auch Urlaub!

Förderungsaspekte Trigon/Sextil Pluto/Merkur

Gute Beobachtungsgabe und scharfsinnige Kritikfähigkeit; Erfolge mit Sprache und Schrift; diplomatische Klugheit, die ein Ziel verfolgt; Fähigkeit, mittels Intelligenz und Kommunikation wirtschaftliche Erfolge zu erzielen.

Herausforderungsaspekte Opposition/Quadrat Pluto/Merkur

Überhastetes Denken und Sprechen; Widersprüchlichkeit und Ruhelosigkeit. Möglicherweise Überschätzung der eigenen Kräfte und/oder nervliche Überreizung aufgrund zu intensiver Anstrengungen. Konflikte zwischen alten Verhaftungen und mentaler Distanz, alltäglicher Oberflächlichkeit und karmisch notwendiger Vertiefung, Offenlegung von Gedanken und Absichten und deren Verbergung. Diese Konflikte könnten durch bewußte verstandesmäßige Auseinandersetzung mit Themen wie Karma, Reinkarnation und Spiritualität gelöst werden.

♇ Pluto/Venus: ♀ Macht und Liebe

Kombination von Pluto/Venus allgemein

Leidenschaftlichkeit und starkes Liebesempfinden; Zusammenhänge zwischen Sex, Geld und Macht; *Codependency* (gegenseitige psychische Abhängigkeiten); Erwartungshaltungen, Projektionen, Besitzansprüche und Konkurrenzdenken in der Liebe; Dankbarkeit; Gefühl des Getriebenseins, Fähigkeit zur tiefgreifenden Transformation – das alles sind wichtige Aspekte des Pluto/Venus-Themas.

Energieaspekt Konjunktion Pluto/Venus

Fanatische Liebe, intensives Eingehen auf den Partner, starke Anziehungskraft, besondere künstlerisch-schöpferische Gaben; ausgeprägtes Verlangen nach sexuell-erotischer Erfüllung; unter Umständen außergewöhnliches finanzielles Geschick.

Förderungsaspekte Trigon/Sextil Pluto/Venus

Ausgeprägte künstlerische Interessen, starkes Triebleben, intensive Wunschvorstellungen, beträchtlicher Sexappeal.

Herausforderungsaspekte Opposition/Quadrat Pluto/Venus

Übersteigertes Triebleben bis hin zur Gefahr von Ausschweifungen und Unsittlichkeit, ungewöhnliche Spannungen im Liebesleben; mitunter Untreue und starke Konflikte in der Partnerschaft. Fanatismus in Kunstfragen. Unter Umständen auch Unterdrückung oder Verdrängung von Liebessehnsucht, sinnlichem Begehren und/oder eigenwilligen künstlerischen Neigungen mit der Folge, daß die Energie blockiert ist.

♇ Pluto/Mars: ♂ Macht und Instinkt

Kombination von Pluto/Mars allgemein

Übermenschlich erscheinende Kräfte; Erfolge durch übermäßige Anstrengungen.

Energieaspekt Konjunktion Pluto/Mars

Machtwillen, Machtkämpfe (vor allem mit männlichen Personen oder mit einem Kollektiv), Gewalt, Schmerz, Wut, Sexualität, Drama.

Förderungsaspekte Trigon/Sextil Pluto/Mars

Fähigkeit, langfristige Strategien zu entwickeln und durchzuhalten; Nutzung von allgemeinen Entwicklungstendenzen in der Gesellschaft durch das Individuum.

Herausforderungsaspekte Opposition/Quadrat Pluto/Mars

Konflikt zwischen Vergangenheit und Zukunft, Anfang und Ende, Freiheit und Bindung, Aufbau und Zerstörung.

♇ Pluto/Jupiter: ♃ Macht und Sinn

Kombination von Pluto/Jupiter allgemein

Die glückbringende Kraft der Entfaltung und des Lebenssinns verbindet sich mit der machtvollen Stärke der totalen Persönlichkeitswandlung, des Durchsetzungswillens und der Beeinflussung des Individuums durch kollektive Lebensbedingungen. Hier kommt es also sehr darauf an, inwieweit der Mensch, für den wir astrologische Aussagen treffen wollen, noch eher unbewußt ist und den Kollektiveinflüssen unterliegt oder bewußt entwickelt ist und deshalb auch Wandlungsprozesse annehmen kann, die für das Ego eher schmerzlich sind. Thema dieser Planetenverbindung ist auch der religiös oder spirituell fundierte Umgang mit Geburt und Tod und Wiedergeburt sowie mit Karma und Jenseits und mit Gefühlen von Schuld und Sühne. Weil Pluto sehr langsam läuft, sind Pluto/Jupiter-Aspekte grundsätzlich Konstellationen, die ganze Generationen erfassen. (Das gilt bekanntlich in gewissem Maß auch für die anderen langsam laufenden Planeten.)

Energieaspekt Konjunktion Pluto/Jupiter

Überdurchschnittliche Anziehungskraft, auch für materiellen Besitz; Führungsqualitäten, Machtstreben und Machtentfaltung; mitunter ein Schuß Fanatismus. Organisierung von Massenbewegungen oder auch Ausbeutung von Menschen(massen).

(Bevor ich diese Sätze zum Energieaspekt Jupiter/Pluto in den Computer tippen konnte, fiel dieser aus, weil ein «Experte» noch irgend etwas ganz Besonderes mit einbauen wollte und des Guten zuviel tat. Auch das könnte eine Metapher für die Konjunktion dieser Planeten sein: unbedingt das Schönste, Beste und Größte erreichen zu wollen, koste es, was es wolle. Daß man dann Rückschläge hinnehmen muß, versteht sich von selbst.)

Förderungsaspekte Trigon/Sextil Pluto/Jupiter

Geistige Interessen verbinden sich günstig mit einem Drang nach Wissen und der Kraft, auch über längere Zeit hinaus an einer Sache «dran zu bleiben». Diese Konstellation «verleiht» enorme Kräfte, sich für eine als richtig erkannte Sache einzusetzen. Der Sinn für kollektive gesellschaftliche, politische, wirtschaftliche, kulturelle und spirituelle Veränderungen ist stark entwickelt. Dabei weiß man die eigene Unabhängigkeit vom Massengeschmack und den Massenanliegen wohl zu wahren.

Herausforderungsaspekte Opposition/Quadrat Pluto/Jupiter

Konflikte wollen gelöst werden, wenn folgende polare Neigungen des Menschen gleichberechtigt nach Verwirklichung drängen: geistiger Sinn und Kollektivwerte, Zukunft und Vergangenheit, Freiheit und Bindung, Offenheit und Geheimhaltung. Man neigt wohl etwas zu Übertreibungen oder zu Abenteurertum und muß deshalb mit selbstverschuldeten Angriffen, Verlusten oder Niederlagen rechnen.

♇ Pluto/Saturn: ♄ Macht und Verantwortung

Kombination von Pluto/Saturn allgemein

Enorme Arbeitsbelastungen, Ansprüche oder Herausforderungen; Vorsicht vor Grausamkeit oder einem Abgleiten in eine überwiegend negative Lebenshaltung.

Energieaspekt Konjunktion Pluto/Saturn

Man erlebt sich als Mit-Träger eines kollektiven Schicksals; das Verhältnis zwischen Sexualität und Macht spielt eine wichtige Rolle; Machtansprüche.

Förderungsaspekte Trigon/Sextil Pluto/Saturn

Realistische Einschätzung der Konsequenzen von Handlungen; positiver innerer Bezug zu Jenseitsfragen und Stirb-und-Werde-Prozessen; Bereitschaft zur seelischen Transformation; Konzentrationsfähigkeit.

Herausforderungsaspekte Opposition/Quadrat Pluto/Saturn

Probleme ergeben sich aus dem Zwiespalt zwischen dem Wunsch nach Selbstbestimmung und dem größeren Schicksal oder Karma, zwischen äußerer Autorität und innerer Überzeugung, zwischen (Angst vor dem) Tod und (Gewißheit über) Unsterblichkeit.

♇ Pluto/Uranus: ♅ Grundlegende Transformation und plötzlicher Umbruch

Kombination von Pluto/Uranus allgemein

Selbstbewußtsein und Durchsetzungskraft, Sturz des Alten und Aufbau des Neuen, Individuum und Kollektiv. Persönliche Interpretationen sind vor allem dann möglich, wenn es sich um Pluto/Uranus-Aspekte an der AC-DC- oder MC-IC-Achse handelt oder im Aspekt zu Sonne, Mond, Merkur, Venus und Mars.

Energieaspekt Konjunktion Pluto/Uranus

Durchbruch in Wissenschaft und Medizin, Revolution in Heilweisen und metaphysischen Konzepten, soziale Revolution und – hoffentlich – Öffnung für höhere, spirituelle Werte oder umfassende Vermassung und Industrialisierung der Menschen. Waghalsigkeit.

Förderungsaspekte Trigon/Sextil Pluto/Uranus

Widerstandskraft und Fähigkeit, schwierige Herausforderungen anzunehmen, schöpferische Selbstbehauptung, Gestaltungskraft; auch die positiven Merkmale, die bei der Konjunktion genannt wurden.

Herausforderungsaspekte Opposition/Quadrat Pluto/Uranus

Unbeherrschtheit, Ungeduld, Gewalttätigkeit, Umsturz, Unglücksfälle, Unfälle, Starrsinn, Zersplitterung; aber auch die positiven Merkmale, die bei der Konjunktion genannt wurden.

♇ Pluto/Neptun: ♆

Tiefgreifende Transformation und Sehnsucht nach Einheit

Zwischen Neptun und Pluto gibt es in Geburtshoroskopen unseres Jahrhunderts als wichtigeren Aspekt nur das Sextil. Aufgrund der besonderen Umlaufbahn und Umlaufcharakteristik des Pluto im Verhältnis zum Neptun ergab und ergibt sich dieses Sextil mehrere Male über lange Zeiträume hinweg. Dieser Aspekt betrifft daher vor allem das «Karma der Welt». Beide Planeten sind am Rande unseres Sonnensystems und bilden damit eine Art Übergang oder Brücke zum Kosmos. «Die Menschheit muß die Gelegenheit nutzen, um universelle Liebe (Neptun) kraftvoll auszudrücken und das ungeheure plutonische Potential voll und schöpferisch zu nutzen, das die Wissenschaft zur Verfügung gestellt hat.» Das schreiben die Astrologen Sakoian und Acker in ihrem *The Astrologer's Handbook.*

♇ Pluto-Pluto ♇

Dieser Aspekt existiert nur beim Partnervergleich. In den Transiten kommt es im Verlauf eines durchschnittlichen Menschenlebens zu einem Halbsextil, einem Halbquadrat, einem Sextil und einem Quadrat. Die Deutung muß ganz am individuellen Horoskop erfolgen.

♇ Pluto/Mondknoten ☊

Kombination von Mondknoten/Pluto allgemein
Macht und Karma, Wege zur Transformation, die Magie des scheinbar festgelegten Schicksals.

Energieaspekt Konjunktion Pluto/aufsteigender Mondknoten
Eine starke und bewußte Auseinandersetzung mit Themen von Tod und Transformation, die Sie am Ende wie neu- und wiedergeboren sieht. Bei unbewußten Menschen ein «Ausgeliefertsein» an herrschende Meinungen und gängige Moden.

Energieaspekt Konjunktion Pluto/absteigender Mondknoten
Das Bedürfnis, in der kollektiven oder persönlichen Vergangenheit «aufzuräumen», «Karmaschutt» abzutragen, Klarheit zu gewinnen über vergangene Ursachen heutiger Umstände. Bei unbewußten Menschen oft eine unkritische Übernahme alter theologischer oder gesellschaftlicher Dogmen und eine fanatische kollektive Durchsetzung vermeintlicher Rechte.

Förderungsaspekte Trigone/Sextile Pluto/Mondknotenachse
Sie haben reichlich Energie, um Ihre Ziele anzustreben und durchzusetzen. Sie spüren oder wissen, was Ihre legitimen Ich-Vorlieben sind und was die vom Schicksal gestellten Aufgaben. Sie erfüllen sich Ihre Vorlieben und haben doch noch genug Kraft, um Ihre karmischen Lektionen zu bewältigen.

Herausforderungsaspekte Quadrate Pluto/Mondknotenachse
Beschäftigung mit Themen von Macht und Magie. Krasse Ablehnung oder übertriebene Verfolgung von Machtinteressen bzw. okkulten Zielen. Man erfährt Zwänge oder übt sie aus. Probleme mit der Sexualität. Chance: Schauen Sie sich eigene und soziale (Vor-)Urteile genau an, und entscheiden Sie selbst, ob sie gerechtfertigt sind oder nicht, ob sie human sind oder nicht, ob sie der spirituellen Entwicklung dienen oder nicht.

Gerade bei Pluto-Mondknoten-Aspekten handelt es sich praktisch um Generationsaspekte; die Deutungshinweise sollten also keinesfalls zu individuell gesehen werden. Sie beziehen sich eher auf gesamtgesellschaftliche Trends.

Pluto AC-DC AC/DC

Energieaspekt Konjunktion Pluto-AC

Streben nach Selbstverwirklichung, auch wenn das höchsten Krafteinsatz erfordert, Willensstärke; Durchsetzungsfähigkeit, Ehrgeiz, eventuell Machtstreben; ungewöhnliche, faszinierende bzw. schillernde Persönlichkeit; vielleicht Selbstüberschätzung.

Energieaspekt Konjunktion Pluto-DC

Begegnungen und persönliche Beziehungen und/oder Geschäftspartnerschaften mit Menschen, die energisch und oft bestimmend sind; ein Lernthema kann sein, sich gegenüber Beherrschungsversuchen durch übermächtige Persönlichkeiten durchzusetzen; in das Gegenüber wird Stärke projiziert, welche die Eigenverantwortung aushöhlt; vielleicht Selbstunterschätzung.

Förderungsaspekte Sextil/Trigon Pluto-AC/DC-Achse

Starkes und dabei ausgeglichenes Selbstwertgefühl; Einsatzfreude gepaart mit der Kraft, auch hohe Ziele anzupeilen und Pläne zu Ende zu führen; man ist in der Lage, die eigenen Interessen zu verfolgen und gleichzeitig den anderen ebenfalls etwas gelten zu lassen.

Herausforderungsaspekte Quadrate Pluto-AC/DC-Achse

Spannungen zwischen Selbstbild und Partnerbild; Neigung zur Heftigkeit und übertriebenen oder extremen Reaktionen in persönlichen Auseinandersetzungen; tiefreichende Veränderung der Lebensverhältnisse.

Pluto MC-IC MC/IC

Energieaspekt Konjunktion Pluto-MC

Karrierebewußtsein, Drang «nach oben», Suche oder Sucht nach Erfolg, Ruhm und Anerkennung, manchmal mit einer Tendenz zur Rücksichtslosigkeit; in die Öffentlichkeit streben und im eigenen Einflußbereich «herrschen» oder sich durch Vorgaben bzw. Zwänge der Öffentlichkeit beherrscht fühlen; bei weniger bewußt lebenden Menschen unter Umständen auch spirituelle Oberflächlichkeit; Vorsicht vor Umschwüngen in der Massenmeinung oder im Kollektiv, die zum Fall führen könnten; dominanter Vater.

Energieaspekt Konjunktion Pluto-IC

Vor allem im ersten Drittel des Lebens erfährt man die Familie oft als schwere Prüfung, erst im dritten Drittel erlangt man wahre Unabhängigkeit von überkommenen, vererbten, anerzogenen oder traditionell bestimmenden Einstellungen und Verhaltensmustern; Offenheit für Impulse aus den Schichten des Unterbewußtseins und des Unbewußten;

Gefühl für Grundbesitz und Land, für Heim und Heimat, die Geborgenheit und Schutz vermitteln; dominante Mutter.

Förderungsaspekte Sextil/Trigon Pluto-MC/IC-Achse

Innere und äußere Formen der Selbstverwirklichung halten sich die Waage, beide werden mit Eifer und Zähigkeit, mit Weitblick und Durchsetzungsvermögen verfolgt; man entwickelt ein Gespür dafür, sich weder durch beruflichen Erfolg noch durch Familie und Sitte festlegen und binden zu lassen, sondern wertvolle Motivationen aus beiden Bereichen miteinander zu verknüpfen.

Herausforderungsaspekte Quadrate Pluto-MC/IC-Achse

Unsicherheiten in bezug auf den Lebenssinn: Liegen die wahren Werte in der inneren Erfahrung geistiger Ebenen oder in der äußeren Manifestation eigener Kräfte? Lebenskrisen durch Konfrontation mit eigenem oder fremdem Machtmißbrauch; mitunter Waghalsigkeit und rebellisches Verhalten.

☊ Schicksalsanzeiger Mondknoten

Alte Karmalasten und neue Lebensaufgaben

Die Mondknoten und unser Sternenhimmel

Die Mondknoten sind die beiden Punkte, an denen die Umlaufbahn des Mondes um die Erde die Umlaufbahn der Erde um die Sonne schneidet. Es sind rein rechnerische bzw. gedachte Punkte zwischen den beiden Linien der beiden Umlaufbahnen.

Etwas technischer und astronomischer ausgedrückt, ist der nördliche oder aufsteigende Mondknoten jener Grad auf der Ekliptik, dem «Meßkreis der Tierkreiszeichen», über den der Mond auf seiner Umlaufbahn um die Erde von der Erde aus gesehen von der südlichen auf die nördliche Breite wechselt und umgekehrt. Der südliche bzw. absteigende Mondknoten liegt auf unserem Meßkreis genau gegenüber.

Die Mondknotenachse läuft generell «rückwärts» also im Tierkreis nicht von Widder über Stier und so fort zum Zeichen Fische und dann weiter, sondern von Widder über Fische und Wassermann «gegen» den Tierkreis, eben rückwärts. Es dauert rund 18,5 Jahre, bis die Mondknotenachse einmal durch den Tierkreis gewandert ist. Damit gehören die Mondknoten weder zu den Schnelläufern wie Mond, Merkur und Venus noch zu den Langsamläufern wie Uranus, Neptun und Pluto. Ihre Laufzeit liegt zwischen der des Jupiters mit rund zwölf und der des Saturns mit rund 29 Jahren.

Kommen wir zur astrologischen Deutung. Wie in vielen Wissensgebieten, so gibt es auch in der Astrologie eine Fülle von Meinungen zu ein und demselben Thema. Ich stelle Ihnen einige wichtige Ansichten verschiedener Astrologen zum Thema vor, um danach eine zusammenfassende eigene Deutung anzubieten.

«Da die Knoten keine realen Punkte (Lichter) im üblichen astronomischen System sind, ist ihre bedeutungsvolle und rechte Anwendung immer beträchtlich esoterischer Natur gewesen… (Die Mondknotenachse) fungiert im Horoskop wie ein leeres Rohr, das die unbekannte Vergangenheit (Karma) mit der bekannten Gegenwart verbindet. In anderen Worten überbrücken die Knoten die Lücke zwischen der früheren Form der Seele zur gegenwärtigen Seelenstruktur und deren möglicher Verbindung zur zukünftigen Form der Seele.» – Dr. Mohan Koparkar, *Lunar Nodes* (siehe Literaturverzeichnis)

«Im Unterschied zu den Planeten haben der auf- und absteigende Mondknoten keine eigene Wirkkraft. Es sind also latente, empfangende Wirkstellen wie die Felderspitzen (Felder = Häuser, Anm. d. A.), die für die Deutung erst Bedeutung haben, wenn Aspekte der Planeten auf sie fallen.

Ohne Aspekte der Planeten können wir den auf- und absteigenden Mondknoten unbeachtet lassen. Empfangen Sie hingegen Aspekte, so ist folgendes zu beachten: der aufsteigende Mondknoten ist seiner Natur nach harmonisch, der absteigende Mondknoten ist seiner Natur nach disharmonisch… Die Mondknoten schaffen neue Verbindungen oder Trennungen in den menschlichen Beziehungen...» – Ernst-Günther Paris, *Der Schlüssel zum Horoskop*, Band I (siehe Literaturhinweise)

«Einige Theorien über die Bedeutung der Mondknoten...

1. Die Knoten sind nur bedeutungsloser Krimskrams...
2. Die Knoten zeigen vergangenes und zukünftiges Karma an...
3. Die Knoten zeigen, wie du dich auf deine Umwelt einstellst und mit ihr in Verbindung trittst...
4. Die Knoten stellen Punkte von Glück und Pech dar...» – Donna Van Toen, *The Astrologer's Node-Book* (siehe Literaturhinweise)

«Die Mondknoten und ihre Wichtigkeit sind von modernen Astrologen nicht genügend betont worden. Der Südknoten zeigt immer den Weg des geringsten Widerstands an; das Gewohnheitsmuster aus anderen Leben, aus dem man herauswachsen oder das man ablegen muß. Der Nordknoten zeigt den Ausweg an; den Pfad der Integration, durch den man zur Erfüllung gelangen kann... Der Mond regiert das Unterbewußte und die Knoten haben einen großen Einfluß, wenn es um unterbewußte Muster geht. Der Südknoten hat etwas zu tun mit den unterbewußten Motivationen der Vergangenheit. Der Nordknoten repräsentiert neue Bewußtseinsmuster, die noch entfaltet werden wollen. Die Alten sagten, daß der Nordknoten günstig und der Südknoten ungünstig wären. Das ist nicht notwendigerweise so. Wenn wir an der Vergangenheit haften und uns weigern, in die Zukunft oder in neue und noch nicht erprobte Erfahrungen zu gehen, behindern wir unser Wachstum und unsere Entwicklung. Kristallisation ist nicht böse. Sie ist nur dumm... Der Nordknoten stellt die neue Arbeit dar, die erledigt werden muß, die neuen Fähigkeiten, die man entwickeln muß. Der Südknoten ist der Weg des geringsten Widerstands und funktioniert leicht, weil er zu einem ständig wiederholten Muster geworden ist. Der Nordknoten ist der neue Kanal, der gegraben werden muß; die neue Herausforderung und der Punkt der spirituellen Erfüllung.» – Isabel M. Hickey, *Astrology – A Cosmic Science* (siehe Literaturhinweise)

«Mondknoten – Prinzip: Anknüpfung, Verbindung. Psychologische Entsprechung: (wenn positiv) Anpassung, Streben nach Verbindungen, Geselligkeit, Kameradschaftlichkeit, verbindliches Wesen. (wenn negativ) Mangel an Anpassung, Ungeselligkeit, unsoziales Verhalten, Unverträglichkeit.» – Reinhold Ebertin, *Kombination der Gestirneinflüsse* (siehe Literaturhinweise)

«Der aufsteigende Mondknoten ähnelt in seiner Qualität der Kombination von Jupiter/Sonne, der absteigende Saturn/Mond... Die Mondknoten sollten nicht überschätzt werden.» – Bernd A. Mertz, in einem Sauter-Seminar auf dem Stoos: «Viele Astrologen betrachten die Mondknoten als außerordentlich wichtig für die Deutung. Aber ihre Erklärungen zur Bedeutung variieren. Im allgemeinen geht man davon aus, daß der Nordknoten ein Punkt des instinktiven Selbstschutzes ist und der Südknoten ein Platz, an dem die Dinge auf den Hund kommen.» – Eleanor Bach, *Astrology from A – Z* (siehe Literaturhinweise)

«Heute wird in der astrologischen Gemeinschaft allgemein anerkannt, daß die Mondknoten den Hauptschlüssel darstellen für das Verständnis des Lebens als Teil eines kontinuierlichen Fadens. Viele Astrologen glauben, daß die Mondknoten mehr Bedeutung besitzen als das übrige Horoskop. Einem qualifizierten Experten kann die Kenntnis über Sonne, Mond und Mondknoten das ganze Leben eines Individuums enthüllen... Die (Mond)Knoten repräsentieren die Ursache-Wirkung-Beziehungen, nach denen man sein Leben führt. Sie machen den Unterschied aus zwischen mundaner (= weltlicher, Anm. d. A.) und spiritueller Astrologie... Die (Mond)Knoten sind tatsächlich Punkte des Seelen-Magnetismus, einer zieht in die Zukunft hinein und der andere kommt aus der Vergangenheit.» – Martin Schulman, *Karmische Astrologie – Die Mondknoten und Reinkarnation*, Band I (siehe Literaturhinweise)

«Wenn wir die Mondknoten studieren, betrachten wir eine Beziehung zwischen der Umlaufbahn des Mondes um die Erde und der Umlaufbahn der Erde um die Sonne. (Die Schnittpunkte dieser beiden Bahnen bilden die beiden Mondknoten; Anm. d. A.)... Durch die Mondknoten wird die Beziehung zwischen ‹menschlichem› Willen und ‹göttlichem› Willen gesehen, zwischen den bewußten Anstrengungen, die Ich-gerichtete Persönlichkeit und die überbewußte Führung... welcher auf die Erkenntnis und Verwirklichung der gesamten ‹kosmischen› oder göttlichen Persönlichkeit hinarbeitet... Am Nördlichen Mondknoten sehen wir das Schicksal wirken; am Südlichen Mondknoten den menschlichen Willen. Die Achse der Knoten zeigt uns die Weisungen des Schicksals, den Zweck der Bestimmung – und was hinter diesem Zweck in der Vergangenheit liegt. Mehr als alles andere sagt sie etwas über das ‹Warum› des individuellen Lebens aus.» – Dane Rudhyar, *Astrologie der Persönlichkeit* (siehe Literaturhinweise)

Was also sind die Mondknoten, was bedeuten Sie in der Astrologie und für Ihr eigenes Horoskop? Nach meiner Meinung stellt der absteigende oder südliche Mondknoten in der Tat so etwas wie die «Achillesferse» des Egos des Menschen dar. Der aufsteigende oder nördliche Mondknoten ist demgegenüber der «Auftrag» oder der «Sinn des Lebens», der oft genug nicht richtig oder erst später im Leben als solcher erkannt wird.

Ich bezeichne die Mondknotenachse am liebsten als *Bewußtseinsachse.* Darin kommt zum Ausdruck, daß es um eine Entwicklung der Persönlichkeit auf vielen Ebenen geht – auf der körperlichen, psychologischen und spirituellen, ohne den leicht bitteren Beigeschmack von «Karma», «Schicksal» und dergleichen. Dane Rudhyar wies zu Recht darauf hin, daß astronomisch gesehen am Südknoten «Sonne und Mond ohne jegliche Beziehung» sind und er folgerte, daß der Mond am Südknoten zerstreut und am Nordknoten verdichtet.

Weitere Schlüsselworte zu den beiden Mondknoten sind: Der nördliche oder aufsteigende Mondknoten steht für Zusammenfassung, Integration, Anziehung und Fortschritt in der Entwicklung durch eigene Bemühung.

Der südliche oder absteigende Mondknoten symbolisiert Auflösung, Desintegration, Verteilung und automatisch wiederholte Gewohnheiten.

Nach meiner begrenzten persönlichen Erfahrung erbringt die Interpretation der Mondknotenachse als «Bewußtseinsachse» sinnvollere und hilfreichere Ergebnisse, als wenn man die Mondknoten als Anzeiger für Geselligkeit, Verbindungsfähigkeit zur Umwelt usw. deutet. Aber vielleicht sammeln Sie selbst ja umgekehrte oder sogar noch ganz andere Erfahrungen.

Dane Rudhyar hat einen schönen Vergleich zwischen Mondknotenachse und Lebensmittelaufnahme und -verdauung gebracht, den ich Ihnen kurz wiedergeben möchte. Danach symbolisiert der nördliche Mondknoten die Art der Nahrungsaufnahme. Wenn wir bedacht gesunde Lebensmittel anbauen und ernten, sie schonend zubereiten und bewußt essen = kauen, so haben wir unseren Anteil zur Bewältigung des «neuen Karmas» getan.

Die Verdauung, die in diesem Bild vom südlichen Mondknoten symbolisiert wird, geht dann auf natürliche und «automatische» Weise ohne jede Störung vonstatten. Wir haben gesunde Nahrungsmittel gut durchspeichelt und vorverdaut aufgenommen, wir haben also gute Ursachen geschaffen, und nun können die Wirkungen ebenso gut sein – nämlich die Assimilation der Nahrungsbausteine, die Auswertung und Verdauung und schließlich die Ausscheidung.

Wir alle wissen, daß die meisten Menschen aber unter Verdauungsstörungen, Verstopfung, Durchfall, nervösem Magen, Belastungen durch Darmschlacken und so fort regelrecht leiden. Die «karmisch-schicksalhaften» und übrigens selbstverursachten Wirkungen einer falschen bzw. unbewußten Lebensweise machen sich leider an uns selbst bemerkbar.

Also müssen wir uns um zweierlei Dinge gleichzeitig kümmern: um ein «Großreinemachen» schlechter Wirkungen unseres früheren Fehlverhaltens, also um ein «Auflösen des Karmas» sowie um eine neue und richtige Ausrichtung im Leben, um nicht weiter zusätzliche Karmalasten in uns anzuhäufen. (Karmaauflösung geht nach Ansicht der *Inneren Astrologie* durch eine besondere Meditationsmethode mit dem Licht des inneres Kosmos; siehe auch kurzer Hinweis am Schluß dieses Buches.)

Die Stellung der Mondknoten in den Zeichen betrifft immer eine ganze Jahrgangsstufe von Menschen. Die Position in den Häusern ist individuell sehr unterschiedlich und hängt von Ihrem Aszendenten ab. Die Aspekte von Planeten in Ihrem Horoskop zur Mondknotenachse lassen bei den Schnelläufern individuelle und bei den Langsamläufern für einige Jahrgänge geltende Deutungen zu.

Die Mondknotenachse in den zwölf Zeichen

Im folgenden Abschnitt gehe ich auch auf die Elemente Feuer, Erde, Luft und Wasser und ihre astrologische Bedeutung ein, soweit es für die Funktion der Mondknotenachse von Belang ist.

Widder, Löwe und Schütze sind bekanntlich *Feuerzeichen*; Schlüsselworte dafür: Dynamik, Energie, Kraft.

Stier, Jungfrau und Steinbock sind *Erdzeichen*; ihre Schlüsselworte: Praxisorientierung, Materie, Beharrung.

Zwillinge, Waage und Wassermann sind *Luftzeichen*; Schlüsselworte: Verstand, Kommunikation, Austausch.

Krebs, Skorpion und Fische sind *Wasserzeichen*. Deren Schlüsselworte: Empfindsamkeit, Gefühl, Anpassung.

☊ Aufsteigender Mondknoten im Widder, ♈
☋ absteigender Mondknoten in der Waage ♎

Eine wichtige Aufgabe in Ihrem Leben besteht darin, daß Sie sich selbst mehr zutrauen, daß Sie Ihre Standpunkte deutlicher vertreten und daß Sie Ihre Unabhängigkeit entwickeln. Sie können nur soviel geben, wie Sie selbst haben!

Ein Persönlichkeitskonflikt könnte allerdings daraus entstehen, daß dieser Prozeß der Selbstfindung und Selbstverwirklichung durch eine eingefleischte Tendenz gestört wird, von anderen zuviel zu erwarten, unberechtigte Ansprüche zu erheben und generell zu glauben, daß die Welt nur dazu geschaffen wäre, daß Sie selbst es gut haben. Sie sollten also sowohl mit beiden Beinen auf dem Boden stehen als auch Ihren Blick in die Höhen des Geistes erheben. Arbeiten Sie beharrlich, aber auch mit Rücksicht auf andere Menschen daran, Ihre eigene Identität zu finden, Ihren persönlichen Lebensweg zu gehen und ein harmonischer Teil Ihrer Gemeinschaft zu sein.

Transformation: Bei dieser Stellung der Mondknotenachse handelt es sich um den karmischen Fluß vom Element Luft zum Element Feuer, es geht um eine Wandlung des Schicksals von intellektuellen, verstandesmäßigen Betrachtungen zur energischen, kraftvollen Tat.

☊ Aufsteigender Mondknoten im Stier, ♉
☋ absteigender Mondknoten im Skorpion ♏

Sie dürfen Ihre Findigkeit, Ihren Einfallsreichtum und Ihre praktischen Fähigkeiten ruhig noch mehr nutzen. Sie können gut mit materiellen Werten umgehen und ziehen Besitz an – sowie Menschen, die selbst nicht so sicher sind. Denen sollten Sie helfen, eigene Stärken zu entwickeln, und sich davor hüten, daß sie von Ihnen abhängig werden. Manche Astrologen sprechen auch vom Mißbrauch sexueller Kräfte in früheren Leben oder Zeiten aufgrund der Stellung des absteigenden Mondknotens im Zeichen Skorpion. Hier könnte sich also noch eine Achillesferse zeigen. In diesem Leben gilt es deshalb, Lust zu Liebe zu wandeln und Machtstreben zu Respekt vor dem freien Willen anderer. Auf jeden Fall sollten Sie darauf bedacht sein, nicht unnötig neue karmische «Schulden» anzuhäufen.

Transformation: Der Schicksalsfluß strömt bei dieser Mondknotenposition vom Element Wasser zum Element Erde. Karmische Energien können bzw. sollten also von starker Gefühlhaftigkeit zu konkreter und solider Lebensführung gewandelt werden.

☊ Aufsteigender Mondknoten in den Zwillingen, ♊
☋ absteigender Mondknoten im Schützen ♐

Das Leben fordert Sie heraus, sich intensiv auf den Austausch mit anderen Menschen und mit der Gesellschaft als Ganzem einzulassen. Sie können der Welt nicht einfach den Rücken kehren und im stillen Kämmerlein nur Ihren eigenen Überzeugungen und Meinungen nachhängen. Sie haben die große Chance, unterschiedliche Ideen und Standpunkte kennenzulernen und mit einer weltoffenen, optimistischen Lebenseinstellung Ihre Umwelt zu beleben. Dazu ist es jedoch notwendig, daß Sie sich von alten Vorurteilen trennen und daß Sie dem echten zwischenmenschlichen Austausch mehr Raum geben als Ihrem manchmal übertriebenen Individualismus oder einem Missionierungsdrang.

Transformation: Hier geht es um die Transformation von Feuerenergien zu Luftkräften. Die karmische Herausforderung besteht darin, bewußter nachzudenken und ruhiger zu urteilen, statt aktiv und oft vorschnell zu handeln.

☊ Aufsteigender Mondknoten im Krebs, ♋
☋ absteigender Mondknoten im Steinbock ♑

Ihre (Ihnen vielleicht noch gar nicht so bewußten) Ideale und Energien zielen auf eine harmonische häusliche bzw. familiäre Situation. Das kann zur entscheidenden soliden Grundlage werden, um echte Erfüllung im Leben zu finden. Oft sind bzw. werden Sie zur Schlüsselfigur in der Familie oder Ihrer engeren Lebensgemeinschaft. Sie sind sensibel und empfinden tiefes Mitgefühl für die Nöte und Sorgen anderer Menschen.

Möglicherweise spüren Sie aber, daß in Ihnen überlebte Verhaltensmuster wirken, die Sie anspornen, sich mehr öffentliche Anerkennung zu verschaffen und Machtpositionen zu erreichen. Dann sollten Sie prüfen, ob verletzte Eitelkeit eine Rolle spielt, ob es sich um unbewußte Projektionen handelt oder ob Sie wirklich ein harmonisches Privatleben zugunsten eines zeitweisen Erfolgs und Respekts in der Außenwelt aufgeben wollen.

Transformation: Bei dieser Stellung der Mondknotenachse beeinflussen alte Erdelement-Prägungen neue Aufgaben, die dem Element Wasser unterstehen. Materielle Überlegungen sollten einem feinen, sensiblen Mitgefühl untergeordnet bleiben.

☊ Aufsteigender Mondknoten im Löwen, ♌
☋ absteigender Mondknoten im Wassermann ♒

Sie besitzen Managerqualitäten und die Fähigkeit, andere zu führen. Dabei wollen und müssen Sie aber unabhängig sein. Sie sind warmherzig und verfügen über einen gesunden Stolz, der ein Zeichen dafür ist, daß Sie sich selbst mögen. Falls Sie beim Lesen dieser Zeilen das Gefühl haben, daß Sie das zwar alles ganz gern sein wollen, sich aber viel zu «klein» dafür vorkommen, dann sollten Sie den Mut fassen, genau diese latenten in Ihnen angelegten Fähigkeiten bewußt zu kultivieren. Vielleicht fühlen Sie einen Widerstreit zwischen diesem «Auftrag des Lebens» und einer alten Gewohnheit, sich möglichst vom Leben zurückzuziehen, nicht «aufzufallen» und entweder verächtlich auf das Weltgetriebe herabzublicken oder es voller Abscheu abzulehnen. Auch eine solche scheinbar objektive Einstellung kann versteckte Ichsucht sein.

Transformation: Das Schicksal fordert bei dieser Mondknotenstellung, daß wir Luftkräfte zu Feuerkräften wandeln. Nicht der ungezwungene oder gar unverbindlich-oberflächliche Austausch von Ideen ist gefragt, sondern der eigene mutige und verantwortliche Einsatz in der Praxis.

☊ Aufsteigender Mondknoten in der Jungfrau, ♍
☋ absteigender Mondknoten in den Fischen ♓

Klarheit im Denken, Geradlinigkeit im Verhalten, Unterscheidungsfähigkeit im Urteil und Aufrichtigkeit im Seelischen sind die Stärken, die es bei dieser Mondknotenstellung zu entwickeln gilt. Flucht vor dem Leben oder ein Schwelgen in Sinneserfahrungen oder Übersinnlichem wird Sie nicht weiter voranbringen.

Transformation: Qualitäten des Wasserelements haben vergangene Leben und alte Persönlichkeitsprägungen bestimmt; in diesem Leben besteht eine wichtige Aufgabe darin, diese Energien in erdhafte Qualitäten zu transformieren. Nicht Glauben, Inspiration oder Gefühle sollten den Menschen leiten, sondern praktische Überlegungen, konkrete Anwendungen und sichere Formen und Strukturen.

☊ Aufsteigender Mondknoten in der Waage, ♎
absteigender Mondknoten im Widder ♈

Gewinnen ohne zu kämpfen, das Leben genießen, ohne sich anzustrengen, sind Vorzüge, an denen Sie sich erfreuen können. Sie verfügen sowohl über genügend Diplomatie und Geschmack als auch über eine besondere Anziehungskraft, daß Ihnen vieles zufällt. Die Aufgabe dieser Mondknotenstellung besteht darin, daß Sie nicht in Eigenliebe verharren, sondern sich zur Seelenebene aufschwingen und andere Menschen in der rechten Weise lieben – und ihnen dienen. Das könnte Ihnen schwerfallen, wenn karmische Prägungen noch stark wirksam sind aus einem früheren Leben, in dem Sie Ihren Launen spontan nachgaben, Ärger und Aggressionen unmittelbar auslebten und auch sonst ihre Interessen mit dem Kopf durch die Wand verfolgten.

Transformation: Alte Instinkte und Triebe, die auf der oft blind vorwärtsdrängenden Kraft des Feuerelements aufgebaut haben, müssen umgewandelt werden zu den immer noch lebendigen, aber bedachteren Ideen und Plänen des Luftelements.

☊ Aufsteigender Mondknoten im Skorpion, ♏

☋ absteigender Mondknoten im Stier ♉

Sie suchen wahre Werte und sind dafür bereit, extreme Lebenssituationen heraufzubeschwören und dann auch zu bestehen oder wenigstens zu durchleben. Ihre Aufgabe ist, eine geistige Wandlung und eine umfassende spirituelle Regeneration anzustreben und dabei andere Menschen nicht mit Ihrer Energie zu überfahren. Vielleicht zögern Sie noch, diesem inneren Auftrag zu folgen, weil Sie materielle Ziele und Bequemlichkeiten nicht leichtfertig aufs Spiel setzen mögen. Sie sollten sich auch vor einer Neigung zur allzu gewaltsamen Durchsetzung Ihrer Pläne schützen.

Transformation: Man ist versucht, in traditionellen und bewährten Formen und Verhaltensweisen, die zum astrologischen Element Erde gehören, steckenzubleiben. Die Aufgabe in diesem Leben besteht aber darin, sich auf die fließenden und eben nicht so bekannten Kräfte des Unbewußten und Unterbewußten einzulassen und ihnen im Leben Raum zur Entfaltung zu geben.

☊ Aufsteigender Mondknoten im Schützen, ♐

☋ absteigender Mondknoten in den Zwillingen ♊

Sie gewinnen im Leben, wenn Sie Ihren Blick auf weitere Horizonte richten, wenn Sie sich mit fernen Ländern, fremden Welten, neuen Erkenntnissen und der inneren Astrologie der Seele befassen. Sie können zum Pionier auf einem dieser Gebiete werden. Im Umgang mit der Umwelt tendieren Sie dazu, sich so unverblümt auszudrücken, daß andere Menschen sich dadurch vielleicht verletzt fühlen. Sie sollten auch Neigungen zur Oberflächlichkeit genau überprüfen und sich selbst mehr Stabilität gönnen. Das schränkt Ihren Freiheitsdrang keineswegs ein!

Transformation: Bei dieser Mondknotenstellung wird der Mensch aufgefordert, aus Luft Feuer zu «machen». Es handelt sich also um die Transformation von Gedanken, Ideen, Plänen und Intuitionen zur energischen und dynamischen Aktion; es geht um den tatsächlichen Einsatz der eigenen Person mit ihren Kräften für eine als sinnvoll erkannte Sache.

☊ Aufsteigender Mondknoten im Steinbock, ♑

☋ absteigender Mondknoten in Krebs ♋

Ihr Beruf und eine möglichst sichtbare Arbeit in der Öffentlichkeit wird sich für Sie als ein wahres Lebenselixier erweisen. Wenn Sie mit Bedacht an Ihren beruflichen Idealen arbeiten, werden Sie nicht nur für sich Erfolge verbuchen, sondern sowohl anderen helfen als auch ein stabiles Fundament für Ihr Privatleben aufbauen können. Vermutlich spüren Sie – vor allem in der ersten Hälfte des Lebens – immer wieder eine Neigung, vor einem öffentlichen Engagement zurückzuweichen und häuslichen Dingen oder dem Aufbau eines eigenen Heims den Vorzug zu geben. Dort finden Sie sich seelisch mehr zuhause. Sie sollten jedoch erkennen, daß auch ein bewußtes Einbringen in die Außenwelt Energien freisetzen kann, die Sie dann sehr sinnvoll zur Entfaltung des Innenlebens nutzen können. Sonst laufen Sie womöglich Gefahr, daß die heimischen Interessen mangels Masse nicht verwirklicht werden und Sie das Leben laufend durch eine allzu rosige Brille sehen.

Transformation: Was sich im Wasserzeichen erst noch als Ahnung, Sehnsucht oder Wunsch aus dem Unbewußten oder Unterbewußten äußert, muß in diesem Leben nun in eine feste und sichere erdhafte Form oder Struktur gebracht werden.

☊ Aufsteigender Mondknoten im Wassermann, ♒

☋ absteigender Mondknoten im Löwen ♌

Bei dieser Stellung der Mondknotenachse kommt es darauf an, daß Sie Ihre Aufgaben für und in der Gesellschaft erkennen und annehmen. Ihre spirituelle Entwicklung wird wesentlich gefördert durch Dienste in Ihrer sozialen Gemeinschaft.

Nicht Ihr persönlicher Glanz und Gloria zählt – das war einmal so in einem früheren Leben –, sondern das, was Sie zum Nutzen anderer Menschen erforschen, verbreiten, aufbauen und bewirken können.

Transformation: Die Versuchung ist groß, in den vertrauten Verhaltensmustern des Feuerelements zu bleiben, sich also spontanen und sehr individuellen Triebkräften zu überlassen. Die karmische Herausforderung dieser Mondknotenposition besteht aber darin, daß Analyse, Unterscheidungskraft und echter zwei- oder mehrseitiger Austausch als Kräfte des Elements Luft entwickelt werden.

☊ Aufsteigender Mondknoten in den Fischen, ♓
☋ absteigender Mondknoten in der Jungfrau ♍

Mitgefühl für das Los vieler Menschen, die Erkenntnis, wie viele und welche Verhaltensmuster und Weltanschauungen zu starr und nicht mehr funktionsfähig sind, sowie Ahnungen und Inspirationen über Lebenssinn und Seelenwege gehören zum Potential Ihrer Gaben. Haben Sie diese Gaben schon entdeckt und entfaltet? Wahrscheinlich ringen Sie damit, ein lang verwurzeltes Bedürfnis nach klaren Ordnungen und Methoden sowie Ihre gewohnheitsmäßige Kritikfähigkeit mit den neu auf Sie hereinströmenden Kräften der Intuition und Transzendenz in Einklang zu bringen.

Transformation: Abwägende Skepsis und planvolles Sicherheitsstreben halten uns in alten karmischen Einflüssen des Elements Erde gefangen. Statt dessen sollten wir uns auf die weniger greifbaren Bewußtseinsenergien des Elements Wasser einlassen und diese in unserem Leben zur Geltung bringen: Sensibilität, Empfindsamkeit, Idealismus, Öffnung zum Unbewußten, Sich-Öffnen für höhere Inspirationen.

Die Mondknoten in den zwölf Häusern

Die zwölf Häuser nach der astrologischen Dreiteilung

Sie finden bei den Erläuterungen dazu, was die Mondknotenstellung in den einzelnen Häusern bedeutet, auch einen Hinweis auf den «Charakter» der Häuser nach einer anerkannten astrologischen Dreiteilung.

Das 1., 4., 7. und 10. Haus ist jeweils ein *aufbauendes Haus* oder *Haupt-Haus*; diese Häuser sind an die Hauptachsen Aszendent-Deszendent und MC-IC gebunden.

Das 2., 5., 8. und 11. Haus ist jeweils ein *festigendes Haus* oder ein *Mittel-Haus*; diese Häuser stehen jeweils in der Mitte der Häuser zwischen den Hauptachsen.

Das 3., 6., 9. und 12. Haus ist jeweils ein *veränderndes Haus* oder ein *End-Haus*; diese Häuser stehen unmittelbar vor den Hauptachsen, also bevor ein neuer Zyklus mit einer neuen Achse beginnt.

Die zwölf Häuser nach der astrologischen Vierteilung

Wir wollen bei der Häuserstellung der Mondknoten sowohl die drei zuvor erwähnten Qualitäten Aufbau, Festigung und Veränderung berücksichtigen als auch eine weitere Einteilung der Häuser nach den vier Merkmalen von *Aufbau*, *Erhaltung*, *Ergänzung* und *Abbau*.

Bei dieser Vierer-Einteilung sind das 1., 5. und 9. Haus die Aufbau-Häuser.

Das 3., 7. und 11. Haus sind die Ergänzungs-Häuser.
Das 2., 6. und 10. Haus sind die Erhaltungs-Häuser.
Und das 4., 8. und 12. Haus sind dann die Abbau- oder Auflösungs-Häuser.

Aufsteigender Mondknoten im 1. Haus, absteigender Mondknoten im 7. Haus

Halten Sie sich vor allem an das, was Sie selbst wollen und können und sind. Werden bzw. bleiben Sie nicht abhängig davon, was von außen auf Sie zukommt, wie Sie von der Umwelt beurteilt werden, was die anderen Menschen von Ihnen erwarten und so fort.

Entwickeln Sie eigene Initiative und eine eigenständige Lebensführung! Das Thema ist Aufbau, aber Aufbau Ihrer eigenen Persönlichkeit, nicht die Suche nach Ergänzung durch andere Menschen, zum Beispiel durch Partner/innen.

Aufsteigender Mondknoten im 2. Haus, absteigender Mondknoten im 8. Haus

Nutzen Sie Ihre naturgegebenen Fähigkeiten, Ressourcen zu sammeln und zu sichern. Sei es nun Wissen und Weisheit, Geld und Besitz oder Liebe und Mitgefühl. Damit festigen Sie Ihr Selbstwertgefühl auf ganz praktische Weise.

Bei dieser Häuserstellung geht es um die Festigung und Erhaltung Ihrer Substanz, Ihrer Mittel, Ihres Besitzes im geistigen und im materiellen Sinne. Auch wenn Auflösungserscheinungen, öfter als Befürchtung denn als Realität, Ich-Krisen, Verlockungen der Sinne und dergleichen an Ihren Fundamenten rütteln: Bleiben Sie geduldig und stark!

Aufsteigender Mondknoten im 3. Haus, absteigender Mondknoten im 9. Haus

Entwickeln Sie Ihre Denkfähigkeit, wenden Sie Ihren Verstand an, seien Sie bereit, sich auf neue Umstände flexibel einzustellen. Ihre Urteilsfähigkeit sollte nicht durch festgefahrene Glaubensüberzeugungen oder gar tote Dogmen beschränkt, sondern vielmehr durch intelligente und kommunikative Bewußtseinsentwicklung fundierter und umfassender werden.

Ihr Schicksal fordert Sie auf, den Wunsch nach Veränderung im Leben nicht durch weitschweifige Reisen zu fernen Gestaden zu stillen, sondern geistige Ergänzungen in Ihrer näheren Umgebung zu suchen. Die Kirschen in Nachbars Garten, weitgesteckte Pläne, neue exotische Gefilde und hehre esoterische Ambitionen locken zwar sehr – Ihr Glück wird sich aber mehr in der Praxis des Alltags und in Kontakten zur unmittelbaren Umgebung bewähren müssen.

Aufsteigender Mondknoten im 4. Haus, absteigender Mondknoten im 10. Haus

Ziehen wir ein angenehmes häusliches Leben der Bemühung um eine erfolgreiche Berufsausübung vor? Machen wir uns um unseren Beruf oder unsere Wirkung in der Öffentlichkeit Sorgen und widmen uns deshalb lieber dem Privatleben? Zeigen wir uns der Umwelt gegenüber als recht selbstbewußt, nagen aber in Wirklichkeit Zweifel an uns? Sie werden Ihren Frieden finden, wenn Sie Ihrem Innenleben genügend Raum und Zeit geben, wenn Sie Ihrer Seele erlauben, Tiefen und Höhen des Lebens auszuloten.

Wir alle unterliegen dem ewigen Rhythmus von Geburt, Wachstum, Reife, Alterung, Vergehen und erneuter Geburt in einer anderen Form. Die Mondknotenstellung im 4. und 10. Haus weist auf den Wechsel von Aufbau und Auflösung im Leben als einen natürlichen Ablauf hin. Konflikte ergeben sich, wenn wir versuchen, etwas, was sich naturgemäß auflösen muß, mit aller Macht zu erhalten. Das kann sich auf die eigene Familie beziehen, auf die äußere materielle oder die innere geistige Heimat. Wir bauen etwas auf, was sich eines Tages wieder auflösen wird – und muß!

Aufsteigender Mondknoten im 5. Haus, absteigender Mondknoten im 11. Haus

Sie haben in diesem Leben die Chance, Ihre eigene Kreativität voll zu entfalten. Durch Kunst, Kinder, Liebe und Erotik, Sport, auf körperliche, emotionale oder spirituelle Weise. Nutzen Sie diese gute Gelegenheit, auch wenn Sie sich Kreativität bisher noch gar nicht selbst zugetraut haben.

Konflikte können sich ergeben im inneren Widerstreit darüber, ob Sie Romanzen oder Freundschaften den Vorzug geben, Ihren physischen und geistigen Kindern oder dem Gesellschaftsleben und Ihren kreativen Ambitionen oder humanitären Idealen. Sie geben oft mehr als Sie erhalten. Sie haben mehr vom Leben, wenn Sie Ihren persönlichen Zielen folgen und einige davon auch tatsächlich kreativ verwirklichen, als wenn Sie sich vom Widerhall der Gesellschaft in Ihrer Lebensführung beeinflussen lassen.

Aufsteigender Mondknoten im 6. Haus, absteigender Mondknoten im 12. Haus

Eine «gute» Mondknotenstellung zur spirituellen Entwicklung und Aufarbeitung von Karma. Sie können leicht Aufgaben übernehmen und erledigen, die andere Menschen als zu schwierig oder mühevoll ablehnen. Ihnen ist es mehr als anderen gegeben, Selbstverwirklichung durch Dienst am Mitmenschen zu praktizieren und damit die Tugend der Demut zu entwickeln.

Das Thema hier lautet Persönlichkeitswachstum durch Veränderung und Erhaltung, nicht durch Veränderung und Auflösung! Oft haben Menschen mit dieser Mondknotenstellung eine Tendenz, sich abzukapseln, Arbeit in und an der Gesellschaft als unnütz einzuschätzen und sich selbst sogar regelrecht aufzugeben. Meditation und Beschäftigung mit Gesundheitsthemen liegen Ihnen vermutlich besonders. Denken Sie aber daran, daß Sie Ihre privaten Interessen auch für die Allgemeinheit nutzbar machen sollten.

Aufsteigender Mondknoten im 7. Haus, absteigender Mondknoten im 1. Haus

Aufbau und Pflege von Verbindungen und Partnerschaften spielen eine große Rolle in Ihrem Leben – sei es, weil Sie zu große Nähe und «Abhängigkeit» fürchten und dem aus dem Wege gehen, sei es, weil Sie sich danach sehnen und enge Beziehungen aktiv anstreben. Sie suchen und finden Ihre Ergänzung durch andere Menschen.

Probleme können sich ergeben, falls Sie sich zu sehr aufopfern, um eine Beziehung aufrechtzuerhalten, die gar nicht mehr lebensfähig ist – und Sie sich dann in einer scheinbar ausweglosen Situation wiederfinden. Oder Sie hängen viel zu stark an Ihrem Selbstbild und an der unabhängigen Rolle, die Sie für die Umwelt spielen wollen, als daß es zu einer echten Partnerschaft überhaupt kommen könnte. Dann sollten Sie Ihren angeborenen Charme und Ihre Kommunikationsfähigkeit kultivieren und zum Zuge kommen lassen.

Aufsteigender Mondknoten im 8. Haus, absteigender Mondknoten im 2. Haus

Sie müssen sich mit den Themen von Geburt und Sterben, von Tod und Wiedergeburt, von Lust, Macht und Magie, von Sinnesleben und Jenseitstranszendenz einfach auseinandersetzen, ob Sie wollen oder nicht. Vielleicht haben Sie bisher alles versucht, um ja nicht in diesen vermeintlich undurchschaubaren Strudel von Licht und Dunkel, von Ich-Krisen und Transformation hineingerissen zu werden – weil Sie Angst davor haben, wo Sie wieder auftauchen könnten?

Festigung der wahren Identität durch Auflösung dessen, was keine Gültigkeit mehr hat, ist die neue karmische Herausforderung. Die (unbewußte) Bemühung um die Erhaltung des Status quo ist der Gewohnheitsmechanismus, der Sie in Ihrer Entwicklung bremst. Vertrauen Sie Ihren inneren Instinkten mehr als bislang!

Aufsteigender Mondknoten im 9. Haus, absteigender Mondknoten im 3. Haus

Ihre Lebenserfüllung liegt in der Hingabe an ein wirklich wertvolles Ziel, in der Verwirklichung eines großen Traums, in der Erforschung größerer geistiger und kosmischer Zusammenhänge des Lebens. Sie haben ein gutes Gespür für Gerechtigkeit und hegen weitgefaßte Pläne. Lassen Sie sich von Gewohnheiten, die zur Routine geworden sind, von der Sorge um Alltagsrealitäten und von dem angeblichen «gesunden Menschenverstand» oder gar von der «kühlen Logik» nicht allzu sehr in Ihrer Sehnsucht nach echtem Lebenssinn behindern.

Es geht in diesem Leben um die Erforschung und den Aufbau neuer Werte, nicht nur um die oberflächliche und letztlich nichtssagende Ergänzung des Alltagsleben um ein paar Zuckerl. Entwickeln Sie Beharrlichkeit bei der Verfolgung Ihrer Ziele, ohne dabei fanatisch zu werden!

Aufsteigender Mondknoten im 10. Haus, absteigender Mondknoten im 4. Haus

Es ist an der Zeit, daß Sie aus sich herausgehen! In einem früheren Leben haben Sie ein ruhiges, zurückgezogenes Dasein geführt, in dem Sie Ihr Seelenleben entfalten und Verbindung zu den Bereichen des Unter- und Überbewußten pflegen konnten. Nun sollten Sie die in Ihnen gesammelten Kräfte auch einsetzen, um Erfolge im Außenleben und in der beruflichen Stellung zu erlangen. Nicht als Selbstzweck oder gar zur persönlichen Bereicherung oder zum Selbstgefallen, sondern um Ihre gottgegebenen Gaben auch in der Gemeinschaft sinnvoll einzusetzen.

Ihr Bewußtsein sollte auf Aufbau und Erhaltung ausgerichtet sein, nicht auf Auflösung. Dazu müssen Sie vermutlich erst mit sich ins reine kommen über die Frage, wieviel Raum Ihr Hang zum Privatleben, zur Zurückgezogenheit und zum Eintauchen in unbewußte Schichten erhalten soll. Vielleicht sorgen Sie sich auch noch darum, ob Ihre Integrität Schaden erleiden könnte oder ob Sie den Respekt genießen werden, den Sie bei einer Arbeit in der Öffentlichkeit erwarten?

Aufsteigender Mondknoten im 11. Haus, absteigender Mondknoten im 5. Haus:

Freunde bringen oft mehr Lebensfreude als Familienmitglieder. Schwierigkeiten häufig auch aufgrund «verunglückter» Romanzen oder wegen der Kinder. Damit hängen Probleme zusammen, selbst Liebe so deutlich auszudrücken und warmherzig zu teilen, wie man sie von anderen Menschen empfängt.

Bei dieser Stellung der Mondknotenachse wird der Mensch gefordert, Ideale und Aktivitaten zu entwickeln, die einer Gruppe oder größeren Gemeinschaft dienen. Die Beschäftigung mit Wissen, Ethik, Moral und Aufrichtigkeit dient in besonderem Maße der Bewußtseinsentfaltung. Die Achillesferse könnte ein Verlangen nach persönlicher Lustbefriedigung ohne die Bereitschaft, auch persönliche Verantwortung zu übernehmen, sein.

Aufsteigender Mondknoten im 12. Haus, absteigender Mondknoten im 6. Haus

«Mensch – erkenne dich selbst!» Das war das Motto über dem Orakeltempel zu Delphi, das ist auch die vornehmste Aufgabe des Menschen. Wenn Sie den aufsteigenden Mondknoten im 12. Haus haben, werden Sie geradezu mit einer großen Signalflagge darauf aufmerksam gemacht.

Karmathema Nummer eins ist hier Selbstverwirklichung und Seelenentwicklung durch die Auflösung von zu eng gewordenen Formen und nicht persönlich nachvollziehbarer Dogmen, durch Überschreiten von vermeintlichen Grenzen des menschlichen Geistes. Dagegen wirkt das «natürliche» Bestreben des Egos, sich nicht den Teppich unter den Füßen wegziehen zu lassen. Denn jede aufrichtige Öffnung für das in uns, was wesentlich und ewig ist, was jenseits von Materie und Form, von Name und Meinung ist, führt selbstverständlich dazu, daß wir uns als Seele, als bewußtes Sein erfahren und unser kleines Ich, diese Ansammlung von Gedanken, Gefühlen, unbewußten Prägungen und bewußten (Vor-)Urteilen hinter uns lassen.

Deutungen von Mondknotenaspekten zu den Planeten

Konjunktionen

Konjunktionen von Planeten zum aufsteigenden oder absteigenden Mondknoten gelten als besonders starke Aspekte. Sie weisen darauf hin, welche symbolischen Planetenkräfte (= Persönlichkeitsenergien) Ihre Ausrichtung auf neue Lebensaufgaben bestimmen (Konjunktionen zum aufsteigenden Mondknoten) bzw. welche Planetenkräfte Ihr Bemühen um Abwicklung alter «Schicksalskonten» beeinflussen.

Quadrate

Quadrate von Planeten zu den beiden Mondknoten bezeichnen die Planetenkräfte, die Sie von der Beherzigung alter und der Aufnahme neuer Lektionen im Leben eher ablenken.

Trigone und Sextile

Trigone bzw. Sextile von Planeten zu den Mondknoten zeigen an, welche Planetenkräfte sich für Sie als besonders förderlich auf dem Weg der Entwicklung Ihres Bewußtseins und der Aufarbeitung von Karma erweisen können.

Da es sich bei den Mondknoten um zwei gegenüberliegende Punkte oder Enden einer Achse handelt gilt für die Aspekte folgendes:

- Die Konjunktion eines Planeten zu einem Mondknoten ist gleichzeitig eine Opposition zum anderen Mondknoten.
- Trigone bzw. Sextile eines Planeten zu einem Mondknoten sind gleichzeitig Sextile bzw. Trigone zum anderen Mondknoten.
- ein Quadrat eines Planeten zu einem Mondknoten ist gleichzeitig auch ein Quadrat zum anderen Mondknoten.

☊ Mondknoten/Sonne ☉

Kombination von Mondknoten/Sonne allgemein:

Karma und Selbstverwirklichung, die großen Linien Ihres Lebenswegs und Ihr Lebenswille, Schicksal zum Anfassen!

Energieaspekt Konjunktion aufsteigender Mondknoten/Sonne

Eine günstige karmische Ausgangslage. Auf Ihrem Schicksalskonto scheint ein ziemlich großes Guthaben zu bestehen. Ihr großes Potential an Kraft und Kreativität können Sie nutzen, wenn Sie Ihre Augen öffnen und beginnen, bewußt zu leben. Hilfen «von oben» auch in schwierigen Situationen. Das sollte Sie allerdings nicht zum «Sofasitzen auf der Gnade» verführen.

Energieaspekt Konjunktion absteigender Mondknoten/Sonne

Entweder neigen Sie dazu, Ihr Licht unter den Scheffel zu stellen, sind zu schüchtern, gehen zu wenig aus sich heraus und fühlen sich zu oft irgendwie saft- und kraftlos, oder Sie versuchen, Ihr Ego in den Vordergrund zu spielen und leiden unter (angeblich) zu geringer Beachtung durch die Umwelt. Mitunter Karma-Streß mit Vaterfigur(en). Ihre Chance: Meditation über den Sinn Ihres Lebens und die Frage *Wer bin ich*?

Förderungsaspekte Trigone/Sextile Mondknotenachse/Sonne

Chancen im öffentlichen Leben, Anerkennung in der Schule, unter Kollegen, im Beruf, ein gutes und sicheres Selbstwertgefühl und eine immerfort sanft sprudelnde Quelle an Kraft und Kreativität geben Ihnen ein wunderbares Fundament, aus Ihrem Leben viel zu machen. Es fällt Ihnen leicht, in die Richtung zu gehen, in die das Leben sich bewegt.

Herausforderungsaspekte Quadrate Mondknotenachse/Sonne

Sie erhalten vom Leben reichlich Gelegenheiten, Geduld, Beharrlichkeit, Anpassungsfähigkeit und Beweglichkeit als Tugenden zu entwickeln, die Ihnen helfen, bewußt zu wachsen. Vor allem in jüngeren Jahren werden Sie nicht ganz zufrieden sein, vom Leben derart «beschenkt» zu werden, sondern empfinden vermutlich die meisten Herausforderungen als Hindernisse oder Knüppel, die Ihnen zwischen die Beine geworfen werden. Seien Sie gewiß, daß das Leben uns immer genau das gibt, was wir brauchen, um uns zu entwickeln!

☊ Mondknoten/Mond ☾

Kombination von Mondknoten/Mond allgemein

Karma und Seele, wie Sie Ihr Schicksal empfinden (nicht unbedingt, wie es ist!), Sehnsüchte und Träume über Ihren Lebensweg.

Energieaspekt Konjunktion aufsteigender Mondknoten/Mond

Sie empfinden selbst und/oder können anderen Menschen viel Geborgenheit geben. Dabei sind Sie in Ihrem Mitgefühl so sensibel, daß Sie leicht «aus der Haut fahren». Sie haben Ahnungen, Intuition und mediale Begabungen. Unterstützung durch eine «Mutter-Gestalt» im Leben.

Energieaspekt Konjunktion absteigender Mondknoten/Mond

Es fällt Ihnen schwer, von der Vergangenheit loszulassen. Vermutlich horten Sie alte Fotos und genießen die nostalgisch-wehmütigen Gefühle, die in Ihnen beim Betrachten aufsteigen.

Ahnungen, Intuition, Medialität – aber eher nach innen oder in die Vergangenheit gerichtet. Schwierigkeiten mit einer «Mutter-Gestalt» im Leben. Ihre Chance: Versuchen Sie die Impulse aus Ihrem Unterbewußten, die Erinnerungen und Prägungen, mit innerem Abstand und nüchtern zu betrachten, ohne sie gleich zu bewerten. Dann wird sich Unwesentliches schnell auflösen und nur Wesentliches bleiben!

Förderungsaspekte Trigone/Sextile Mondknotenachse/Mond

Sie lieben Ihre Gefühle und können andere Menschen damit beschenken. Sie empfinden Ihr Leben als eine alles in allem recht ausgeglichene Rechnung zwischen Geben und Nehmen, zwischen Lieben und Geliebtwerden, zwischen Aufgaben und Chancen, zwischen Körper und Seele.

Herausforderungsaspekte Quadrate Mondknotenachse/Mond

Sie fühlen sich oft emotional unausgeglichen oder überbeansprucht und wissen häufig nicht, wie Sie mit Ihren Gefühlen so umgehen sollen. Es kommt Ihnen so vor, als ob Ihre Träume und Ihr Schicksal nicht unter einen Hut zu bringen sind. Ihre Chance: Spüren Sie in sich hinein, was Sie wirklich wollen. Fragen Sie nach innen, ob das Leben das auch will. Falls beides übereinstimmt, sollten Sie den Mut haben, auch wirklich alles dafür einzusetzen – egal, was die Umwelt dazu meint!

☊ Mondknoten/Merkur ☿

Kombination von Mondknoten/Merkur allgemein

Karma und Kommunikation, Schicksal und Geld, Verstand und Lebensweg.

Energieaspekt Konjunktion aufsteigender Mondknoten/Merkur (gleichzeitig Opposition mit dem absteigenden Mondknoten!)

Der gedankliche Austausch über Ideen, Motivationen, Antriebe und Lebenspläne wird Ihnen helfen, Ihren eigenen Weg klarer zu sehen und sicherer zu gehen. Öffnen Sie sich bewußt für diese Themen der zwischenmenschlichen Kommunikation.

Energieaspekt Konjunktion absteigender Mondknoten/Merkur

Lassen Sie sich nicht von pessimistischen Anwandlungen unterkriegen oder von Miesepetern anstecken: Es geht nicht darum, daß Sie das Leben erdulden, sondern Sie können es selbst aktiv gestalten. Dazu sollten Sie auch von manchen überholten Meinungen über den Austausch zwischen Menschen allgemein und solchen über Geld im besonderen Abschied nehmen.

Förderungsaspekte Trigone/Sextile Mondknotenachse/Merkur

Es fällt Ihnen leicht, auf andere Menschen zuzugehen bzw. von anderen etwas anzunehmen. Sie fühlen sich wohl, wenn sich etwas um Sie herum rührt, wenn Sie mitten im Trubel sind und Sie sich im Fluß der Ereignisse befinden. Daß Sie dabei auch materiell profitieren ist für Sie ganz selbstverständlich.

Herausforderungsaspekte Quadrate Mondknotenachse/Merkur

Haben Sie ein Problem damit, ein offenes Gespräch zu führen? Finden Sie sich immer wieder in chaotischen Situationen wieder? Machen Ihnen Ihre Finanzen ständig Sorgen? Fühlen Sie sich unwohl, wenn es um Geld geht und gehen Sie diesem Thema am liebsten aus dem Weg? Diese Quadrate fordern Sie auf, sich in diesem Leben besonders um Klarheit der Gedanken zu kümmern, Ordnung in Ihre Geldangelegenheiten zu bringen und Ihre Einstellung zum Austausch mit der Umwelt immer wieder zu überprüfen.

☊ Mondknoten/Venus ♀

Kombination von Mondknoten/Venus allgemein

Karma und Liebe, Harmonie auf dem Lebensweg, künstlerische Kreativität als seelische Erfüllung.

Energieaspekt Konjunktion aufsteigender Mondknoten/Venus

Sie nehmen leicht und gern Verbindungen zu anderen Menschen auf; Sie suchen die Ergänzung im Gegenüber und sind bereit, ihm/ihr etwas von sich zu geben. Sie empfinden Ihr Leben als eine wunderbare Chance, Liebe und Glück zu erfahren.

Energieaspekt Konjunktion absteigender Mondknoten/Venus

Sie fühlen sich häufig verwirrt in bezug auf Ihre Gefühle, vor allem, wenn es um die Liebe geht. Vielleicht hängen Sie zudem der Sehnsucht nach einem «schönen» Leben nach, das Sie derzeit aber nicht leben (können). Ihre Chance: Öffnen Sie sich für eine höhere Bewußtseinsebene, von der aus Sie nicht darüber nachsinnieren, wie Sie selbst glücklich werden, sondern darauf zustreben, andere Menschen glücklich zu machen. Geschenktes Glück kommt schnell zurück!

Förderungsaspekte Trigone/Sextile Mondknotenachse/Venus

Eine harmonische Gestaltung des Alltagslebens und ein sicheres Glücksgefühl fallen Ihnen zu. Sie können noch sehr viel mehr aus «dem Vollen» schöpfen in bezug auf Kreativität, Entfaltung von Talenten, Glück in der Liebe und Erfolg in Finanzdingen, wenn Sie nicht allzusehr «auf der faulen Haut» liegen, sondern sich laufend und bewußt um Ihre Seelenentwicklung kümmern.

Herausforderungsaspekte Quadrate Mondknotenachse/Venus

Sie spüren Konflikte zwischen noch nicht erfüllten Wünschen oder unerreichbaren Zielen einerseits und der Einsicht andererseits, daß man Lebensglück innen finden muß und nicht von einem Partner oder Wohlstand abhängig machen kann. Vor allem Liebesangelegenheiten bereiten häufige Kopfschmerzen. Wie können Sie diese Konflikte harmonisch lösen? Indem Sie weiterhin Ihr Herz offen halten und trotzdem nicht zuviel und das auch noch von den «falschen» Menschen erwarten.

☊ Mondknoten/Mars ♂

Kombination von Mondknoten/Mars allgemein

Schicksal und Triebkraft, Karmatrends und Energievorrat, Lebensweg und Ich-Wille.

Energieaspekt Konjunktion aufsteigender Mondknoten/Mars

Sie können Ihre Lebensaufgaben mit viel Energie angehen, Sie entwickeln einen echten Pioniergeist, wenn es darum geht, Probleme zu lösen. Vielleicht sollten Sie darauf achten, daß sich Ihre Umwelt nicht überfahren fühlt.

Energieaspekt Konjunktion absteigender Mondknoten/Mars

Sie meinen, daß Sie Ihre Energien mehr innen als außen brauchen, und deshalb wirken Sie mitunter eher «energieschwach». Vielleicht geht eine gewisse Hemmung im Triebleben damit einher, manchmal auch eine gewisse Unbeherrschtheit. Gönnen Sie sich mehr körperliche, sportliche Betätigung und Aktivierung!

Förderungsaspekte Trigone/Sextile Mondknotenachse/Mars

Sie bauen Ihren Lebensweg auf einem reichlichem Energievorrat auf und können mit Ihren Kräften auf gesunde Weise umgehen. Das kommt auch Ihrem Liebesleben zugute, wenn Sie gelernt haben, zwar kraftvoll, aber auch sensibel mit Ihrer Libido umzugehen.

Herausforderungsaspekte Quadrate Mondknotenachse/Mars

In der ersten Hälfte des Lebens erfahren Sie diese Quadrate vermutlich überwiegend als Energieblockade oder als Triebhemmung. Später «zwingt» diese Konstellation Sie dazu, ein vernünftiges Gleichgewicht zwischen den vielen unterschiedlichen Kräften in sich selbst bzw. zwischen sich und dem Willen von anderen Menschen herzustellen.

Die folgenden Aspekte gelten im Geburtshoroskop immer für eine recht große Jahrgangsgruppe von Menschen, die in denselben Wochen und Monaten geboren worden sind, weil es sich um Aspekte zwischen «Langsamläufern» handelt. Hier müßte vor allem beachtet werden, in welches Haus ein Aspekt fällt, also in welchem konkreten Lebensbereich sich der Aspekt auswirken kann. Doch auch die Zeichenstellung der Mondknoten ist ein Stück «persönliches Karma»!

☊ Mondknoten/Jupiter ♃

Kombination von Mondknoten/Jupiter allgemein

Wege zur Selbstverwirklichung, schicksalhaftes Glück, Entfaltung karmischer Möglichkeiten.

Energieaspekt Konjunktion aufsteigender Mondknoten/Jupiter

Sie Glückspilz! Sie haben die Chance, Ihrem Leben selbst einen Sinn zu geben, und Sie erhalten obendrein auch noch die Unterstützung des Kosmos dabei, ihn ohne große Anstrengungen zu erfüllen.

Energieaspekt Konjunktion absteigender Mondknoten/Jupiter

Nicht das zählt heute mehr, was früher etwas galt; fremde Ideale und Überzeugungen von gestern sind meist schon verbraucht. Sie müssen sich heute selbst entscheiden, was für Sie wichtig ist, und dürfen nicht einfach ungeprüft etwas von damals übernehmen – so entstünde nur ein blutarmes Dogma. Meditieren Sie, bitten Sie um Erkenntnis!

Förderungsaspekte Trigone/Sextile Mondknotenachse/Jupiter

Ihnen sind alle Anlagen geschenkt worden, glücklich und weise zu sein – dabei wären viele andere Menschen froh, wenn ihnen auch nur eine dieser beiden Qualitäten so einfach wie Ihnen in den Schoß fiele. Meine «Warnung» ahnen Sie vermutlich schon (siehe Sonnenaspekte zum Mondknoten): «Sofasitzen auf der Gnade» würde bedeuten, daß diese Gaben brach lägen – als ob Sie ein Geschenk noch nicht einmal auspackten, geschweige denn es nutzten.

Herausforderungsaspekte Quadrate Mondknotenachse/Jupiter

Wenn Jupiter mit im Spiel ist, verlieren auch Quadrate viel von ihrer Spannung und Schärfe. Hier bedeuten sie eine gesunde Unruhe und ein lebendiges Unzufriedensein mit dem Status quo. Sie werden freundlich aufgefordert, zwar den Lebenssinn weiter zu suchen bzw. ihn zu erfüllen, dabei aber nicht fanatisch zu werden oder sich zu isolieren oder ihren individuellen Freiheitsdrang zu übertreiben.

☊ Mondknoten/Saturn ♄

Kombination von Mondknoten/Saturn allgemein

Prüfung durch das Schicksal, karmische Grenzen, vertiefter Lebensernst.

Energieaspekt Konjunktion aufsteigender Mondknoten/Saturn

Sie müssen sich durchbeißen oder durchkämpfen, Sie müssen Geduld an den Tag legen und beharrlich Ihre Ziele verfolgen – es wird Ihnen wenig geschenkt. Aber dafür erlangen Sie auch eine hohe Krone: disziplinierte Meisterschaft in fast allen Lebenssituationen. Diese Konstellation weist auf eine hohe Konzentrationsfähigkeit hin, die sich auch in der Meditation bewähren wird.

Energieaspekt Konjunktion absteigender Mondknoten/Saturn

Schuld und Sühne, Angst und Strafe, Leistung und Sicherheit – das sind Themen, die Sie heute noch beschäftigen, obwohl die auslösenden Ereignisse meist jahre- und jahrzehntelang zurückliegen. Lösen Sie sich mehr von der Beschäftigung mit der Vergangenheit, richten Sie Ihre Aufmerksamkeit ganz auf das Hier und Jetzt!

Förderungsaspekte Trigone/Sextile Mondknotenachse/Saturn

Sie wissen, Umsicht und Ausdauer, materielle Überlegungen und geistige Ziele sinnvoll miteinander zu verbinden. Es fällt Ihnen relativ leicht, zu arbeiten, etwas zu leisten und sich dabei noch wohl zu fühlen. Sie haben erfahren, daß Erfolg im Leben nicht von selbst kommt, und finden es selbstverständlich, daß Sie sich für Ihren eigenen Erfolg auch selbst einsetzen.

Herausforderungsaspekte Quadrate Mondknotenachse/Saturn

Es hat wenig Zweck, mit dem Schicksal zu hadern und zu glauben, man selbst habe das schwerste Los im Leben gezogen. Blockieren Sie sich nicht selbst durch ein Aufreiben an Umständen, die Sie nicht oder nicht ohne weiteres verändern können. Gehen Sie auf etwas mehr Distanz und fragen Sie sich jedes Mal, wenn ein Hindernis auftaucht: Was kann ich daraus lernen? Was hätte ich früher anders machen können oder sollen? Was will mir das Leben sagen?

☊ Mondknoten/Uranus ♅

Kombination von Mondknoten/Uranus allgemein

Unerwartete Schicksalswendungen, neue karmische Aufgaben, intuitiver Fortschritt auf dem Lebensweg.

Energieaspekt Konjunktion aufsteigender Mondknoten/Uranus

Plötzliche Veränderungen im Leben bringen Sie auf Ihrem Weg zur Selbstverwirklichung unerwartet und entscheidend weiter voran. Begegnungen und Trennungen «aus heiterem Himmel» laden Sie herzlichst (wenn auch für Sie meist unfreiwillig) dazu ein, genauer zu prüfen, welche Menschen Sie anziehen wollen und welche lieber nicht (mehr). Sie setzen sich intensiv und gern für Reformen und Ideale ein.

Energieaspekt Konjunktion absteigender Mondknoten/Uranus

Altes Karma, von dem Sie glaubten, es längst los zu sein, macht sich immer wieder in neuen Formen bemerkbar und trifft Sie meist ziemlich unvorbereitet an. So geraten Sie schnell außer Atem beim Versuch, alles doch noch irgendwie in den Griff zu bekommen. Wie wäre es, wenn Sie weniger Wert auf «Freiheit» und mehr Wert auf Beständigkeit legen sowie mögliche spätere Folgen heutiger Entscheidungen ruhiger bedenken würden?

Förderungsaspekte Trigone/Sextile Mondknotenachse/Uranus

Das Schicksal schiebt Ihnen hin und wieder ein Glückslos zu in Form einer unerwarteten positiven Wendung. Sie haben die Fähigkeit, sich auf Ihre intuitiven Kräfte einlassen zu können und ihnen zu vertrauen – und so auch unkonventionellen Ideen oder Methoden zum Durchbruch zu verhelfen. Weiter so!

Herausforderungsaspekte Quadrate Mondknotenachse/Uranus

Nein, Sie sind nicht der/die einzige auf der Welt, denen auf dem Weg zum Bahnhof oder zum Flughafen der Autoreifen platzt oder der Bus vor der Nase wegfährt, weil er ausnahmsweise zwei Minuten zu früh dran ist. Wollen Sie wirklich ein geruhsameres Leben führen, oder ziehen Sie nicht die derzeitige Hektik vor, weil Ihnen das Leben sonst langweilig oder fast wie tot vorkäme?

☊ Mondknoten/Neptun ♆

Kombination von Mondknoten/Neptun allgemein

Vorahnungen über Ereignisse im Leben, Sehnsucht nach Auflösung von Karma, Einfühlung in Schicksale anderer.

Energieaspekt Konjunktion aufsteigender Mondknoten/Neptun

Sie verstehen es, Brücken zu schlagen zwischen hohen spirituellen Ebenen und der Aufnahme- und Verständnisfähigkeit der Durchschnittsmenschen. Sie sind von Mitgefühl für eine leidende und/oder unwissende Menschheit erfüllt und hegen umfassende humanitäre Ideale. Diese können Sie auch verwirklichen, wenn Sie sich nicht von «karmischem Umweltschmutz» überschütten lassen. Ab und zu müssen Sie auch zeitweise «zumachen»!

Energieaspekt Konjunktion absteigender Mondknoten/Neptun

Sie neigen dazu, sich in rosarot gefärbten Schwärmereien und Idealisierungen des Lebens zu verlieren – sicher mit den besten Absichten und voller guter Menschheitswünsche. Sie werden allerdings auf Ihrem Weg zur Auflösung von Karma und zur wahren Freiheit der Seele rascher weiterkommen, wenn Sie Realismus und Urteilsfähigkeit ihren legitimen Raum geben.

Förderungsaspekte Trigone/Sextile Mondknotenachse/Neptun

Sie verbinden Offenheit und Inspiration aus höheren geistigen Dimensionen mit der Gabe, Ihre Einsichten auch nutzbringend in den Alltag einzubringen. Sie können Interessen für Meditation, Mystik und Metaphysik entwickeln, ohne deshalb gleich in Wolkenkuckucksheime umzuziehen.

Herausforderungsaspekte Quadrate Mondknotenachse/Neptun

Blockierte Bewußtseinsenergien, vor allem ein erschwerter Zugang zu Schichten des Überbewußtseins, der Inspiration und der Phantasie, lassen Sie leicht unzufrieden mit sich und der Welt werden. Der Ausweg ist dann aber nicht in esoterische Spökenkiekerei oder gar bei Genußgiften zu finden, sondern nur in einer Bewußtseinsklärung. Dabei sollten Sie auch Ihren Intellekt benutzen – das ist nicht gegen die Spielregeln des Lebens und nimmt zudem nichts von der angestrebten Seelentiefe fort.

☊ Mondknoten/Pluto ♇

Kombination von Mondknoten/Pluto allgemein

Macht und Karma, Wege zur Transformation, die Magie des scheinbar festgelegten Schicksals.

Energieaspekt Konjunktion aufsteigender Mondknoten/Pluto

Eine starke und bewußte Auseinandersetzung mit Themen von Tod und Transformation, die Sie am Ende wie neu- und wiedergeboren sieht. Bei unbewußten Menschen ein «Ausgeliefertsein» an herrschende Meinungen und gängige Moden.

Energieaspekt Konjunktion absteigender Mondknoten/Pluto

Das Bedürfnis, in der kollektiven oder persönlichen Vergangenheit «aufzuräumen», Karmaschutt abzutragen, Klarheit zu gewinnen über vergangene Ursachen heutiger Umstände. Bei unbewußten Menschen oft eine unkritische Übernahme alter theologischer oder gesellschaftlicher Dogmen und eine fanatische kollektive Durchsetzung vermeintlicher Rechte.

Förderungsaspekte Trigone/Sextile Mondknotenachse/Pluto

Sie haben reichlich Energie, um Ihre Ziele anzustreben und durchzusetzen. Sie spüren oder wissen, was Ihre legitimen Ich-Vorlieben sind und was die vom Schicksal gestellten Aufgaben. Sie erfüllen sich Ihre Vorlieben und haben doch noch genug Kraft, um Ihre karmischen Lektionen zu bewältigen.

Herausforderungsaspekte Quadrate Mondknotenachse/Pluto

Beschäftigung mit Themen von Macht und Magie. Krasse Ablehnung oder übertriebene Verfolgung von Machtinteressen bzw. okkulten Zielen. Man erfährt Zwänge oder übt sie aus. Probleme mit der Sexualität. Chance: Schauen Sie sich eigene und soziale (Vor-)Urteile genau an und entscheiden Sie selbst, ob sie gerechtfertigt sind oder nicht, ob sie human sind oder nicht, ob sie der spirituellen Entwicklung dienen oder nicht.

Gerade bei Pluto-Mondknoten-Aspekten handelt es sich praktisch um Generationsaspekte; die Deutungshinweise sollten also keinesfalls zu individuell gesehen werden. Sie beziehen sich eher auf gesamtgesellschaftliche Trends.

☊ Mondknoten/Mondknoten ☊

Die Konstellation Mondknoten zu Mondknoten kann übrigens nur beim Vergleich zwischen dem Stand der Mondknoten im Geburtshoroskop mit dem Stand der Mondknoten zu einem späteren Zeitpunkt (Transit) auftauchen oder im Vergleich von Partnerschaftshoroskopen.

Kombination von Mondknoten/Mondknoten allgemein

Starke schicksalhafte und karmische Verbindung zwischen zwei Menschen (bei Partnerschaftsvergleichen). Das Leben zwingt einen, sich nicht nur Gedanken über den Sinn zu machen, sondern auch praktische Schritte zur Selbsterkenntnis zu unternehmen (bei Transiten).

Energieaspekt Konjunktion aufsteigender Mondknoten/ aufsteigender Mondknoten (gleichgerichtete Mondknotenachsen)

Ausrichtung des Lebenswegs auf ähnliche Ziele; geistige Verbundenheit; gleichartiger Zugang zur Erkenntnis und Erfüllung von Karma. «Verwandte» Blockaden bzw. Prägungen aus der Vergangenheit.

Energieaspekt Konjunktion aufsteigender Mondknoten/ absteigender Mondknoten (entgegengesetzte Mondknotenachsen)

Was der eine Mondknoten als neue Aufgabe präsentiert, symbolisiert der andere als alte. Das muß aber nicht unbedingt Stoff für Konflikte sein: im Partnerschaftsvergleich kann das ein wunderbarer Ausgleich sein und gegenseitiges Verständnis und Hilfsbereitschaft vertiefen. Im Transit kann das eine nur zeitweise Umkehr des «Karmakompasses» bedeuten, der nun eben eine Zeit lang eine 180-Grad-Wendung von uns fordert.

Förderungsaspekte Trigone/Sextile von zwei Mondknotenachsen

Ergänzung, Erfüllung und kreatives bzw. nachsichtiges Verständnis für alte Verhaftungen und neue Chancen.

Herausforderungsaspekte Quadrate von zwei Mondknotenachsen

Im Partnerschaftshoroskop dürfte diese Konstellation entweder zu vielen Mißverständnissen oder geradewegs zu Unverständnis führen in bezug auf die Bedürfnisse und Strickmuster des Schicksals des Partners. Das kann nur durch klare Kommunikation konstruktiv transformiert werden. Im Transithoroskop ist diese Mondknotenstellung ein Indiz dafür, daß sich der Mensch selbst wie fremd vorkommt oder wie auf einem neuen Gleis auf der Fahrt zu einem unbekannten Ziel. Erneut hilft nur Bewußtmachung – über das Horoskop oder über Meditation – zu einer Klärung und Lösung der Spannung.

Die folgenden Aspekte sind wiederum sehr individuell, weil sich AC und MC ja von der Geburtszeit abhängen und sich rund alle vier Minuten um einen Grad verändern.

☊ Mondknotenachse/Aszendent-Deszendent-Achse AC/DC

Kombination von Mondknotenachse/ Aszendent-Deszendent-Achse allgemein

Lebensaufgaben und Rollenspiel, Schicksal und Selbstbild.

Energieaspekt Konjunktion aufsteigender Mondknoten/Aszendent

Persona und Entwicklungsrichtung, Lebensdrang und Schicksalsweg zielen in ein und dieselbe Richtung. Man fühlt sich sehr eins mit sich und seiner Welt.

Energieaspekt Konjunktion aufsteigender Mondknoten/Deszendent

Am liebsten lebt man durch und in einer nahen Beziehung zu einem Partner/einer Partnerin. Die Erfüllung des Lebenssinns hat immer unmittelbar und vorrangig mit der persönlichen Beziehung zu tun, sei es in einer Ehe oder einer anderen engen Schicksalsgemeinschaft.

Förderungsaspekte Trigone/Sextile Mondknotenachse zu Aszendent und Deszendent

Es besteht ein harmonischer Gleichklang zwischen Ich-Bezug und Du-Bezug, so daß zwei Menschen gleichberechtigt zum Zuge kommen können. Die Ebene der Selbstverwirklichung ist die Partnerschaft.

Herausforderungsaspekte Mondknotenachse zu Aszendent und Deszendent

Im Vordergrund stehen Außenwirkung in der Gesellschaft und Sichwohlfühlen in der Familie bzw. dem Heim. Dem fallen notwendige Klärungen auf der Partnerschaftsebene oft zum Opfer. Daraus entstehen Konflikte, die dann sinnvoll gelöst werden, wenn sie – als erster Schritt – zunächst einmal überhaupt bewußt als solche erkannt werden.

☊ Mondknoten/MC-IC-Achse MC/IC

Kombination von Mondknoten/MC-IC-Achse allgemein

Herkunft und Heim sowie Beruf und Berufung in bezug auf die Lebensaufgabe, der entwicklungsfähige Schicksalsweg und die tatsächliche Lebensführung.

Energieaspekt Konjunktion aufsteigender Mondknoten/MC

Hier ist Selbstverwirklichung durch Erfolg im Beruf angezeigt, durch eine Karriere, durch Anerkennung in der Gesellschaft und/oder eine öffentlich respektierte Stellung. Trauen Sie sich!

Energieaspekt Konjunktion aufsteigender Mondknoten/IC

Erfüllung finden Menschen mit dieser Mondknotenposition vorwiegend in Familie und Heim sowie in ihrer geographischen als auch in der seelischen Heimat. In diesem Leben dürfen und sollen Sie mehr Gewicht auf die Entfaltung Ihrer Seele legen als auf öffentlichen Applaus und eine sichtbare Rolle in der Gesellschaft.

Förderungsaspekte Trigone/Sextile Mondknotenachse/MC-IC-Achse

Sie haben die Chance, einen harmonischen Ausgleich zwischen Berufs- und Privatleben zu finden, zwischen Außen und Innen, zwischen Gesellschaftsbetrieb und spirituellen Zielen. Auch hier gilt wieder, daß Sie nicht träge werden sollten, wenn Ihnen alles zuzufallen scheint.

Herausforderungsaspekte Quadrate Mondknotenachse/MC-IC-Achse

Schwierigkeiten, Konflikte zwischen Beruf und Familie zu lösen, zum Beispiel bei Arbeitsplatzwechsel. Vielleicht fühlen Sie sich sogar wie in einer Falle angesichts der Notwendigkeit, etwas beruflich leisten zu müssen, um die Grundlage der Familie zu erhalten. Der erste Schritt zur Lösung derartiger Spannungen besteht darin, wenigstens sich selbst gegenüber ganz ehrlich Rechenschaft abzulegen darüber, was Sie im und vom Leben wirklich wollen! Diese Quadrate fallen oft mit Konjunktionen zur AC-DC-Achse zusammen.

Chiron, Lilith und Isis im Horoskop

von Yvonne Helene Koch

Der Autor ist Yvonne Helene Koch sehr dankbar, dass sie bereit war, zu diesen drei interessanten Horoskopfaktoren einen Text zur Neuauflage dieses Buches beizusteuern. Frau Koch hat sich seit vielen Jahren forschend und beratend mit diesen Themen beschäftigt und bringt eine wunderbare und inzwischen auch vom Autor als notwendig eingesehene Ergänzung.

Chiron ⚷

Chiron wurde 1977 entdeckt. Im selben Jahr fand man auch Ringe um den Uranus, etwas, was man bis dahin nur vom Saturn kannte. Und dieser neuentdeckte Chiron bewegt sich auf einer stark elliptischen Umlaufbahn zwischen Uranus und Saturn: am sonnenfernsten Punkt reicht er fast an die Umlaufbahn des Uranus heran; am sonnennächsten Punkt bewegt er sich sogar innerhalb der üblichen Saturnbahn. Sein Sonnenumlauf dauert rund 50 bis 52 Jahre; aufgrund der stark elliptischen Umlaufbahn verbringt er zwischen knapp zwei und maximal bis sieben Jahren in einem Zeichen. Jedes Jahr wird er für fünf Monate etwa rückläufig.

Chiron ist ein Himmelskörper, den man je nach Standpunkt als einen großen Asteroiden oder als kleinen Planeten bezeichnen kann; viele benutzen deshalb heute den Begriff «Planetoid». Für die psychologische Astrologie des ausgehenden 20. und unseres beginnenden 21. Jahrhunderts spielt der Chiron eine zunehmend wichtigere Rolle. Er wird meistens gleichrangig wie andere «echte» Planeten im Horoskop gedeutet.

In der Mythologie kennen wir ein Wesen mit dem Haupt, dem Oberkörper und den Armen eines Menschen, und dem Körper und den Beinen eines Pferdes. Das waren im klassischen Griechenland die sogenannten Kentauren. Der mythische Chiron war ein solcher Kentaur, der jedoch abseits der Herde bzw. Horde in einer Höhle lebte. Er war «tödlich verletzt» und zugleich doch unsterblich. Seine eigene Unsterblichkeit gab er auf, um Prometheus von dessen Schicksal, vermeintlich auf ewig an einen Fels gekettet zu sein, zu lösen. Chiron opferte sich.

Schlüsselworte zu Chiron lauten – auch vor diesem mythologischen Hintergrund – vor allem:

- Einzelgänger, Außenseiter
- Der verwundete Heiler; auch der innere Lehrer bzw. innere Heiler
- Unbewusste bzw. unterbewusste wunde Punkte und Schwachstellen

- Aufgabe der eigenen Sehnsucht nach Unsterblichkeit durch erlösende Barmherzigkeit für das Leben und die Selbstverwirklichung anderer
- Segen für andere durch eigene Leiderfahrung
- Überwindung bzw. Heilung der Spaltung zwischen Spiritualität und Instinkt

Chirontransite, vor allem auch zur eigenen Position im Geburtshoroskop, bringen Schlüsselerlebnisse oder sind Wendepunkte des Lebens. Chiron wird meist dem Zeichen Jungfrau zugeordnet.

Chiron in den Zeichen

Manche der folgenden Hinweise gelten auch für die entsprechenden Häuser; sie werden aus Platzgründen dort nicht noch einmal aufgeführt. Sie finden zunächst eine Deutung zur unterbewussten Lebensform, dann zur Kompensation, und danach zur bewussten und ganzheitlichen Lebensgestaltung.

Widder
- körperliche Verletzung
- manche Menschen mit dieser Chironposition fühlen sich vom Leben irgendwie unerwünscht, sind leicht verletzbar oder wenden sich vom Leben zunächst ab
- auf bewusste Weise wird dies als besondere heilerische Fähigkeiten erlebt und als spontaner Selbstausdruck

Stier
- verletzter Selbstwert bzw. materielles «Mangelbewusstsein»
- Abwertung von sich oder anderen
- bewusst gelebt entwickelt sich ein gesunder Selbstwert bzw. man bekommt Selbstbestätigung und Einkünfte durch heilerische Tätigkeit

Zwillinge
- gehemmte Kommunikation und beschränkte Wahrnehmung
- kann in Sprache und Schrift verletzend wirken
- bewusst gelebt finden wir reine Gedanken und positive Wahrnehmung sowie Heilung mit Mitteln der Kommunikation

Krebs
- Gefühl der Heimatlosigkeit, Ungeborgenheit und Nichtzugehörigkeit
- Verletzung von Gefühlen anderer bzw. Mangel an Wahrnehmung eigener Gefühle
- bewusst gelebt werden eigene Gefühle positiv gelebt und ausgedrückt und man schafft anderen Geborgenheit

Löwe
- in Liebe und Erotik unerfüllt, ungeliebt oder unfähig, sich kreativ auszudrücken
- benutzt Sexualität bzw. Erotik als Machtmittel oder fühlt sich selbst in diesem Bereich verletzt
- heilt auf kreative Weise, mit Herz und durch Liebe

Jungfrau
- Neigung zu Erkrankungen, krankmachende Gewohnheiten
- häufige Kritik an den Lebensumständen, Fanatismus in Gesundheitsfragen
- Chiron als «Herrscher» dieses Zeichen zeigt heilerische Grundanlagen, die nun besonders entwickelt werden können; Gesundheit wird ganzheitlich gepflegt

Waage
- Verletzung durch bestimmte Beziehungsmuster
- in Beziehungen verletzend handeln oder behandelt werden, ohne die Muster auflösen zu können
- wenn bewusst gelebt, als heilsame Beziehungen erfahren

Skorpion
- Verletzung oder Verwirrung in Bezug auf die eigene Geschlechterrolle, fühlt sich oft ohnmächtig
- sadomasochistische Muster
- bewusst gelebt Heilung durch transpersonale, spirituelle Kräfte

Schütze
- fühlt sich ungerecht behandelt, Verletzung durch religiöse Themen oder Traditionen
- missioniert für den eigenen Weg als allgemeine Methode zum Heil und zur Erlösung
- erkennt und fördert in Religion und Spiritualität das, was Menschen heilen und Sinn geben kann

Steinbock
- feste Normen und Strukturen schränken ein, setzen zurück oder verletzen
- Neigung zu extrem starren Gesetzen und Formen für sich oder andere
- findet Heilung im höheren Licht, hilft anderen durch geistige Klarheit

Wassermann
- schmerzhaft erlebte gesellschaftliche Veränderungen
- aufgrund des eigenen Freiheitsdrangs Unverantwortlichkeit bzw. Verletzung anderer
- Heilung durch integrierte, «positive» Befreiung

Fische
- Leiden durch Chaos, Einsamkeit, Sehnsucht oder Orientierungslosigkeit
- verursacht Schmerzen durch Täuschung und Selbsttäuschung, verharrt oft lieber im Leid als Dinge zu klären und zu heilen
- findet zu sich durch die Kraft der Stille, feinstoffliche Heilung, selbstloser Einsatz für andere

Chiron in den Häusern

1. Haus
- Überbewertung des Äußerlichen, lehnt Körperkontakt evtl. aber ab
- Verletzt andere durch das eigene Auftreten oder mit Kritik
- Gesunder Geist in einem gesunden Körper; akzeptiert die Unvollkommenheit des Körpers; Heilen durch Körperkontakt (z.B. Massage, Akupunktur)

2. Haus
- empfindet Geldmangel als Erniedrigung
- Selbstwert und Beurteilung anderer «nach dem Bankkonto»
- Setzt Geld und Mittel für heilsame Zwecke ein; ist sich der Vergänglichkeit irdischer Werte bewusst

3. Haus
- fühlt sich von Geschwistern zurückgesetzt oder verletzt; Minderwertigkeitsgefühle im Alltag bzw. der näheren Umgebung
- Wahrnehmung und Ausdruck durch Vorurteile behindert; oder für andere im unmittelbaren Umfeld behindernd wirken
- pädagogische bzw. kommunikative Fähigkeiten; Heilung auf dem mentalen Wege bzw. mit mentalen Schwingungen

4. Haus
- frustrierende Familiensituation; empfindet Herkunft als wunden Punkt
- klagt Eltern wegen Unvollkommenheit an; verursacht Chaos im Familienleben
- Aussöhnung mit der Ursprungsfamilie; ideal für Architektur, Geomantie, Feng Shui, etc.; heilsames Familienleben; Heilung durch Geborgenheit

5. Haus
- fühlt sich als Kind ungeliebt bzw. nicht anerkannt
- Probleme mit Kindern oder Probleme für Kinder
- kreative Heilweisen; Originalität und schöpferische Kraft im eigenen Ausdruck; Anerkennung von Kreativität anderer

6. Haus
- Belastungen im Alltag, die zu chronischen Leiden führen können
- Putzwut, Hygienesucht; Nörgelei an vermeintlich ungesunden Verhaltensweisen von Kollegen
- Heiler/in, Schamane/Schamanin, heilige (=heilende) weibliche Kraft

7. Haus
- Heilungshoffnung wird auf Partner/in projiziert; evtl. beziehungsunfähiger Einzelgänger
- Partner/in wird für eigene Schwächen oder Mängel verantwortlich gemacht
- bringt sich in Beziehungen voll ein und ist bereit, Verantwortung für die Heilung von Beziehungen zu übernehmen

8. Haus
- verwundete Sexualität; Leben wird als krisenhaft empfunden
- nachtragend, manipulativ; verletzt sich selbst aus Angst
- Heilung durch Tiefenpsychologie, esoterisches Wissen; bewusster, heilender Umgang mit der «Macht und Magie» von Sexualität

9. Haus
- ohne klare Werte aufwachsen; Misstrauen gegenüber der Umwelt
- belehrt andere gern ungefragt; sucht das Heil immer woanders
- strahlt Klarheit und Wahrheit aus; erkennt Chancen für seelische und körperliche Heilung durch Sinn oder Selbstverwirklichung

10. Haus
- Beschränkung durch ungelebte innere Berufung oder fremde Maßstäbe
- leistet sich unsaubere Methoden bei der beruflichen Durchsetzung
- gute Analysen und Diagnosen; ganzheitliches Leben, auch in der Ernährung; innere Berufung als Lebenssinn und Erfolgsmotivation

11. Haus:
- schmerzhafte Gruppenerfahrungen; genormte Freizeit oder Aufgabe der Individualität, um einer Gruppe anzugehören
- kann sich und anderen keine Entspannung gönnen; kritisiert Freunde
- Gruppe oder Freundeskreise als Orte der Heilung erkennen und fördern; Kooperation und gleichzeitige Achtung vor Individualität

12. Haus:
- leidet unter labilen, haltlosen Familien- oder Freundesbeziehungen
- Abkehr vom Leid und Flucht zum Heil durch Suchtmuster

- Kann sich auf Ahnungen und Intuition einlassen; heilt mit großer Einfühlsamkeit und Mitgefühl

Chiron in Aspekten

Hier sollen nicht alle Aspekte, die zwischen Chiron und den anderen Horoskopfaktoren möglich sind, einzeln dargestellt werden. Stattdessen finden Sie in dieser Übersicht Deutungshilfen für Aspekte, die entspannt sind und für solche, die als gespannt empfunden werden. Ein Quadrat klingt wie ein «gespannter Aspekt», kann jedoch – je nach persönlichem Horoskop und anderen Faktoren darin – als hilfreich, bewusstmachend und insofern «entspannt» gespürt werden. Ein Trigon kann, so «leicht» es wirkt, vielleicht eine Neigung zu Bequemlichkeit fördern, woraus sich über kurz oder lang Lebensspannungen ergeben; etc. In diesem Sinne werden Sie individuell intuitiv oder analytisch erfassen, um welche Qualität es sich im Einzelfall handelt. Man erinnere sich auch daran, dass die Aspekte zwischen Chiron und den langsameren Planeten ganze Jahrgänge betreffen.

Sonne
- entspannt: schon die bloße Gegenwart dieses Menschen kann die Umwelt inspirieren; Anlage, die Herzen von leidenden Personen zu heilen
- gespannt: Krankheiten oder Hindernisse im Leben stellen den Selbstwert ganz generell in Frage; man muss lernen, mehr Rücksicht zu nehmen

Mond
- entspannt: verletzte Gefühle werden geheilt; die Seele kann ihre heilenden Kräfte entfalten
- gespannt: man ist eher überempfindlich und fühlt sich oft missverstanden; es fällt schwer, alte Wunden in Ruhe heilen zu lassen

Merkur
- entspannt: psychologische Belastungen werden klar erkannt und einfühlsam angesprochen; Heilung mit Sprache und Schrift – Therapeut/in als Kommunikator/in
- gespannt: körperliche und seelische Verletzungen werden immer wieder «durchgekaut»; man muss lernen, Verwundungen nicht überzubewerten

Venus
- entspannt: dieser Mensch wirkt durch seine bzw. ihre Aura besänftigend und heilend; Schönheit in allen Lebensbereichen wird als Therapieweg erkannt
- gespannt: Leiden unter Liebesentzug oder Liebesenttäuschungen; man muss lernen, ein seelisches Defizit nicht noch durch falsche Muster zu vertiefen

Mars
- entspannt: instinktive heilerische Fähigkeiten mit körperlichen Therapien; Verständnis für Leiden junger Leute und für Triebthemen
- gespannt: der betreffende Mensch fühlt sich häufig von der Umwelt angegriffen; man muss lernen, dass Geduld auch zur Heilung gehört

Jupiter
- entspannt: Sinn heilt, wie der Psychologe Viktor Frankl festgestellt hat; Heilung durch Sinnfindung im Leben; Transformation von Verletzungen in geistige Sprungbretter zu neuen Entwicklungen
- gespannt: die Fülle von Wegen zur Heilung kann verwirren; man muss lernen, die eigene Verantwortung für Leiden zu erkennen und sich auch selbst zu verändern

Saturn
- entspannt: Gleichgewicht zwischen Struktur und Anpassung hilft, auf vertrauenerweckende Weise anderen zu helfen
- gespannt: Festhalten an alten Therapiemethoden bringt zwar subjektive Sicherheit, aber keine nachhaltige Heilung

Uranus
- entspannt: ungewöhnliche Therapien; plötzliche positive Wendungen im Heilungsgeschehen
- gespannt: Eigenheiten und Freiheitsbedürfnisse gelten mehr als umfassende Heilung, die möglich wäre

Neptun
- entspannt: Heilung durch Seelenkräfte, durch Empathie, durch Vertrauen auf Gott oder eine höhere Macht
- gespannt: Leiden aufgrund von Neigung zu Suchtmustern (das können Substanzen sein, genauso aber auch Verhaltensmuster), die wie Hilfen aussehen

Pluto
- entspannt: Transformation tiefster schöpferischer Kräfte auf überpersönliche Weise zum Nutzen aller Wesen
- gespannt: Leiden durch Ohnmachtsempfindungen oder Machtmissbrauch (aktiv oder passiv)

Mondknoten
- entspannt: heilerische Berufung auf einem bestimmten Feld (man beachte das Haus); dieser Mensch kann in größeren Zusammenhängen sehen, spüren und helfen

- gespannt: alte Verletzungen, ungelöste karmische Probleme lassen sich kaum abschütteln; man muss lernen, sein Schicksal auch als «gerecht» anzunehmen

AC
- entspannt: ein natürliches Vertrauen in das Leben und höhere Kräfte öffnet diesen Menschen dafür, dass ihm Heilmethoden und Heilmittel geschenkt werden
- gespannt: Befürchtungen vor Verletzungen aller Art führen zu übertriebenen Selbstschutzmustern und dem versuch, alles immer selber zu machen

DC
- entspannt: die Beziehung zu einem Du wird als Weg zur Heilung erlebt und bewusst genutzt
- gespannt: Ursachen für seelische und körperliche Verletzungen werden gern auf Partner oder die Außenwelt projiziert

MC
- entspannt: der eigene Beruf bzw. das eigene Auftreten in der Öffentlichkeit wird als charismatische Kraft erlebt, die einen selbst und andere inspirieren
- gespannt: Unsicherheit oder Widerstände in der Gesellschaft vermitteln das Gefühl, auf schwankendem Boden zu stehen

IC
- entspannt: Familie und Familiengefühl als Ort und Kraft der Heilung
- gespannt: verborgene oder verdrängte Traumata, die mit dem Thema Herkunft und Familie zu tun haben, warten darauf, geheilt zu werden

Lilith

Lilith ist eine Gestalt aus dem Alten Testament und der jüdischen Religion. Sie war die erste Frau Adams, die sich von ihm trennte, weil er sie zu beherrschen versuchte, während sie die ursprüngliche, selbstbewusste und schöpferische Weiblichkeit lebte. Vor allem patriarchalisch gefärbte Deutungen unterschoben Lilith eine dunkle Seite und ließen sie im Laufe der Zeit sogar (aus durchsichtigen Angstmotiven) zu einer Art weibliches Pendant des Teufels werden. Der Name Lilith taucht übrigens in der Bibel praktisch nicht mehr auf; Luther nennt sie nur noch «Nachtgespenst», in Jesaja 34,14 ist von ihr jedoch die Rede: «Es werden Wüstentiere … auf Schakale treffen, ein … Dämon in Ziegengestalt wird seinesgleichen begegnen. Dort macht auch Lilith Rast und findet für sich einen Ruheplatz.» (Nach Stuckrad, S. 70; siehe Literaturhinweise weiter unten.)

In babylonischen Erzählungen sind Eigenschaften der Lilith eng mit der zentralen Göttin Ischtar (Astarte) verbunden. Die Gestalt der Lilith nahm nach und nach immer mehr der bedrohlichen Aspekte der Muttergöttin Ischtar auf. Insofern entspricht sie übrigens auch dem Bild der «dunklen» indischen Muttergöttin Kali, die gern mit einem Collier aus Totenschädeln dargestellt wird. Übrigens nicht, um ihr Blutrünstigkeit zu unterstellen, sondern den Kreislauf des Lebens von Geburt und Tod zu betonen, wie wir ja auch bei Kirchenskulpturen oft Totenschädel finden.

Lilith ist astronomisch und astrologisch gesehen kein Himmelskörper, sondern ein sensitiver Punkt, nämlich ein spezieller Punkt, der sich aus der Umlaufbahn des Mondes um die Erde ergibt. Der Mond folgt auf seinem Umlauf nun keinem genauen Kreis, sondern einer Ellipse. In einem Brennpunkt dieser Ellipse steht die Erde; der andere Brennpunkt ist «leer». Dieser nicht von einem Himmelskörper besetzte zweite Brennpunkt der Ellipsenbahn des Mondes um die Erde heißt «dunkler Mond, oder auch (leider etwas unglücklich und zweideutig) «Schwarzmond». Inzwischen hat sich der Begriff Lilith für diesen sensitiven Punkt fast allgemein durchgesetzt. In gewisser Hinsicht ist dieser «leere Brennpunkt» der Ellipse die «unsichtbare Schwester» unseres Heimatplaneten Erde. Dieser Punkt bewegt sich rund 40° pro Jahr; ein kompletter Umlauf durch den Tierkreis dauert etwa 8 Jahre und 10 Monate. Diese Zeit entspricht einem Aufenthalt von Lilith von 9 Monaten in jedem Zeichen, was den Bezug zur weiblichen Kraft des Gebärens und der Schwangerschaft ganz offensichtlich macht. Von der Erde aus betrachtet liegt dieser «leere» zweite Brennpunkt der Ellipsenbahn des Mondes übrigens nur ungefähr 36.000 Kilometer entfernt, und nach Tierkreisgraden gemessen genau vor dem erdfernsten Punkt der Mondbahn um die Erde.

Lilith in den Zeichen

Hier werden in wenigen Stichworten die positiven Deutungen gebracht; wer nach Schattenseiten sucht, mag die Aussagen umkehren.

Widder: Pioniergeist und Durchsetzungswille finden Ansporn durch weibliche, spürbare, aber nicht immer recht greifbare Energien.

Stier: Kraftreserven und Aufnahmefähigkeit für Neues durch seelische Öffnung für die eigene Anima.

Zwillinge: Vielseitigkeit und Anpassungsvermögen durch fließenden und einfühlsamen Austausch.

Krebs: Fürsorglichkeit und Schutzbedürfnis aus dem Antrieb, etwas Inneres zu pflegen.

Löwe: Lebensfreude und Selbstbewusstsein bewähren sich auch in dunklen Zeiten.

Jungfrau: Vernunft und Unterscheidungsvermögen lassen sich von der weiblichen Kraft der Seele leiten.

Waage: Geselligkeit und Verbindungsfähigkeit, die verborgene Potentiale auf harmonische Weise lebt.

Skorpion: Leidenschaftlichkeit und Widerstandsfähigkeit, weil man einem großen Geheimnis auf der Spur ist.

Schütze: Idealismus und Zielstrebigkeit werden auf die Spiritualität der großen Mutter gerichtet.

Steinbock: Verantwortungsbewusstsein und höhere Führung durch Inspiration aus dem geistigen, unsichtbaren Licht.

Wassermann: Reformbestrebungen und Individualität, wenn es gilt, nicht zu tun, sondern loszulassen.

Fische: Hilfsbereitschaft und Einfühlungsvermögen, wenn Menschen ihren Sinn suchen.

Lilith in den Häusern

Auch hier positive Schlüsselbegriffe; Schatten wären leicht im Gegensatz zu finden.

1. Haus: Ich bin … nicht nur der Körper, sondern auch die unsichtbare weiblich-schöpferische Kraft hinter der Persona, hinter dem Rollenspiel.

2. Haus: Ich habe … nicht nur den Körper, sondern geistige Kultur und spirituelle Werte, die mir helfen, ein sicheres Lebensfundament zu bauen.

3. Haus: Ich kommuniziere … nicht nur rational über das Greifbare und Messbare, sondern auch auf subtile Weise über inneres Wissen.

4. Haus: Ich fühle … nicht nur die Gefühle meines oder anderer Egos, sondern spüre ein größeres Gefühl, das alle Wesen durchströmt und verbindet.

5. Haus: Ich schaffe … nicht nur zu meiner Selbstverwirklichung, sondern um dem ganzen Leben und allen seinen Formen zu dienen.

6. Haus: Ich anerkenne … nicht nur das, was «richtig» ist, sondern auch das, was Menschen seelisch bewegt und lichtvoll erhebt.

7. Haus: Ich begegne … nicht nur der äußeren Person, sondern öffne mich für die verborgene Botschaft seiner bzw. ihrer Anima.

8. Haus: Ich sterbe … nicht den leidvollen Tod des unfreiwilligen Abschieds, sondern lasse mich vertrauensvoll auf die Verwandlung in ein Höheres ein.

9. Haus: Ich suche … nicht nur nach äußeren Gesetzen, sondern nach innerem Sinn, der individuell ist und nicht genormt werden kann.

10. Haus: Ich ordne … nicht nur das äußere Leben, sondern arbeite mit jenen Bewusstseinskräften, die das Körperleben erst möglich machen.

11. Haus: Ich idealisiere … nicht nur das, das schon gesellschaftlich akzeptiert wird, sondern trete für jenes ein, das wertvoll ist, aber noch nicht erkannt wurde.

12. Haus: Ich finde … nicht das, was mir zeitlich begrenzte irdische Sicherheit verheißt, sondern jenes, das mich in die Ewigkeit hinausführt.

Lilith im Zusammenspiel mit den anderen Planeten

Die Qualität der Aspekte – Konjunktion, Trigon, Quadrat, etc. – bestimmt, auf welche Weise wir die Begegnung des Lilith-Prinzips mit den Eigenschaften der anderen Planeten erleben. Hier geben wir das Hauptthema an, das in den Aspektbegegnungen eine Rolle spielt.

Lilith und Sonne: Wie das Unsichtbare, Nicht-Fassbare auf die schöpferischen Kräfte wirkt.

Lilith und Mond: Das «dunkle» und tiefgründige Weibliche begegnet der lichtvollen und sichtbaren Weiblichkeit.

Lilith und Merkur: Wie sich das unsichtbare Geheimnis doch in Sprache und Schrift zu vermitteln sucht.

Lilith und Venus: Die weibliche Kraft der Seele sucht ihren Ausdruck in irdischen Formen der Liebe und des Glücks.

Lilith und Mars: Wie die unbewusste Anima Triebkraft und Tatkraft beeinflusst.

Lilith und Jupiter: Die unfassbare Kraft der Schöpfung befruchtet eine geistige Entwicklung über die bisherigen Grenzen hinaus.

Lilith und Saturn: Wie eine nicht rational begreifbare Energie feste Formen und Strukturen herausfordert oder sogar auflöst.

Lilith und Uranus: Die explosive Begegnung innerer und äußerer Kräfte führt zu einer tiefen Veränderung in der Seele.

Lilith und Neptun: Wie grundlegende Sehnsüchte und Ideale unmerklich befruchtet oder unterminiert werden.

Lilith und Pluto: Die weibliche «Rachegöttin» konfrontiert den Machttrieb mit dem Besten oder dem Schlimmsten des Lebens.

Lilith und Mondknotenachse: Wie wir überzeugend dazu eingeladen (nördlicher Mondknoten) oder verführerisch davon abgehalten werden (südlicher Mondknoten), uns auf die karmischen Kräfte des Lebens einzulassen.

Lilith und Chiron: Heilung ohne offensichtliche Mittel oder Methoden; Heilkraft mit «magischen» Energien.

Lilith am AC: Charismatische Ausstrahlung, geheimnisvolle Anziehungskraft.

Lilith am DC: Sucht Partner/in mit starker Ausstrahlung bzw. zieht solche an.

Lilith am MC: Unabhängige Persönlichkeit, die in der Öffentlichkeit aus sich heraus wirkt.

Lilith am IC: Die Familie wird von unergründlichen Kräften geprägt.

Isis

Auf Grund von geringfügigen Störungen in den Umlaufbahnen von Uranus und Neptun wurde 1946 ein weiterer Planet jenseits von Pluto vermutet. Dieser hypothetische Planet hieß zunächst Transpluto. Später wurde er von vielen Astrologen in Isis umbenannt. Nur wenige Computerprogramme geben seine (vermutete) Umlaufbahn an; beim Galiastro-Programm gehört die Angabe der Isisposition jedoch zu einer der Grundeinstellungen.

Sevin und Kritzinger berechneten erste Ephemeriden, Landscheidt veröffentlichte sie bereits 1946.

Der Astrologe Roland Jakubowitz (Bern) schreibt, «Es ist nicht neu, dass Fachkräfte der Astrologie mit einem Prinzip arbeiten, dessen Sichtung noch bevorsteht ... Nach Chiron wartet nun ein weiteres Prinzip darauf, dass man ihm entsprechende Beachtung zukommen lässt: die Isis» (aus «Rückkehr der Göttin 1»). Das SAF (Schweizer Astro-Forum; www.saf.ch) mit ihrer «Transpluto-Forschungsgruppe» soll an dieser Stelle auch erwähnt werden als Möglichkeit, sich intensiver mit der Isis zu beschäftigen.

Das Zeichen Waage wird heute gern dem Isis-Prinzip zugeordnet und umgekehrt. Damit hätten nach Jungfrau-Chiron und Waage-Isis die beiden Planeten Merkur und Venus nur noch, wie alle anderen Planeten, ein einziges Zeichen als «Domizil», nämlich Zwillinge bzw. Stier. Hier eine Übersicht zu den Entsprechungen:

Sonne – Löwe	Saturn – Steinbock
Mond – Krebs	Chiron – Jungfrau
Merkur – Zwillinge	Uranus – Wassermann
Venus – Stier	Neptun – Fische
Mars – Widder	Pluto – Skorpion
Jupiter – Schütze	Isis – Waage

Auf die sehr interessante Frage nach einer in sich schlüssigen Abfolge der Planetenzuordnungen zu den Zeichen können wir im Rahmen dieses Ergänzungstextes zu Grundlagendeutungen leider nicht eingehen. Eine Neubewertung der sogenannten Planetenherrschaft steht jedoch nicht nur im Hinblick auf die Isis, sondern auch auf einen anderen vielleicht noch zu entdeckenden Himmelskörper an.

Zurück zur Isis, zu ihren Tierkreispositionen. Man geht davon aus, dass die Isis sehr langsam läuft, nämlich zwischen etwa 480 und 640 Jahren für einen Umlauf durch den Tierkreis. Noch einmal sei gesagt, dass es sich bislang um eine Annahme handelt. Die veröffentlichten Ephemeriden sollten – falls die Isis eines Tages Bestätigung findet – von den jetzt veröffentlichten noch abweichen, vielleicht sogar erheblich. Sicher sollte man nicht versuchen, Deutungen auf vermeintlich minutengenauen Berechnungen aufzubauen. (Siehe dazu u.a. Einträge im Internet unter «Isis Ephemeriden» und unter http:/ephemeral.info/trp/)

Als Anhaltspunkt Isis-Positionen in 5-Jahresschritten für 1920 bis 2020 (aufgerundet auf volle Grad):

1.1.1920: 23° Krebs	1.1.1950: 07° Löwe
1.1.1925: 25° Krebs	1.1.1955: 09° Löwe
1.1.1930: 27° Krebs	1.1.1960: 11° Löwe
1.1.1935: 30° Krebs	1.1.1965: 13° Löwe
1.1.1940: 02° Löwe	1.1.1970: 15° Löwe

1.1.1945: 05° Löwe	1.1.1975: 17° Löwe
1.1.1980: 19° Löwe	1.1.2005: 28° Löwe
1.1.1985: 21° Löwe	1.1.2010: 30° Löwe
1.1.1990: 23° Löwe	1.1.2015: 02° Jungfrau
1.1.1995: 24° Löwe	1.1.2020: 03° Jungfrau
1.1.2000: 26° Löwe	

Isis in der Mythologie

Isis ist die ägyptische Muttergöttin und Geburtsgöttin. Nach einer Lesart war ihre Mutter Nut, ihr Vater Geb; danach war sie die Schwester von Seth und die Schwester und später die Frau von Osiris, mit dem sie den Sohn Horus hat. Sie wird oft als Frau mit Kuhhörnern und einer Sonnenscheibe dazwischen abgebildet. Mit Osiris herrscht sie zeitweise als erstes Götterpaar.

Wie häufig bei alten Mythen, sind die Verhältnisse der Personen verwickelt und gehen die Darstellungen auseinander. Als Osiris von Seth (nach anderer Überlieferung von Typhon) getötet und zerstückelt wird, erweckt Isis den Osiris durch ihre magischen und medizinischen Kräfte wieder zum Leben, jedoch darf er nur als Herrscher der «Unterwelt» weiterleben. Horus besiegt in einem Rachefeldzug Seth zwar (und entmannt ihn als Strafe dafür, dass Seth Osiris Penis abgeschnitten und in den Nil geworfen hatte). Nach einer Erzählung schenkt Isis dem Mörder Seth das Leben, was Horus so erbost, dass der seiner Mutter angeblich die Krone vom Haupt reißt. In der Gestalt der Isis mit dem Kinde Horus auf dem Arm sehen wir buchstäblich ein mythologisches und historisches Vorbild für die späteren Darstellungen von Maria mit dem Kinde!

Eine andere Geschichte erzählt davon, dass Isis ihre Weizengarben über den Himmel trug und dabei einige Halme verlor, sie seitdem die Sterne der Milchstraße bilden. Auf ihren Reisen trägt sie ihren göttlichen Sohn Horus (Horoskop = Aszendent!) immer bei sich auf dem Arm.

Isis ist aufgrund der langsamen Bewegung in unserer persönlichen Erlebenszeit nur in den Zeichen Krebs, Löwe und Jungfrau gewesen. Deshalb macht es, zumindest im Rahmen dieser Einführung, nicht viel Sinn zu versuchen, die Bedeutung der Position in den Zeichen zu beschreiben. Wir konzentrieren uns auf die Position der Isis in den Häusern. Ein interessanter Zusammenhang soll wenigstens gestreift werden: Als Isis jeweils im Zeichen Löwen war, kamen Buddha, Jesus und Mohammed auf die Erde. Als Isis in die Jungfrau ging, wurden jeweils deren Botschaften verbreitet. Das legt die Vermutung nahe, dass ab 2011-2013 (die Isis pendelt in der Zeit über die Linie zwischen Löwe und Jungfrau), wenn die Isis wieder in die Jungfrau geht, vielleicht erneut eine wichtige spirituelle Botschaft weltweite Verbreitung finden könnte.

Isis allgemein

Wichtige Stichworte zur astrologischen Bedeutung der Isis sind Gleichgewicht, Harmonie, Frieden, Schönheit, Ausgewogenheit, Ausgleich der Gegensätze, Partnerschaft und Liebe. Soweit könnte dies auch eine Beschreibung des Venus-Prinzips sein.

Was sind nun die Unterschiede zwischen Isis und Venus in der astrologischen Deutung? Die folgenden Schlüsselbegriffe sollen die Besonderheiten der Isis im Vergleich zur Venus vermitteln:

- Liebe, jedoch spirituelle bzw. verbindende, ganzheitliche Liebe; auch im Sinne einer überpersönlichen, nicht unbedingt intim-partnerschaftlichen, sondern bedingungslosen Liebe
- Harmonie, nun aber mit dem deutlichen Schwerpunkt, einzelne Teile, die zunächst wenig mit einander zu tun haben zu scheinen, zu einem neuen Ganzen zusammen zu führen
- Ausgewogenheit, allerdings mit der inneren Sicherheit, nicht zu bewerten; die gelassene Einstellung zu sich und anderen, ohne zu urteilen
- Freude an Schönheit und Schönem, die sich auch in der Annahme und Verwirklichung der Schönheit der eigenen Persönlichkeit und Seele ausdrücken
- Ausgleich, jedoch mit der Kraft, die eigenen Aufgaben zu erkennen und zu leben

Isis in den Häusern

Ausdrücklich sei darauf hingewiesen, dass die folgenden Schlüsselworte zu Isis in den Häusern einen ersten Versuch darstellen, das noch nicht umfassend geklärte astrologische Prinzip der Isis in Deutungen zu greifen. An dieser Stelle danke ich Elsbeth Schönmann, mit der ich manche Kurse zusammen halte und die sich mit dem Isis-Prinzip eingehend beschäftigt hat, für ihre wertvollen Hinweise.

Isis im 1. Haus «erlöst»
- Große Liebe für die ganze Schöpfung
- Ausgleich im Geben und Nehmen in Beziehungen
- Lebt Yin und Yang gleichwertig in sich; lebt bewusst die Ganzheit
- Ich und Du sind gleichwertig
- Spirituelle Liebe
- Beziehungen zur geistigen Welt

Isis im 1. Haus «unerlöst»
- Harmonie um jeden Preis
- Angst vor dem Alleinsein

- Keinerlei Anpassungsbereitschaft oder überangepasst
- Aufgabe einzelner Wesensanteile

Isis im 2. Haus «erlöst»
- Vertrauen auf die inneren Werte
- Bewertet nicht (mehr)
- Spirituelles Zuhause
- Ausgleich im Geben und Nehmen von äußeren und inneren Werten

Isis im 2. Haus «unerlöst»
- Ausgeprägt materielle Einzelinteressen
- Eifersüchtig oder neidisch auf Werte und Errungenschaften anderer

Isis im 3. Haus «erlöst»
- Verstehen ohne Worte; achtsame Kommunikation, auch im Zuhören
- Telepathische, intuitive, «feinstoffliche» Kommunikationsfähigkeiten
- Offen für die Kommunikation mit der geistigen Welt

Isis im 3. Haus «unerlöst»
- Untreu (tatsächlich oder in Gedanken), unaufrichtig, vertragsbrüchig
- Lässt sich nicht richtig auf Beziehungen ein; kritisiert andere
- Verschlossen gegenüber intuitiver Kommunikation aus dem Herzen

Isis im 4. Haus «erlöst»
- Tiefe Gefühle der Zusammengehörigkeit; auch Geborgenheit in sich selbst
- Gefühle echter Verbundenheit mit einer «Seelenfamilie»
- Große Verbundenheit mit der gesamten Schöpfung
- Hohes Einfühlungsvermögen; auch für musische und geistige Schwingungen

Isis im 4. Haus «unerlöst»
- Durst nach Beziehungen und Bindungen zu einer «Familie»; Ungeborgenheit in der Bezugsfamilie
- Ständig wechselnde oder oberflächliche Verbindungen zu Familie oder Seelenfamilie

Isis im 5. Haus «erlöst»
- Lebt die eigene Ganzheit auf kreative und integrierte Weise
- Lebt seine Ganzheit auf verantwortungsvolle Weise
- Manifestiert eigene Talente zum Wohl der Allgemeinheit
- Strahlt seine Herzqualitäten aus

Isis im 5. Haus «unerlöst»
- Nimmt mehr als man gibt bzw. erwartet mehr
- Lose Beziehungen zu Kindern
- Verwirklicht seine Talente nicht

Isis im 6. Haus «erlöst»
- Heilt im Alltag durch Liebe (feinstofflich, auch ohne Diplom)
- Berührt die Seele und beseelt die Alltagstätigkeiten
- Einsatz und Arbeit für ein größeres Ganzes; Demut

Isis im 6. Haus «unerlöst»
- Alltags- und Arbeitsbeziehungen als Pflichtübung
- Selber krank werden oder andere krank machen durch Kritik

Isis im 7. Haus «erlöst»
- Spirituelle Partnerschaft
- Harmonische, glückliche, bedingungslose Liebe
- Gleichberechtigte und ganzheitliche Beziehung
- Gemeinsame Ziele und Werte
- Einsatz für Frieden und Gleichberechtigung

Isis im 7. Haus «unerlöst»
- Unerfüllte Suche nach absoluter Harmonie in der Partnerschaft
- Unausgewogene Beziehungen; umwelt- bzw. sympathieabhängig

Isis im 8. Haus «erlöst»
- Bereitschaft, Verantwortung für alle eigenen Persönlichkeitsaspekte zu übernehmen
- Loslassen von Verstrickungen wird als eigene Aufgabe gesehen
- Fähigkeit, unfreiwillige Lösung als Aufforderung zur eigenen Transformation anzunehmen (harmonisches Verarbeiten von Verlusterfahrungen)

Isis im 8. Haus «unerlöst»
- Leidenschaftliche Verstrickungen, die nicht selbständig gelöst werden können
- Gefühl der Ohnmacht
- Neigung zur Ausbildung übermächtiger Persönlichkeitsaspekte

Isis im 9. Haus «erlöst»
- Glaube an Größeres, Lichtes, Helles; heilige Liebe
- Beziehung zu Gott bzw. zu geistigen MeisterInnen
- Internationale Beziehungen

Isis im 9. Haus «unerlöst»
- Weltanschauliche Konflikte
- geheuchelte Liebe bzw. unechter Einsatz für ein größeres Ganzes
- Fluchttendenzen in Beziehungen

Isis im 10. Haus «erlöst»
- Gemeinsame Berufung in der Partnerschaft oder in Beziehungen
- Treue zum Licht; Verbundenheit mit der geistigen Welt
- Lichtarbeit; öffentlich anerkannter Einsatz für höhere Werte

Isis im 10. Haus «unerlöst»
- Hemmung, sich für ein größeres Ganzes einzusetzen
- Ernst, enthaltsam oder einsam in der Arbeit für das Licht

Isis im 11. Haus «erlöst»
- Unkonventionelle und unabhängige, dabei jedoch faire Beziehungen
- Pioniere des Wassermannzeitalters
- Starke Verbundenheit mit lichten Gruppenenergien

Isis im 11. Haus «unerlöst»
- Kann sich nicht richtig auf gemeinsame Energien einlassen
- Exzentrisch oder unzuverlässig, auch in Freundesbeziehungen

Isis im 12. Haus «erlöst»
- Intuitive, inspirierte bzw. spirituelle Beziehung, auch zur eigenen Ganzheit
- Feine Schwingungen gemeinsam erleben können
- Gemeinsames Auflösen von Leiden

Isis im 12. Haus «unerlöst»
- Enttäuschung in Beziehungen bzw. in der (auch spirituellen) Liebe
- Verliert sich in Wunschvorstellungen und Illusionen; leicht auszunutzen
- Wird verlassen, hintergangen, betrogen oder fühlt sich so

Empfohlene Literatur

Zane B. Stein: Chiron, Chiron Verlag
Melanie Reinhart: Chiron – Heiler und Botschafter des Kosmos; Edition Astrodata
Markus Jehle: Wenn Jupiter auf Mars zugeht ..., Ebertin Verlag
Joelle de Graveleine: Lilith – Der schwarze Mond; Edition Astrodata
Hannelore Traugott: Lilith, Eros des schwarzen Mondes; Edition Astrodata
Kocku von Stuckrad: Lilith – Im Licht des schwarzen Mondes zur Kraft der Göttin, Aurum Verlag
Alan Oken: Der Mensch, Spiegelbild des Kosmos – Astrologie und Selbsterkenntnis, Tabula Smaragdina Verlag

Innere Astrologie

Die rote Sonne von Trikuti und der innere Kosmos der Seele – Gedanken zur esoterischen und zur inneren Astrologie

Ich möchte Ihnen zum Abschluß dieses Buchs einige Überlegungen zu spirituellen Aspekten unseres Themas anbieten. Astrologie ist die Kunde der Beziehungen zwischen Mensch und Kosmos. Der Makrokosmos des Sonnensystems und darüber hinaus des Sternenalls spiegelt schöpferische Lebensregeln, wie wir sie auch im Mikrokosmos der menschlichen Seele wiederfinden. Entwicklungsgesetze und Zeitzyklen sind für alles, was geschaffen ist, sehr ähnlich bzw. sogar identisch. Alles entsteht, wächst, bildet sich aus, blüht auf, bringt Frucht hervor, reift, zieht sich wieder nach innen zurück, verliert seine bisherige Gestalt (die ja zu keinem Zeitpunkt statisch ist, sondern sich ebenfalls immer verändert) und verläßt schließlich die nicht mehr notwendige oder zeitgemäße äußere Form – um vielleicht nach einiger Zeit erneut in eine andere Daseinsform zu treten. So, wie nichts aus dem Nichts entsteht, so vergeht auch nichts ins Nichts. Selbst, wenn wir den spirituellen Schöpfungsakt (noch?) nicht begreifen (und ihn allein intellektuell wohl auch nie verstehen werden, sondern nur von der unmittelbaren mystischen Innenschau her!), so heißt das nicht, daß es ihn nicht gibt. Schöpfungsakte gab und gibt es ständig, sowohl im Makrokosmos wie im Mikrokosmos. Das gleiche gilt für jene geheimnisvolle und oft angstauslösende große Wandlung, die wir Tod nennen. Diese Transformation aus einer sichtbaren und greifbaren Gestalt in eine andere, formlose und dennoch nicht weniger reale und bewußte Wirklichkeit findet ebenfalls immerzu und immer wieder statt.

Die hohe Kunst einer spirituellen Astrologie bestünde darin, den geistigen Ursprung des individuellen Seins, den Sinn und die Aufgaben des gegenwärtigen Lebens und das Ziel der Reise der Seele durch den äußeren und inneren Kosmos möglichst klar zu beschreiben und hilfreich zu begleiten. An dieser Stelle kann ich nur auf diese Herausforderung hinweisen, ohne das Thema wirklich zu vertiefen. Bücher sind selbst im besten Fall ohnehin nicht mehr als erste Hilfen auf dem Weg zur Selbstverwirklichung, der am einfachsten und schnellsten unter der Führung eines lebendigen Lehrers gegangen werden kann. Einige Impulse für ein astrologisches Denken in dieser Richtung möchte ich Ihnen jedoch auch in Schriftform anbieten.

Rudolf Steiner, der Begründer der Anthroposophie, sprach von Sonne und Mond als den «beiden Toren der geistigen Welt». In verschiedenen Vorträgen ging er 1924 auf die esoterische Rolle dieser beiden Himmelslichter ein (*Esoterische Betrachtungen karmischer Zusammenhänge*, 6. Band, R. Steiner Verlag, Dornach, 1977).

Steiner bezeichnete den Mond als jenes Tor von der physischen zur geistigen Welt, durch das die Vergangenheit in das menschliche Leben «hereinzieht». Demnach markiert die Mondstellung im Horoskop die individuelle «karmische» Vergangenheit, die unser gegenwärtiges Leben beherrscht. Mit dem Mond bestimmt unsere individuelle Vergangenheit unsere individuelle Gegenwart. Die Sonne ist das andere Tor von der Welt der Materie in die Welt der formlosen Wirklichkeit, jedoch das Tor zur Zukunft. Die Zukunft, unser aller Zukunft, wird weniger vom kleinen Ego und seinen Verhaftungen und Wünschen bestimmt, wenn wir es mit Selbsterkenntnis und Selbstverwirklichung ernst meinen, sondern mehr von überpersönlichen Idealen und spirituellen Möglichkeiten.

Demnach symbolisiert der Sonnenort im Horoskop unser Potential, das Verlauf dieses Lebens von Zukunftsverheißungen zu Gegenwartsverwirklichung werden kann.

Steiner sagte in einem Vortrag wörtlich: «Das Vergangene können wir mit dem besten Willen niemals anders machen als es ist... Alles, was uns vom Monde herkommt, hat diesen Charakter einer unabänderlichen Notwendigkeit. Alles das, was von der Sonne herkommt, und was in die Zukunft hineinweist, hat etwas, wo unser Wille, ja wo unsere Freiheit eingreifen kann... Wenn der Mensch nun wirklich... ein Göttliches sieht im Kosmos, ... dann wird sich für den Menschen... eine besondere Sprache ergeben, indem er aus dieser Herzens- und wirklichen Menschenerkenntnis hinaufschaut zu den Himmelskörpern.» (S. 23, a.a.O.) An anderer Stelle sagt er: «Alles dasjenige, was uns vom Monde herunter scheint, hängt zusammen mit unserer kosmischen Vergangenheit, und die Sonne hängt zusammen mit unserer kosmischen Zukunft.» (S. 73, a.a.O.)

Astrologie ist sowohl die «Psychologie der Antike», wie sie manchmal genannt wird, als eine ganz praktische Hilfe, ein glücklicheres Leben zu führen. Unzählig vielen Menschen hilft Astrologie, sich und das Leben genauer zu erkennen und ihre jeweiligen Aufgaben besser zu erfüllen. Aber Astrologie hat natürlich auch Grenzen.

Es gibt einen «magischen Punkt» in jedem Horoskop, in dem alle Gegensätze aufgehoben sind, einen Ort, an dem bereits alles erfüllt und vollendet ist und nichts mehr getan und «geschafft» werden muß. Dieser Punkt ist das Zentrum des Horoskops, an dem alle zentrifugalen Wirkungen der Planeten unwirksam werden. Das Bild einer sich drehenden Schallplatte vermittelt in etwa, worum es dabei geht. Je weiter man nach außen auf der Schallplatte geht, desto höher ist dort die Drehgeschwindigkeit. Je weiter man nach innen kommt, desto langsamer ist die Drehbewegung. Im absoluten Mittelpunkt der Schallplatte wäre keine Bewegung mehr spürbar. Im «absoluten Mittelpunkt» des Horoskops ist alles ausgewogen und ruht in sich. Es gibt dort keine nach außen ziehenden oder drängenden Wirkungen mehr, selbst stärkste Planetenkräfte verlieren ihren Einfluß.

Anders gesagt: Es gibt eine Dimension des Menschen, in der die Wirksamkeit der Astrologie aufhört: die Ebene der Seele, des göttlichen schöpferischen Funkens, des spirituellen Bewußtseins. Auf dieser Ebene gibt es etwas, was ich als *«innere Astrologie»* bezeichne. Dabei handelt es sich um einen Meditationsweg, bei der wir auf den ersten Stufen und Durchgängen den «astralen Himmel» bzw. den inneren Kosmos kennenlernen.

«Jede innere Ebene ist mit einem bestimmten Licht und einem bestimmten Klang verbunden. Das schöpferische Urlicht und der Urklang Gottes und der innere Strom von

Licht und Ton, die wir in der Meditation wahrnehmen, sind dasselbe. Die göttliche Schwingung oder Urkraft, die von Gott ausströmt und herab auf die physische Ebene kommt, bleibt dieselbe, während sie alle Ebenen passiert. Die ‹Dichte› dieser Ebenen ist unterschiedlich. Sach Khand, die fünfte und oberste Ebene, ist die Ebene der Allbewußtheit. Die suprakausale Ebene, die vierte, besteht hauptsächlich aus Bewußtsein und nur aus wenig Materie. Die nächste, die Kausalebene, hat gleichviel Bewußtsein wie Materie. Die zweite Ebene, die Astralebene, besteht hauptsächlich aus Materie und hat wenig Bewußtsein. Und die erste, die physische Ebene, ist fast nur aus Materie und hat nur sehr wenig Bewußtsein, in Form der menschlichen Seele.»

«Da die Zusammensetzung von unterschiedlicher Dichte ist, erscheint uns der Licht- und Tonstrom der Schöpferkraft unterschiedlich, wenn er durch diese Ebenen hindurchfließt. Auf der Astralebene sehen wir in der Meditation das Licht von Kerzen. Auf der Kausalebene sehen wir das Licht einer rot aufgehenden Sonne, die rote Sonne von Trikuti. Auf der Superkausalebene sehen wir ein Licht, das von einem Mond zu kommen scheint. Danach sehen wir das Licht einer Mittagssonne. Und in Sach Khand, einer Ebene voller Licht, sehen wir Licht wie von Hundertausenden von Sonnen und Monden. Ähnlich unterschiedlich ist auch der Klang, den wir auf den einzelnen Ebenen hören…»

Soweit ein Auszug aus einem Videogespräch des Verfassers mit dem Meditationslehrer Rajinder Singh, das auch als Broschüre erschien: *Das sechste Chakra – Ort der Kraft* (Bezug siehe Anhang «Innere Astrologie»). Aus diesen Zitaten geht hervor, daß der innere Kosmos der Seele nicht eine erdachte Metapher ist, sondern daß spezifische Lichter des inneren Himmels mit dem Auge der Seele tatsächlich wahrgenommen werden können. Sie und ich, wir alle können mit dem sogenannten «Einzelauge», «dritten Auge» oder «Seelenauge» inneres Licht, Sonne, Mond und Sterne unmittelbar selbst sehen, ohne uns etwas einbilden zu müssen! Der Prophet Mohammed, der später zum Begründer des Islams wurde, beschreibt, wie er den inneren Mond durchquerte und einer ihm bis dahin unbekannten inneren Welt gewahr wurde. Halbmond und Stern auf den Flaggen islamischer Staaten geben davon auch heute noch symbolische Kunde. Auch Mystiker anderer Religionen beschrieben immer wieder, wie sie entweder einen inneren Kosmos sahen oder sogar in ihn entrückt wurden und wie unser äußeres Weltall ein materiehaft verdichteter Ausdruck der geistigen Wirklichkeit ist.

Das Ziel der «inneren Astrologie» besteht nun darin, auch diesen inneren Kosmos zu durchqueren, sozusagen über ihn hinauszugehen, um die letzte Realität zu erfahren, die jenseits der Sternenwelten liegt, um zur Quelle jener Kraft zu gelangen, aus der die gesamte Schöpfung hervorgeht, sowohl das äußere und innere Firmament als auch der äußere und der innere Mensch. Das Ziel dieser Art von Astrologie, von Sternenkunde ist also, der Seele, dem individuellen Bewußtsein den Weg zur Selbsterkenntnis und Welterkenntnis zu zeigen. Ich bin dankbar dafür, daß ich durch den großen Mystiker, Dichter und Meditationslehrer Darshan Singh und seinen spirituellen Nachfolger, den Wissenschaftler, Meditationslehrer und Friedenspreisträger Rajinder Singh auf diesen hohen Weg geführt wurde.

Von Herzen wünsche ich jeder Leserin sowie jedem Leser ganz persönlich, daß Sie den Mut fassen, Ihr höchstes Potential anzustreben, und die nötige Klarheit, rechte Einsichten und die geeigneten Mittel dafür gewinnen. Mögen Sie die erforderliche Kraft erlangen, um Ihren Weg zu gehen, sich für die Liebe in der Schöpfung zu öffnen und für andere Menschen so viel Lebensfreude auszustrahlen, wie Sie es für sich selbst wünschen.

Schlußbetrachtung

«Vergangenheit laß deine Lehrerin sein, in die Gegenwart streue den Samen ein; ob die Zukunft belebe den zarten Keim, das stelle Gott anheim.» So schrieb Georg Keil in «Lyra und Harfe».

Astrologie ist eine Kunst und eine Wissenschaft gleichermaßen, welche die vergangenen Einflüsse auf die Gesetzmäßigkeiten erforscht, die in der Gegenwart gelten, um so die Zukunft bewußter und besser gestalten zu können.

Victor Hugo sagte einmal: «Die Zukunft hat viele Namen. Für die Schwachen ist sie das Unerreichbare. Für die Furchtsamen ist sie das Unbekannte. Für die Tapferen ist sie die Chance.»

Der Planet Mars ist das astrologische Sinnbild der «Tapferen». In diesem Sinne wünsche ich Ihnen für Gegenwart und Zukunft viel marsischen Lebensmut und Lebensfreude, aktive Selbsterkenntnis und eine positive Lebensgestaltung!

«Der größte Feind der Bewußtseinsentwicklung des Menschen ist nicht der Irrtum, sondern die Trägheit.»

Anhang

Über den Autor

Wulfing von Rohr ist Sachbuchautor, Fernsehjournalist, Seminarleiter, Astrologieforscher und Meditationsschüler. Er hat den Astrologen Dane Rudhyar erstmals im deutschen Sprachraum publiziert, mit den Büchern *Die Astrologie der Persönlichkeit* und mit *Von der humanistischen zur transpersonalen Astrologie.* Den Arzt Dr. Edward Bach und die Heilerin Chris Griscom hat er ebenfalls in Deutschland eingeführt. Für die Reihe der *Heyne-Planetenbücher* hat er Einführungsbändchen zu allen Planeten von der Sonne bis zum Pluto und über die Mondknotenachse geschrieben. Mit der Schweizer Astrologin Monica Kissling hat er die *ASTRODATA-Horoskopkarten* entwickelt.

Zu seinen ZDF-Filmen gehören u.a. *Auf den Spuren einer Weltformel, Terra X: Die Sonnenstadt im Chaco Canyon, Alt werden in Guatemala, Alt werden in der Türkei* sowie *Der Weltmann auf dem Bischofsthron,* eine szenische Dokumentation über den mittelalterlichen Salzburger Erzbischof Wolf-Dietrich von Reitenau.

Wulfing von Rohr ist Herausgeber der Buchreihe «Magisch Reisen» im Goldmann Verlag München und hat *Magisch Reisen Indien: Mythos, Magie, Meditation* geschrieben. Weitere Bücher von ihm sind *Nostradamus – Seher und Astrologe* mit der erstmals beschriebenen Nostradamus-Astrologie, *Es steht geschrieben… Ist das Leben Schicksal oder Zufall* und *Meditation – Kraft aus der Mitte.* Neu erscheint zeitgleich mit diesem Buch *Was lehrte Jesus wirklich: Die verborgene Botschaft der Bibel.* Er war auch Herausgeber der Esoterik- und Selbsthilfereihe auf Video im Bauer Verlag.

Wulfing von Rohr ist Koautor zahlreicher Bücher über natürliche Gesundheit: u.a. mit Chris Griscom die Bestseller *Zeit ist eine Illusion* und *Die Heilung der Gefühle,* mit Gayan Winter *Tarot der Liebe* (mit 78 Karten), mit Ingrid S. Kraaz *Die richtige Schwingung heilt, Die Farben deiner Seele, Bachblüten und spirituelle Heilung* und die *Bachblüten-Farbkarten,* mit Divo Koeppen-Weber *Die Alta Major-Gymnastik,* mit Beate Blaszok *Die Reiki-Praxis,* mit Sandelan *Einklang: Heilen mit Musik.*

Als Herausgeber und Übersetzer hat er u.a. Krishnamurtis Buch *Antworten auf Fragen des Lebens* und das Video *Über das Wesen der Liebe,* Prof. Dr. H. Schmidts Buch *Psi und Physik – Ein Physiker zeigt, wie Geist den Zufall überwinden kann* und das Benefiz-Video *Aufruf zur spirituellen Verantwortung* mit dem Dalai Lama, Pir Vilayat Khan, Padre Maximilian Mizzi und Sant Rajinder Singh dem deutschen Publikum zugänglich gemacht. Weiter ist er Producer der neuen Musikreihe «Einklang» mit meditativer Musik und Übungsanleitungen.

Als Seminarleiter hält er Astrologie-Praxisworkshops für Anfänger und Fortgeschrittene sowie Meditationstage ab; in Buchhandlungen referiert er über manche der Themen. Gelegentlich macht er auch persönliche Einzelberatungen.

Faszination an den Geheimnissen des Lebens, Hilfen für die Wege der Seele durch die äußeren und inneren Welten und Freude am bewußten Sein bestimmen seine Arbeit seit fast zwanzig Jahren. Das versucht er, in Büchern, Filmen, Vorträgen und Seminaren weiterzugeben. Wulfing von Rohr lebt jetzt nach zwölf Jahren in Santa Fe wieder in Europa, im Salzburger Land.

Literaturhinweise

Werkauswahl Wulfing von Rohr

- *Astrodata-Horoskopkarten* (mit der Zürcher Astrologin Monica Kissling). Lern- und Orakelkarten zum einfachen Gebrauch in der Horoskopdeutung und als Weisheitsspiel; 66 Karten; Astrodata Verlag Zürich 1993.
- Benefizvideo *Aufruf zur spirituellen Verantwortung.* Ausschnitte von Vorträgen und persönliche Gespräche mit dem Dalai Lama, dem Sufi-Meister Pir Vilayat Khan, dem Franziskaner-Mönchen Padre Maximilian Mizzi und dem Meditationslehrer und Präsidenten der Weltgemeinschaft der Religionen, Sant Rajinder Singh. Ch. Falk Verlag Seeon, ISBN Nr. 3-924161-96-8 (dt. Fassung).
  Die Kraft der Engel. Dein liebevoller Begleiter durch ein lichterfülltes Jahr. Urania Verlag, Neuhausen 1996.
- *Es steht geschrieben... Ist unser Leben Schicksal oder Zufall?* Von indischen Palmblattbibliotheken und anderen heiligen Schriften. Mit einer ausführlichen Behandlung des Karma-Themas; Ariston Verlag Genf-München, 2. Aufl. 1994.
- *Karma und freier Wille im Horoskop.* Lebensaufgaben erkennen und erfüllen – Welche Häuser sind die richtigen? Verlag Hier und Jetzt, Hamburg-Bad Oldesloe 1995.
- *Nostradamus – Seher und Astrologe.* Entschlüsselte Geheimnisse und ungelöste Rätsel. Das große Quellenbuch mit systematischen Analysen und einer kritischen Gesamtschau der wichtigsten Deutungsmethoden und Interpretationsergebnisse. Ariston Verlag Genf-München, 2. Aufl. 1994.
- *Magisch Reisen Indien:* Mystik, Magie, Meditation. Ein spiritueller Reiseführer, der bedeutende Wege, Menschen und Orte nahe bringt. Goldmann Verlag München, 2. Aufl. 1994.
- *Meditation: Kraft aus der Mitte.* Das übersichtliche, klare und einfühlsame Hand- und Übungsbuch für jedermann/frau, mit dem man sowohl erste, kleine Schritte als auch tief in die Meditation eindringen kann. Goldmann Verlag München, 3. Aufl. 1995.
- *Was Jesus wirklich lehrte:* Die verborgene Botschaft der Bibel. Ein neuer Blick auf eine alte Botschaft. Goldmann Verlag München 1995.

Ausgewählte astrologische und spirituelle Fachbücher

Lynne Burmyn
- Planets in Combination, ACS Publications, San Diego CA, 1985.

Gina Ceaglio
- Planets: The Astrological Tools, Llewellyn Publications, St. Paul, MN, USA 1989, Hrsg. Joan McEvers.

Reinhold Ebertin
- Kombination der Gestirneinflüsse, Ebertin Verlag, Freiburg 1979.

Alfred Fankhauser
- Das wahre Gesicht der Astrologie, Orell Füssli Verlag, Zürich 1980.

Isabel M. Hickey
- Astrology – A Cosmic Science, CRCS Publications, Sebastopol CA, 1992.

Margaret E. Hone
- The Modern Text Book of Astrology, Fowler, London 1980.

Anthony Louis
- Horary Astrology – The History and Practice of Astro-Divination, Llewellyn Publications, St. Paul MN 1991.

Mohan Koparkar
- Lunar Nodes, Mohan Enterprises, P.O. Box 8334, Rochester, NY 14618, ohne Jahresangabe.

Alan Leo
- Esoterische Astrologie – Vom Wesen des Menschen, Hier & Jetzt, Hamburg 1989.

Myrna Lofthus
- Spiritual Approach to Astrology, CRCS Publications, Sebastopol, C.A. 1983.

Bernd A. Mertz
- Das Grundwissen der Astrologie, Ariston Verlag, Genf-München 1993.
- Der Weg zum Horoskop – Astrologie für Einsteiger, mvg-Verlag, München 1994.
- Das Horoskop – Seine Deutung und Bedeutung, Bernd A. Mertz, Ebertin Verlag, Freiburg 1984.
- Grundlagen der klassischen Astrologie, Bernd A. Mertz, Goldmann Verlag, München 1990.
- Schicksalspunkte im Horoskop, Bernd A. Mertz, Astrodata Verlag, Zürich 1992.
- Liebe – Opfer – Magie – Esoterische Astrologie, Bernd A. Mertz, Astrodata Verlag, Zürich 1993.

Michael R. Meyer
- A Handbook for the Humanistic Astrologer, Anchor Press/Doubleday, New York 1974.

Ernst-Günter Paris
- Der Schlüssel zum Horoskop, Urania Verlag, Neuhausen 1977.
- Das Horoskop der Menschheit, Urania Verlag, Neuhausen 1981.
- Der Schlüssel zur Prognose, Urania Verlag, Neuhausen 1983.
- Der Schlüssel zur Partnerschaftsastrologie, Urania Verlag, Neuhausen 1983.
- Der Schlüssel zur esoterischen Astrologie, Urania Verlag, Neuhausen 1984.

Thomas Ring
- Astrologische Menschenkunde, Bauer Verlag, Freiburg 1990.

Lindsay River & Sally Gillespie
- The Knot of Time – Astrology and the Female Experience, Harper-Row, New York 1987.

Vivian Robson
- Fixsterne – Bedeutung und Konstellationen im Horoskop, Hugendubel Verlag, München 1990.

Dane Rudhyar
- Die Astrologie der Persönlichkeit, Heyne Verlag, München 1992.
- Von der humanistischen zur transpersonalen Astrologie, Hugendubel Verlag, München 1982.

Martin Schulman
- Karmische Astrologie, 4 Bde., Urania Verlag, Neuhausen 1985.
- Der Aszendent, Urania Verlag, Neuhausen 1990.

Artur Schult
- Astrosophie 1 & 2, Turm Verlag, Bietigheim 1986.

Darshan Singh
- Liebe auf Schritt und Tritt (früher: Wunder der inneren Welten), Fischer Verlag, Münsingen 1991.
- Spirituelles Erwachen, Eigenverlag, Bezug SK Publikationen, I. Kaiser, Ludwigstr. 3, D 95028 Hof, Tel. (09281) 87412, Fax 142663, oder Bezug über Adressen zu «Innere Astrologie».

Kirpal Singh
- Das Mysterium des Todes, Origo Verlag, Bern 1991.
- Karma – Das Gesetz von Ursache und Wirkung (Das Rad des Lebens) Origo Verlag, Bern 1983.

Rajinder Singh
- Heilung durch Meditation, Urania Verlag, Neuhausen 1996.
- Orte der Kraft – Kräfte des Lebens, Über die Bedeutung des 6. Chakras als Sitz der Seele; Broschüre, Eigenverlag, Bezug siehe Adressenhinweise *Innere Astrologie.*

Jan Spiller & Karen McCoy
- Spiritual Astrology, Fireside Books, Simon & Schuster, New York 1988.

Carl Payne Tobey
- Astrology of Inner Space, Omen Press, Tucson 1973.

Johannes Vehlow
- Astrologie, Band I-VIII, Sporn Verlag, Zeulenroda (ohne Jahresangabe; nur noch antiquarisch).

Claude Weiss
- Horoskopanalyse 1 & 2, Astrodata Verlag, Zürich 1992.
- Astrologie: Eine Wissenschaft von Raum und Zeit, Astrodata Verlag, Zürich 1987.
- Videokurs Astrologie 1 & 2, Bauer Verlag, Freiburg 1992.

Von Claude Weiss und Wulfing von Rohr sind zwei Astrologie-Lehrvideos erschienen im Video-Programm des Bauer Verlags Freiburg. Erhältlich im Fachbuchhandel oder direkt bei Astrodata, Albisriederstr. 232, CH 8047 Zürich. Siehe auch Bestellkarte weiter hinten.

Astrologische Beratung

Scheuen Sie sich nicht, vor einer Beratung genau zu erfragen,

- was das Leistungsangebot ist,
- wie lange die persönliche Besprechung dauert,
- ob es mehr um Ereignisse, um psychologische Themen, um Lebensaufgaben oder um alles zusammen geht,
- was die Beratung kostet,
- ob Sie auch später noch gelegentlich Fragen telefonisch stellen können.

Und überlegen Sie, ob Lebenserfahrung und menschlicher Hintergrund, astrologische Richtung und spirituelle Bewußtseinsentwicklung des Beraters Ihre Erwartungen oder Ansprüche erfüllen. Ein guter Astrologe/eine gute Astrologin wird keine sachliche Frage übelnehmen und bereitwillig den eigenen Beratungsansatz erklären. Bedenken Sie beim Honorar bitte, daß der Astrologe viel vorarbeiten muß.

Kontakt Wulfing von Rohr: wulfing@aon.at; www.wulfingvonrohr.de

Hinweise zur Inneren Astrologie

Innere Astrologie

Nach der Erfahrung des Meditationswegs von *Sant Mat* oder *Surat Shabd Yoga* gibt es auch einen inneren Kosmos mit Sonnen, Monden, Planeten und Galaxien. Dorthin führt die Verbindung mit dem sogenannten inneren Licht und Tonstrom. Auf diesem Weg der inneren Astrologie ist der innere Kosmos jedoch nicht die Endstation, sondern vielmehr führt unser Weg zur Erkenntnis der eigenen Seele und ihres kosmischen Ursprungs. Wir lernen die inneren Welten kennen und gelangen darüber hinaus zu jener Energie, welche sowohl die äußeren wie die inneren Welten überhaupt erst geschaffen hat. Informationen über solche (kostenlosen) Meditationskurse mit dem inneren Licht und Ton und über gelegentliche Vorträge und Meditationseinweisungen durch den dafür kompetenten Lehrer Sant Rajinder Singh erhalten Sie über

Deutschland: Helga Kammerl, Jägerberg 21, D-82335 Berg/ Oberbayern; Tel. (08151) 50449, Fax 51038
Österreich: Herbert Wasenegger, Mautner Markhofgasse 13-15/V/3, A 1110 Wien, Tel. & Fax (01) 7491871
Schweiz: Angela Seiler, Tödistraße 20, CH 8002 Zürich, Tel. (01) 2022372, Fax 2022302
USA: Science of Spirituality Center, 4S175 Naperville Road, Naperville, Ill. 60563; Tel. (708) 955-1200
Indien: Kirpal Ashram, 2 Canal Road, Vijay Nagar, Delhi, India 110009

Weitere Titel aus dem Urania-Verlag

Reihe Karmische Astrologie

von Martin Schulman

Karmische Astrologie Band I
Die Mondknoten und Reinkarnation
ISBN 3-908644-08-9

Nach dem einleitenden Kapiteln über REINKARNATION UND KARMA und DIE ASTROLOGIE DER REINKARNATION gibt das Buch DIE MONDKNOTEN UND REINKARNATION eine vollständige Beschreibung der Mondknoten in ihren Zeichen und Häusern; ferner ein Kapitel über die Aspekte der Mondknoten, Beispiel-Horoskope und einen Anhang mit den Mondknoten-Positionen von 1900 bis 2050.

Karmische Astrologie Band II
Rückläufigkeit und Reininkarnation
ISBN 3-908644-09-7

Hier stellt M. Schulman eine der radikalsten und höchst unorthodoxen Deutungen der rückläufigen Planeten vor, die jemals veröffentlicht wurden. Unabhängig von der traditionellen «Gut»- und «Böse»-Auslegung liefert er statt dessen ein System, das die drei vibrierenden Stimmungen erklärt, in denen diese Planeten zum Ausdruck gebracht werden können. Jeder Planet wird ausführlich in allen Zeichen und Häusern erklärt. Ferner untersucht er die esoterischen und karmischen Symbole, womit er schon in seinem Bestseller «Karmische Astrologie Band I: DIE MONDKNOTEN UND REINKARNATION» begonnen hat.

Karmische Astrologie Band III
Freude und der Glückspunkt
ISBN 3-908644-10-0

Von allen arabischen Überlieferungen wird nur der Glückspunkt von allen Astrologen angewendet, aber niemand konnte bisher die Prinzipien erklären, die für seine erfolgreiche Erfüllung maßgebend sind. Dieses Buch umfaßt die Stellungen des Glückspunktes in den zwölf Zeichen und Häusern und Beispiel-Horoskope bekannter Persönlichkeiten. Überall beziehen sich die Gesetze des Karmas auf diesen überaus geheimnisvollen und vitalen Punkt im Horoskop.

Karmische Astrologie Band IV
Das Karma im Jetzt
ISBN 3-908644-11-9

Dieser letzte Band der Serie KARMISCHE ASTROLOGIE beschreibt das Verschmelzen der Astrologie mit der Realität, so wie sie wirklich ist. Dies basiert auf der Erkenntnis, daß die Vergangenheit und die Zukunft nur existieren, weil ein Mensch denkt, während die Gegenwart unabhängig davon existiert, wie jemand denkt. M. Schulman behandelt die Planeten in ihren Zeichen und zeigt auf, wie die planetarischen Energien gehandhabt werden können, um ein Festhalten an der Vergangenheit oder unrealistische Erwartungen an die Zukunft zu vermeiden.

Informationen über ASTRO-KINESIOLOGIE

Botschaften von Kosmos *und* Körper einfach erkennen und nutzen

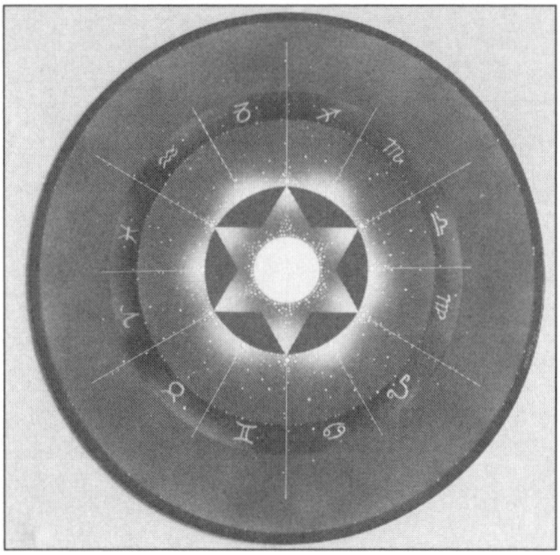

Ein neuer Ansatz zur Bewusstwerdung, Heilung und Transformation

Astrokinesiologie ist die Verbindung von Astrologie und Kinesiologie. Es ist eine Methode, um den Zusammenhang zwischen Mikrokosmos und Makrokosmos kennen zu lernen, um das Zusammenspiel zwischen kosmobiologischen Rhythmen der Erde im Sonnensystem und den persönlichen Lebensthemen des Menschen zu erfahren.

Die **Astrologie** basiert auf dem seit Jahrtausenden überlieferten Wissen von Energien und Kräften, welche die Entwicklung des menschlichen Bewusstseins und das Leben prägen. Das Geburtshososkop bzw. Kosmogramm ist ein Energiebild und zeigt uns, mit welchen Themen sich eine Seele in diesem Leben auseinandersetzt und welche besonderen Talente sie mitbringt.

In der **Kinesiologie** arbeiten wir mit einer Art Korpersprache, dem Muskeltest, nach der Erkenntnis «der Körper lügt nicht». Alle Informationen sind in unserem Körper (im Unterbewusstsein) gespeichert und können mit Hilfe des Muskeltests wieder hervorgeholt werden. Der Muskeltest dient als eine Art Messgerät, als Biofeedbackinstrument: Wir können damit testen, ob die Energien im Köper harmonisch fliessen oder ob sie blockiert sind. Der Muskeltest hilfe, Energieblockaden zu lokalisierten, sowie die geeignete Arbeitsweise zur Behebung des disharmonischen Zustandes zu ermitteln (mit Übungen, Akupressur, Farben, Klängen, Visualisationen etc.).

In der **Astrokinesiologie** werden diese beiden Methoden zu einem harmonischen Ganzen verbunden: Das Horoskop ist das Hilfsmittel, um die grundlegenden Themen, Entwicklungsaufgaben, und die Zeitqualität, welche jetzt aktuell ist, zu erkennen. Mit Hilfe der Kinesiologie arbeiten wir ganz praktisch an diesen Themen, erarbeiten Ziele, suchen Blockaden und lösen diese auf. Die Astrokinesiologie bildet somit ein ideales ergämzendes Instrument, um zum Kern eines Themas vorzustossen, damit zu arbeiten und dieses zum Positiven zu transformieren.

Weitere Informationen:

Praxis für Astro-Kinesiologie, Eichackerstr. 16c, CH-8132 Egg bei Zürich;
Tel. 01-9843486; e-mail: info@astrokinesiologie.ch; www.astrokinesiologie.ch